Christoph Vaske

Die sofortige Beschwerde gegen die Bestätigung eines Insolvenzplans

Christoph Vaske

Die sofortige Beschwerde gegen die Bestätigung eines Insolvenzplans

Systematischer Beitrag und Bewertung der Reformmaßnahmen durch das Gesetz zur weiteren Erleichterung der Sanierung von Unternehmen (ESUG)

Tectum Verlag

Christoph Vaske

Die sofortige Beschwerde gegen die Bestätigung eines Insolvenzplans. Systematischer Beitrag und Bewertung der Reformmaßnahmen durch das Gesetz zur weiteren Erleichterung der Sanierung von Unternehmen (ESUG)

Zugl. Diss. Philipps-Universität Marburg 2015

ISBN: 978-3-8288-3577-1

Satz und Layout: Mareike Gill | Tectum Verlag
Druck und Bindung: CPI buchbücher.de, Birkach
Printed in Germany

Besuchen Sie uns im Internet
www.tectum-verlag.de

FSC www.fsc.org
MIX
Papier aus verantwortungsvollen Quellen
FSC® C083411

Bibliografische Informationen der Deutschen Nationalbibliothek
Die Deutsche Nationalbibliothek verzeichnet diese Publikation in der Deutschen Nationalbibliografie; detaillierte bibliografische Angaben sind im Internet über http://dnb.ddb.de abrufbar.

Meinen Eltern

Vorwort

Diese Arbeit lag der Rechtswissenschaftlichen Fakultät der Philipps-Universität Marburg im Sommer 2014 als Dissertation vor. Rechtsprechung und Literatur wurden bis Februar 2015 berücksichtigt.

Mein aufrichtiger Dank gilt meinem Doktorvater Herrn Prof. Dr. Markus Roth für die Betreuung der Arbeit und für die mir gewährte Freiheit bei der Auswahl und Gestaltung des Themas. Herrn Prof. Dr. Johannes Wertenbruch danke ich für die zügige Erstellung des Zweitgutachtens.

Für die Mühen des Korrekturlesens bedanke ich mich bei Dr. Benedikt Ballhausen und Dr. Christopher Jones.

Ganz besonders danken möchte ich Raphaela für ihre vielseitige Unterstützung und ihren wertvollen Zuspruch während der Erstellung dieser Arbeit, wodurch sie wesentlich zum Gelingen meines Promotionsvorhabens beigetragen hat. Mein größter Dank gilt schließlich meinen Geschwistern Tobias und Katharina und insbesondere meinen Eltern Helga und Alfons, die mir meine Ausbildung mit ihrer liebevollen und bedingungslosen Unterstützung erst ermöglicht haben. Ihnen widme ich diese Arbeit.

Düsseldorf, 18. Februar 2015 — Christoph Vaske

Inhaltsübersicht

Inhaltsverzeichnis

Abkürzungsverzeichnis

a. A.	anderer Auffassung
Abs.	Absatz
a. E.	am Ende
a. F.	alter Fassung
AG	Die Aktiengesellschaft, Aktiengesellschaft, Amtsgericht
AktG	Aktiengesetz
Alt.	Alternative
Anm.	Anmerkung
Art.	Artikel
ARUG	Gesetz zur Umsetzung der Aktionärsrechterichtlinie
Aufl.	Auflage
BB	Betriebs-Berater
Bd.	Band
BeckOK	Beck'scher Online Kommentar
Begr. RegE	Regierungsentwurf der Bundesregierung
BGB	Bürgerliches Gesetzbuch
BGBl.	Bundesgesetzblatt
BGH	Bundesgerichtshof
BGHZ	Amtliche Sammlung der Entscheidungen des Bundesgerichtshofes in Zivilsachen
BKR	Zeitschrift für Bank- und Kapitalmarktrecht
BMJ	Bundesministerium der Justiz und für Verbraucherschutz
BRat/BR	Bundesrat
BReg.	Bundesregierung
BT-Drucks.	Bundestagsdrucksache
BVerfG	Bundesverfassungsgericht
BVerfGE	Amtliche Sammlung der Entscheidungen des Bundesverfassungsgerichts

bzgl.	bezüglich
bzw.	beziehungsweise
DB	Der Betrieb
DZWIR	Deutsche Zeitschrift für Wirtschafts- und Insolvenzrecht
e.G.	eingetragene Genossenschaft
e.V.	eingetragener Verein
ESUG	Gesetz zur weiteren Erleichterung der Sanierung von Unternehmen
EWiR	Entscheidungen zum Wirtschaftsrecht
f/ff.	folgende
FS	Festschrift
GÄ	Gegenäußerung
GBl.	Gesetzblatt der Deutschen Demokratischen Republik
Gem./gem.	Gemäß/gemäß
GG	Grundgesetz
GmbH	Gesellschaft mit beschränkter Haftung
GmbHR	Die GmbH-Rundschau
GroßKomm	Großkommentar
GRUR	Gewerblicher Rechtsschutz und Urheberrecht
Grunz.	Grundzüge
GVG	Gerichtsverfassungsgesetz
GWR	Fachzeitschrift GWR – Gesellschafts- und Wirtschaftsrecht
Hs.	Halbsatz
HambKomm	Hamburger Kommentar
HK	Heidelberger Kommentar
HRI	Handbuch Restrukturierung in der Insolvenz – Eigenverwaltung und Insolvenzplan
i.E.	im Ergebnis
i.R.d.	im Rahmen des
InsO	Insolvenzordnung
i.S.v.	im Sinne von
i.V.m.	in Verbindung mit
JNPÖ	Jahrbuch für Neue Politische Ökonomie
JuS	Juristische Schulung
JZ	Juristenzeitung
k.A.	keine Angabe
KO	Konkursordnung
KölnerKomm	Kölner Kommentar
KPB	Kübler/Prütting/Bork

KSI	Kölner Schrift zur Insolvenzordnung
KTS	Zeitschrift für Insolvenzrecht
LG	Landgericht
MDR	Monatsschrift für Deutsches Recht
MünchKomm	Münchener Kommentar
m. w. N.	mit weiteren Nachweisen
NJOZ	Neue Juristische Online Zeitung
NJW	Neue Juristische Wochenschrift
NWB Komm	NWB Verlag, Kommentar
NZG	Neue Zeitschrift für Gesellschaftsrecht
NZI	Neue Zeitschrift für das Recht der Insolvenz und Sanierung
OLG	Oberlandesgericht
RGBl.	Reichsgesetzblatt
Rn.	Randnummer
RPflG	Rechtspflegergesetz
S.	Seite/Satz
sog.	sogenannte/r
Sonderbd.	Sonderband
SchVG	Schuldverschreibungsgesetz
u. a.	unter anderem
UMAG	Gesetz zur Unternehmensintegrität und Modernisierung des Anfechtungsrechts
UmwG	Umwandlungsgesetz
v.	vom
VersR	Zeitschrift für Versicherungsrecht, Haftungs- und Schadensrecht
Vgl./vgl.	Vergleiche/vergleiche
VglO	Vergleichsordnung
Vorbem.	Vorbemerkung/en
WM	Wertpapiermitteilungen
ZGR	Zeitschrift für Unternehmens- und Gesellschaftsrecht
Ziff.	Ziffer(n)
ZInsO	Zeitschrift für das gesamte Insolvenzrecht
ZIP	Zeitschrift für Wirtschaftsrecht
zit.	zitiert
ZPO	Zivilprozessordnung
ZRP	Zeitschrift für Rechtspolitik
ZZP	Zeitschrift für Zivilprozess

Einleitung

§ 1 Ausgangspunkt

Das Gesetz zur weiteren Erleichterung der Sanierung von Unternehmen (ESUG) ist am 1. März 2012 und am 1. Januar 2013 stufenweise in Kraft getreten.[1] Es führte in einzelnen Teilbereichen der Insolvenzordnung (InsO) zu wesentlichen Änderungen, die das gemeinsame Ziel verfolgen, die rechtlichen Rahmenbedingungen für die Sanierung notleidender Unternehmen zu verbessern.[2] Das deutsche Insolvenzrecht bot krisenbehafteten Unternehmen vor dem Inkrafttreten des ESUG keine praxistaugliche Sanierungsoption.[3] Insbesondere die gesetzliche Ausgestaltung des Insolvenzplanverfahrens war Gegenstand fortlaufender Kritik, die sich primär auf die „Rechtsmittellastigkeit" des Planverfahrens bezog.[4]

---

1 Gesetz zur weiteren Erleichterung der Sanierung von Unternehmen v. 7.12.2011, BGBl. I 2011, S. 2582 ff.

2 Begründung der Bundesregierung zum Entwurf eines Gesetzes zur weiteren Erleichterung der Sanierung von Unternehmen, Begr. RegE ESUG, BT-Drucks. 17/5712, S. 1.

3 *Braun/Heinrich*, NZI 2011, 505; *Brinkmann*, WM 2011, 97; *Römermann*, GmbHR 2012, 421 f.; *Haas*, NZG 2012, 961, 962; *Hölzle*, NZI 2011, 124, 125; *Vallender*, NZI 2010, 838, 841; *Landfermann*, WM 2012, 821, 822 f.; *Madaus*, NZI 2011, 622 ff. Als erfolgreiche Einzelfälle sind etwa die Insolvenzplanverfahren des Berliner *Herlitz*-Konzerns, der *Senator Entertainment* AG, der *Pin*-Group und *Garant Schuh+Mode* AG, von *Ihr Platz*, der *Babcock Borsig* AG, von *Kirch Media* sowie der *Deutschen Nickel* AG zu nennen, dazu siehe die Auflistung bei *Uhlenbruck*, NZI 2008, 201, 204 m. w. N.

4 *Eidenmüller*, in: MünchKomm-InsO, Vorbem. zu §§ 217 bis 269 Rn. 64; *Jaffé*, ZGR 2010, 248, 258; *Braun/Heinrich*, NZI 2011, 505, 510; *Landfermann*, WM 2012, 821, 822 m. w. N.; *Schelo*, DB 2010, 2209, 2211; *Uhlenbruck*, NZI 2008, 201, 204 m. w. N.; *Kebekus/Wehler*, in: Graf-Schlicker, InsO, § 253 Rn. 2.

Im Mittelpunkt der Kritik stand das Beschwerderecht gegen einen gerichtlichen Planbestätigungsbeschluss. Das Beschwerderecht ermöglichte es den Beteiligten, den Eintritt der Wirkungen eines Plans um Monate oder gar Jahre zu verzögern,[5] wodurch aussichtsreiche Sanierungsvorhaben zum Teil ernsthaft gefährdet wurden. Vermehrt ist die Durchführung eines Insolvenzplanverfahrens in Folge der beschwerdebedingten Verzögerungsgefahren von vornherein schon nicht in Betracht gezogen worden, da sich bereits im Vorfeld einer Planausarbeitung eine entsprechende Obstruktionsbereitschaft von Gläubigern abzeichnete oder das Risiko des ungewissen Eintritts von Verfahrensverzögerungen nicht eingegangen werden konnte.

Die beschwerdebedingte Rechtsmittellast des Insolvenzplanverfahrens beruhte auf zwei wesentlichen Gründen. Einerseits verursachte die Beschwerdeeinlegung eine zeitliche Verzögerung für den Eintritt der Wirkungen eines Plans (vgl. § 254 Abs. 1 Satz 1 InsO a. F.[6]). Diese traten erst mit einem rechtskräftigen Bestätigungsbeschluss ein (§ 248 InsO), der seinerseits eine rechtskräftige Entscheidung über die sofortige Beschwerde voraussetzte.

Als Vorstufe der Verzögerungswirkungen ließ sich die Rechtsmittellast darüber hinaus auf die Einlegungsvoraussetzungen der sofortigen Beschwerde zurückführen.[7] Infolge geringer Zulässigkeitshürden vermochten einzelne Beteiligte die Verzögerung des Planverfahrens durch die Einlegung einer sofortigen Beschwerde ohne nennenswerte Anforderungen auszulösen. Das Rechtsmittel mündete dadurch nahezu ungefiltert in eine möglicherweise langwierige Begründetheitsprüfung. Im Wortlaut des § 253 InsO a. F. hieß es lediglich:

---

5 Begr. RegE ESUG, BT-Drucks. 17/5712, S. 1; vgl. auch BGH v. 17.9.2014 – IX ZB 26/14 *(Suhrkamp)*, NZG 2014, 1351, 1353 Rn. 8; *Smid/Rattunde/Martini*, Der Insolvenzplan, Rn. 18.36b; *Hirte/Knof/Mock*, DB 2011, 693; *Schelo*, DB 2010, 2209, 2210; beispielhaft zu nennen sind die Fälle der *Konsumgesellschaft Berlin und Umgebung e. G.* (dazu BGH v. 7.7.2005 – IX ZB 266/04, NZI 2005, 619 ff.; *Smid*, NZI 2005, 296 ff.) sowie der *Senator Entertainment AG* (dazu *Fritze*, DZWIR 2007, 89 ff.); siehe auch *Braun*, NZI 1999, 473, 474.

6 Seit dem Inkrafttreten des ESUG entspricht § 254 Abs. 1 InsO der früheren Regelung des § 254 Abs. 1 Satz 1 InsO a.F.

7 Siehe auch *Madaus*, Der Insolvenzplan, 2011, Kap. 5, S. 615 f.

„Gegen den Beschluß, durch den der Insolvenzplan bestätigt oder die Bestätigung versagt wird, steht den Gläubigern und dem Schuldner die sofortige Beschwerde zu."

Besondere Zulässigkeitsvoraussetzungen sah das Beschwerderecht nicht vor. Für die Beschwerdebefugnis eines Gläubigers bedurfte es lediglich einer materiellen Beschwer.[8] Hierfür reichte es aus, wenn der Plan die Rechte des Gläubigers – formal – beeinträchtigte. Die Beschwerdebefugnis war somit bereits zu bejahen, sofern der Plan keine vollständige Befriedigung der Gläubigerforderung vorsah.[9] Als besonders misslich erwies sich in diesem Zusammenhang, dass die Beschwerde in Folge der weitreichenden Beschwerdebefugnis zulässig verfolgt werden konnte, ohne dass es darauf ankam, ob der Beschwerdeführer im Falle eines rechtskräftigen Bestätigungsbeschlusses einen wirtschaftlichen Nachteil gegenüber jedem denkbaren alternativen Verwertungsszenario erlitten hätte.[10]

Damit beschränkte sich der Prüfungsgegenstand der sofortigen Beschwerde faktisch regelmäßig auf eine reine Fehlerüberprüfung des insolvenzgerichtlichen Bestätigungsbeschlusses.[11] Erschwerend kam hinzu, dass sich Gläubiger die „Großzügigkeit" der gesetzlichen Ausgestaltung des Beschwerderechts vereinzelt zunutze machten, um einen Plan lediglich aus taktischen Motiven – parallel zur Motivlage „räuberischer Aktionäre" – zu bekämpfen. Dabei verfolgten Gläubiger eine sofortige Beschwerde lediglich aus finanziellen Bereicherungsmotiven, um sich eine Zurücknahme ihrer Beschwerde mit einem Sondervorteil „abkaufen" zu lassen.[12]

8 BGH v. 7.7.2005 – IX ZB 266/04, NZI 2005, 619, 620; LG Berlin v. 20.10.2004 – 86 T 578/04; NZI 2005, 335, 336; *Sinz*, in: MünchKomm-InsO, § 253 Rn. 22.

9 BGH v. 7.7.2005 – IX ZB 266/04, NZI 2005, 619, 620; LG Berlin v. 20.10.2004 – 86 T 578/04; NZI 2005, 335, 336; *Spliedt*, in: K. Schmidt, InsO, § 253 Rn. 14; *Flessner*, in: HK-InsO, 6. Aufl. 2011, § 253 Rn. 7; *Jungmann*, Grundpfandgläubiger und Unternehmensinsolvenz, 2004, Rn. 321.

10 BGH v. 15.7.2010 – IX ZB 65/10, NZI 2010, 734, 736 Rn. 23 ff.; BGH v. 3.12.2009 – IX ZB 30/09, NZI 2010, 101.

11 Vgl. *Heublein*, NZI 2005, 381 f.

12 Begr. RegE ESUG, BT-Drucks. 17/5712, S. 35; *Sinz*, in: MünchKomm-InsO, § 253 Rn. 6.

Im Rahmen des ESUG griff der Gesetzgeber die Rechtsmittelproblematik des Insolvenzplanverfahrens auf, indem er die sofortige Beschwerde gegen einen gerichtlichen Planbestätigungsbeschluss umfassend reformierte. Mit § 253 Abs. 2 InsO wurden in einem ersten Schritt neuartige Zulässigkeitsvoraussetzungen in das Gesetz aufgenommen, die eine erhebliche Begrenzung der Beschwerdebefugnis zur Folge haben.[13] Um beschwerdebefugt zu sein, muss der Beschwerdeführer nunmehr zunächst formell beschwert sein (§ 253 Abs. 2 Nr. 1, 2 InsO). Insoweit muss dieser seine verfahrensmäßigen Möglichkeiten ausgeschöpft haben, um den Plan zu verhindern.[14] Seit dem Inkrafttreten des ESUG hängt die Beschwerdebefugnis damit von der Vornahme bestimmter verfahrensmäßiger Maßnahmen ab, wodurch in erster Linie eine Optimierung der Planbarkeit des Verfahrensverlaufs erreicht werden soll.[15] Gemäß § 253 Abs. 2 Nr. 3 InsO wurden darüber hinaus die Anforderungen an die materielle Beschwer erheblich verschärft. Der Beschwerdeführer muss glaubhaft machen, dass er im Vergleich zu einer hypothetischen Verwertung nach den Vorschriften des Regelinsolvenzverfahrens wesentlich schlechtergestellt wird und dass dieser Nachteil nicht durch eine Zahlung aus finanziellen Mitteln kompensiert werden kann, die der Plan eigens dafür vorsehen kann (vgl. § 251 Abs. 3 InsO).[16]

In Ergänzung zu den neuartigen Zulässigkeitsvoraussetzungen sieht das Gesetz in § 253 Abs. 4 InsO erstmals in der Geschichte des deutschen Insolvenzrechts schließlich die Möglichkeit vor, eine sofortige Beschwerde unter bestimmten Voraussetzungen unverzüglich zurückzuweisen. Die zeitliche Verzögerung für den Eintritt der Wirkungen eines Plans (vgl. § 254 Abs. 1 InsO) kann dadurch zugunsten einer frühzeitigen Durchsetzung der im Plan vorgesehenen Sanierungsmaßnahmen beendet werden.

Der Gesetzgeber erhofft sich von den neuartigen Zulässigkeitsvoraussetzungen sowie von dem Zurückweisungsinstrument eine moderate

13 Die sofortige Beschwerde gemäß § 253 InsO findet gem. Art. 103g Satz 1 EGInsO Anwendung in Insolvenzverfahren, die aufgrund von Insolvenzanträgen eröffnet worden sind, die ab dem 1.3.2012 gestellt worden sind, *Sinz*, in: MünchKomm-InsO, § 253 Rn. 5.

14 Begr. RegE ESUG, BT-Drucks. 17/5712, S. 35.

15 Begr. RegE ESUG, BT-Drucks. 17/5712, S. 35.

16 Begr. RegE ESUG, BT-Drucks. 17/5712, S. 35.

Beschränkung der Rechtsschutzmöglichkeiten,[17] indem beschwerdebedingte Verfahrensverzögerungen eingedämmt und zügige Plandurchsetzungen im Interesse aussichtsreicher Sanierungen gefördert werden.

§ 2 Problemstellung und Ziel der Untersuchung

Die vorliegende Arbeit verfolgt zwei Zielrichtungen. Soweit im thematischen Ausgangspunkt bereits die umgesetzten Reformmaßnahmen innerhalb des § 253 InsO angeklungen sind, widmet sich die Untersuchung in einem ersten Schritt einer ausführlichen Darstellung der Zulässigkeitsvoraussetzungen (§ 253 Abs. 2 Nr. 1 bis 3 InsO) sowie des neuartigen Zurückweisungsverfahrens (§ 253 Abs. 4 InsO).

In Bezug auf die Voraussetzungen des § 253 Abs. 2 Nr. 1 bis 3 InsO behandelt die Arbeit zunächst die Thematik des personellen Anwendungsbereichs. Ein Schwerpunkt liegt in diesem Zusammenhang auf der Fragestellung, ob die Voraussetzungen des § 253 Abs. 2 InsO trotz grundsätzlich eröffneten personellen Anwendungsbereichs in jeder Beschwerdekonstellation ausnahmslos zur Zulässigkeitshürde erhoben werden können. Damit deutet sich an dieser Stelle bereits an, dass die Ermittlung des Anwendungsbereichs eine Unterscheidung zwischen verschiedenen Beschwerdekonstellationen erfordert. Das Differenzierungsbedürfnis beruht darauf, dass im Rahmen des ESUG eine enge systematische Verknüpfung des Rechtsmittels der sofortigen Beschwerde mit Elementen des Insolvenzplanverfahrens erfolgt ist. Dabei gilt es im Rahmen der Frage des Anwendungsbereichs sowohl nach der Beteiligtenstellung des Beschwerdeführers als auch zwischen verschiedenen Abstimmungskonstellationen zu unterscheiden, aus denen die denkbaren Beschwerdekonstellationen hervorgehen.[18]

Ein erheblicher praktischer Klärungsbedarf entsprechender Fragestellungen ergibt sich insbesondere vor dem Hintergrund der jüngst zu beobachtenden Kontroversen in der Rechtsprechung. Diese zeigten sich in Bezug auf die Voraussetzungen des § 253 Abs. 2 InsO zuletzt eindrucksvoll

17 Begr. RegE ESUG, BT-Drucks. 17/5712, S. 35.

18 Dazu ausführlich § 12, II.

in dem vielbeachteten Insolvenzverfahren der *Suhrkamp-Verlagsgruppe GmbH & Co. KG*. Diese bediente sich zum Zwecke der Sanierung eines Insolvenzplans, der erhebliche Eingriffe in die Rechte ihrer Minderheitsgesellschafterin vorsah.[19] Nach erfolgter Bestätigung des Insolvenzplans durch das AG Berlin Charlottenburg[20] wandte sich die Minderheitsgesellschafterin vor der zuständigen Beschwerdekammer des LG Berlin mit der sofortigen Beschwerde gemäß § 253 InsO gegen den Planbestätigungsbeschluss. Während die sofortige Beschwerde mit Beschluss vom 21./24.2.2014[21] unter Zulassung der Rechtsbeschwerde zunächst durch das LG Berlin als unzulässig verworfen wurde und die Beschwerde mit Beschluss vom 14.4.2014[22] zusätzlich gemäß § 253 Abs. 4 InsO zurückgewiesen wurde, hob der BGH im Rechtsbeschwerdeverfahren die Entscheidungen des LG Berlin mit Beschluss vom 17.7.2014[23] auf und verwies die Sache zur erneuten Verhandlung an das LG Berlin zurück. Soweit dem Aufhebungsbeschluss des BGH der Verwerfungsbeschluss des LG Berlin zugrunde liegt, stützt der Senat diesen auf eine fehlerhafte Anwendung der beschwerderechtlichen Zulässigkeitsvoraussetzungen gemäß § 253 Abs. 2 InsO.[24] Auf die Erwägungen des LG Berlin und des BGH, die insoweit nahtlos an die im juristischen Schrifttum geführten Diskussionen anknüpfen, wird an anderer Stelle zurückzukommen sein.

Zahlreiche Fragen stellen sich darüber hinaus im Zusammenhang mit dem neuartigen Zurückweisungsinstrument gemäß § 253 Abs. 4 InsO, zuletzt angeheizt durch die in wesentlichen Punkten divergierenden Entscheidungen des LG Berlin[25] und des BGH[26] im Rahmen der *Suhrkamp*-Insolvenz. Dabei hatten sich das LG Berlin im Beschwerdeverfahren

19 Zu der Insolvenz der *Suhrkamp-Verlagsgruppe GmbH & Co. KG* vgl. die Darstellungen bei *Commandeur/Hübler*, NZG 2015, 185 ff.; *Göb*, NZI 2015, 13 ff.; *Böcker*, DZWIR 2014, 440 ff.; *ders.*, DZWIR 2014, 577 ff.; *ders.*, DZWIR 2015, 10 ff.; *Müller*, DB 2014, 41 ff.; *Lehmann/Rühle*, NZI 2014, 889 ff.; *Skauradszun*, DZWIR 2014, 338 ff.; *Smid*, ZInsO 2014, 1873 ff.; *ders.*, ZInsO 2014, 2078 ff.

20 AG Charlottenburg v. 15.1.2014 – 36s IN 2196/13 *(Suhrkamp)*, BeckRS 2014, 14998.

21 LG Berlin v. 21./24.2.2014 – 51 T 107/14 *(Suhrkamp)*, ZInsO 2014, 962 f.

22 LG Berlin v. 14.4.2014 – 51 T 107/14 *(Suhrkamp)*, ZInsO 2014, 963 ff.

23 BGH v. 17.7.2014 – IX ZB 13/14 *(Suhrkamp)*, NZG 2014, 1309 ff.

24 Dazu ausführlich unten § 12, II., 2., b), aa).

25 LG Berlin v. 14.4.2014 – 51 T 107/14 *(Suhrkamp)*, ZInsO 2014, 963 ff.; LG Berlin v. 20.10.2014 – 51 T 696/14 *(Suhrkamp)*, NZI 2015, 66 ff.

26 BGH v. 17.7.2014 – IX ZB 13/14 *(Suhrkamp)*, NZG 2014, 1309 ff.

sowie der BGH im Rechtsbeschwerdeverfahren zunächst mit der Frage auseinanderzusetzen, in welchem Verhältnis das neuartige Zurückweisungsverfahren des § 253 Abs. 4 zu der „regulären" Beschwerde des § 253 Abs. 1 bis 3 InsO steht. Darüber hinaus war fraglich, ob gegen den Zurückweisungsbeschluss gemäß § 253 Abs. 4 InsO die Rechtbeschwerde statthaft war, die das LG Berlin zugelassen hatte.[27]

Schließlich erscheint auch losgelöst von der Rechtsprechung im *Suhrkamp*-Verfahren eine Untersuchung des dogmatischen Charakters des Zurückweisungsverfahrens[28] sowie der Zurückweisungsvoraussetzungen der § 253 Abs. 4 Satz 1, 2 InsO lohnend.[29] Insbesondere die dogmatische Einordnung des Zurückweisungsinstruments ist insoweit wegweisend für die Beantwortung prozessualer Folgefragen.[30]

Den Ausführungen zu dem reformierten Beschwerderecht schließt sich die zweite Zielrichtung der Arbeit an: Die Bewertung der Reformmaßnahmen durch das ESUG im Lichte der gesetzgeberischen Intention, durch eine Reduzierung von Beschwerdemöglichkeiten zu zügigen Planverfahren beizutragen. Die Beurteilung der Sinnhaftigkeit und Tauglichkeit der Reformmaßnahmen im Beschwerderecht erfolgt dabei auf der Grundlage des vorab darzustellenden Anforderungsprofils, das an einen Beschwerdeführer im Beschwerdeverfahren gestellt wird.

Die Ergebnisse und Schlussfolgerungen der Untersuchung werden schließlich fruchtbar gemacht, um potenzielle Reformmaßnahmen für ein Beschwerderecht *de lege ferenda* zu beleuchten, die das Insolvenzplan-

---

27 Dazu siehe § 14, V., 5.

28 Soweit sich das Schrifttum überhaupt mit einer entsprechenden Thematik auseinandersetzt, begnügen sich die Verfasser, soweit ersichtlich, mit der Feststellung, dass es sich bei dem „Verfahren" des § 253 Abs. 4 InsO entsprechend der Vorbildregelung des § 246a AktG (vgl. Beschlussempfehlung und Bericht zum ESUG, BT-Drucks. 17/7511, S. 49) um ein spezielles Eilverfahren handelt, so etwa *Sinz*, in: MünchKomm-InsO, § 253 Rn. 58, 72, 87; *Fischer*, NZI 2013, 513, 515.

29 Dazu § 14, VI.

30 Dies gilt etwa für die Frage des Beweismaßstabs. Obwohl § 253 Abs. 4 InsO keine Anordnungen trifft, wird unter Annahme eines in Abs. 4 normierten speziellen Eilverfahrens teilweise von einer entsprechenden Anwendung des Erfordernisses der Glaubhaftmachung i. S. v. § 294 ZPO ausgegangen, so etwa *Sinz*, in: MünchKomm-InsO, § 253 Rn. 72; *Fischer*, NZI 2013, 513, 517.

verfahren weiter optimiert. Als Diskussionsgrundlage dient insoweit die aktuelle zweigliedrige Ausgestaltung des Planverfahrens, in dem sowohl ein gerichtliches Planbestätigungsverfahren gemäß § 248 InsO als auch die Statthaftigkeit einer sofortigen Beschwerde gemäß § 253 InsO weiterhin vorgesehen sind.[31] Darüber hinaus wird auf die Frage einzugehen sein, ob es einer Rechtsmittelinstanz in Form des § 253 InsO überhaupt bedarf oder vielmehr ihre vollständige Abschaffung in Erwägung gezogen werden sollte.[32]

§ 3 Vorgehensweise

Zu Beginn der Arbeit werden in einem ersten Kapitel der Begriff der „Sanierung" und seine insolvenzrechtlich-spezifische Bedeutung dargestellt (Kapitel 1). Im Anschluss wird in Grundzügen auf die früheren Kritikpunkte des insolvenzrechtlichen Sanierungsrechts sowie auf die daraus resultierenden Reformmaßnahmen des ESUG eingegangen.

Im zweiten und dritten Kapitel wird mit einer Darstellung des Insolvenzplanverfahrens (Kapitel 2) sowie des Rechtsmittels der sofortigen Beschwerde gemäß § 253 InsO (Kapitel 3) ein notwendiges Grundlagenverständnis vermittelt. Das zweite Kapitel bezieht sich dabei schwerpunktmäßig auf die Darstellung des Abstimmungsverfahrens gemäß §§ 235 ff. InsO einschließlich der damit in materiell-rechtlicher Hinsicht unmittelbar in Zusammenhang stehenden Minderheitenschutzkonstellationen des Insolvenzplanverfahrens. Einer Darstellung des Minderheitenschutzes bedarf es deshalb, da im Rahmen der Klärung des Anwendungsbereichs der beschwerderechtlichen Zulässigkeitsvoraussetzungen, infolge der durch das ESUG insoweit erfolgten formell- und materiell-rechtlichen Verknüpfung mit dem Planverfahren, im Wesentlichen auf die jeweiligen

31 Siehe etwa den konkreten Änderungsvorschlag der Zulässigkeitsvoraussetzung des § 253 Abs. 2 Nr. 3 InsO von *Fischer*, NZI 2013, 513, 514; vgl. auch *Thies*, in: HambKomm-InsO, § 253 Rn. 19; *Burmeister/Schmidt-Hern*, in: Kübler, HRI, § 43 Rn. 137; *Hirte/Knof/Mock*, DB 2011, 693; *Braun/Heinrich*, NZI 2011, 505, 510.

32 Dazu siehe die Empfehlungen des Bundesrates zum ESUG v. 5.4.2011 (BR-Drucks. 127/1/11, S. 21), BRat ESUG, BT-Drucks. 17/5712, Anlage 3, S. 58; sowie im Schrifttum *Bork*, ZIP 2010, 397, 412; *Madaus*, NZI 2010, 430, 432 ff.; *Frind*, ZInsO 2010, 1426, 1432.

Minderheitenschutzkonstellationen zurückgegriffen werden muss. Das dritte Kapitel befasst sich zunächst mit einer grundlegenden Darstellung der sofortigen Beschwerde gemäß § 253 InsO, der sich ein Abschnitt über die wesentlichen Kritikpunkte des früheren Beschwerderechts gemäß § 253 InsO a. F. anschließt. In diesem Zusammenhang wird insbesondere der Frage nachgegangen, weshalb das Rechtsmittel der sofortigen Beschwerde vor dem Inkrafttreten des ESUG als ein sanierungsfeindliches Obstruktionsinstrument in Verruf geraten ist.

Der Kern der Arbeit befasst sich in einem vierten Kapitel mit der ausführlichen Darstellung des reformierten Beschwerderechts gegen die Bestätigung eines Insolvenzplans (Kapitel 4). In diesem Zusammenhang werden in erster Linie die neuartigen Zulässigkeitsvoraussetzungen gemäß § 253 Abs. 2 InsO in Augenschein genommen. Sodann wird umfassend auf das in § 253 Abs. 4 InsO normierte Zurückweisungsinstrument eingegangen. Das Kapitel schließt mit der Beantwortung der Frage, ob die umgesetzten Reformmaßnahmen die in sie gesetzten Erwartungen erfüllen.

In einem fünften und letzten Kapitel werden potenzielle (weitere) Reformmaßnahmen im Beschwerderecht gegen einen Planbestätigungsbeschluss beleuchtet, die zu einer weiteren Optimierung des Insolvenzplanverfahrens als insolvenzrechtliches Sanierungsinstrument beitragen (Kapitel 5).

Kapitel 1: Das Gesetz zur weiteren Erleichterung der Sanierung von Unternehmen

§ 4 Begriff der „Sanierung"

Die Reform des Insolvenzrechts durch das ESUG steht unter der einheitlichen Zielsetzung der weiteren Erleichterung der Sanierung von Unternehmen; insoweit ist der Titel des Gesetzes Programm.[33] Bei dem Begriff der „Sanierung" (*lat.*: Heilung bzw. Gesundung) handelt es sich um keinen wissenschaftlich fundierten *terminus technicus*.[34] Eine feststehende und allgemeingültige Definition sucht man vergebens. Im Schrifttum werden mit der Sanierung gemeinhin alle leistungs-, finanzwirtschaftlichen und rechtlichen Maßnahmen bezeichnet, die geeignet und erforderlich sind, um ein notleidendes Unternehmen aus einer Situation herauszuführen, die seinen Fortbestand gefährdet. Sie bezweckt die Sicherung des Fortbestands des Unternehmens und dient seiner Gesundung.[35] Ob es einer Sanierung bedarf, hängt entscheidend von der wirtschaftlichen Situation des Unternehmens ab. Dabei ist ein Sanierungsbedarf regelmäßig bereits in den Fällen einer *wirtschaftlichen Krise* des Unternehmens zu bejahen, nicht erst im Falle seiner *rechtlichen Krise*. Von einer wirtschaftlichen Krise ist die Rede, wenn die Annahme der für die Eröffnung des Insolvenzverfahrens

33 *Braun/Heinrich*, NZI 2011, 505.

34 *Noack*, Gesellschaftsrecht, Sonderbd. 1, Rn. 166; *K. Schmidt*, in: K. Schmidt/Uhlenbruck, Die GmbH in Krise, Sanierung und Insolvenz, Rn. 2.6.

35 *Noack*, Gesellschaftsrecht, Sonderbd. 1, Rn. 166; ebenso *K. Schmidt*, in: K. Schmidt/Uhlenbruck, Die GmbH in Krise, Sanierung und Insolvenz, Rn. 2.6 ff.; *Bitter*, ZGR 2010, 147, 151 f. m. w. N. sowie *Uhlenbruck*, KTS 1981, 513, 533 ff.

bekannten Insolvenzgründe vertretbar ist,[36] die Abwendung der Insolvenz gleichwohl noch möglich ist.[37] In diesem Zusammenhang kann als mögliche Ausgestaltungsform einer wirtschaftlichen Krise weitergehend zwischen Stakeholderkrisen, Strategiekrisen, Produkt- und Absatzkrisen, Erfolgskrisen und Liquiditätskrisen unterschieden werden.[38] Demgegenüber ist von einer rechtlichen Krise die Rede, sofern die Abwendung der Insolvenz infolge einer bereits eingetretenen Zahlungsunfähigkeit (§ 17 InsO), einer drohenden Zahlungsunfähigkeit (§ 18 InsO) und/oder einer Überschuldung (§ 19 InsO) nicht mehr möglich ist. Mit der Insolvenz des Unternehmens endet damit juristisch betrachtet die wirtschaftliche Krise und es beginnt die „rechtliche Krise“,[39] wenngleich sich die wirtschaftliche Krise mit dem Stadium der Insolvenz weiter verfestigt. Eine ausschließlich insolvenzrechtsspezifische Bedeutung ist der Sanierung trotz des hohen Stellenwertes gerade im insolvenzrechtlichen Kontext insoweit nicht beizumessen.[40]

36 *Roth*, Unternehmerisches Ermessen und Haftung des Vorstands, 2001, § 9, S. 250 f.; *Smid*, Praxishandbuch Insolvenzrecht, § 1 Rn. 52.

37 *Smid*, Praxishandbuch Insolvenzrecht, § 1 Rn. 52.

38 *Gras*, in: Nerlich/Kreplin, Insolvenz und Sanierung, § 2 Rn. 1 ff.; *Steffan*, in: Oppenländer/Trölitzsch, GmbH-Geschäftsführung, § 37 Tz. 36; *Zabel*, in: Kübler, HRI, § 4 Rn. 3 ff. m. w. N.; *Hess/Obermüller*, Insolvenzplan, 534 ff.; *Bichlmeier/Engberding/Oberhofer*, Insolvenzhandbuch, 2. Teil, A., S. 39 ff.

39 *Roth*, Unternehmerisches Ermessen und Haftung des Vorstands, 2001, § 9, S. 250 f. m. w. N.; siehe auch *Zabel*, in: Kübler, HRI, § 4 Rn. 5.

40 Umfassend zum Krisenbegriff und zu den verschiedenen Stadien einer Krise *Zabel*, in: Kübler, HRI, § 4 Rn. 3 ff.; *Madaus*, Der Insolvenzplan, 2011, Kap. 1, S. 8 f.

§ 5 Sanierung im insolvenzrechtlichen Kontext

I. Die Sanierungsinstrumente der Insolvenzordnung

Die „Sicherung des Unternehmensfortbestands" als Sanierungsziel trifft keine Aussage über das konkrete Sanierungsobjekt, etwa ob die Sanierung auch die Sicherung des Fortbestands des Unternehmensträgers umfasst oder diese lediglich auf die Sicherung der wirtschaftlichen Einheit des Unternehmens abzielt. Das Sanierungsobjekt ist in erster Linie das „Unternehmen". Im Zusammenhang mit der Sanierung eines insolventen Unternehmens kommt dieser Frage jedoch eine durchaus bedeutende Rolle zu. Denn ob im Einzelfall auch der Unternehmens- bzw. Rechtsträger saniert werden kann (sog. Reorganisation[41]), bestimmt sich maßgeblich nach dem gewählten Verwertungs- bzw. Sanierungsinstrument, das der Gesetzgeber in der Insolvenzordnung zur Verfügung stellt.[42]

Die InsO sieht mit dem Regelinsolvenzverfahren (vgl. §§ 156 bis 173, 187 bis 216 InsO) und dem Insolvenzplanverfahren (§§ 217 bis 269 InsO) zwei Verwertungsinstrumente vor, die aufgrund ihrer verschiedenen Verwertungsoptionen in unterschiedlicher Weise als Sanierungsinstrumente in Betracht kommen. Die Reorganisation des Unternehmens bleibt dabei ausschließlich dem Insolvenzplanverfahren vorbehalten,[43] wenngleich auch im Regelinsolvenzverfahren entgegen dem gemäß § 1 Satz 1 InsO anmutenden Anwendungsbereich (*Verwertung* und *Verteilung*) eine Sanierung nicht gänzlich ausgeschlossen ist. So besteht im Wege einer übertragenden Sanierung[44] gemäß §§ 160 ff. InsO die Möglichkeit, das Unternehmen in seiner wirtschaftlichen Einheit zu erhalten. Dazu wird

---

41 *Eidenmüller*, Unternehmenssanierung zwischen Markt und Gesetz, 1999, S. 15; *Förste*, Insolvenzrecht, § 28 Rn. 431; *Madaus*, Der Insolvenzplan, 2011, Kap. 1, S. 28; *Kilger*, ZIP 1982, 779, 781; *Uhlenbruck*, KTS 1981, 513, 537 f.

42 Auch die Begründung der Bundesregierung zur Entwurfsfassung der InsO versteht den Begriff der Sanierung weit: „*Unter marktwirtschaftlichen Bedingungen wird ein Unternehmen dann saniert, wenn seine Fortführung – durch den bisherigen oder einen neuen Rechtsträger – für die Beteiligten …*", Begr. RegE InsO, BT-Drucks. 12/2443, S. 76.

43 Statt vieler *Kluth*, ZInsO 2002, 1115.

44 Grundlegend zum Begriff der übertragenden Sanierung *K. Schmidt*, ZIP 1980, 328, 336 f.; siehe auch *Bork*, Sanierungsrecht in Deutschland und England, Rn. 5.9; *Undritz*, ZGR 2010, 201, 205, der darauf hinweist, dass weit über 90 % der erfolg-

der Betrieb oder ein Betriebsteil von dem insolventen Träger auf einen anderen, bereits bestehenden oder neu zu gründenden Rechtsträger übertragen und fortgeführt.[45] Dies entspricht der Gestaltungspraxis im Rahmen einer sog. übertragenden Auflösung.[46]

Gleichwohl ist auch der Insolvenzplan als Verwertungsinstrument nicht auf das Verwertungsziel einer Reorganisation beschränkt, auch wenn der Gesetzgeber den Insolvenzplan in erster Linie als Paradeinstrument einer Reorganisation verstanden wissen will. Dessen ungeachtet kann ein Insolvenzplan auch ein Liquidationskonzept sowie eine übertragende Sanierung als Verwertungskonzept beinhalten.[47] Der Gesetzgeber hielt sich bei der Ausgestaltung des Insolvenzverfahrens in Bezug auf die Festlegung konkreter Verwertungsobjekte und -ziele bewusst zurück, um in jedem Einzelfall eine bestmögliche Gläubigerbefriedigung realisieren zu können.[48]

---

reichen inländischen Restrukturierungen im Insolvenzverfahren im Wege einer übertragenden Sanierung erfolgen.

45 Begr. RegE InsO, BT-Drucks. 12/2443, S. 94; *Eilenberger*, in: MünchKomm-InsO, § 220 Rn. 18; *Kautzsch*, Unternehmenssanierung im Insolvenzverfahren, S. 145; *Tautorus/Janner*, in: Nerlich/Kreplin, Insolvenz und Sanierung, § 20 Rn. 127 ff.; *Bichlmeier/Engberding/Oberhofer*, Insolvenzhandbuch, 3. Teil, B., S. 339; *Schulz/Bert/Lessing*, Handbuch Insolvenz, Kap. 8.1, S. 241 f.; *Keller*, Insolvenzrecht, 4. Teil, Kap. 12 Rn. 1628 ff.; *Simon/Brünkmans*, ZIP 2014, 657, 658; *Foerste*, ZZP 2012, 265, 268 f.; *Fröhlich/Bächstädt*, ZInsO 2011, 985, 986. Zwar ist mit der Übertragung rechtlich notwendig eine Einstellung des übertragenden Unternehmens verbunden, dennoch handelt es sich nicht um eine Liquidation in dem Sinne, wie sie sich regelmäßig im Rahmen des Regelinsolvenzverfahrens in Form der Verwertung der einzelnen Vermögensgegenstände darstellt, da die wirtschaftliche Einheit im Wege der Übertragung auf einen anderen Rechtsträger fortgeführt wird, *Undritz*, in: Kübler, HRI, § 2 Rn. 10.

46 Dazu siehe etwa *Roth*, NZG 2003, 998 ff. m. w. N.

47 *Bichlmeier/Engberding/Oberhofer*, Insolvenzhandbuch, 3. Teil, C., S. 342 ff. Je nach zugrunde liegendem Plankonzept bzw. Planziel lassen sich Liquidationspläne, Übertragungspläne, Reorganisationspläne, Schuldenregulierungspläne oder verschiedene Mischformen unterscheiden, dazu etwa *Eidenmüller*, in: MünchKomm-InsO, § 217 Rn. 167 ff. m. w. N.; *von Websky*, in: Die Betriebsfortführung im Insolvenzverfahren, Teil III, I. Rn. 2356 ff.; *Braun*, in: FS Fischer, 2008, S. 53.

48 Begr. RegE InsO, BT-Drucks. 12/2443, S. 74 ff.; *von Websky*, in: Die Betriebsfortführung im Insolvenzverfahren, Teil III, I. Rn. 2354; *Braun*, in: FS Fischer, 2008, S. 53 f. Mit einer ökonomischen Analyse der Verwertungsoptionen in einem Insolvenzplan befasst sich *Huelsdunk*, KTS 1999, 291 ff.

II. Unternehmenserhalt als nachrangiges Ziel

§ 1 Satz 1 InsO nennt die bestmögliche „gemeinschaftliche Gläubigerbefriedigung“[49] als Primärziel des Insolvenzverfahrens. Dies soll dadurch erreicht werden, indem das Vermögen des Schuldners verwertet und der Erlös verteilt oder in einem Insolvenzplan eine abweichende Regelung, insbesondere zum Erhalt des Unternehmens, getroffen wird.

Weil unter anderem der Erhalt des Unternehmens explizit im Wortlaut des § 1 InsO Erwähnung findet, qualifizieren Teile im Schrifttum den Unternehmenserhalt als ein gleichrangiges, neben der bestmöglichen gemeinschaftlichen Gläubigerbefriedigung stehendes Verfahrensziel.[50] Gleichwohl erwähnt § 1 Satz 1 InsO den Erhalt des Unternehmens lediglich als ein mögliches Konzept für einen Insolvenzplan („insbesondere“), mit dem in gewissen Umfängen durch privatautonome Entscheidungsprozesse von den gesetzlich festgelegten Verwertungsvorschriften des Regelinsolvenzverfahrens abgewichen werden kann.[51] Somit folgt bereits aus der Semantik des Gesetzeswortlauts, dass die bestmögliche gemeinschaftliche Gläubigerbefriedigung als Primärziel des Insolvenzverfahrens auch im Falle der Durchführung eines Insolvenzplanverfahrens bestehen bleibt. Der Erhalt des Unternehmens stellt insoweit lediglich ein (Neben-) Ziel dar,[52] welches dem Primärziel stets unterzuordnen ist.[53] Die Einordnung des Unternehmenserhalts als gleichrangiges Verfahrensziel würde zudem der insolvenzrechtlichen Realität nicht gerecht, da die Liquidation

---

49 Begr. RegE InsO, BT-Drucks. 12/2443, S. 108.

50 So etwa *Prütting*, in: KPB, InsO, § 5 Rn. 66; *ders.* in: KSI, Kap. 1 Rn. 65; *Bork*, Einführung in das Insolvenzrecht, Rn. 413.

51 *Eidenmüller*, in: MünchKomm-InsO, Vorbem. zu §§ 217 bis 269 Rn. 1, 6. Näher zu den Abweichungsmöglichkeiten siehe § 7, II.

52 So i. E. auch *Wolfram Henckel*, in: Jaeger, InsO, § 1 Rn. 2; *Kirchhof*, in: HK-InsO, § 1 Rn. 3; *Undritz*, in: Kübler, HRI, § 2 Rn. 3, die den Erhalt des Unternehmens als bloßes Mittel bzw. Motiv zur Realisierung einer bestmöglichen Gläubigerbefriedigung bezeichnen; vermittelnd wiederum *Ganter/Lohmann*, in: MünchKomm-InsO, § 1 Rn. 85 ff.

53 Dies kommt bereits in der Begründung der Bundesregierung zur Entwurfsfassung der InsO zum Ausdruck, Begr. RegE InsO, BT-Drucks. 12/2443, S. 75 ff.; *LG Mühlhausen* v. 17.9.2007 – 2 T 190/06, NZI 2007, 724, 728 m. w. N.; i. E. ähnlich *Schmerbach*, in: Wimmer, InsO, § 1 Rn. 11, der die Sanierung als „untergeordneten“ Zweck gegenüber der bestmöglichen Gläubigerbefriedigung begreift; *Wellensiek*, NZI 2002, 233, 234; *Jaffé*, ZGR 2010, 248, 251.

des Schuldnervermögens insoweit noch immer den Regelfall darstellt.[54] Im Falle einer Liquidation des Schuldnervermögens nach den Vorschriften des Regelverfahrens wäre der Unternehmenserhalt als Verfahrensziel jedoch stets fehlgeschlagen. *Ganter/Lohmann* bemerken in diesem Zusammenhang zutreffend, dass ein Ziel, das in der Mehrzahl der Fälle verfehlt würde, nicht als ein gesetzliches Hauptziel des Insolvenzverfahrens determiniert werden könne.[55] Zu weit geht daher die Auffassung, die Sanierung bzw. den Erhalt des Unternehmens neben der gemeinschaftlichen Gläubigerbefriedigung als gleichrangiges Verfahrensziel zu qualifizieren.[56]

Eine abweichende Sichtweise lässt sich seit dem Inkrafttreten des ESUG auch nicht damit rechtfertigen, dass der Gesetzgeber die Erleichterung von Sanierungen, mithin die ausdrückliche Förderung des Unternehmenserhalts, als wesentliches Reformziel determiniert.[57] Die Sanierung ist ein erstrebenswertes Ziel, wenn sie für die Beteiligten ökonomisch sinnvoll ist, d. h. sofern ein Sanierungskonzept die Gläubiger bestmöglich befriedigt.[58] Dass der Gesetzgeber mit dem ESUG die gesetzlichen Rahmenbedingungen für eine insolvenzrechtliche Sanierung mittels Insolvenzplan stärkt, mag die Motivation der Beteiligten zur Ausarbeitung eines Insolvenzplans künftig steigern. Die Einordnung des Unternehmenserhalts als Nebenziel bleibt dadurch jedoch unangetastet.

§ 6 Reformbedürfnis vor Inkrafttreten des ESUG

I. Rechtstatsächlicher Hintergrund

An das Insolvenzplanverfahren wurden mit dem Inkrafttreten der InsO im Jahre 1999[59] große Erwartungen geknüpft. Seine Etablierung galt als

54 Dazu siehe die nachstehende Tabelle unter § 6, I.

55 *Ganter/Lohmann*, in: MünchKomm-InsO, § 1 Rn. 85.

56 Auch ausweislich der Regierungsbegründung zur InsO ist die Herbeiführung von Sanierungen kein eigenständiges Reformziel, Begr. RegE InsO, BT-Drucks. 12/2443, S. 77.

57 So aber *Ahrens*, in: Ahrens/Gehrlein/Ringstmeier, InsO, § 1 Rn. 40.

58 Begr. RegE InsO, BT-Drucks. 12/2443, S. 75.

59 BGBl. I S. 2866.

„Herzstück der Reform".[60] In seiner gesetzlichen Ausgestaltung weist das Planverfahren große Parallelen zum Reorganisationsverfahren des U.S.-amerikanischen *Bancruptcy Code* (*Chapter 11*) auf.[61] Mit der Einführung des Planverfahrens erhoffte sich der Gesetzgeber eine deutliche Zunahme von Sanierungen, wodurch der Zerschlagungsära des bisherigen (Konkurs-)Rechts ein Ende gesetzt werden sollte. Trotz der vielversprechenden Ausführungen des Gesetzgebers in der Begründung zum Entwurf einer InsO[62] erschien es äußerst misslich, dass dem Insolvenzplanverfahren als Hoffnungsträger des Sanierungsrechts in den Jahren nach seiner Einführung keine wesentliche Bedeutung zukam.[63] Sanierungen und speziell Reorganisationen insolventer Unternehmen im Rahmen eines Insolvenzplanverfahrens blieben bis in die junge Vergangenheit die Ausnahme, obgleich gerade die wenigen erfolgreichen Fälle gezeigt haben, welche Möglichkeiten sich mit einem Plan realisieren lassen. Die Rede ist von höheren Befriedigungsquoten für Gläubiger, dem Erhalt von Arbeitsplätzen sowie der Fortführung und dem Erhalt des Unternehmens.[64] Die Statistiken der vergangenen Jahre belegen eindrucksvoll und erschreckend zugleich, welch geringe Bedeutung dem Insolvenzplanverfahren in der insolvenzrechtlichen Praxis bislang zukam.[65] Gemessen an der Gesamt-

60 *Kübler/Prütting*, in: Das neue Insolvenzrecht, Band I, S. 11; *Uhlenbruck*, KTS 1992, 499, 508.

61 *Bork*, ZZP 1996, 473 f., 480 ff.; *Madaus*, Der Insolvenzplan, 2011, Kap. 1, S. 132 ff.

62 Die Regierungsbegründung zur InsO spricht insoweit von einer „weitreichenden Deregulierung des Insolvenzverfahrens", von einem „hohen Maß wirtschaftlicher Effizienz durch privatautonome Entscheidungen", einem „Höchstmaß an Flexibilität", um in „jeder Hinsicht von der gesetzlichen Zwangsverwertung abweichen zu können" und dadurch die „vorteilhafteste Lösung entdecken und durchsetzen zu können", Begr. RegE InsO, BT-Drucks. 12/2443, S. 77 f.

63 Im Schrifttum ist teilweise die Rede von einem „Schattendasein" oder einem „Dornröschenschlaf" des Planverfahrens, dazu *Jaffé*, in: KSI, Kap. 23 Rn. 5 f.; *Gerster*, ZInsO 2008, 437; *Stapper*, ZInsO 2009, 2361; *Korff*, ZInsO 2013, 2411; siehe auch *Eidenmüller*, in: MünchKomm-InsO, Vorbem. zu §§ 217 bis 269 Rn. 68.

64 *von Websky*, in: Die Betriebsfortführung im Insolvenzverfahren, Teil III, I. Rn. 2347; *Frind*, ZInsO 2010, 1426, 1430 m. w. N.

65 Dazu *Eidenmüller*, in: MünchKomm-InsO, Vorbem. zu §§ 217 bis 269 InsO Rn. 64. Trotz der geringen Zahlen nahm der Anteil der Insolvenzanträge mit Plan in den Jahren bis 2011 stetig zu, dazu vgl. die Statistik von *Schultze & Braun*, veröffentlicht am 20.9.2012, abrufbar unter: http://www.schubra.de/de/presseservice/presse mitteilungen/sb_pm_insolvenzplannutzung_120920.php, [zuletzt abgerufen Februar 2015]. Zudem erwarten Experten in Folge des Inkrafttretens des ESUG einen Anstieg der Sanierungen mittels Insolvenzplan, so etwa *Achim Frank* v. 20.9.2012, geschäftsführender Partner *Schultze & Braun*, abrufbar unter http://www.schubra.

heit der Unternehmensinsolvenzen nahmen Insolvenzpläne in den Jahren vor Beginn der Reformbestrebungen durch das ESUG durchgehend einen verschwindend geringen Anteil von unter 1 % ein,[66] wie die nachstehende Tabelle illustriert:[67]

Jahr	Unternehmensinsolvenzen	Insolvenzplanverfahren
2000	42.259	76
2001	49.362	96
2002	84.428	154
2003	100.723	163
2004	118.274	208
2005	136.554	226
2006	161.430	258
2007	164.597	278
2008	155.202	283
2009	162.907	262
2010	168.458	k. A.

Die Ziele des Gesetzgebers, als Reaktion auf die Mängel des früheren Konkursrechts ein sanierungsfreundliches Insolvenzrecht zur Verfügung zu stellen, wurden weit verfehlt. Zudem häuften sich Fälle, in denen Unternehmen zum Zwecke einer Sanierung in das europäische Ausland flüchteten, um sich den dortigen erfolgversprechenderen Reorganisationsverfahren zu unterziehen.[68] So überrascht es kaum, dass die InsO in den Jahren ihres Bestehens vor allem im Hinblick auf fehlende praxistaugliche Sanierungsoptionen vermehrt zum Gegenstand umfassender Reformdiskussionen wurde.

de/de/presseservice/pressemitteilungen/sb_pm_insolvenzplannutzung_120920.php, [zuletzt abgerufen Februar 2015]; *Hölzle*, KTS 2011, 291, 295; *Gude*, ZInsO 2012, 320 ff.

66 *Stapper*, ZInsO 2009, 2361 m. w. N.

67 *Rattunde*, GmbHR 2012, 455 m. w. N.

68 Begr. RegE ESUG, BT-Drucks. 17/5712, S. 1; *Bork*, ZIP 2010, 397; *Urlaub*, ZIP 2011, 1040. Aufsehen erregten in diesem Zusammenhang die Unternehmen *Deutsche Nickelwerke AG* (2004), *Schefenacker* (2006), *Tele Columbus* (2010) oder *Rodenstock* (2011), die sich zum Zwecke der Sanierung dem im britischen Recht geregelten „*scheme of arrangement*" unterwarfen, vgl. *Römermann*, GmbHR 2012, 421 m. w. N.

II. Optimierung des insolvenzrechtlichen Sanierungsrechts durch das ESUG

Die am 1. Januar 1999 in Kraft getretene InsO[69] offenbarte sanierungsfeindliche Elemente nicht nur auf der Ebene des Insolvenzplanverfahrens. Auch darüber hinaus verzeichnete das Gesetz erhebliche Sanierungsschwächen, die im Folgenden kurz nachgezeichnet werden sollen. Im Kern wurde kritisiert, dass die bis *dato* bestehenden allgemeinen Regelungen des Eröffnungsverfahrens die Möglichkeit einer frühzeitigen Sanierung nicht hinreichend fördere. Zudem wurde die wenig praxistaugliche Ausgestaltung der Möglichkeit zur Eigenverwaltung bemängelt. Letztere bietet dem Schuldner insbesondere in Verbindung mit einem Insolvenzplan die Möglichkeit, die Insolvenzmasse auch nach Eröffnung des Insolvenzverfahrens weiterhin selbst zu verwalten und darüber zu verfügen.[70]

1. Frühzeitige Gläubigerbeteiligung im Eröffnungsverfahren

Die gesetzliche Ausgestaltung des Eröffnungsverfahrens musste sich zunächst der Kritik stellen, die Gläubiger nicht frühzeitig an wesentlichen Entscheidungsprozessen zu beteiligen. Das Gesetz sah ihre Mitwirkung in der Gläubigerversammlung sowie in dem Gläubigerausschuss erst im eröffneten Verfahren vor. Dies stellte sich für die vermögensrechtlich betroffenen Gläubiger als besonders misslich dar. So wurden wesentliche (Sanierungs-)Entscheidungen bereits unmittelbar nach Stellung eines Insolvenzeröffnungsantrags (§ 13 InsO) und noch vor der gerichtlichen Eröffnung des Insolvenzverfahrens (§ 27 InsO) fällig.[71] Das Insolvenzgericht etwa konnte gemäß § 21 InsO bis zur Entscheidung über den Eröffnungsantrag bereits Maßnahmen treffen, um eine gegenüber den Gläubigern nachteilige Veränderung in der Vermögenslage des Schuldners zu vermeiden. Auch konnte das Gericht einen vorläufigen Insolvenzverwalter bestellen (§ 21 Abs. 2 Satz 1 Nr. 1 InsO), der frühzeitig mit umfangreichen und für den weiteren Verlauf des Verfahrens bedeutenden Rechten und

---

69 Die Insolvenzordnung trat in der am 17.6.1994 verabschiedeten und am 5.10.1994 im Bundesgesetzblatt veröffentlichten Fassung am 1.1.1999 in Kraft (BGBl. I S. 2866). Zur Entstehungsgeschichte der InsO *Stürner*, in: MünchKomm-InsO, Einleitung Rn. 25 ff.; *Pape*, NJW 1999, 29 m. w. N.

70 *Viniol*, in: Beck/Depré, Praxis der Insolvenz, § 44 Rn. 1.

71 Zu möglichen frühzeitigen und erforderlichen Maßnahmen für eine erfolgreiche Sanierung siehe die Beispiele bei *Westpfahl/Janjuah*, Beilage zu ZIP 3/2008, 1, 8.

Pflichten ausgestattet war bzw. ausgestattet werden konnte (vgl. § 22 InsO). Der weitere Verfahrensverlauf wurde dadurch gegebenenfalls wesentlich beeinflusst, ohne dass die Gläubiger in das Prozedere eingebunden waren. Auch die Wahl eines endgültigen Insolvenzverwalters war *de facto* der Entscheidungsfreiheit der Gläubiger entzogen, da dieser vom Insolvenzgericht bestellt wurde. Die Gläubigerversammlung konnte lediglich durch ein Vetorecht mit dem Ziel der Einsetzung eines neuen Insolvenzverwalters auf die Entscheidung des Insolvenzgerichts Einfluss nehmen (vgl. § 57 InsO). Der Austausch des Insolvenzverwalters setzte aufgrund der in diesem Stadium bereits getroffenen Entscheidungen jedoch regelmäßig zu spät an.[72]

Um der Problematik der verspäteten Gläubigerbeteiligung entgegenzuwirken, hat das Insolvenzgericht seit dem Inkrafttreten des ESUG unter den Voraussetzungen des § 22a Abs. 1 InsO bereits im Eröffnungsverfahren einen vorläufigen Gläubigerausschuss zu bestellen. Darüber hinaus steht die Bestellung eines solchen Ausschusses auch jenseits der Voraussetzungen des § 22a Abs. 1 InsO im Ermessen des Gerichts.[73] Die Tätigkeit des vorläufigen Ausschusses erstreckt sich in diesem Zusammenhang insbesondere auf die Mitwirkung bei der Auswahl des (vorläufigen) Insolvenzverwalters (§§ 56a Abs. 1 InsO, § 21 Abs. 2 Satz 1 Nr. 1 InsO), bei der Anordnung der Eigenverwaltung (§ 270 Abs. 3 InsO) sowie bei der Auswahl eines vorläufigen Sachwalters. Zudem ist der vorläufige Gläubigerausschuss vor der Bestellung eines (vorläufigen) Insolvenzverwalters zu hören (§ 21 Abs. 2 Satz 1 Nr. 1 InsO i. V. m. § 56a InsO). Dabei kann er insbesondere ein Anforderungsprofil an den Insolvenzverwalter stellen sowie eine Person als Insolvenzverwalter vorschlagen. Gemäß § 56a Abs. 2 Satz 2 InsO hat das Gericht die genannten Anforderungen seiner Verwalterauswahl zugrunde zu legen. Sofern ein einstimmiger Vorschlag des vorläufigen Gläubigerausschusses in Bezug auf die Person des (vor-

---

72 *Altmeppen*, in: FS Hommelhoff, 2012, S. 1, 5, 7 m. w. N. Besonders problematisch war in diesem Zusammenhang, dass eine in der bisherigen Rechtspraxis zum Teil nicht interessengerechte Auswahl (vorläufiger) Insolvenzverwalter erfolgte, deren Entscheidungen in der Regel nicht mehr rückgängig gemacht werden konnten, dazu siehe *Hirte/Knof/Mock*, DB 2011, 632, 633 m. w. N.; *Westpfahl/Janjuah*, Beilage zu ZIP 3/2008, 1, 8.

73 Gemäß § 22a Abs. 1 InsO auf § 22 Abs. 2 Nr. 1a i. V. m. §§ 67 Abs. 2, 69 bis 73 InsO entspricht die Besetzung des vorläufigen Gläubigerausschusses derjenigen des regulären Gläubigerausschusses.

läufigen) Insolvenzverwalters vorliegt, darf das Gericht diesen lediglich ablehnen, sofern die Person für die Ausführung des Amtes ungeeignet ist (§ 56a Abs. 2 Satz 1 InsO).[74]

Ergänzt wird diese Maßnahme durch eine Verschärfung der Anforderungen an einen Eröffnungsantrag des Schuldners (§ 13 InsO). Dieser muss seit dem Inkrafttreten des ESUG bestimmte Informationen vorlegen, die dem Insolvenzgericht einen Überblick über die wirtschaftliche Situation und damit eine Entscheidung über die frühzeitige Einbindung der Gläubiger ermöglichen soll.[75] Dem Eigenantrag ist ein Verzeichnis der Gläubiger einschließlich ihrer Forderungen beizufügen (§ 13 Abs. 1 Satz 3 InsO). Weitere Informationen sind erforderlich, wenn der Schuldner einen Geschäftsbetrieb hat, der noch nicht eingestellt wurde (§ 13 Abs. 1 Satz 4 InsO). Im letzteren Fall sind zudem Angaben zur Bilanzsumme, zu den Umsatzerlösen sowie zu der durchschnittlichen Anzahl der Arbeitnehmer des vorangegangenen Geschäftsjahres zu machen (§ 13 Abs. 1 Satz 5 InsO).[76]

2. Anreiz zur frühzeitigen Antragstellung

Ein weiterer wesentlicher Kritikpunkt bestand darin, dass das bisherige Recht den Betroffenen mangels erfolgversprechender Sanierungsmöglichkeiten keinen Anreiz bot, ein Insolvenzverfahren frühzeitig zu eröffnen. In der Vergangenheit wurden Insolvenzanträge regelmäßig zu spät gestellt, womit die Zielerfüllung einer (bestmöglichen) Sanierung oftmals aussichtlos war.[77] Besonders die Möglichkeit zur Eigenverwaltung (§§ 270 bis 285 InsO) sollte dem Schuldner einen Anreiz zur frühzeitigen Einleitung

74 In § 56 Abs. 1 Satz 3 stellt der Gesetzgeber in diesem Zusammenhang klar, dass die nach § 56 Abs. 1 InsO erforderliche Unabhängigkeit nicht schon dadurch ausgeschlossen ist, dass die Person (Nr. 1) vom Schuldner oder von einem Gläubiger vorgeschlagen worden ist, oder (Nr. 2) den Schuldner vor dem Eröffnungsantrag in allgemeiner Form über den Ablauf eines Insolvenzverfahrens und dessen Folgen beraten hat. Das bisher restriktiv gehandhabte Kriterium der „Unabhängigkeit" wurde damit gelockert, ausführlich zum Merkmal der Unabhängigkeit *Graeber*, in: MünchKomm-InsO, § 56 Rn. 25 ff.

75 Begr. RegE ESUG, BT-Drucks 17/5712, S. 23 (zu § 13); *Hirte/Knof/Mock*, DB 2011, 632.

76 Siehe auch *Kadenbach*, in: Ahrens/Gehrlein/Ringstmeier, InsO, § 13 Rn. 34 ff.

77 *Landfermann*, WM 2012, 821, 823; *Kübler*, in: HRI, § 1 Rn. 12; vgl. auch *Warrikoff*, KTS 1996, 489, 494. Im Durchschnitt vergehen ab dem Eintritt der materiellen Insolvenz bis zur Antragstellung zehn Monate, *Eidenmüller*, ZIP 2010, 650, 651.

eines Insolvenzverfahrens bieten, in deren Rahmen dieser keinen Verlust seiner Verwaltungs- und Verfügungsbefugnis über sein Unternehmen zu befürchten hatte. Gleichwohl wurde die Eigenverwaltung aufgrund vielseitiger Skepsis der zuständigen Gerichte nur selten angeordnet. Die Zurückhaltung der Gerichte erzeugte bei den betroffenen Schuldnern wenig Vertrauen in die Aussicht auf die Möglichkeit zur Durchführung einer Eigenverwaltung. Zudem drohten entsprechende Antragstellungen auf Eigenverwaltung durch die Bestellung eines „starken" vorläufigen Insolvenzverwalters im Eröffnungsverfahrens zunichte gemacht zu werden, wodurch sich die in der Eigenverwaltung vorgesehenen Verwaltungs- und Verfügungsbefugnisse des Schuldners relativierten.[78]

Die mit dem ESUG umgesetzten Reformmaßnahmen zielen nunmehr darauf ab, praxistaugliche Anreize für die frühzeitige Stellung von Eröffnungsanträgen bzw. für die frühzeitige Einleitung von Sanierungen zu schaffen. So sind besonders die Vorschriften über die Eigenverwaltung des Schuldners transparenter und erfolgversprechender ausgestaltet worden. Da sich die Eigenverwaltungsverfahren in den seltenen Fällen ihrer Durchführung bewährten, bestand ein wesentliches Ziel des ESUG darin, die Eigenverwaltung zu fördern.[79] Verbesserungen ergeben sich nunmehr insbesondere in Bezug auf die frühzeitige Mitwirkung eines vorläufigen Gläubigerausschusses sowie einer weitergehenden Transparenz im Hinblick auf Anordnungsvorgänge und Verfahrensabläufe. Auch die Gerichte werden nach Maßgabe des § 270 Abs. 3 InsO intensiver an einstimmige Entscheidungen des vorläufigen Gläubigersauschusses gebunden. Zudem werden die Kompetenzen des ehemals „starken" vorläufigen Insolvenzverwalters durch die Bestellung eines vorläufigen Sachwalters relativiert, welchem lediglich noch eine Überwachungsaufgabe zukommt (vgl. §§ 270a Satz 2 InsO, 274 Abs. 2 InsO).[80]

---

78 Dazu siehe *Tetzlaff*, in: MünchKomm-InsO, Vorbem. zu §§ 270 bis 285 Rn. 17.

79 Begr. RegE ESUG, BT-Drucks. 17/5712, S. 19.

80 Dazu Begr. RegE ESUG, BT-Drucks. 17/5712, S. 19; zu den Änderungen der Eigenverwaltung durch das ESUG *Vallender*, GmbHR 2012, 445 ff. Mit einer Analyse der Eigenverwaltung nach 11/2-jährigem Bestehen des ESUG befasst sich *Pape*, ZInsO 2013, 2129 ff.; *ders.*, ZIP 2013, 2285 ff.; siehe auch *Haarmeyer*, ZInsO 2013, 2345 ff.; *Lissner*, DZWIR 2014, 59, 61. Zum Merkmal der „Betriebsfortführung mit konkreter Sanierungsaussicht" als Voraussetzung für die Eröffnung eines Insolvenzver-

Darüber hinaus wurde mit dem sog. Schutzschirmverfahren in § 270b InsO erstmalig ein vorinsolvenzliches Sanierungsverfahren zur Verfügung gestellt,[81] das Parallelen zum US-amerikanischen *debtor in posession*-Verfahren nach *Chapter 11* des *Bankruptcy Code* aufweist.[82] Das Verfahren bietet dem Schuldner die Möglichkeit, zusätzlich zu den obligatorischen Anträgen auf Eröffnung des Insolvenzverfahrens wegen drohender Zahlungsunfähigkeit oder Überschuldung sowie auf Anordnung der Eigenverwaltung (vgl. § 270b Abs. 1 InsO) zu beantragen, für einen Zeitraum von bis zu drei Monaten die Gelegenheit zur Vorbereitung eines Insolvenzplans zu erhalten, bevor das Insolvenzverfahren eröffnet ist. Aus den mit dem Antrag einzureichenden Informationen muss sich insbesondere ergeben, dass die angestrebte Sanierung nicht aussichtslos ist (§ 270b Abs. 1 InsO). Im Rahmen des Schutzschirmverfahrens läuft der Schuldner nicht Gefahr, die Kontrolle über sein Unternehmen zu verlieren. Vielmehr bietet das Verfahren die Möglichkeit, Sanierungsmaßnahmen unter Mitwirkung eines vorläufigen Sachwalters, der weniger Befugnisse hat als ein vorläufiger Insolvenzverwalter, umzusetzen. Damit dient es in erster Linie der Vertrauensbildung, indem dem Schuldner der notwendige Zeitrahmen zur Vorbereitung einer Sanierung in Eigenregie gewährt wird, ohne dabei zugleich den Beschränkungen eines bereits eröffneten Insolvenzverfahrens zu unterliegen.[83]

---

fahrens in Eigenverwaltung siehe AG Hamburg, Beschluss v. 18.12.2013 – 67c IN 410/13, DB 2014, 482 f. m.w.N.; *Frind*, DB 2014, 165 ff.

81 *Leithaus*, in: Andres/Leithaus, InsO, § 270b Rn. 1 f.; *Riggert*, in: Braun, InsO, § 270b Rn. 1; *Willemsen/Rechel*, BB 2011, 834, 837; *Landfermann*, WM 2012, 869, 872 ff.; *Vallender*, MDR 2012, 125, 128 f.

82 *Kern*, in: MünchKomm-InsO, § 270b Rn. 15; *Willemsen/Rechel*, BB 2011, 834, 837. Das *debtor in posession*-Verfahren gewährt einen Vollstreckungsschutz des Schuldners vor dem Eintritt in das Regelinsolvenzverfahren, dazu *Kern*, in: MünchKomm-InsO, § 270b Rn. 15. Ausführlich zum *Chapter 11*-Verfahren siehe *Lüer*, in: Uhlenbruck, InsO, Vorbem. zu §§ 217 bis 269 Rn. 13 ff.

83 Zum Schutzschirmverfahren siehe die Darstellung bei *Kern*, in: MünchKomm-InsO, § 270b Rn. 1 ff.; *Saegon*, in: Buth/Hermanns, Restrukturierung, Sanierung, Insolvenz, § 26; *Kübler*, in: Kübler, HRI, § 1 Rn. 27 ff.; *Friedrichs*, Das Schutzschirmverfahren nach § 270b InsO als Instrument zur nachhaltigen Stärkung der Eigenverwaltung, 2014; *Bremen*, NZI 2014, 137 ff.; *Foerste*, ZZP 2012, 265, 279 ff.; *Landfermann*, WM 2012, 869, 872 ff. Bekanntheit erlangte das Schutzschirmverfahren in der noch jungen Vergangenheit etwa durch die Unternehmen *„Suhrkamp"* (dazu *Schäfer*, ZIP 2013, 2237 ff.; *Stöber*, ZInsO 2013, 2457 ff. m.w.N.; *Thole*, ZIP 2013, 1937 ff.), *„Loewe"*, *„Centrotherm"*, *„Hein Gericke"*, *„Solarwatt"* sowie *„IVG Immobilien"*, *Heide*, in: Handelsblatt v. 9.8.2013, Schöner Scheitern, online abruf-

3. Straffung des Insolvenzplanverfahrens

Weitere Mängel offenbarte das insolvenzrechtliche Sanierungsrecht mit der gesetzlichen Ausgestaltung des Insolvenzplanverfahrens gemäß §§ 217 ff. InsO. Neben der eingangs erwähnten Rechtsmittelproblematik musste sich der Gesetzgeber in Bezug auf das Planverfahren bereits vor dem Inkrafttreten der InsO der Kritik stellen, keine gesetzliche Möglichkeit vorgesehen zu haben, um durch den Plan zwangsweise in die Rechte der Anteils- und Mitgliedschaftsinhaber des insolventen Unternehmens einzugreifen.[84] Bereits die Insolvenzrechtskommission von 1985 forderte in ihrem Ersten Bericht eine entsprechende gesetzliche Legitimation,[85] da im Rahmen einer Sanierung auf die Mitwirkung der Anteilsinhaber regelmäßig nicht verzichtet werden kann und insoweit regelmäßig Umstrukturierungen auf gesellschaftlicher Ebene erforderlich sind.[86]

Speziell im Falle einer Liquiditätskrise erfordert die Sanierung die Umsetzung von – gesellschaftsrechtlichen – Kapitalmaßnahmen zur Wiederherstellung der Zahlungsfähigkeit.[87] Besonders bemängelt wurde in diesem Zusammenhang die fehlende Möglichkeit, Gläubigerforderungen in Anteilsrechte am Unternehmen, d.h. Fremdkapital in Eigenkapital umzuwandeln (sog. *Debt-to-Equity-Swap*). Ein *Debt-to-Equity-Swap* etwa hätte die Möglichkeit geboten, die dringend benötigte Liquidität wiederherzustellen, indem Zins- und Tilgungspflichten entsprechend reduziert bzw., je nach Umfang, vollständig entfallen wären. Zudem hätte durch einen

---

bar unter: http://www.handelsblatt.com/unternehmen/mittelstand/insolvenzrecht-schoener-scheitern/8606460.html, [zuletzt abgerufen Februar 2015]. Siehe auch die Experten-Umfrage zum Schutzschirmverfahren bei *Seibt/Westpfahl*, ZIP 2013, 2333, 2340.

84 *Eidenmüller*, in: MünchKomm-InsO, § 217 Rn. 4, 67 f. m.w.N.; *ders.*, in: MünchKomm-InsO, 2. Aufl. 2008, § 217 Rn. 3, 74 ff.; *Braun*, in: Nerlich/Römermann, InsO, § 217 Rn. 35 ff.; *Sassenrath*, ZIP 2003, 1517, 1528 ff.; *Westpfahl/Janjuah*, Beilage zu ZIP 3/2008, 1, 13 ff.; *Hirte/Knof/Mock*, DB 2011, 632, 636 f.; *Eidenmüller/Frobenius/Prusko*, NZI 2010, 545, 550.

85 Erster Bericht der Kommission für Insolvenzrecht, 1985, S. 16, 42 (Leitsatz 2.2.20); siehe auch *Westpfahl/Janjuah*, Beilage zu ZIP 3/2008, 1, 14 f.

86 *Madaus*, Der Insolvenzplan, 2011, Kap. 5, S. 595.

87 *Pleister/Kindler*, ZIP 2010, 503, 510; *Verse*, ZGR 2010, 299; allgemein zu Sanierungsmaßnahmen siehe *Wentzler*, in: Borchardt/Frind, Die Betriebsfortführung im Insolvenzverfahren, Teil II, G. Rn. 1275 ff.

Debt-to-Equity-Swap eine gegebenenfalls eingetretene Überschuldung beseitigt werden können.[88]

Zwar stellte der *Debt-to-Equity-Swap* vor dem Inkrafttreten des ESUG nicht bloß eine Sanierungsmaßnahme der Rechtstheorie dar, sondern wurde durchaus praktiziert.[89] Aufgrund der besonderen Durchführungsart des *Debt-to-Equity-Swap* bedurfte dieser nach ganz überwiegender Auffassung jedoch stets der Mitwirkung aller Gesellschafter.[90] Sanierungsunwilligen Gesellschaftern kam in diesem Zusammenhang ein nicht zu unterschätzendes strategisches Obstruktions- und Erpressungspotenzial zu.[91] Ihre erforderlichen Zustimmungen zu den vorgesehen Maßnahmen ließen sich die Gesellschafter trotz der regelmäßigen Wertlosigkeit ihrer Anteile (vgl. § 199 InsO)[92] teilweise von den Insolvenzverwaltern „abkaufen".[93] Dass die (Alt-)Gesellschafter zu Lasten der Gläubiger von der Insolvenz profitieren sollten, vermochte im Insolvenzverfahren im Hinblick auf § 1 Satz 1 InsO als ein der bestmöglichen Befriedigung der Gläubiger dienendes Verfahren nicht zu überzeugen.[94]

Mit dem Inkrafttreten des ESUG erfolgten im Insolvenzplanverfahren auch auf gesellschaftsrechtlicher Ebene wesentliche Änderungen. So wurde zunächst die strikte Trennung von Insolvenz- und Gesellschaftsrecht im Insolvenzplanverfahren zugunsten weiterer Eingriffsmöglichkeiten aufgegeben. Gemäß § 217 Satz 2 InsO können Anteils- und Mitgliedschaftsrechte von am Schuldner beteiligten Personen durch entsprechende Rege-

---

88 *Wimmer*, jurisPR-InsR 5/2011 Anm. 1 v. 17.3.2011, 4. c); *Westpfahl/Janjuah*, Beilage zu ZIP 3/2008, 1, 14; *Simon/Merkelbach*, NZG 2012, 121, 123; *Wirsch*, NZG 2010, 1131; *Pleister/Kindler*, ZIP 2010, 503, 510; *Altmeppen*, in: FS Hommelhoff, 2012, S. 1, 9.

89 *Bauer/Dimmling*, NZI 2011, 517, mit Verweis auf *Carli/Rieder/Mückl*, ZIP 2010, 1737, die einen Überblick über *Debt-to-Equity-Swap*-Transaktionen aus der Praxis der vergangenen Jahre geben.

90 *Westpfahl/Janjuah*, Beilage zu ZIP 3/2008, 1, 14 f.; *Willemsen/Rechel*, BB 2011, 834, 839; *Brinkmann*, WM 2011, 97; *Pleister/Kindler*, ZIP 2010, 503, 506; a. A. *K. Schmidt*, Gesellschaftsrecht, S. 134; *Lutter*, JZ 1995, 1053, 1055.

91 *Kresser*, ZInsO 2010, 1409, 1410.

92 *Westpfahl/Janjuah*, Beilage zu ZIP 3/2008, 1, 14.

93 *Bitter*, ZGR 2010, 147, 161 f. m. w. N.; *Brinkmann*, WM 2011, 97; *Eidenmüller/Engert*, ZIP 2009, 541, 543; *Spetzler*, KTS 2010, 433, 434 f.; *Westpfahl/Janjuah*, Beilage zu ZIP 3/2008, 1, 15; *Willemsen/Rechel*, BB 2010, 2059, 2062 f. m. w. N.

94 *Westpfahl/Janjuah*, Beilage zu ZIP 3/2008, 1, 14.

lungen in den Insolvenzplan einbezogen werden (vgl. § 225a InsO). Damit können Gesellschafter an dem Insolvenz(plan)verfahren beteiligt werden und insbesondere im Hinblick auf gesellschaftsrechtliche Strukturveränderungen den planrechtlichen Vorschriften, speziell den Abstimmungsvorschriften der §§ 243 ff. InsO einschließlich des Obstruktionsverbots gemäß § 245 InsO, unterworfen werden.[95]

Welche konkreten Maßnahmen in Bezug auf Anteils- und Mitgliedschaftsrechte in einem Plan getroffen werden und welchen Umfang diese einnehmen können, konkretisiert § 225a InsO. Allgemein kann in einem Plan gemäß § 225a Abs. 3 InsO jede Regelung getroffen werden, die gesellschaftsrechtlich zulässig ist. Dazu gehören insbesondere Fortsetzungsbeschlüsse einer aufgelösten Gesellschaft sowie die Übertragung von Anteils- und Mitgliedschaftsrechten, zudem die Umwandlung einer Personengesellschaft in eine Kapitalgesellschaft.[96] Besonders zu begrüßen ist daneben die Einführung des § 225a Abs. 2 InsO, mit dem der Gesetzgeber den *Debt-to-Equity-Swap* in Gesetzesform goss. Der gestaltende Teil kann die Umwandlung von Gläubigerforderungen in Anteils- oder Mitgliedschaftsrechte am Schuldner vorsehen (§ 225a Abs. 2 Satz 1 InsO),[97] sofern die betroffenen Gläubiger dieser ausdrücklich zustimmen (vgl. § 225a Abs. 2 Satz 2 InsO). Gesellschaftsrechtliche Zustimmungserfordernisse für Kapitalherabsetzungen oder -erhöhungen, für Leistungen von Sacheinlagen, den Ausschluss von Bezugsrechten oder für die Zahlung von Abfindungen an ausscheidende Anteilsinhaber als typische Bestandteile eines *Debt-to-Equity-Swap* werden durch die Regelungsmöglichkeiten des Plans ersetzt (§ 225a Abs. 2 Satz 3 InsO). Damit wird das bisher kritisierte Blockadepotenzial der Altgesellschafter in Form von Zustim-

95 *Brinkmann*, WM 2011, 97, 99. Zum Abstimmungsverfahren und zum Obstruktionsverbot siehe § 8, S. 29 ff.

96 *Wertenbruch*, ZIP 2013, 1693. 1695. Durch den Insolvenzplan der *Suhrkamp-Verlagsgruppe GmbH & Co. KG* erfolgte gegen den Willen der Minderheitsgesellschafterin die Umwandlung der Verlagsgruppe in eine AG, vgl. *Commandeur/Hübler*, NZG 2015, 185.

97 So etwa jüngst vorgesehen im Insolvenzplan der *Pfleiderer AG* v. 15.8.2012, siehe dazu *Decher/Voland*, ZIP 2013, 103 ff. mit Verweis auf AG Düsseldorf v. 18.10.2012 – 501 IN 84/12.

mungsverweigerungen und missbräuchlichem Verhalten gegenwärtig erheblich reduziert.[98]

Welche Auswirkungen die gesellschaftsrechtlichen Gestaltungsmöglichkeiten gemäß § 225a InsO für Altgesellschafter eines insolventen Unternehmens haben können, zeigt die Insolvenz der *Suhrkamp-Verlagsgruppe GmbH & Co. KG*. In der Rolle des Leittragenden: Die mit einem Anteil von 39 % an der Verlagsgruppe beteiligte Minderheitsgesellschafterin, die *Medienholding AG Winterthur* und deren alleiniger Aktionär *Hans Barlach*, der sich bereits im Vorfeld der *Suhrkamp*-Insolvenz als Protagonist des existenziellen Konflikts des Verlags einen Namen gemacht hatte.[99] Der Insolvenzplan der Verlagsgruppe regelt im Zusammenhang mit der Umwandlung des Verlages von der Rechtsform der GmbH & Co. KG in eine AG die Herabsetzung der Gesellschafteranteile auf Null sowie die Umwandlung von Verbindlichkeiten in Eigenkapital. Zudem sieht der Plan vor, dass *Barlach* zu einer Veräußerung der für ihn vorgesehenen Aktienbeteiligung in Folge einer vorgesehenen Vinkulierung (§ 68 Abs. 2 Satz 1 AktG) nur mit Zustimmung des Verlags berechtigt ist.[100] *Barlach* würde im Falle der Durchsetzung des Insolvenzplans seinen gesellschafterlichen Einfluss auf den Verlag sowie seine mit der Mehrheitsgesellschafterin seinerzeit im Gesellschaftervertrag ausgehandelten Sonderrechte verlieren. Zudem würde eine erhebliche Wertminderung der Beteiligung *Barlachs* drohen.[101] In der Folge wehrte sich *Barlach* vermehrt gerichtlich gegen den Insolvenzplan, unter anderem im Wege der sofortigen Beschwerde gegen

98 Nicht unerwähnt bleiben soll an dieser Stelle die im Schrifttum diskutierte und zuletzt im Rahmen der Insolvenz der *Suhrkamp-Verlagsgruppe GmbH & Co. KG* neu entfachte Fragestellung, ob der Eingriff in die Rechte der Gesellschafter im Hinblick auf Art. 14 GG und 9 GG verfassungsgemäß ist. Dazu etwa *Madaus*, Der Insolvenzplan, 2011, Kap. 5, S. 595 ff. m. w. N.; *Westpfahl/Janjuah*, Beilage zu ZIP 3/2008, 1, 15 ff. m. w. N.; *Landfermann*, WM 2012, 821, 829; *Verse*, ZGR 2010, 299, 309 ff.; *Decher/Voland*, ZIP 2013, 103, 108 ff.; *Spetzler*, KTS 2010, 433, 443 ff. Zu weiteren rechtlichen und praktischen Problemen im Rahmen der Durchführung eines *Debt-to-Equity-Swap* siehe etwa *Bauer/Dimmling*, NZI 2011, 517 ff.; *Spliedt*, GmbHR 2012, 462 ff; im Zusammenhang mit der Insolvenz des *Suhrkamp*-Verlages *Wertenbruch*, ZIP 2013, 1693, 1696 f.

99 Dazu siehe *Soboczynski/Schmidt*, in: ZEIT online, Hans Barlach: Der Streit des Suhrkamp-Investors, Artikel v. 20.6.2013, abrufbar unter: http://www.zeit.de/kultur/literatur/2013-06/suhrkamp-barlach-geschaefte, [zuletzt abgerufen Februar 2015].

100 BGH v. 17.7.2014 – IX ZB 13/14 (*Suhrkamp*), NZG 2014, 1309, 1313.

101 BGH v. 17.7.2014 – IX ZB 13/14 (*Suhrkamp*), NZG 2014, 1309, 1313.

den Planbestätigungsbeschluss gemäß § 253 InsO vor der Beschwerdekammer des LG Berlin sowie im Wege der Rechtsbeschwerde vor dem BGH. Sämtliche Verfahren blieben erfolglos.[102] Inzwischen ist die Umwandlung des *Suhrkamp*-Verlags in eine AG erfolgreich abgeschlossen, womit *Barlach* das juristische Tauziehen endgültig verloren hat.[103]

Die Möglichkeit der weitreichenden Regelung gesellschaftsrechtlicher Strukturmaßnahmen in einem Insolvenzplan ruft nicht zuletzt im Hinblick auf die *Suhrkamp*-Insolvenz die berechtigte Hoffnung des Gesetzgebers hervor, mit dem ESUG einen erheblichen Attraktivitätsgewinn für das insolvenzrechtliche Sanierungsrecht erzielt zu haben. Zur Verbesserung des Insolvenzplanverfahrens als (primäres) Sanierungsverfahren der InsO bedurfte es im Rahmen des ESUG dafür gleichwohl auch einer umfänglichen Reform der InsO insgesamt. Denn eine sanierungsfreundlichere Ausgestaltung der §§ 217 ff. InsO vermag entsprechend der Zielsetzung des Gesetzgebers nicht zu einer größeren Akzeptanz des Insolvenzplans führen, wenn nicht zugleich sichergestellt ist, dass die Weichen für die Einleitung eines aussichtsreichen Sanierungsverfahrens in Gestalt des Planverfahrens frühzeitig gestellt werden. Die positive Anreizwirkung für die frühzeitige Einleitung von Insolvenzverfahren, die frühzeitige Beteiligung der Gläubiger an bedeutenden und wegweisenden Verwertungsentscheidungen sowie eine weitgehende Flexibilisierung der im Rahmen eines Insolvenzplans möglichen Rechtsgestaltungen sind in diesem Zusammenhang entscheidende Schritte hin zu einem sanierungsfreundlicheren Insolvenzrecht. Soweit den Beteiligten jedoch weiterhin die Möglichkeit offen steht, eine aussichtsreiche Sanierung durch beschwerdebedingte Verfahrensverzögerungen gemäß § 253 InsO scheitern zu lassen, vermag ein „störanfälliges“ Beschwerderecht als Schlusspunkt eines Insolvenzplanverfahrens sämtliche verfahrensrechtlichen Vorteile zu konterkarieren, die der Gesetzgeber mit dem ESUG auf den Weg gebracht hat. Die der beschwerderechtlichen Ausgestaltung zukommende überragende Bedeutung für die Etablierung eines sanierungsfreundlichen Insolvenzrechts macht sich die folgende Untersuchung zum Anknüpfungspunkt.

102 Einen Überblick über die Rechtsstreitigkeiten des *Hans Barlach* im Rahmen des Insolvenzverfahrens der *Surhkamp*-Verlagsgruppe geben *Commandeur/Hübler*, NZG 2015, 185 ff.

103 *Commandeur/Hübler*, NZG 2015, 185 ff.

Insoweit gilt es mögliche Schwachstellen des aktuellen Beschwerderechts gemäß § 253 InsO zu ermitteln, um auf der Grundlage etwaiger Reformvorschläge in Zukunft zu einer weiteren Optimierung des insolvenzrechtlichen Sanierungsrechts beizutragen.

Kapitel 2: Der Insolvenzplan

§ 7 Wesensmerkmale des Insolvenzplans

I. Insolvenzplan als Instrument autonomer Insolvenzbewältigungen

Das Insolvenzplanverfahren blickt als insolvenzrechtliches Verwertungsinstrument auf eine kurze Vergangenheit zurück. Die gesetzliche Normierung des Verfahrens erfolgte erstmals in der Insolvenzordnung, die nach langjährigen Reformbemühungen und langwierigen Diskussionen am 1. Januar 1999 in Kraft trat.[104] Mit der Insolvenzrechtsreform bezweckte der Gesetzgeber in erster Linie einen Abbau der Missstände des früheren Konkursrechts, das aufgrund seiner exekutorischen Ausgestaltung kein praxistaugliches Instrument für die Sanierung insolventer Unternehmen zur Verfügung stellte.[105] Die Bemühungen des Gesetzgebers, mit dem Zwangsvergleich der Konkursordnung (§§ 173 ff. KO) und dem Vergleich nach der Vergleichsordnung (VglO) bzw. der Gesamtvollstreckungsordnung (§ 16 GesO) wirkungsvolle Sanierungsinstrumente bereitzustellen, misslangen.[106] Das Insolvenzplanverfahren ersetzte die in den alten Bundesländern bis *dato* geltende Konkursordnung vom 10. Februar 1877[107] und die Vergleichsordnung vom 26. Februar 1935[108] sowie die in den neuen

104 BGBl. I S. 2866.

105 Begr. RegE InsO, BT-Drucks. 12/2443, S. 72 ff.

106 Zur Kritik des früheren Konkursrechts siehe die Begr. RegE InsO, BT-Drucks. 12/2443, S. 72 ff.; *Hanisch*, ZZP 1977, 1 ff.

107 RGBl. S. 351.

108 RGBl. I S. 321, ber. S. 356.

Bundesländern anwendbare Gesamtvollstreckungsordnung vom 6. Juni 1990[109].[110]

Der Insolvenzplan soll es den Betroffenen einer Insolvenz ermöglichen, diese durch einvernehmliche Vereinbarungen und privatautonome Austauschprozesse eigenständig zu bewältigen.[111] Das Regelinsolvenzverfahren sieht entsprechende Dispositionsmöglichkeiten im Rahmen von Sanierungsvorhaben nicht vor. Insoweit ist gemäß §§ 159 ff. InsO vielmehr eine Zerschlagung des Unternehmens durch eine Verwertung der einzelnen Vermögensgegenstände (§ 159 InsO) vorgesehen, mit anschließender Verteilung des Verwertungserlöse an die Gläubiger. Alternativ kann die Verwertung im Wege einer Übertragung von teilweisen oder vollständigen Betriebsgesamtheiten auf ein anderes Unternehmen erfolgen, sog. übertragenden Sanierung (§ 160 InsO).[112] Demgegenüber kann in einem Insolvenzplan zugunsten einer einzelfallgerechten optimalen Verwertung weitreichend von den gesetzlich vorbestimmten Verwertungsvorschriften des Regelverfahrens (§§ 159 ff. InsO) abgewichen werden.[113]

Das Insolvenzplanverfahren stellt gegenüber dem Insolvenzverfahren i. S. v. § 1 Satz 1 InsO kein eigenständiges Verfahren dar. Hierbei handelt es sich lediglich um ein Verwertungsinstrument innerhalb des einheitlichen Insolvenzverfahrens,[114] wenngleich das Insolvenzplanverfahren in den Vorschriften der §§ 217 ff. InsO eine eigenständige verfahrensrechtliche Ausgestaltung erfahren hat. Durch die Möglichkeit, in Form eines Insolvenzplans weitreichend von den vorgegebenen Vorschriften des Regelverfahrens abzuweichen, sollen die Beteiligten die für sie optimale Verwertungsentscheidung im Verhandlungsprozess entdecken und verwirklichen. In der Regierungsbegründung zur InsO ist in diesem Zusammenhang die Rede davon, dass die dem Insolvenzplan zugrunde liegenden autonomen Entscheidungsprozesse die Finanzstruktur des Schuldners im

109 GBl. I Nr. 32 S. 285. Zur Vorgeschichte der Insolvenzrechtsreform siehe auch Begr. RegE InsO, BT-Drucks. 12/2443, S. 102 ff., 104.

110 *Keller*, Insolvenzrecht, 4. Teil, Kap. 12 Rn. 1624.

111 Begr. RegE InsO, BT-Drucks. 12/2443, S. 78.

112 *Braun/Frank*, in: Braun, InsO, Vorbem. zu §§ 217 bis 269 Rn. 1.

113 Begr. RegE InsO, BT-Drucks. 12/2443, S. 90.

114 *Madaus*, Der Insolvenzplan, 2011, Kap. 1, S. 159.

Interesse seiner Geldgeber bestmöglich abwickeln oder umgestalten sollen.[115] Dies kann sowohl im Wege einer Liquidation als auch durch eine Sanierung des Unternehmens geschehen.[116]

Aufgrund seiner autonomen Konzeption trägt das Verwertungsinstrument des Insolvenzplans maßgeblich zu dem gesetzgeberischen Ziel bei, welches seit jeher mit dem einheitlichen Insolvenzverfahren verfolgt wird: Die Gewährleistung marktkonformer Insolvenzbewältigungen.[117] Was der Gesetzgeber hierunter versteht, führt er in seiner Gesetzesbegründung zur InsO anhand von zahlreichen Anforderungen näher aus, die er aus dem Postulat der Marktkonformität ableitet.[118] Diese sind: die Vermögensorientierung des Verfahrens; der Gleichrang von Liquidation, übertragender Sanierung und Reorganisation des Schuldners; die flexible Insolvenzabwicklung durch Deregulierung; der Wettbewerb um die beste Verwertungsart; der Verzicht auf Zwangseingriffe in die Vermögensrechte der Beteiligten; die Achtung der Investitionsfreiheit des Einzelnen; die Einbindung dinglich gesicherter Gläubiger in das Insolvenzverfahren; das Obstruktionsverbot für Beteiligtengruppen; die einheitliche Zumessung der Mitwirkungsrechte nach dem Vermögenswert der Beteiligtenrechte sowie die Beteiligtenautonomie bei Entscheidungen über den Ablauf des Verfahrens.[119]

Mit der „Beteiligtenautonomie bei Entscheidungen über den Ablauf des Verfahrens" kommt speziell der zuletzt genannten Prämisse eine wesentliche Bedeutung für das Insolvenzverfahren zu. Laut der Regierungsbegründung zur InsO gebühre den Beteiligten der Insolvenz, d. h. dem Schuldner bzw. den am Schuldner beteiligten Personen (Anteilsinhaber) und besonders den Gläubigern zu Beginn des Insolvenzverfahrens die

115 Begr. RegE InsO, BT-Drucks. 12/2443, S. 77.

116 Der persönlich-gegenständliche Anwendungsbereich eines Insolvenzplans ist ab dem Inkrafttreten des Gesetzes zur Verkürzung des Restschuldbefreiungsverfahrens und zur Stärkung der Gläubigerrechte (BGBl. 2013, S. 2379) am 1.7.2014 nicht mehr auf Unternehmen beschränkt, sondern steht auch Verbrauchern in einem Verbraucherinsolvenzverfahren i. S. d. §§ 304 ff. InsO zur Verfügung, *Eidenmüller*, in: MünchKomm-InsO, Vorbem. zu §§ 217 bis 269 Rn. 31.

117 Begr. RegE InsO, BT-Drucks. 12/2443, S. 77.

118 Begr. RegE InsO, BT-Drucks. 12/2443, S. 77.

119 Begr. RegE InsO, BT-Drucks. 12/2443, S. 77 ff.

Entscheidungskompetenz darüber, ob das Schuldnervermögen liquidiert oder der Schuldner saniert wird. Zudem sollen die Beteiligten darüber befinden, auf welchem Wege und mit welchem Verwertungsinstrument das für sie optimale Verwertungsergebnis im Einzelfall realisiert werden kann.[120]

Die gesetzliche Ausgestaltung entsprechender Entscheidungsbefugnisse findet ihren Niederschlag in erster Linie in den Vorschriften der §§ 156, 157 InsO. Dort ist geregelt, dass die Gläubigerversammlung als wesentliches Entscheidungsorgan des Insolvenzverfahrens in einem Berichtstermin darüber beschließt, ob das Unternehmen des Schuldners stillgelegt oder vorläufig fortgeführt wird. Ferner kann sie den Insolvenzverwalter gemäß § 157 InsO mit der Ausarbeitung eines Insolvenzplans beauftragen und diesem das Ziel des Plans vorgeben.

II. Disponibilität über das Verwertungskonzept

Die Möglichkeit der autonomen Ausgestaltung eines Insolvenzplans erlaubt die Berücksichtigung der (wirtschaftlichen) Gegebenheiten des insolventen Unternehmens sowie des Marktes, indem die Rechtspositionen der vermögensrechtlich Betroffenen abweichend von den strikten Vorschriften des Regelverfahrens weitreichend umgestaltet werden können. Als disponibel bestimmt § 217 InsO insoweit: die Befriedigung der absonderungsberechtigten Gläubiger und der Insolvenzgläubiger, die Verwertung und Verteilung der Insolvenzmasse, die Haftung des Schuldners nach Beendigung des Insolvenzverfahrens und – seit dem Inkrafttreten des ESUG – die Verfahrensabwicklung[121] sowie die Anteils- oder Mitgliedschaftsrechte von am Schuldner beteiligten Personen.

Im Rahmen des ESUG wurde der Katalog des § 217 InsO zugunsten weitreichenderer Sanierungsmöglichkeiten erheblich ausgedehnt. Zunächst wurden erstmals zusätzlich die Vorschriften über die Verfahrensabwicklung zur Disposition gestellt. In diesem Zusammenhang sind Planregelungen in Abweichung zu den Verfahrensvorschriften der InsO allerdings

120 Begr. RegE InsO, BT-Drucks. 12/2443, S. 79 f.

121 Dazu siehe die Stellungnahme des Bundesrates zum ESUG, BRat ESUG, BT-Drucks. 17/5712, Anlage 3, S. 54 m. w. N.

nur zulässig, sofern diese überhaupt durch eine Entscheidung der Gläubiger abbedungen werden dürfen oder Sondervorschriften bestehen. Im Übrigen sind die verfahrensrechtlichen Vorschriften der InsO zwingend.[122]

Eine weitaus größere Bedeutung und zugleich ein Novum im deutschen Insolvenzrecht kommt der Regelungsmöglichkeit von Anteils- und Mitgliedschaftsrechten der am Schuldner beteiligten Personen gemäß §§ 217 Satz 2, 225a InsO zu. Die Möglichkeit zur Regelung von Gesellschafterrechten beruht letztlich auf der langjährigen Kritik einer mangelnden Abstimmung zwischen Insolvenz- und Gesellschaftsrecht. Dabei ging es vor allem um die fehlende Möglichkeit, Anteils- und Mitgliedschaftsrechte auch gegen den Willen ihrer Inhaber zwangsweise in den Insolvenzplan einzubeziehen.[123]

Im Ergebnis können in einem Insolvenzplan gemäß § 217 InsO damit sowohl die Verfahrensbestandteile als auch die Rechtspositionen der Beteiligten in den Grenzen des Privatrechts beliebig gestaltet werden. Für die Regelungen der Rechtspositionen gelten dabei die Vorschriften der §§ 223 ff. InsO, die vielfältige Regelungsmöglichkeiten für die in § 217 InsO genannten Beteiligtengruppen vorsehen. Möglich sind etwa Forderungskürzungen, Stundungen oder gar Forderungserlasse (vgl. § 223 Abs. 2 InsO).[124] In Bezug auf Anteils- und Mitgliedschaftsrechte sind Umwandlungen von Gläubigerforderungen in Anteils- und Mitgliedschaftsrechte möglich (*Debt-to-Equity-Swap*). Dies hat zur Folge, dass Gläubiger in Gesellschafterpositionen vordringen können (§ 225a Abs. 2 InsO). Auch die Haftung des Schuldners unterliegt der Regelungsdisposition des Plans, mit dem die Haftungssituation abweichend zum gesetzlichen Regelverfahren gestaltet werden kann. Dem Schuldner etwa kann die Möglichkeit zur Restschuldbefreiung im Sinne der §§ 286 ff. InsO zusätzlich erschwert oder gänzlich versagt werden. Zudem können ihm zusätzliche Pflichten auferlegt werden, die das Gesetz im gesetzlichen Regelverfahren nicht vorsieht (vgl. § 227 Abs. 1 InsO).[125]

---

122 *Braun/Frank*, in: Braun, InsO, § 217 Rn. 3.

123 Dazu siehe bereits die Nachweise in § 6, II., 3.

124 Vgl. etwa die Beispiele im Rahmen der Sachverhaltsdarstellung des *LG Traunstein* v. 27.8.1999 – 4 T 2966/99, NZI 1999, 461 f.

125 *Braun*, in: Nerlich/Römermann, InsO, § 247 Rn. 1.

III. Beteiligtenautonomie im Insolvenzplanverfahren

Das einem Insolvenzplan zugrunde liegende Verwertungskonzept ist Ausdruck privatautonomer Entscheidungsprozesse.[126] Die umfassenden Abweichungsmöglichkeiten in einem Insolvenzplan ermöglichen erhebliche Eingriffe in die Rechtspositionen des Schuldners und der Gläubiger, seit Inkrafttreten des ESUG zudem in die Anteils- und Mitgliedschaftsrechte der am Schuldner beteiligten Personen. Ein privatautonom ausgestaltetes Verwertungsinstrument verlangt daher nach umfassenden Mitwirkungsrechten der Beteiligten, die von den Wirkungen entsprechender Regelungen in einem Insolvenzplan betroffen sind. Ihnen muss ein Mitspracherecht zustehen, durch das sie auf die Entscheidungsfindung bzw. auf das konkret zugrunde liegende Insolvenzplankonzept einwirken können.

Im Insolvenzverfahren erfolgt die Einflussnahme der Gläubiger über die Gläubigerversammlung, welche als „Herrin" des Verfahrens gilt.[127] Zwar obliegt die Verwaltungs- und Verfügungsmacht über das Vermögen des Schuldners allein dem Insolvenzverwalter (§§ 35, 36 InsO), der insoweit als Exekutivorgan tätig wird.[128] Auch im Insolvenzplanverfahren liegen die beabsichtigten Umgestaltungen der Rechtspositionen des Schuldners bzw. der Anteils- und Mitgliedschaftsinhaber sowie der Gläubiger in den Grenzen der § 217 i. V. m. §§ 223 ff. InsO zunächst in der Hand des Insolvenzverwalters, sofern dieser den Plan vorlegt. Geht es jedoch um die das Insolvenzverfahren prägenden wesentlichen Entscheidungen, sind diese der Gläubigerversammlung vorbehalten.[129] Sie wirkt insbesondere mit bei der Auswahl des Insolvenzverwalters (§ 57 InsO), der Entscheidung über das Verwertungskonzept – Liquidation, Sanierung oder Reorganisation – oder bei Entscheidungen über wichtige Verwaltungs- und Verwertungs-

126 Begr. RegE InsO, BT-Drucks. 12/2443, S. 90; *Eidenmüller*, in: MünchKomm-InsO, Vorbem. zu §§ 217 bis 269 Rn. 1.

127 *Klopp/Kluth*, in: Gottwald, Insolvenzrechts-Handbuch, § 20 Rn. 1 ff.; *Haas*, NZG 2012, 961, 964; *Häsemeyer*, Insolvenzrecht, 2. Kap. Rn. 2.06. Zur Gläubigerversammlung ausführlich etwa *Holzer*, in: Beck/Depré, Praxis der Insolvenz, § 3 Rn. 174 ff.

128 *Klopp/Kluth*, in: Gottwald, Insolvenzrechts-Handbuch, § 22 Rn. 1.

129 *Klopp/Kluth*, in: Gottwald, Insolvenzrechts-Handbuch, § 20 Rn. 2.

maßnahmen (§§ 157 ff. InsO).[130] Auch innerhalb eines Insolvenzplanverfahrens obliegt die Entscheidung über das konkrete Plankonzept letztlich der Gläubigerversammlung, indem sie gemäß §§ 253, 243, 244 InsO über die Annahme eines Insolvenzplans abstimmt.[131]

§ 8 Einflussnahme der Beteiligten im Insolvenzplanverfahren

Die Einflussnahme der Gläubiger und gegebenenfalls der Anteilsinhaber erfolgt im Insolvenzplanverfahren durch die Mitwirkung an der Abstimmung über die Annahme des Plans, §§ 243 ff. InsO.[132] Die Annahme ist Grundvoraussetzung für die Durchsetzung der festgelegten Maßnahmen. Der Abstimmung geht die insolvenzgerichtliche Vorprüfung des Plans voraus (§ 231 InsO), in welcher über seine Zulassung entschieden wird.[133]

An die Annahme des Insolvenzplans schließt sich gemäß § 248 InsO das gerichtliche Bestätigungsverfahren an, in dem das Insolvenzgericht die Einhaltung der Vorschriften gemäß §§ 217 ff. InsO abschließend prüft und dem Plan seine Bestätigung erteilt bzw. versagt. Das Bestätigungsverfahren i. S. v. § 248 InsO dient einer letzten Überprüfung des Insolvenzplans im Hinblick auf formell- und materiell-rechtliche Vorschriften. Doch auch darüber hinaus gewährleistet die gerichtliche Kontrolle – als Maßnahme staatlicher Fürsorge – den Schutz aller am Insolvenzplanverfahren Beteiligten, indem ausschließlich solche Insolvenzpläne Wirkungen entfalten sollen, die in dem gesetzlich vorgesehenen Verfahren zustande

130 Dazu *Klopp/Kluth*, in: Gottwald, Insolvenzrechts-Handbuch, § 20 Rn. 18 ff.; *Häsemeyer*, Insolvenzrecht, 2. Kap. Rn. 2.06; *Pape*, in: Pape/Gundlach/Vortmann, Handbuch der Gläubigerrechte, Teil 1, A. Rn. 33 ff.

131 *Pape*, in: Pape/Gundlach/Vortmann, Handbuch der Gläubigerrechte, Teil 1, A. Rn. 46. Da seit dem Inkrafttreten des ESUG auch die Rechte der Anteilsinhaber in einem Plan geregelt werden können (§§ 217 Satz 2, 225a InsO), die im Falle einer Regelung gleichermaßen an dem Abstimmungsverfahren über die Annahme eines Insolvenzplans zu beteiligen sind (vgl. § 244 Abs. 3 InsO), greift der Begriff der *Gläubiger*versammlung in diesem Kontext zu kurz.

132 Zum Verlauf eines Insolvenzplanverfahrens siehe die Darstellung bei *C. Schmidt/Stahlschmidt*, in: Kübler, HRI, § 35 Rn. 1 ff.

133 Näher zur Vorprüfung i. S. v. § 231 InsO *Pape/Uhlenbruck/Voigt-Salus*, Insolvenzrecht, Kap. 38 Rn. 24 ff., 28.

gekommen sind und den materiell-rechtlichen Anforderungen genügen.[134] Nur im Falle der rechtskräftigen Bestätigung des Insolvenzplans durch das Insolvenzgericht treten die im Plan vorgesehenen Wirkungen für und gegen alle Beteiligten ein (§§ 254 bis 254b InsO).

I. Abstimmung über die Annahme eines Insolvenzplans (§§ 243 ff. InsO)

1. Gruppenabstimmung durch Gläubiger und Anteilsinhaber (§ 243 InsO)

Die Abstimmung über die Annahme des Plans erfolgt gemäß § 243 InsO in Gruppen, deren Zusammensetzung sich nach § 222 InsO richtet. Maßgeblich sind insoweit die verschiedenen Rechtspositionen, mit denen die Beteiligten von der Insolvenz betroffen sein können. Es wird hierbei differenziert zwischen absonderungsberechtigten Gläubigern (§§ 47, 48 InsO), den nicht nachrangigen Insolvenzgläubigern (§ 38 InsO), den nachrangigen Insolvenzgläubigern (§ 39 InsO) sowie den am Schuldner beteiligten Personen.[135]

Absonderungsberechtigte Gläubiger können auf Grund eines Sicherungsrechts[136] eine vorzugsweise – privilegierte – Berichtigung ihrer besicherten Forderung gegen den Schuldner aus der Verwertung eines bestimmten Massegegenstands verlangen (§§ 49 ff. InsO).[137] *Nicht nachrangige Insolvenzgläubiger* haben lediglich einen begründeten Vermögensanspruch gegen den Insolvenzschuldner.[138] Die nicht nachrangigen – „einfachen" – Insolvenzgläubiger i. S. v. § 38 InsO bilden regelmäßig den Großteil der

134 *Braun/Frank*, in: Braun, InsO, § 248 Rn. 1; *Sinz*, in: MünchKomm-InsO, § 248 Rn. 1.

135 Allgemein zur Unterscheidung der verschiedenen Gruppen im Insolvenzverfahren vgl. *Nerlich*, in: Nerlich/Kreplin, Insolvenz und Sanierung, § 30 Rn. 1 ff.; *Pape*, in: Pape/Gundlach/Vortmann, Handbuch der Gläubigerrechte, Teil 1, A. Rn. 16 ff.

136 Als Sicherungen kommen unter anderem in Betracht: Grundpfandrechte, Pfandrechte an beweglichen Gegenständen; Pfandrechte an Forderungen; Sicherungsübereignungen; Sicherungsabtretungen, näher dazu *Brinkmann*, in: Uhlenbruck, InsO, § 49 Rn. 1; *Andres*, in: Nerlich/Römermann, InsO, § 49 Rn. 1 ff.; *Pape/Uhlenbruck/Voigt-Salus*, Insolvenzrecht, Kap. 25 Rn. 1 ff.

137 *Hess*, in: Hess, InsO, § 49 Rn. 8 f.; *Bichlmeier/Engberding/Oberhofer*, Insolvenzhandbuch, 2. Teil, E., S. 219 ff.; *Sinz/Hefermehl*, Unternehmensinsolvenz, Rn. 818; *Keller*, Insolvenzrecht, 1. Teil, Kap. 2 Rn. 397.

138 *Nerlich*, in: Nerlich/Kreplin, Insolvenz und Sanierung, § 30 Rn. 12; *Pape*, in: Pape/Gundlach/Vortmann, Handbuch der Gläubigerrechte, Teil 1, A. Rn. 17; *Keller*, Insolvenzrecht, 1. Teil, Kap. 2 Rn. 348.

Beteiligten. Die *nachrangigen Insolvenzgläubiger* i. S. v. § 39 haben ebenfalls begründete Vermögensansprüche gegen den Insolvenzschuldner, allerdings mit der Besonderheit, dass diese Forderungen grundsätzlich erst dann zu bedienen sind, wenn die Forderungen der Insolvenzgläubiger vollständig, d. h. zu 100 % berichtigt worden sind (§ 39 Abs. 1 InsO).[139] Schließlich ist im Falle der Regelung von Anteils- und Mitgliedschaftsrechten in einem Plan seit dem Inkrafttreten des ESUG auch eine Gruppe für die *am Schuldner beteiligten Personen* zu bilden.[140]

Sofern unterschiedliche Rechtspositionen von Beteiligten nach Maßgabe der §§ 217 i. V. m. 223 InsO ff. InsO im Insolvenzplan umgestaltet werden, ist das Erfordernis der Gruppenbildung zwingend und vom Planverfasser stets zu beachten. Dabei folgt allein aus der Zugehörigkeit zu einer (Abstimmungs-)Gruppe nicht auch zugleich die Stimmberechtigung im Abstimmungstermin. Während für die Einteilung in eine Gruppe ausschließlich die planrechtliche Regelung der Rechtposition des jeweiligen Beteiligten maßgeblich ist (vgl. § 222 Abs. 1 InsO), richtet sich die Gewährung eines Stimmrechts unabhängig davon nach den Vorschriften der §§ 237 ff. InsO. Ein zwingender Gleichlauf zwischen Gruppenzugehörigkeit und Stimmberechtigung besteht folglich nicht, ist gleichwohl der Regelfall.[141]

2. Widerspruchsrecht des Schuldners (§ 247 Abs. 1 InsO)

Wird ein Insolvenzplan durch den Insolvenzverwalter vorgelegt, ist für seine Annahme zusätzlich die Zustimmung des Schuldners erforderlich,[142] da auch dieser durch den Plan in seiner Rechtsposition betroffen sein kann (§ 217 Satz 1 InsO). Eine aktive Zustimmung und Mitwirkung des Schuldners verlangt das Gesetz allerdings nicht.[143] Vielmehr gilt die Zustimmung

---

139 *Lüdke*, in: HambKomm-InsO, § 39 Rn. 1; *Bornemann*, in: Wimmer, InsO, § 39 Rn. 1; *Huhnold*, in: Haarmeyer/Wutzke/Förster, InsO, § 39 Rn. 5; *Frege/Keller/Riedel*, Insolvenzrecht, Rn. 912.

140 *Eidenmüller*, in: MünchKomm-InsO, § 222 Rn. 69.

141 Ausführlich dazu § 9, V., 2., c), cc).

142 *Andres*, in: Andres/Leithaus, InsO, § 247 Rn. 1; *Sinz*, in: MünchKomm-InsO, § 247 Rn. 2; *Braun*, in: Nerlich/Römermann, InsO, § 247 Rn. 1; *Lüer*, in: Uhlenbruck, InsO, § 247 Rn. 1.

143 *Thies*, in: HambKomm-InsO, § 247 Rn. 2; *Jaffé*, in: Wimmer, InsO, § 247 Rn. 3.

des Schuldners gemäß § 247 Abs. 1 InsO als erteilt, wenn dieser nicht spätestens im Abstimmungstermin widerspricht.[144] Die Regelung basiert auf der gesetzgeberischen Annahme, dass das zur Verwertung verfügbare Schuldnervermögen die Verbindlichkeiten des Schuldners nicht deckt. In diesem Fall ist der Schuldner allerdings von den Planwirkungen regelmäßig nicht betroffen, weshalb es seiner aktiven Mitwirkung nicht bedarf.[145]

II. Erforderliche Mehrheiten für die Annahme des Plans

1. (Doppeltes) Mehrheitserfordernis gemäß §§ 243, 244 InsO

Bei der gesetzlichen Ausgestaltung der notwendigen Quoren für die Annahme des Insolvenzplans hatte der Gesetzgeber die Wahl zwischen einem Einstimmigkeits- und einem Mehrheitserfordernis. Zwar entspräche Ersteres eher der Konzeption eines (privat-)autonomen Verfahrens. Mit dem insolvenzplanrechtlichen Abstimmungssystem gemäß §§ 243 ff. InsO entschied sich der Gesetzgeber gleichwohl gegen ein Einstimmigkeitserfordernis und für ein Mehrheitssystem.[146] Für die Annahme eines Insolvenzplans genügt es gemäß § 244 InsO, dass in jeder Abstimmungsgruppe eine „Doppelmehrheit" bestehend aus Kopf- und Summenmehrheit[147] erzielt wird. Dafür muss in jeder Gruppe zunächst die Mehrheit der abstimmenden Gläubiger dem Plan zustimmen (Kopfmehrheit, § 244 Abs. 1 Nr. 1 InsO). Zudem muss die Summe der Ansprüche der zustimmenden Gläubiger mehr als die Hälfte der Summe der Ansprüche der abstimmenden Gläubiger betragen (Summenmehrheit, § 244 Abs. 1 Nr. 2 InsO).[148] Für am Schuldner beteiligte Personen gilt seit dem Inkraft-

144 Ausgeschlossen ist das Widerspruchsrecht, sofern der Schuldner den Insolvenzplan selbst vorgelegt hat und dieser unverändert angenommen worden ist, *Andres*, in: Andres/Leithaus, InsO, § 247 Rn. 2 m.w.N.; *Jaffé*, in: Wimmer, InsO, § 247 Rn. 9; *Sinz*, in: MünchKomm-InsO, § 247 Rn. 25.

145 *Braun/Frank*, in: Braun, InsO, § 247 Rn. 1.

146 *Hintzen*, in: MünchKomm-InsO, § 244 Rn. 4 ff.; *Braun*, in: Nerlich/Römermann, InsO, § 244 Rn. 3.

147 *Braun*, in: Nerlich/Römermann, InsO, § 244 Rn. 3; *ders.*, in: Gottwald, Insolvenzrechts-Handbuch, § 68 Rn. 45; *Pape/Uhlenbruck/Voigt-Salus*, Insolvenzrecht, Kap. 38 Rn. 35.

148 Abweichend zum Abstimmungsverfahren in der Gläubigerversammlung genügt die Summenmehrheit allein im Rahmen der Abstimmung über einen Insolvenzplan nicht (vgl. zur Gläubigerversammlung § 76 Abs. 2 InsO), da die Gläubiger

treten des ESUG grundsätzlich entsprechendes mit der Maßgabe, dass an die Stelle der Summe der Ansprüche die Summe der Beteiligungen tritt, § 244 Abs. 3 i.V.m. Abs. 1 Nr. 2 InsO.[149] Ob die erforderliche Mehrheit erreicht wird, beurteilt sich für jede Gruppe ausschließlich anhand der im Abstimmungstermin tatsächlich abgegebenen Stimmen. Damit werden stimmberechtigte Gruppenangehörige, die von ihrem Stimmrecht keinen Gebrauch gemacht haben, im Rahmen der Feststellung der erforderlichen Mehrheiten nicht berücksichtigt.[150] Das Abstimmungsergebnis in der Gruppe entfaltet für sie jedoch gleichermaßen Bindungswirkung.[151]

2. Das Obstruktionsverbot

a) Kein schrankenloses Vetorecht

Das Mehrheitserfordernis gemäß §§ 243, 244 InsO stellt einen wichtigen Ausgleich zu dem Beteiligungserfordernis der Betroffenen an der Abstimmung über den Insolvenzplan dar. Auch wenn einzelne Beteiligte gegen den Plan stimmen, kann der Plan mit der erforderlichen Mehrheit angenommen werden. Besonders begrüßenswert ist dies für Fälle, in denen die Zustimmung zum Plan von Beteiligten lediglich aus Verzögerungs- bzw. Missbrauchsmotiven heraus verweigert wird, obwohl dem Plan ein wirtschaftlich „optimales“ Verwertungskonzept zugrunde liegt. Bereits eingangs wurde auf entsprechende Szenarien in der Vergangenheit hingewiesen, in denen sich Beteiligte die Erlangung finanzieller Sondervorteile versprachen, indem sie sich ihre Zustimmung zum Plan zu Lasten der planbefürwortenden Beteiligten „abkaufen“ ließen.[152]

Die Entwurfsbegründung zur InsO führt in diesem Zusammenhang aus, dass einzelnen Beteiligten kein schrankenloses Vetorecht gegen einen für andere Beteiligte vorteilhaften und im Übrigen ökonomisch sinnvol-

---

aufgrund der besonderen Bedeutung der Entscheidung über einen Insolvenzplan durch wenige Großgläubiger nicht sollen beeinträchtigt werden können, *Förste*, Insolvenzrecht, § 33 Rn. 503.

149 *Braun/Frank*, in: Braun, InsO, § 244 Rn. 12.

150 *Pape/Uhlenbruck/Voigt-Salus*, Insolvenzrecht, Kap. 38 Rn. 35 m.w.N.

151 *Lüer*, in: Uhlenbruck, InsO, § 244 Rn. 2; *Hintzen*, in: MünchKomm-InsO, § 244 Rn. 9.

152 Begr. RegE InsO, BT-Drucks. 12/2443, S. 79; näher dazu § 11, III., 2.

len Plan zugestanden werden könne.[153] Die Blockierung eines Insolvenzplans entbehre jeglicher Rechtfertigung, wenn sich der Plan insgesamt als wirtschaftlich sinnvoll erweise und die opponierenden Beteiligten durch eine angemessene Berücksichtigung ihrer Interessen im Ergebnis nicht benachteiligt werden.[154] Die lediglich durch erpresserische Motive geleitete Verweigerung einer Zustimmung widerspreche insoweit dem Ziel einer marktkonformen Insolvenzbewältigung.[155] Gleiches muss gelten, sofern sich ein Beteiligter deshalb gegen den Plan wehrt, um durch eine von ihm bevorzugte Liquidation des insolventen Unternehmens einen wirtschaftlichen Konkurrenten aus dem Markt zu drängen.[156] In diesen und vergleichbaren Fällen hat ein marktkonformes Insolvenzverfahren zu gewährleisten, dass sachfremde Erwägungen einer Annahme und Durchsetzung eines wirtschaftlich sinnvollen Insolvenzplans nicht entgegenstehen.[157]

b) Obstruktionsverbot für Gläubiger und Anteilsinhaber (§ 245 InsO)

Die auf sachfremden Erwägungen beruhende Torpedierung eines Plans durch einzelne Beteiligte ist für seine Annahme jedenfalls dann unbeachtlich, soweit das gemäß §§ 243, 244 InsO erforderliche Quorum innerhalb der Gruppen erreicht wird. Handelt es sich bei den obstruierenden Beteiligten demnach lediglich um wenige Gläubiger bzw. Anteilsinhaber, kann deren fehlende Zustimmung durch eine mehrheitlich positive Abstimmung innerhalb der Gruppe überwunden werden.

Sachfremde Motive können hingegen auch eine Beteiligtenmehrheit innerhalb einer Abstimmungsgruppe oder gar die gesamte Gruppe dazu verleiten, dem Insolvenzplan die Zustimmung zu verweigern. In diesen Fällen versagt das doppelte Mehrheitserfordernis gemäß §§ 243, 244 InsO, sofern das erforderliche Quorum in einer (oder mehreren) Gruppe(n) nicht erreicht wird. Eine Annahme des Insolvenzplans ist in diesen Fäl-

153 Begr. RegE InsO, BT-Drucks. 12/2443, S. 208 f. (zu § 290).

154 Begr. RegE InsO, BT-Drucks. 12/2443, S. 208 f. (zu § 290); ausführlich dazu § 9, III.

155 Begr. RegE InsO, BT-Drucks. 12/2443, S. 79.

156 So das Beispiel von *Braun/Uhlenbruck*, Unternehmensinsolvenz, 1997, S. 605.

157 Begr. RegE InsO, BT-Drucks. 12/2443, S. 208 f. (zu § 290); *Lüer*, in: Uhlenbruck, InsO, § 245 Rn. 1.

len zunächst gescheitert (§§ 243, 244 Abs. 1 Nr. 1 InsO). Das Gesetz sieht für derartige Fälle in § 245 InsO ein sog. Obstruktionsverbot für Abstimmungsgruppen vor.[158] Unter bestimmten Voraussetzungen kann dadurch die fehlende Abstimmungsmehrheit auf der Grundlage einer missbräuchlichen Versagung der Zustimmung geschaffen werden, obwohl der Plan im Abstimmungstermin ursprünglich nicht mehrheitlich angenommen wurde.[159]

c) Obstruktionsverbot für den Schuldner (§ 247 Abs. 2 InsO)

Ein gleichnamiges Obstruktionsverbot, wie es für Gläubiger und Anteilsinhaber in § 245 InsO normiert ist, sieht § 247 Abs. 2 InsO für den Schuldner vor.[160] Dieser nimmt zwar nicht an der Abstimmung über den Plan Teil, sodass er nicht gegen den Plan stimmen kann. Allerdings kann der Schuldner einem Plan gemäß § 247 Abs. 1 InsO widersprechen und dadurch eine Planbestätigung gegebenenfalls verhindern. Sofern jedoch auch der Schuldner durch den Plan keine Interessenbeeinträchtigungen gegenüber einer hypothetischen Verwertung nach den Vorschriften des Regelverfahrens zu befürchten hat, bedarf es insoweit einer rechtlichen Beschränkung des Widerspruchsrechts.[161] Letztere erfolgt mit der Vorschrift des § 247 Abs. 2 InsO, in der bestimmte Voraussetzungen normiert sind, unter denen der Planwiderspruch des Schuldners gemäß § 247 Abs. 1 InsO unbeachtlich ist und einer Planbestätigung gemäß § 248 InsO nicht entgegensteht.[162]

---

158 Dazu siehe bereits Begr. RegE InsO, BT-Drucks. 12/2443, S. 208 (zu § 290).

159 Dazu sogleich in § 9, V., 2., c), aa).

160 Begr. RegE InsO, BT-Drucks. 12/2443, S. 210 (zu § 292); *Andres*, in: Andres/Leithaus, InsO, § 247 Rn. 3.

161 Vgl. Begr. RegE InsO, BT-Drucks. 12/2443, S. 210 (zu § 292).

162 Dazu § 9, V., 2., c), ff). Sofern jedoch der Schuldner einen eigenen Insolvenzplan vorgelegt hat, ist ihm ein Widerspruchsrecht gemäß § 247 Abs. 1 InsO aus teleologischen Gründen verwehrt, dazu siehe *Spliedt*, in: K. Schmidt, InsO, § 253 Rn. 6; *Sinz*, in: MünchKomm-InsO, § 247 Rn. 25; *Haas*, in: HK-InsO, § 247 Rn. 4; *Thies*, in: HambKomm-InsO, § 247 Rn. 4; *Jaffé*, in: Wimmer, InsO, § 247 Rn. 9; *Pleister*, in: KPB, InsO, § 247 Rn. 9; *Müller*, KTS 2002, 209, 211 Fn. 5 m. w. N.; *Braun*, in: Nerlich/Römermann, InsO, § 247 Rn. 9.

§ 9 Minderheitenschutz als Ausgleich für Mehrheitserfordernis und Obstruktionsverbot

Soweit das Gesetz mit Hilfe des Mehrheitserfordernisses (§ 244 InsO) und des Obstruktionsverbots (§§ 245, 247 InsO) die zwangsweise Durchsetzung eines Insolvenzplans gegenüber einzelnen Beteiligten ermöglicht, geht damit eine weitreichende Einschränkung der Beteiligtenautonomie einher.[163] Gleichwohl kann auf das Mehrheitserfordernis und das Obstruktionsverbot innerhalb eines privatautonomen Insolvenzplanverfahrens nicht verzichtet werden, wenn das Verwertungsinstrument des Plans nicht zur Bedeutungslosigkeit verkommen soll. Das Erfordernis eines Obstruktionsverbots als Korrektiv für die Vorschrift des § 244 InsO[164] folgt dabei nicht etwa allein daraus, dass Beteiligte mit ihrem Abstimmungsverhalten gegebenenfalls eigennützige und – wirtschaftlich betrachtet – sachfremde Motive verfolgen, obwohl sie durch die Regelungen in einem Plan keine wirtschaftlichen Nachteile gegenüber jedem alternativen Verwertungsszenario zu befürchten hätten.[165] Vielmehr mögen einzelne Beteiligte auch jenseits etwaiger missbräuchlicher Motive legitime Gründe dafür haben, einem Plan nicht zuzustimmen. Eine einheitliche Willensbildung zeichnet sich in der Regel schon deshalb nicht ab, weil im Insolvenzplanverfahren Beteiligte mit verschiedenen Rechtspositionen und unterschiedlichen Interessen betroffen sind, die nicht stets eine Fortführung des Unternehmens befürworten.

I. Interessendivergenzen als Motiv für eine Ablehnung des Plans

Ob ein Gläubiger bzw. Anteilsinhaber die Durchsetzung eines Sanierungskonzepts oder eine alternative Liquidation des Unternehmens befürwortet, wird sich in erster Linie nach wirtschaftlichen Gesichtspunkten richten. Dafür wird der Beteiligte einen Vergleich zwischen dem wirtschaftlichen Wert anstellen, der für ihn in einem Insolvenzplan vorgesehen ist, und dem Wert, den er entsprechend seiner persönlichen Rechtsstellung im

163 *Ganter/Lohmann*, in: MünchKomm-InsO, § 1 Rn. 66; *Braun*, in: Gottwald, Insolvenzrechts-Handbuch, § 68 Rn. 50.

164 *Braun*, in: Gottwald, Insolvenzrechts-Handbuch, § 68 Rn. 50.

165 Dazu noch näher § 11, III.

Rahmen einer Verwertung und Verteilung des Schuldnervermögens nach den Vorschriften des Regelverfahrens voraussichtlich zu erwarten hätte.

1. Absonderungsberechtigte Gläubiger

Das Interesse eines absonderungsberechtigten Gläubigers an einem konkreten Verwertungskonzept wird sich in aller Regel nach dem Werteverhältnis des Absonderungsrechts zur Forderung bemessen. Sofern die dem Absonderungsrecht zugrunde liegende Forderung vollständig von den Erlösen aus einer Verwertung seiner Sicherungsgüter gedeckt ist, wird der Gläubiger eine Fortführung regelmäßig nicht als prioritär ansehen.[166] Doch auch sofern der Gläubiger im Rahmen einer Verwertung und Liquidation des Schuldnervermögens mit einem teilweisen Ausfall seiner Forderung rechnen muss, hat dies nicht zugleich zur Folge, dass der Gläubiger einer Fortführung zustimmt, zumal auch das zugrunde liegende Sanierungskonzept keine Gewissheit über eine künftige höhere Befriedigungsquote beinhaltet. Insoweit wird das Verhältnis zwischen Forderungswert und Befriedigungsaussicht ausschlaggebend dafür sein, ob der absonderungsberechtigte Gläubiger eine Fortführung des Unternehmens befürwortet und sich in diesem Zusammenhang durch eine entsprechende Plangestaltung gegebenenfalls zu Zugeständnissen bereit erklärt, etwa in Form einer Forderungskürzung oder -stundung (vgl. § 223 Abs. 2 InsO).[167]

Andererseits wird sich ein absonderungsberechtigter Gläubiger im Falle eines Unternehmensfortbestands unter Umständen einen größeren finanziellen Vorteil aus der Aufrechterhaltung einer in der Vergangenheit gut geführten Geschäftsbeziehung versprechen.[168] Dies trifft etwa zu für Lieferanten sowie für Zulieferer, deren Hauptabnehmer das insolvente Unternehmen ist und von dessen Weiterführung die wirtschaftliche Existenz des Zulieferers maßgeblich abhängt. In die oben genannten beispielhaften Überlegungen fließt letztlich eine Vielzahl weiterer Kriterien ein, wie etwa die wirtschaftliche Situation der absonderungsberechtigten Gläubiger. So mögen diese trotz möglicherweise positiver Fortführungsaussichten

166 *Goebel*, KTS 2002, 615, 616 f.

167 Vgl. auch *Braun/Frank*, in: Braun, InsO, § 223 Rn. 1.

168 *Frank*, in: Runkel/Schmidt, Anwalts-Handbuch Insolvenzrecht, § 13 Rn. 402; *Henkkel*, KTS 1989, 477, 484.

gegebenenfalls auf „schnelles" Geld angewiesen sein und sich finanzielle Zugeständnisse oder ein bloßes Abwarten wirtschaftlich schlichtweg nicht erlauben können.[169]

2. Nicht nachrangige Insolvenzgläubiger

Das Interesse der „einfachen" Insolvenzgläubiger an einer Fortführung des Unternehmens hängt maßgeblich von der für sie im Plan vorgesehenen Befriedigungsquoten ab. Insoweit verdeutlichen die Insolvenzstatistiken, dass die nicht nachrangigen Gläubiger im Regelinsolvenzverfahren regelmäßig nicht mit einer vollständigen Berichtigung ihrer Forderung rechnen können.[170] Das ist darauf zurückzuführen, dass die der Gläubigerbefriedigung dienende Insolvenzmasse lediglich einen durchschnittlichen Wert von 5 % aufweist.[171] Neben einem finanziellen Vergleich werden jedoch auch auf Seiten dieser Insolvenzgläubiger ihre individuelle Situation, ihre Risikoaversion sowie weitere Umstände Einfluss auf die Willensbildung nehmen.

Zur Gruppe der „einfachen", nicht nachrangigen Insolvenzgläubiger zählen gemäß § 38 InsO zudem die Arbeitnehmer des insolventen Unternehmens. Sie sind im Falle einer Insolvenz regelmäßig aufgrund von rückständigen Lohnforderungen als Gläubiger gemäß § 38 InsO von der Insolvenz betroffen. Die Liquidation des Unternehmens wird zwangsläufig mit einem Verlust des Arbeitsverhältnisses einhergehen, während bei einer Fortführung des Unternehmens zumindest die Aussicht besteht, nach erfolgreicher Umsetzung von Sanierungsmaßnahmen bei dem bestehenden reorganisierten Rechtsträger oder bei einem neuen Rechtsträger als Arbeitnehmer weiter beschäftigt zu werden. In Anbetracht ihres

169 *Henckel*, KTS 1989, 477, 484.

170 Eine Ausnahme ist der Konkurs des Unternehmens *Borgward* aus dem Jahre 1961, bei dem alle Gläubiger befriedigt wurden und darüber hinaus ein Überschuss i. H. v. 4,5 Mio. Mark verblieb, *Vensky Hellmuth*, in: ZEIT online, Der Niedergang eines Wirtschaftswunder-Unternehmens, Artikel v. 27.7.2011, Seite 2, abrufbar unter: http://www.zeit.de/auto/2011-07/borgward-pleite/seite-2, [zuletzt abgerufen Februar 2015].

171 Institut für Mittelstandsforschung Bonn (IfM), Forschungsprojekt, abrufbar unter: http://www.ifm-bonn.org/studien/studie-detail/?tx_ifmstudies_detail[study]=70&cHash=306f813fa5b9df89f2b689fb5b5ea175, [zuletzt abgerufen Februar 2015]; *Nerlich*, in: Nerlich/Kreplin, Insolvenz und Sanierung, § 30 Rn. 2.

drohenden Arbeitsplatzverlustes für den Fall einer Liquidation werden sie sich einer Unternehmensfortführung in der Regel nicht entgegenstellen. Sie werden sich im Interesse einer Sanierung daher regelmäßig mit der Stundung oder gar dem Erlass ihrer rückständigen Lohnforderungen i. S. v. § 38 InsO einverstanden erklären.

3. Nachrangige Gläubiger

Die nachrangigen Insolvenzgläubiger i. S. v. § 39 InsO werden einem Fortführungskonzept im Falle einer im Plan noch so geringen vorgesehenen Befriedigungsquote oder aufgrund anderer für sie vorteilhafter Zukunftsaussichten regelmäßig positiv gegenüberstehen. Denn im Regelinsolvenzverfahren gehen sie erfahrungsgemäß leer aus, weil die Insolvenzmasse in der Mehrheit der Fälle schon nicht zur vollständigen Befriedigung der nicht nachrangigen Insolvenzgläubiger gemäß § 38 InsO ausreicht.[172] Diesem Umstand tragen auch die Vorschriften des Insolvenzplanverfahrens Rechnung. Gemäß § 225 Abs. 1 InsO gelten die Forderungen nachrangiger Insolvenzgläubiger als erlassen, wenn im Insolvenzplan nichts anderes bestimmt ist. Die nachrangigen Insolvenzgläubiger werden sich daher regelmäßig nicht gegen ein Sanierungskonzept wehren, sofern sie im Abstimmungstermin überhaupt stimmberechtigt sind und die Annahme des Plans beeinflussen können.[173]

4. Schuldner bzw. am Schuldner beteiligte Personen

Der Schuldner bzw. die am Schuldner beteiligten Personen werden aufgrund ihrer Verbundenheit mit dem Unternehmen regelmäßig ein vorrangiges Interesse an dessen Fortführung haben. Für die am Schuldner beteiligten Personen bzw. die Anteils- und Mitgliedschaftsinhaber gilt es dabei zu berücksichtigen, dass ihre Rechte im Rahmen einer Liquidation nach den Vorschriften des Regelinsolvenzverfahrens regelmäßig wert-

172 *Andres*, in: Andres/Leithaus, InsO, § 225 Rn. 1; *Braun/Frank*, in: Braun, InsO, § 225 Rn. 2; *Breuer*, in: MünchKomm-InsO, § 225 Rz. 2; *Braun*, in: Nerlich/Römermann, InsO, § 225 Rz. 1; *Keller*, Insolvenzrecht, 1. Teil, Kap. 2 Rn. 372.

173 Zur Stimmberechtigung von nachrangigen Insolvenzgläubigern siehe § 9, V., 2., c), cc).

los sind.[174] Von einem Liquidationsszenario würden sie daher in keinster Weise profitieren. Zwingend ist dieses Fortführungsinteresse jedoch nicht. Insoweit können persönliche Motive oder mangelnde positive Fortführungsaussichten einem Fortführungswillen entgegenstehen. Anteilsinhaber werden sich gegebenenefalls gegen die Beteiligung neuer Kapitalgeber an dem Unternehmen stellen, die etwa im Falle einer Umsetzung eines nunmehr gesetzlich verankerten *Debt-to-Equity-Swap* (§ 225a Abs. 2 Satz 1 InsO) in die Gesellschafterstellung vordringen würden.[175]

II. Interessenausgleich als rechtliche Legitimation

Wie soeben gesehen, können die Motive von abstimmungsberechtigten Beteiligten zur Verweigerung ihrer Zustimmung auf verschiedenen Gründen beruhen. Ob das Unterlassen einer positiven Abstimmung ungerechtfertigt erscheint und insoweit als Missbrauch zu qualifizieren ist, hängt im Wesentlichen von der Frage ab, inwieweit die Rechtspositionen der Beteiligten im Insolvenzplan umgestaltet werden und ob der Plan ihre wirtschaftlichen Interessen angemessen berücksichtigt. Sofern der Plan Rechtsgestaltungen vorsieht, die wirtschaftliche Nachteile gegenüber einem alternativen Verwertungsszenario zur Folge hätten, besteht auf Seiten der benachteiligten Gläubiger bzw. Anteilsinhaber ein durchaus berechtigtes wirtschaftliches Interesse an einer Versagung der Zustimmung. In diesen Fällen erscheint es nicht gerechtfertigt, eine Planannahme – trotz vorliegender Gegenstimmen – auf der Grundlage des Mehrheitserfordernisses gemäß §§ 243, 244 InsO oder einer Zustimmungsersetzung gemäß §§ 245, 247 InsO herbeizuführen,[176] wodurch den Beteiligten im Vergleich zu alternativen Verwertungsszenarien gegen ihren Willen Vermögenswerte entzogen würden.[177]

174 *Jaffé*, in: Wimmer, FK-InsO, § 253 Rn. 14; *Hölzle*, in: Kübler, HRI, § 31 Rn. 7; *Altmeppen*, in: FS Hommelhoff, 2012, S. 1, 17 ff.; *Schäfer*, in: FS Hommelhoff, 2012, S. 939, 946; *Brinkmann*, WM 2011, 97, 99 f.; *Haas*, NZG 2012, 961, 965; *K. Schmidt*, BB 2011, 1603, 1609; *Kresser*, ZInsO 2010, 1409, 1415; *Uhlenbruck*, NZI 2008, 201, 203; zumindest für den Fall der Überschuldung der Gesellschaft auch *Wertenbruch*, ZIP 2013, 1693, 1702.

175 Näher zum *debt-to-equity swap* § 12, III., 4., e), bb).

176 Begr. RegE InsO, BT-Drucks. 12/2443, S. 208 f. (zu § 290), S. 211 (zu § 298).

177 Begr. RegE InsO, BT-Drucks. 12/2443, S. 208 f. (zu § 290), S. 211 (zu § 298).

Im Insolvenzplanverfahren gilt es daher stets einen Interessenausgleich zwischen den Planbefürwortern und Plangegnern herzustellen, die einen Insolvenzplan nicht befürworten.[178] Das Erfordernis eines entsprechenden Interessenausgleichs findet seinen Ausfluss in dem insolvenzrechtlichen Ziel zur Schaffung „marktkonformer Insolvenzbewältigungen".[179]

Aus dem Postulat der Marktkonformität ergebe sich unter anderem, dass den Beteiligten im Insolvenzplanverfahren keine Vermögensopfer abgenötigt werden dürfen, sofern sie nicht ausdrücklich einer entsprechenden Regelung im Plan zustimmen.[180] Insoweit darf die Annahme des Plans auf der Grundlage des Mehrheitserfordernisses (§ 244 InsO) oder des Obstruktionsverbots (§ 245 InsO) nicht zu einer Planannahme führen, sofern sie dadurch ungewollt in ihren Vermögensrechten benachteiligt werden. Der Gesetzgeber hat daher sicherzustellen, dass im Rahmen eines gesetzlichen Mehrheitssystems die Vermögensrechte der opponierenden Beteiligten hinreichend geschützt werden.[181] Das Insolvenzplanverfahren gewährleistet einen entsprechenden Vermögensschutz in Form eines sog. Minderheitenschutzes, dessen Grundzüge im Folgenden dargestellt werden.

III. Liquidationswert des Regelverfahrens (sog. *Mindestliquidationswert*)

Der Umfang sowie die Art und Weise des planrechtlichen Minderheitenschutzes folgt abermals aus der Entwurfsbegründung der InsO. Zum Minderheitenschutz heißt es dort, dass ein Insolvenzplan keinen Beteiligten gegen seinen Willen schlechter stellen darf, als er bei der bestmöglichen konkursmäßigen Verwertung des Schuldnervermögens stünde.[182] Lediglich sofern ein Beteiligter freiwillig einer etwaigen nachteiligen Regelung in einem Plan zustimmt, die er nach den gesetzlichen Regelvorschriften nicht zu befürchten hätte,[183] soll die Privatautonomie Vorrang vor einer

178 *Braun*, in: Nerlich/Römermann, InsO, § 245 Rn. 1; *ders.*, in: Insolvenzrechts-Handbuch, § 68 Rn. 50.

179 Begr. RegE InsO, BT-Drucks. 12/2443, S. 77 ff.

180 Begr. RegE InsO, BT-Drucks. 12/2443, S. 78 f.

181 Begr. RegE InsO, BT-Drucks. 12/2443, S. 77, 79.

182 Begr. RegE InsO, BT-Drucks. 12/2443, S. 93.

183 Zu etwaigen Motiven für die Zustimmung zu entsprechenden Regelungen siehe bereits oben § 9, I.

vermögensrechtlichen Einbuße des Beteiligten genießen. Den Orientierungsmaßstab des Minderheitenschutzes bildet folglich der Vergleich zwischen den vermögensmäßigen Regelungen des Insolvenzplans und der vermögensrechtlichen Stellung des Beteiligten, wie sie sich im Rahmen einer alternativen, konkursmäßigen Verwertung bzw. in einem alternativen Regelinsolvenzverfahren gemäß §§ 156 ff. InsO darstellen würde. Dadurch soll den Beteiligten ihr finanzieller „Mindestliquidationswert“[184] gesichert werden. Dies ist der wirtschaftliche Wert, der ihnen im Falle einer Verwertung des Schuldnervermögens nach den Vorschriften des gesetzlichen Regelinsolvenzverfahrens zustünde.

IV. Mindestliquidationswert als Ausfluss marktkonformer Insolvenzbewältigungen

Seinen Anknüpfungspunkt findet der Minderheitenschutz der Beteiligten in unterschiedlichen Prämissen, mit denen der Gesetzgeber das Postulat der Marktkonformität in der Entwurfsbegründung der InsO näher ausfüllt.[185] Namentlich sind dies die Anforderungen des „Gleichrangs von Liquidation, übertragender Sanierung und Reorganisation“[186] sowie der „Flexiblen Insolvenzbewältigung durch Deregulierung.“[187]

Zur Gewährleistung marktkonformer Rahmenbedingungen gehöre es demnach zunächst, die Zerschlagungstendenz des bisherigen Konkursrechts zugunsten eines flexiblen Insolvenzverfahrens aufzulockern. Daher ersetzte der Gesetzgeber das Konkursrecht durch ein ergebnisoffenes, dereguliertes, flexibles und einheitliches Insolvenzverfahren. Eine große Bedeutung kommt dabei dem Gleichrang von Liquidation, übertragender Sanierung und Reorganisation des Schuldners zu. Die Beteiligten sollen die Möglichkeit erhalten, zwischen verschiedenen Verwertungsinstrumenten und -formen frei zu wählen und sich nicht auf einen gesetzlichen Typenzwang oder auf vorgegebene Verwertungsergebnisse beschränken

184 Zum Begriff etwa *Breuer*, in: MünchKomm-InsO, § 226 Rn. 13; *Braun*, in: Nerlich/Römermann, InsO, § 226 Rn. 10 Fn. 19.

185 Begr. RegE InsO, BT-Drucks. 12/2443, S. 77 ff.

186 Begr. RegE InsO, BT-Drucks. 12/2443, 77 f.

187 Begr. RegE InsO, BT-Drucks. 12/2443, S. 78. Ausführlich zum Merkmal der „Deregulierung im Insolvenzverfahren“ *Henckel*, KTS 1989, 477 ff.

müssen.[188] Die Kombination aus der Gleichrangigkeit der Verwertungsinstrumente und einer möglichst zurückhaltenden gesetzlichen Ausgestaltung dieser Instrumente trägt damit zu flexiblen Insolvenzabwicklungen sowie zu einer weitgehenden Deregulierung des Insolvenzverfahrens bei.[189]

Als Ziel der genannten Prämissen erhofft sich der Gesetzgeber wirtschaftlich optimale Verwertungsergebnisse für alle Beteiligten.[190] Dabei soll speziell das Insolvenzplanverfahren gemäß §§ 217 ff. InsO den Beteiligten die Gelegenheit bieten, in jeglicher Hinsicht von den Regelvorschriften gemäß §§ 156 ff. InsO abzuweichen, wenn die Durchsetzung des Insolvenzplans in eine vermögensrechtliche Besserstellung gegenüber einer alternativen Regelverwertung mündet.[191]

Soweit als Ausdruck wirtschaftlich optimaler Verwertungsergebnisse in der Regierungsbegründung zur InsO in diesem Zusammenhang von vermögensrechtlichen Besserstellungen die Rede ist, bedeutet dies jedoch nicht, dass alle Beteiligten von einem Insolvenzplankonzept wirtschaftlich – verglichen mit einem alternativen Regelverfahren – profitieren müssen. Den Maßstab für ein marktkonformes Verwertungsergebnis durch einen Insolvenzplan bildet insoweit nicht die einheitliche Besserstellung aller Beteiligten. Wirtschaftlich optimale Verwertungsergebnisse können ausweislich der Entwurfsbegründung zur InsO vielmehr bereits in den Fällen erreicht sein, in denen der Insolvenzplan im Ergebnis mindestens einen Beteiligten besser stellt, die übrigen Beteiligten aber gegenüber jeder Alternativlösung nicht ungewollt schlechter stellt (sog. *Pareto optimum*).[192] Ob das Ziel einer vermögensrechtlichen Besserstellung in diesem Sinne verwirklicht wird, folgt demnach einer absoluten Betrachtung. Insoweit wird bereits durch die wirtschaftliche Besserstellung eines einzelnen Beteiligten das Ziel eines optimalen Verwertungsergebnisses erfüllt, sofern der Plan nur allen übrigen Beteiligten den Wert garantiert, den sie in einem

188 Begr. RegE InsO, BT-Drucks. 12/2443, S. 77 f.

189 Begr. RegE InsO, BT-Drucks. 12/2443, S. 77 f.

190 Begr. RegE InsO, BT-Drucks. 12/2443, S. 77 f.

191 *Gottwald*, in: Gottwald, Insolvenzrechts Handbuch, § 1 Rn. 36.

192 Begr. RegE InsO, BT-Drucks. 12/2443, S. 78.

alternativen Regelverfahren gemäß §§ 156 ff. InsO erhalten hätten (sog. Mindestliquidationswert).[193]

V. Gesetzliche Ausgestaltung des planrechtlichen Minderheitenschutzes

1. Berücksichtigung der zivilrechtlichen Haftungsordnung als Grundvoraussetzung

Soweit sich der Umfang des Minderheitenschutzes nach den Liquidationswerten bemisst, die nach Maßgabe der Vorschriften des Regelinsolvenzverfahrens gemäß §§ 156 ff. InsO zu realisieren wären, bedarf es eines wertungsrechtlichen Gleichlaufs zwischen dem gesetzlichen Regelverfahren und dem Insolvenzplanverfahren.[194] Wertungsgleichlauf meint in diesem Zusammenhang, dass die gesetzlichen Vorschriften des Planverfahrens, ebenso wie die des Regelinsolvenzverfahrens, die unterschiedlichen Rechtsstellungen der Beteiligten entsprechend zu berücksichtigen haben.[195] Die verschiedenen Rechtspositionen der Beteiligten kommen im Rahmen des gesetzlichen Regelverfahrens in Form einer Befriedigungsrangordnung zum Ausdruck, die sich aus den Vorschriften der §§ 49 ff. InsO ergibt.[196] Danach sind die aussonderungsberechtigten Gläubiger (§ 47 InsO),[197] die absonderungsberechtigten Gläubiger (§§ 49 ff. InsO) sowie die Massegläubiger (§§ 53 ff. InsO) vor den Insolvenzgläubigern (§ 38 InsO) zu befriedigen. Insolvenzgläubiger genießen Vorrang vor den nachrangigen Insolvenzgläubigern (§ 39 InsO), für die wiederum eine

193 Begr. RegE InsO, BT-Drucks. 12/2443, S. 78; *Braun*, in: Gottwald, Insolvenzrechts-Handbuch, § 66 Rn. 11.

194 Begr. RegE InsO, BT-Drucks. 12/2443, S. 199 (zu § 265).

195 Begr. RegE InsO, BT-Drucks. 12/2443, S. 199 (zu § 265); *Förste*, Insolvenzrecht, § 1 Rn. 6 ff.

196 *Reischl*, Insolvenzrecht, § 1 Rn. 42; *Pape/Uhlenbruck/Voigt-Salus*, Insolvenzrecht, Kap. 12 Rn. 10; *Bitter*, ZGR 2010, 147, 191; siehe auch *Smid*, Kreditsicherheiten in der Insolvenz, § 25 Rn. 16 ff.

197 Die Aussonderung erfolgt allerdings gemäß § 47 Satz 2 InsO nach den Gesetzen, die außerhalb des Insolvenzverfahrens gelten. Aussonderungsberechtigte Gläubiger nehmen am Insolvenzplanverfahren deshalb schon kraft Gesetzes nicht teil, *Spliedt*, in: K. Schmidt, InsO, § 253 Rn. 4; *Ganter*, in: MünchKomm-InsO, § 47 Rn. 473, 494.

eigenständige – interne – Rangfolge geregelt ist.[198] Zuletzt werden schließlich die Schuldner bzw. die an ihm beteiligten Personen bei der Verteilung des Verwertungserlöses berücksichtigt (§ 199 InsO).[199] Diese gesetzliche Rangfolge kommt im Rahmen der Verteilung des Verwertungserlöses in unterschiedlichen finanziellen Werten zum Ausdruck. Insoweit wird der Erlös im Anschluss an die Verwertung und Liquidation des Schuldnervermögens an die Beteiligten – entsprechend ihrer Rechtsposition – quotal ausgekehrt, da die Verwertungsmasse in der Regel nicht zur vollständigen Befriedigung aller Gläubiger ausreicht.

Sollten sich auf der Grundlage der Befriedigungsrangfolge im Regelverfahren Privilegierungen bzw. Benachteiligungen für Beteiligte ergeben, müssen diese zur Gewährleistung eines effektiven Minderheitenschutzes berücksichtigt werden.[200] Den unterschiedlichen Rechtspositionen ist durchgehend Rechnung zu tragen,[201] da die Vermeidung ungewollter Schlechterstellungen durch etwaige Planregelungen gegenüber den zu realisierenden Regelwerten anderenfalls nicht effektiv durchsetzbar wäre.

Das Erfordernis zur Berücksichtigung der unterschiedlichen Rechtspositionen lässt sich auch jenseits der vorstehenden Erwägungen abermals aus dem Postulat der Marktkonformität, speziell aus der Anforderung des „Verzichts auf Zwangseingriffe in Vermögensrechte“[202], ableiten. Demanch widerspreche es einem marktkonformen Insolvenzverfahren, den Beteiligten Vermögensopfer abzunötigen, weshalb Zwangseingriffe in bestehende materielle Rechtspositionen zu unterbleiben haben. Wie der Gesetzgeber in seiner Regierungsbegründung in diesem Zusammenhang weiter ausführt, müsse auch in einem Insolvenzverfahren die zivilrechtli-

198 *Sinz/Hefermehl*; Unternehmensinsolvenz, Rn. 1095 ff.; *Förste*, Insolvenzrecht, § 1 Rn. 10; *Reischl*, Insolvenzrecht, § 1 Rn. 42; *Pape/Uhlenbruck/Voigt-Salus*, Insolvenzrecht, Kap. 12 Rn. 10.

199 *Depré*, in: HK-InsO, § 199 Rn. 2; *Preß*, in: HambKomm-InsO, § 199 Rn. 1; *Brüning*, Gesellschafter und Insolvenzplan, 2006, S. 56 ff.; *Eidenmüller*, in: MünchKomm-InsO, § 217 Rn. 69.

200 Begr. RegE InsO, BT-Drucks. 12/2443, S. 198 (zu § 265); *Eidenmüller*, in: MünchKomm-InsO, § 222 Rn. 35 f.

201 Begr. RegE InsO, BT-Drucks. 12/2443, S. 198 (zu § 265); *Eidenmüller*, in: MünchKomm-InsO, § 222 Rn. 35 f.

202 Begr. RegE InsO, BT-Drucks. 12/2443, S. 78 f.

che Güterzuordnung bzw. die zivilrechtliche Haftungsordnung des BGB weiterhin aufrecht erhalten bleiben, damit Umverteilungen und Vermögensverschiebungen zwischen den Beteiligten vermieden werden.[203]

Wurden im Vorfeld der Insolvenz folglich dingliche Rechte erworben (Absonderungsrechte gemäß §§ 49 ff. InsO), d.h. Rechtspositionen, die sich gegenüber schuldrechtlichen Positionen (Vermögensansprüche gemäß § 38 InsO) als „ranghöher" erweisen, darf diese Unterscheidung in der Insolvenz nicht aufgegeben, d.h. nicht durch eine hoheitliche Regulierung gleichgestellt werden. Das Verbot von vermögensrechtlichen Zwangseingriffen sowie das damit untrennbar verknüpfte Erfordernis zur Berücksichtigung der zivilrechtlichen Haftungsordnung gilt es innerhalb des einheitlichen Insolvenzverfahrens zu gewährleisten. Speziell im Hinblick auf das Planverfahren heißt es in der Entwurfsbegründung einer InsO:

„Die zivilrechtliche Haftungsordnung muss nicht nur dann maßgeblich sein, wenn das Schuldnervermögen zwangsverwertet wird, sondern auch dann, wenn es im Rahmen einer Fortführung oder Sanierung investiert bleibt, wenn also nicht nur ein Liquidations-, sondern ein Fortführungswert erzielt wird. Sämtlichen Beteiligtengruppen, auch den absonderungsberechtigten Gläubigern, ist deshalb das Anrecht darauf zu verbürgen, ihrem Rang gemäß an einem Fortführungserfolg teilzuhaben. Nur so ist gewährleistet, dass die Entscheidung über Zerschlagung oder Sanierung nicht zur Erlangung von Sondervorteilen genutzt werden kann und dann das wirtschaftlich richtige Ziel verfehlt."[204]

2. Umsetzung innerhalb der §§ 217 ff. InsO

Die vorstehenden Ausführungen enthalten im Wesentlichen zunächst eine abstrakte Darstellung der Kriterien, die das Gesetz zum Zwecke der effektiven Durchsetzung des Minderheitenschutzes zu berücksichtigen hat. Ob und in welcher Form die InsO in den Vorschriften der §§ 217 ff. InsO eine Umsetzung des Minderheitenschutzes und in diesem Zusammenhang

203 Begr. RegE InsO, BT-Drucks. 12/2443, S. 78 f.
204 Begr. RegE InsO, BT-Drucks. 12/2443, S. 78 f.

insbesondere die Berücksichtigung der zivilrechtlichen Haftungsordnung des BGB gewährleistet, soll nachfolgend untersucht werden. Ein grundlegendes Verständnis der im Folgenden näher darzustellenden gesetzlichen Ausgestaltung des insolvenzplanrechtlichen Minderheitenschutzes ist eine wesentliche Voraussetzung für die sich anschließende systematische Einordnung der beschwerderechtlichen Zulässigkeitsvoraussetzungen gemäß § 253 Abs. 2 InsO. Das ist darauf zurückzuführen, dass mit der Vorschrift des § 253 Abs. 2 InsO eine beschwerderechtliche Verknüpfung mit Elementen des Insolvenzplanverfahrens erfolgt ist, die mit den Minderheitenschutzkonstellationen in einem engen Zusammenhang stehen.

a) Berücksichtigung der Rechtspositionen i. R. d. Planausarbeitung

Die Berücksichtigung der zivilrechtlichen Haftungsordnung kann im Insolvenzplanverfahren nicht erst im Rahmen einer Erlösverteilung anhand einer Befriedigungsrangfolge geschehen, wie sie §§ 49 ff. InsO für das Regelverfahren vorsieht. Da die Rechtspositionen der Beteiligten in einem Insolvenzplan individuell festgelegt werden, muss der Planverfasser die unterschiedlichen Beteiligtenrechte, in Anlehnung an §§ 223 ff. InsO, bereits im Rahmen der Plangestaltung beachten.

b) Das Gruppenbildungserfordernis gemäß §§ 222, 226 InsO

Die Berücksichtigung der Rechtspositionen der Beteiligten wird durch die Vorschrift des § 222 InsO gewährleistet. Danach sind im Falle der Rechtsgestaltung durch den Planverfasser verschiedene Gruppen zu bilden, sofern Beteiligte mit unterschiedlichen Rechtsstellungen betroffen sind. § 222 Abs. 1 Satz 2 InsO nennt die zwingend zu bildenden Gruppen:

- die absonderungsberechtigten Gläubiger (§§ 49 – 51 InsO), wenn der Plan in ihre Rechte eingreift;[205]
- die nicht nachrangigen Insolvenzgläubiger (§ 38 InsO);

205 Die Bildung von Mischgruppen ist grundsätzlich unzulässig, sodass es vorkommen kann, dass ein Gläubiger in Höhe seines werthaltigen Absonderungsrechts in die Gruppe der absonderungsberechtigten Gläubiger eingeteilt wird, in Bezug auf seine Ausfallforderung in die Gruppe der nicht nachrangigen – ungesicherten – Insolvenzgläubiger, dazu BGH v. 7.7.2005 – IX ZB 266/04, NZI 2005, 619, 621; LG Berlin v. 20.10.2004 – 86 T 578/04, NZI 2005, 335, 337.

- die einzelnen Rangklassen der nachrangigen Insolvenzgläubiger (§ 39 InsO), soweit ihre Forderungen nicht nach § 225 InsO als erlassen gelten sollen;
- die am Schuldner beteiligten Personen, wenn ihre Anteils- oder Mitgliedschaftsrechte in den Plan einbezogen werden (vgl. §§ 217, 225a InsO).

Während das Regelinsolvenzverfahren die unterschiedlichen Positionen der Beteiligten erst bei der Verteilung des Verwertungserlöses berücksichtigt (vgl. §§ 49 ff. InsO), erfolgt dies im Planverfahren gemäß § 222 Abs. 1 InsO bereits im Rahmen der Rechtsgestaltungen.

§ 222 Abs. 2 InsO ermöglicht es dem Planverfasser darüber hinaus, aus Beteiligtengruppen mit gleicher Rechtsstellung weitere (Unter-)Gruppen zu bilden, wenn hierdurch Beteiligte mit gleichartigen wirtschaftlichen Interessen zusammengefasst werden.[206] Als wirtschaftliche Interessen kommen beispielsweise in Betracht: eine gesellschaftrechtliche Beteiligung am Schuldner, die der Forderung zugrundliegenden Vertragsart, die Werthaltigkeit der Forderung sowie dessen Fälligkeit oder das Vorliegen oder die bestimmte Art einer Sicherheit.[207] Hintergrund der Regelung ist, dass die gleiche Rechtsstellung nicht auch zugleich auf identische wirtschaftliche Interessen schließen lässt, sodass sich die konkreten Verwertungsvorstellungen der Beteiligten insoweit zusätzlich unterscheiden können.[208]

Die Möglichkeit zur fakultativen Gruppenbildung gibt dem Planverfasser ein bedeutendes taktisches Mittel an die Hand. Durch eine geschickte Gruppenbildung kann eine Abstimmung gegebenenfalls zugunsten einer Annahme des Plans beeinflusst werden, da die nach Maßgabe des § 222 InsO gebildeten Gruppen den Abstimmungsgruppen gleichen, die über

206 *Andres*, in: Andres/Leithaus, InsO, § 222 Rn. 6a.

207 Begr. RegE InsO, BT- Drucks. 12/2443, S. 199; *Thies*, in: HambKomm-InsO, § 222 Rn. 17; *Eidenmüller*, in: MünchKomm-InsO, § 222 Rn. 84.

208 Siehe die Beispiele in der Regierungsbegründung zur Entwurfsfassung einer InsO, Begr. RegE InsO, BT- Drucks. 12/2443, S. 199 (zu § 265) sowie die Darstellung der verschiedenen Interessenlagen in § 9, I. oben.

die Annahme entscheiden (§ 243 InsO).[209] Macht der Planersteller von der fakultativen Gruppenbildung Gebrauch, hat er darauf zu achten, dass eine Untergruppierung nur aufgrund sachgerechter Kriterien erfolgen darf, die es im Insolvenzplan zu rechtfertigen gilt (§ 222 Abs. 2 Satz 2 InsO).[210]

Der fakultativen Gruppenbildung kommt insbesondere seit dem Inkrafttreten des ESUG eine weitere bedeutende Funktion zu, sofern im Insolvenzplan als Sanierungsmaßnahme ein Tausch von Gläubigerforderungen gegen Anteilsrechte vorgesehen ist (sog. *Debt-to-Equity-Swap* gemäß § 225a Abs. 2 InsO). In den Fällen ist für die betroffenen Gläubiger gemäß § 222 Abs. 2 InsO eine gesonderte Gruppe zu bilden, um sie von den Gläubigern abzugrenzen, dessen Forderungen nicht umgewandelt werden.[211] Ihr wirtschaftliches Interesse als erforderliches Gruppenbildungskriterium i. S. v. § 222 Abs. 2 InsO kommt in der gesellschaftsrechtlichen Beteiligung am Schuldner zum Ausdruck.[212]

Eine wichtige Ergänzung zu dem Gruppenbildungserfordernis ist die Vorschrift des § 226 Abs. 1 InsO. Danach sind Beteiligten innerhalb jeder Gruppe gleiche Rechte anzubieten, sofern nicht alle Betroffenen einer unterschiedlichen Behandlung ausdrücklich zustimmen (§ 226 Abs. 2 InsO). Das mit der Vorschrift zum Ausdruck kommende gruppenbezogene Gleichbehandlungsgebot entspricht der parallelen Wertung im Regelverfahren. Denn obwohl eine unterschiedliche Behandlung der Beteiligten nach Maßgabe ihrer Rechtsstellung im Regelverfahren durch die Befriedigungsrangfolge zum Ausdruck kommt (§§ 49 ff. InsO), müssen Privilegierungen bzw. Ungleichbehandlungen zwischen Beteiligten mit gleicher Rechtsposition unterbleiben. Dies folgt aus den Grundsätzen der Gleichbehandlung sowie dem Prinzip der gemeinschaftlichen Befriedigung aller Gläubiger (sog. *par conditio creditorum*), die das als

209 Zu den Grenzen einer fakultativen Gruppenbildung siehe die Entscheidung des *LG Neuruppin* v. 19.4.2013 – 2 T 33/13, NZI 2013, 646.

210 § 222 Abs. 3 InsO sieht für Arbeitnehmer, Kleingläubiger und geringfügig beteiligte Anteilsinhaber schließlich Sonderregelungen vor, dazu ausführlich etwa *Eidenmüller*, in: MünchKomm-InsO, § 222 Rn. 122 ff. Zu den im Rahmen des ESUG hinzugekommenen geringfügig beteiligten Anteilsinhabern siehe Begr. RegE ESUG, BT-Drucks. 17/5712, S. 31.

211 *Thies*, in: HambKomm-InsO, § 225a Rn. 13.

212 *Thies*, in: HambKomm-InsO, § 222 Rn. 17.

Gesamtvollstreckungsverfahren konzipierte einheitliche Insolvenzverfahren prägen und insoweit für alle Verwertungsinstrumente Geltung erlangen.[213] *Par conditio creditorum* meint insofern die gemeinschaftliche Befriedigung, die in Bezug auf die Beteiligten derselben Rechtsstellung Gleiches gleich, hinsichtlich der verschiedenen Rechtsstellungen jedoch Ungleiches ungleich behandelt.[214]

c) Abstimmungskonstellationen als Auslöser des Minderheitenschutzes

Die Vorschriften über das Gruppenbildungserfordernis (§§ 222, 226 InsO) erzeugen in einem ersten grundlegenden Schritt einen Wertungsgleichlauf zwischen dem Planverfahren und dem Regelverfahren, durch den ungewollte Schlechterstellungen vermieden werden sollen. Gleichwohl obliegt die Beachtung der entsprechenden Vorschriften allein dem Planverfasser im Rahmen der Festlegung und Regelung der Rechtspositionen. Damit unterfällt die Vermeidung ungewollter Schlechterstellungen keinem Automatismus.

In einem zweiten Schritt muss deshalb sichergestellt sein, dass das Gesetz einen Minderheitenschutz in den Fällen effektiv durchzusetzen weiß, in denen ungewollte Schlechterstellungen von Beteiligten durch eine Unterwerfung unter die Wirkungen eines Plans drohen (§§ 254 bis 254b InsO). Das Merkmal der *ungewollten* Schlechterstellung knüpft in diesem Zusammenhang zunächst an die denkbaren Abstimmungskonstellationen im Planverfahren an (§§ 243 ff. InsO). Sofern ein Beteiligter einen Plan bzw. die ihn treffenden Regelungen nicht befürwortet, kann er im Abstimmungstermin zwar gegen den Plan stimmen. Seine Gegenstimme hindert die Annahme des Plans und damit eine mögliche Unterwerfung unter die Wirkungen eines Plans gemäß §§ 254 bis 254b InsO jedoch in den Fällen nicht, in denen seine Gegenstimme aufgrund der im Übrigen zustande gekommenen Mehrheit gemäß § 244 InsO unberücksichtigt bleibt. Gleiches gilt für die Beteiligten einer Gruppe, die dem Plan insgesamt nicht zugestimmt hat, deren erforderliche Zustimmung aber nach Maßgabe des Obstruktionsverbots gemäß § 245 InsO ersetzt wird.

213 *Pape/Uhlenbruck/Voigt-Salus*, Insolvenzrecht, Kap. 12 Rn. 10.

214 *Pape/Uhlenbruck/Voigt-Salus*, Insolvenzrecht, Kap. 12 Rn. 10.

In Anknüpfung an die möglichen Abstimmungsergebnisse muss der Minderheitenschutz somit in den folgenden Konstellationen sichergestellt sein:

- die gemäß § 244 InsO erforderliche Mehrheit für die Annahme des Plans wird in einer gesamten (oder mehreren) Gruppe(n) zunächst nicht erreicht, die fehlende(n) Zustimmung(n) drohen jedoch auf Grundlage des § 245 InsO ersetzt zu werden (*dazu aa)*);
- einzelne Beteiligte stimmen innerhalb ihrer Gruppe gegen den Plan, werden von den übrigen abstimmenden Angehörigen der Gruppe(n) jedoch gemäß § 244 InsO überstimmt (*dazu bb)*).

aa) Gruppenbezogener Minderheitenschutz gemäß § 245 InsO

Im Rahmen der zuerst genannten Abstimmungskonstellation ermöglicht die Vorschrift des § 245 InsO, die gemäß §§ 243, 244 InsO erforderliche mehrheitliche Zustimmung zum Plan für eine oder mehrere Gruppe(n) zu ersetzen. Das Gericht kann auf diesem Wege die erforderlichen Mehrheitsverhältnisse schaffen. Der Insolvenzplan gilt in dem Falle trotz ursprünglich nicht erreichter Mehrheit als angenommen. Liegen die Voraussetzungen des Obstruktionsverbots vor, wird die Abstimmung einer Gruppe gegen einen Insolvenzplan als Missbrauch des Zustimmungserfordernisses qualifiziert.[215] Gemäß § 245 InsO ist dies der Fall, wenn kumulativ folgende Voraussetzungen vorliegen:

- die Angehörigen der opponierenden Gruppe werden durch den Insolvenzplan voraussichtlich nicht schlechtergestellt, als sie ohne einen Plan stünden (Werterhaltungsprinzip, § 245 Abs. 1 Nr. 1 InsO);
- die Angehörigen dieser Gruppe werden angemessen an dem wirtschaftlichen Wert beteiligt, der auf der Grundlage des Plans den Beteiligten zufließen soll (Gleichbehandlungsgrundsatz, § 245 Abs. 1 Nr. 2 InsO);
- die Mehrheit der abstimmenden Gruppen hat dem Plan mit den erforderlichen Mehrheiten zugestimmt (§ 245 Abs. 1 Nr. 3 InsO).

215 *Saegon*, in: Buth/Hermanns, Restrukturierung, Sanierung, Insolvenz, § 27 Rn. 106.

(1) „Mindestliquidationswert" (§ 245 Abs. 1 Nr. 1 InsO)

Als erste Tatbestandsvoraussetzung verlangt § 245 Abs. 1 Nr. 1 InsO, dass der Insolvenzplan die Angehörigen der betroffenen Gruppe voraussichtlich nicht schlechterstellt, als sie ohne einen Plan stünden. Damit stellt das Gesetz in einem ersten Schritt sicher, dass den Angehörigen der betroffenen Gruppe(n) im Falle der Ersetzung der Zustimmung ihr Mindestliquidationswert garantiert wird. Das ist der Wert, den der Beteiligte im Falle eines alternativen Verwertungsszenarios nach den gesetzlichen Vorschriften des Regelverfahrens gemäß §§ 156 ff. InsO erhalten hätte.[216]

(2) Angemessene wirtschaftliche Beteiligung

Allein die Gewährleistung des gesetzlichen Liquidationswertes, den ein Beteiligter im Falle einer Verwertung nach den gesetzlichen Regelvorschriften gemäß §§ 156 ff. InsO zu erwarten hätte, genügt den Anforderungen an einen effektiven Vermögensschutz nicht. Vermögensverschiebungen und Umverteilungen werden dadurch nicht vollständig vermieden. So verhindert die Gewährleistung des gesetzlichen Liquidationswertes nicht auch zugleich, dass ein Beteiligter mit gleicher Rechtsposition, d. h. gleichen „Ranges", über seinen Mindestliquidationswert hinaus besser gestellt wird oder durch eine Planregelung gegebenenfalls mehr als den vollen wirtschaftlichen Wert seines Anspruchs zugesprochen bekommt. In beiden Fällen wäre das Gleichbehandlungsgebot zwischen den Beteiligten gleicher Rechtsstellung verletzt.

Das Gebot der Gleichbehandlung geht zurück auf das Prinzip des *par conditio creditorum.* Im gesetzlichen Regelverfahren wird die Gleichbehandlung dadurch sichergestellt, dass Beteiligte mit gleicher Rechtsposition anteilig, d. h. quotal an dem Verwertungserlös teilhaben. Auch das Insolvenzplanverfahren kann nicht auf Gleichbehandlung zwischen Beteiligten gleicher Rechtsstellung verzichten, sofern ungewollte Schlechterstellungen gegenüber dem gesetzlichen Regelverfahren effektiv verhindert werden sollen.[217]

---

216 Dazu siehe bereits oben § 9, III.

217 Dazu siehe bereits oben § 9, V., 1.

Aus diesen Gründen kann eine Zustimmungsersetzung auf der Grundlage des Obstruktionsverbots nur erfolgen, wenn die Angehörigen der Gruppe zusätzlich angemessen an dem wirtschaftlichen Wert beteiligt werden, der auf der Grundlage des Plans allen Beteiligten zufließt (§ 245 Abs. 1 Nr. 2 i. V. m. Abs. 2 InsO). Was darunter zu verstehen ist, führt der Gesetzgeber für Gläubigergruppen in § 245 Abs. 2 InsO näher aus.

Zunächst darf kein anderer Gläubiger wirtschaftliche Werte erhalten, die den vollen Betrag seines Anspruchs übersteigen (Abs. 2 Nr. 1). Durch die Begrenzung auf den tatsächlichen Wert des Anspruchs (Nominalwert) gewährleistet das Gesetz die Gleichbehandlung von Gläubigern mit identischer Rechtsstellung. Die Verwertung des Schuldnervermögens durch einen Insolvenzplan darf und soll nicht zu einer vermögensrechtlichen Besserstellung eines Beteiligten gegenüber den ihm tatsächlich zustehenden wirtschaftlichen Wert seines Anspruchs führen.[218]

Für eine angemessene wirtschaftliche Beteiligung ist zudem erforderlich, dass kein Gläubiger, der ohne einen Plan mit Nachrang gegenüber den Gläubigern der Gruppe zu befriedigen wäre, sowie der Schuldner oder eine an ihm beteiligte Person einen wirtschaftlichen Wert erhält (Abs. 2 Nr. 2). Nachrangige Insolvenzgläubiger, der Schuldner oder eine an ihm beteiligte Person dürfen demnach keine wirtschaftlichen Werte erhalten, solange nicht die vorrangigen Insolvenzgläubiger vollständig befriedigt werden oder mit einer abweichenden Regelung einverstanden sind.[219] Damit korrespondiert § 245 Abs. 2 Nr. 2 InsO mit dem in § 222 InsO geregelten Gruppenbildungserfordernis, das für den Planverfasser bei der Festlegung der Rechte der Beteiligten maßgeblich ist.

---

218 *Thies*, in: HambKomm-InsO, § 245 Rn. 10; *Drukarczyk*, in: MünchKomm-InsO, § 245 Rn. 17; *Haas*, in: HK-InsO, § 245 Rn. 19; *Jaffé*, in: Wimmer, InsO, § 245 Rn. 27.

219 Begr. RegE InsO, BT-Drucks. 12/2443, S. 78: „Das vorgeschlagene Verfahren verbürgt allen Beteiligten eine angemessene, dem Rang ihrer Rechte bei einer konkursmäßigen Gesamtvollstreckung entsprechende Beteiligung an dem gemäß einem Plan realisierten Wert des Schuldnervermögens. Nur dann, wenn diese Teilhabe gewährleistet ist, kann ein Plan gegen den Willen einer Beteiligtengruppe bestätigt werden." Siehe auch *Andres*, in: Andres/Leithaus, InsO, § 245 Rn. 6 a. E.; *Braun/Frank*, in: Braun, InsO, § 245 Rn. 9.

Schließlich darf kein Gläubiger, der ohne einen Plan gleichrangig mit den Gläubigern der Gruppe zu befriedigen wäre, bessergestellt werden als diese Gläubiger (Abs. 2 Nr. 3). Die Vorschrift verbietet die Ersetzung der Zustimmung einer Gruppe, sofern ein Gläubiger gleichen Ranges gegenüber den Gläubigern dieser Gruppe bessergestellt wird, unabhängig davon, in welche Gruppe der privilegierte Gläubiger eingeteilt ist. Im Rahmen des § 245 Abs. 2 Nr. 3 InsO erfolgt damit eine gruppenübergreifende Betrachtung. Gegenüber § 226 Abs. 1 InsO stellt die Vorschrift insoweit eine Besonderheit dar, als dass § 226 Abs. 1 InsO lediglich eine Gleichbehandlung von Beteiligten innerhalb derselben Gruppe vorsieht.

Für die Gewährleistung eines effektiven Minderheitenschutzes ist § 245 Abs. 2 Nr. 3 InsO gleichwohl unverzichtbar. Dies folgt aus den möglichen Gruppenkonstellationen innerhalb eines Planverfahrens gemäß § 222 InsO und hierbei speziell aus der Möglichkeit, neben den obligatorischen Gruppen des § 222 Abs. 1 InsO weitere (Unter-)Gruppen zu bilden, die nach gleichartigen wirtschaftlichen Interessen zusammengestellt werden (vgl. § 222 Abs. 2 InsO). Damit sind Fälle denkbar, in denen Beteiligte mit gleicher Rechtsstellung in unterschiedlichen Gruppen vertreten sind. Die Möglichkeit einer fakultativen Gruppenbildung darf allerdings nicht dazu führen, dass die erforderliche Berücksichtigung der zivilrechtlichen Haftungsordnung im Insolvenzverfahren unterlaufen wird, für die allein die Rechtsstellung der Beteiligten maßgebend ist. Eine lediglich gruppeninterne Gleichbehandlung greift in diesen Konstellationen zu kurz. Diese muss vielmehr die – einzig maßgeblichen – Rechtspositionen in gruppenübergreifender Weise in den Blick nehmen. § 245 Abs. 2 Nr. 3 InsO ist damit eine wichtige Ergänzung zu § 226 InsO.[220]

Seit dem Inkrafttreten des ESUG sind im Rahmen der Anwendung des Obstruktionsverbots auch Gruppen von Anteilsinhabern gemäß § 245 Abs. 3 InsO angemessen an dem wirtschaftlichen Wert des Planergebnisses zu beteiligen. Das ist der Fall, wenn kein Gläubiger wirtschaftliche Werte erhält, die den vollen Betrag seines Anspruchs übersteigen (Abs. 3 Nr. 1) und kein Anteilsinhaber, der ohne einen Plan den Anteilsinhabern der Gruppe gleichgestellt wäre, bessergestellt wird als diese

220 *Drukarczyk*, in: MünchKomm-InsO, § 245 Rn. 23.

(Abs. 3 Nr. 2). Die Voraussetzungen für eine angemessene wirtschaftliche Beteiligung der Anteilsinhaber entsprechen sinngemäß denen der § 245 Abs. 2 Nr. 1 und 3 InsO, die für die Gruppe der Gläubiger gelten. Einer § 245 Abs. 2 Nr. 2 InsO entsprechenden Regelung bedarf es für Anteilsinhaber nicht, da sie im Kreise der Beteiligten erst an letzter Stelle berücksichtigt werden (§ 199 InsO).

(3) Mehrheitsabstimmung (§ 245 Abs. 1 Nr. 3 InsO)

Schließlich verlangt § 245 Abs. 1 Nr. 3 InsO für die Zulässigkeit einer Zustimmungsersetzung, dass die abstimmenden Gruppen mit der einfachen Mehrheit für die Annahme des Insolvenzplans gestimmt haben.[221] Der Insolvenzplan muss für die Anwendbarkeit des § 245 Abs. 1 Nr. 3 InsO folglich mindestens drei Gruppen vorsehen.[222] Das Gesetz sieht nur im Falle einer mehrheitlichen Annahme des Plans durch die vertretenen Abstimmungsgruppen eine ausreichende Legitimation für einen Insolvenzplan, auf deren Grundlage die Zustimmung einer (oder mehrerer) Gruppe(n) nach Maßgabe der § 245 Abs. 1 Nr. 1, 2 InsO ersetzt werden kann.[223]

bb) Minderheitenschutz innerhalb der Gruppe(n) gemäß § 251 InsO

(1) Individueller Minderheitenschutz

Sofern die stimmberechtigten Beteiligten innerhalb ihrer Gruppe(n) mehrheitlich für die Annahme des Insolvenzplans stimmen, ist der Plan gemäß §§ 243, 244 InsO angenommen. In dem Falle vermag allein der Mehrheitsbeschluss den opponierenden Beteiligten die Wirkungen eines

221 Maßgebend ist die tatsächliche Abstimmung der Gruppen, nicht berücksichtigt werden daher die gegebenenfalls fingierten Zustimmungen gemäß §§ 246, 246a InsO, Begr. RegE InsO, BT-Drucks. 12/2443, S. 209 (zu § 290); *Andres*, in: Andres/Leithaus, InsO, § 245 Rn. 11 m. w. N.; *Thies*, in: HambKomm-InsO, § 245 Rn. 19.

222 AG Duisburg v. 15.8.2001 – 43 IN 40/00, NZI 2001, 605 f.; *Andres*, in: Andres/Leithaus, InsO, § 245 Rn. 11.

223 Die Einführung eines Mehrheitserfordernisses gemäß § 245 Abs. 1 Nr. 3 InsO erfolgte erst durch die Intervention des Rechtsausschusses. Im Diskussions- und Referentenentwurf zur InsO wurde noch die Zustimmung einer Gruppe für ausreichend gehalten, Begr. RegE InsO, BT-Drucks. 12/2443, S. 209 (zu § 290); *Drukarczyk*, in: MünchKomm-InsO, § 245 Rn. 24.

Insolvenzplans aufzuoktroyieren (§§ 254 bis 254b InsO), sofern dieser im Anschluss gemäß §§ 248, 252 InsO durch das Insolvenzgericht bestätigt wird. Einer Zustimmungsersetzung auf der Grundlage des Obstruktionsverbots gemäß § 245 InsO bedarf es insoweit nicht.

Für die überstimmten Beteiligten hat das zur Folge, dass ihr Recht auf den gesetzlichen Mindestliquidationswert nicht schon von Amts wegen im Rahmen des § 245 InsO überprüft wird. Gleichwohl sind auch sie nicht schutzlos gestellt, da das Gesetz auch für die überstimmten Minderheiten einen – individuellen – Minderheitenschutz gemäß § 251 InsO gewährleistet. Auf Antrag eines Gläubigers oder einer am Schuldner beteiligten Person ist danach die Bestätigung eines Insolvenzplans zu versagen, wenn dieser voraussichtlich schlechtergestellt wird, als er ohne Plan stünde (vgl. § 251 Abs. 1 Nr. 2 InsO). Für den Fall der mehrheitlichen Annahme des Insolvenzplans gemäß §§ 243, 244 InsO stellt § 251 InsO insoweit eine bedeutende Ergänzung zu dem gruppenbezogenen Minderheitenschutz gemäß § 245 InsO dar.

(2) Keine angemessene wirtschaftliche Beteiligung

Im Vergleich zu dem gruppenbezogenen Minderheitenschutz gemäß § 245 InsO besteht in Bezug auf den individuellen Minderheitenschutzes gleichwohl ein signifikanter Unterschied, der in einem herabgesetzten Schutzumfang des § 251 InsO zum Ausdruck kommt.[224] § 251 InsO schützt den Beteiligten lediglich vor einer Schlechterstellung gegenüber dem Regelverfahren (§ 251 Abs. 1 Nr. 2 InsO), womit der Mindestliquidationswert gewährleistet wird, den der Beteiligte in einem alternativen Regelinsolvenzverfahren gemäß §§ 156 ff. InsO erhalten würde. Die angemessene Beteiligung an dem wirtschaftlichen Wert, der den Beteiligten auf der Grundlage des Plans zufließt (vgl. § 245 Abs. 1 Nr. 2 InsO), wird im Rahmen des individuellen Minderheitenschutzes gemäß § 251 InsO dagegen nicht gewährt. Insoweit muss ein innerhalb seiner Abstimmungsgruppe majorisierter Gläubiger akzeptieren, wenn andere Gläubiger wirtschaftliche Werte erhalten, die den vollen Betrag ihrer Ansprüche übersteigen. Gleiches gilt, sofern der Schuldner oder ein Gläubiger, der ohne einen

224 *Warrikoff*, KTS 1996, 489, 501.

Plan nachrangig gegenüber dem Minderheitenschutzsuchenden zu befriedigen wäre, einen wirtschaftlichen Wert erhält. Auch wird ein Beteiligter nicht davor geschützt, dass Gläubiger im Vergleich zu ihm besser gestellt werden, obwohl diese ohne einen Plan nach den Vorschriften des Regelverfahrens gleichrangig zu befriedigen gewesen wären.[225]

Entsprechendes gilt im Hinblick auf den Schutzbereich des § 251 InsO schließlich für Anteilsinhaber, da auch ihnen im Vergleich zum Obstruktionsverbot keine angemessene Beteiligung an dem wirtschaftlichen Wert garantiert wird (vgl. § 245 Abs. 1 Nr. 2 i. V. m. § 245 Abs. 3 InsO).

In der Entwurfsbegründung der InsO heißt es zu dem eingeschränkten Schutz des § 251 InsO (§ 298 InsO der Entwurfsfassung):

„*Dieser Schutz der Minderheit braucht allerdings nicht so weit zu reichen wie der Schutz der Mehrheit einer Gruppe von Gläubigern dagegen, daß ein Plan trotz der Ablehnung durch diese Mehrheit bestätigt wird (vgl. das Obstruktionsverbot des § 290 des Gesetzesentwurfs). Er braucht nicht eine angemessene Beteiligung an dem durch den Plan realisierten Wert zu erfassen, sondern nur zu garantieren, daß kein widersprechender Beteiligter schlechtergestellt wird, als er ohne einen Plan stünde*“.[226]

Schon in den Ausführungen der Entwurfsbegründung kommt der herabgesetzte Schutzumfang des § 251 InsO gegenüber § 245 InsO zum Ausdruck.[227] Dieser ist darauf zurückzuführen, dass der Insolvenzplan, ungeachtet einer Majorisierung eines Beteiligten innerhalb seiner Abstim-

225 *Braun*, in: Nerlich/Römermann, InsO, § 251 Rn. 6; *Pleister*, in: KPB, InsO, § 251 Rn. 15 f.

226 Begr RegE InsO, BT-Drucks. 12/2443, S. 211 (zu § 298 InsO).

227 Vgl. dazu und in diesem Zusammenhang speziell zu Anteilsinhabern *Verse*, ZGR 2010, 299, 321, nach dem – unter Verweis auf BVerfG 23.8.2000 – 1 BvR 68/95 u. 1 BvR 147/97 (*Moto Meter*), NJW 2001, 279 ff. – die Überprüfung einer angemessenen Beteiligung an dem wirtschaftlichen Wert des Unternehmens aus verfassungsrechtlichen Gründen nicht geboten sei, da das Eigeninteresse der Gesellschaftermehrheit, durch mehrheitliche Zustimmung zum Plan zum Ausdruck kommend, Gewähr dafür biete, dass die Anteilseigner angemessen am Planwert beteiligt werden.

mungsgruppe, mit der erforderlichen Mehrheit gemäß §§ 243, 244 InsO angenommen wurde und insoweit durch die Beteiligten legitimiert ist.[228]

(3) Antrags- und Glaubhaftmachungserfordernis

Ein weiterer Unterschied gegenüber § 245 InsO besteht darin, dass die Überprüfung eines individuellen Minderheitenschutzes ausschließlich auf Antrag des Beteiligten erfolgt (§ 251 Abs. 1 InsO). Daneben muss dieser grundsätzlich weitere Anforderungen erfüllen, etwa dem Plan spätestens im Abstimmungstermin widersprochen haben (§ 251 Abs. 1 Nr. 1 InsO). Zudem kommt erschwerend hinzu, dass der Beteiligte die voraussichtliche Schlechterstellung, auf die er sich mit dem Antrag beruft, spätestens im Abstimmungstermin glaubhaft gemacht haben muss (§ 251 Abs. 1 Nr. 2 InsO i. V. m. § 294 ZPO).[229] Gelingt ihm dies nicht, bleibt sein Antrag erfolglos und der Plan kann trotz seiner voraussichtlichen Schlechterstellung gemäß § 248 InsO bestätigt werden. Zweifel an der voraussichtlichen Schlechterstellung des Beteiligten gehen dabei zu seinen Lasten.[230]

Dagegen wird das Obstruktionsverbot gemäß § 245 InsO durch das Insolvenzgericht bereits von Amts wegen geprüft (§ 5 Abs. 1 InsO), sofern eine mehrheitliche Zustimmung in der jeweiligen Abstimmungsgruppe ausbleibt. Zusätzlicher Maßnahmen bedarf es von Seiten der Gruppenangehörigen nicht, um eine Überprüfung der in § 245 InsO normierten Voraussetzungen zu erreichen.[231] Die Amtsermittlungspflicht des Insolvenzgerichts folgt aus verschiedenen Erwägungen. Einerseits bezieht sich § 5 Abs. 1 InsO auf das „Insolvenzverfahren", wodurch sämtliche Verwertungsinstrumente des einheitlichen Insolvenzverfahrens, mithin auch das Insolvenzplanverfahren, dem Geltungsbereich des § 5 Abs. 1 InsO unterfallen. Zudem fehlt es im Rahmen des § 245 InsO an einer § 251 Abs. 2 InsO entsprechenden Regelung, die ein Antragserfordernis

228 Vgl. auch *Jungmann*, KTS 2006, 135, 137 Fn. 11.

229 Zu den Anforderungen und Schwierigkeiten der Glaubhaftmachung einer voraussichtlichen Schlechterstellung siehe § 12, III., 4.

230 Zweifel innerhalb des § 245 Abs. 1 Nr. 1 InsO gehen dagegen zu Lasten des Insolvenzplans, vgl. AG Düsseldorf v. 7.1.2008 – 503 IN 221/02, ZInsO 2008, 463 f. (Rn. 25).

231 *Braun*, in: Nerlich/Römermann, InsO, § 245 Rn. 17, 34 Fn. 1; *Lüer*, in: Uhlenbruck, InsO, § 251 Rn. 16; *Grub*, in: FS Uhlenbruck, 2000, S. 501, 506.

für den individuellen Minderheitenschutz explizit vorsieht. Ein entsprechender Umkehrschluss zu § 251 InsO unterstreicht deshalb die Anwendbarkeit des § 5 Abs. 1 InsO innerhalb des § 245 InsO. Schließlich ist in dem Bericht des Rechtsausschusses zum Entwurf eines Gesetzes zur Änderung des Einführungsgesetzes zur Insolvenzordnung und anderer Gesetze (EGInsOÄndG),[232] unter anderem zur Vorschrift des § 245 InsO, von der Amtsermittlungspflicht des Insolvenzgerichts gemäß § 5 Abs. 1 InsO die Rede.[233]

(4) Ausgleich einer Schlechterstellung (§ 251 Abs. 3 InsO)

Eine weitere Besonderheit und zugleich Neuheit des ESUG ist die Vorschrift des § 251 Abs. 3 InsO. Danach ist ein Minderheitenschutzantrag eines Beteiligten abzuweisen, wenn im gestaltenden Teil des Plans Mittel für den Fall bereitgestellt werden, dass ein Beteiligter eine Schlechterstellung nachweist (§ 251 Abs. 3 Satz 1 InsO).

Sieht der Insolvenzplan entsprechende Mittel vor, ist die Finanzierung der Ausgleichsleistungen gesichert und steht fest, dass dem Beteiligten durch die Ausgleichsmittel sein Mindestliquidationswert gewährleistet wird, soll der im Übrigen begründete Minderheitenschutzantrag einer gerichtlichen Planbestätigung (§ 248 InsO) nicht entgegenstehen. Ob der Beteiligte tatsächlich einen Ausgleichsbetrag aus diesen Mitteln erhält, ist außerhalb des Insolvenzverfahrens in einem gesonderten Rechtsstreit vor den ordentlichen Gerichten zu klären.[234] Die Regelung bezweckt eine Entlastung des Insolvenzgerichts sowie des Insolvenzverfahrens. Zugleich dient sie damit der zügigen Durchsetzung von Insolvenzplänen.[235]

Die mit der Ausgleichsmittelthematik unter der Terminologie bekannt gewordene „salvatorische Klausel" wurde in der Fassung des § 251 Abs. 3 InsO

---

232 Beschlussempfehlung u. Bericht zum Entwurf eines Gesetzes zur Änderung des Einführungsgesetzes zur Insolvenzordnung und anderer Gesetze (EGInsOÄndG), BT-Drucks. 14/120.

233 Beschlussempfehlung u. Bericht zum EGInsOÄndG, BT-Drucks. 14/120, S. 14 (zu den Nummern 12, 13 und 14); ausführlich zum Ganzen *Herweg*, Das Obstruktionsverbot bei der Unternehmenssanierung, 2004, Rn. 121 ff.

234 Begr. RegE ESUG, BT-Drucks. 17/5712, S. 35.

235 Begr. RegE ESUG, BT-Drucks. 17/5712, S. 35.

erstmals durch das ESUG in das Gesetz eingeführt.[236] Den Anstoß der bis in die Gegenwart reichenden Diskussionen hinsichtlich der Zulässigkeit von salvatorischen Klauseln geben bereits die Gesetzesmaterialien der Entwurfsfassung der InsO aus dem Jahre 1992. Zu der Vorschrift des individuellen Minderheitenschutzes (§ 298 der Entwurfsfassung) heißt es dort, dass Ausgleichsmittel für die Kompensation nachgewiesener Schlechterstellungen vorgesehen werden können, um eine Planbestätigung zu fördern.[237] Im Gesetz wurde eine entsprechende Möglichkeit vor dem Inkrafttreten des ESUG gleichwohl nicht etabliert. Die Zulässigkeit von salvatorischen Klauseln im Plan wird insbesondere im Hinblick auf § 226 InsO seit jeher kontrovers diskutiert. Nach Aussage des Gesetzgebers werden die bisher geäußerten Bedenken mit dem Inkrafttreten des ESUG obsolet,[238] weil die Möglichkeit zur Bereitstellung von Ausgleichsmitteln nunmehr ausdrücklich durch § 251 Abs. 3 InsO gesetzlich legitimiert ist.[239]

Soweit Ausgleichsmittel zur Abwehr eines Minderheitenschutzantrags gemäß § 251 Abs. 3 InsO vorgesehen werden können, stellt sich im vorliegenden Kontext die Frage, ob diese Maßnahme zugleich für die Möglichkeit einer Zustimmungsersetzung auf der Grundlage des Obstruktionsverbots des § 245 InsO fruchtbar gemacht werden kann. Demnach könnte das Instrument der salvatorischen Klausel gegebenenfalls dazu dienen,

236 Zu salvatorischen Klauseln siehe auch *Eidenmüller*, JNPÖ 15 (1996), S. 164, 182 f.; *ders.*, Unternehmenssanierung zwischen Markt und Gesetz, 1999, S. 92 ff.; *ders.*, NJW 1999, 1837, 1838; *ders.*, in: MünchKomm-InsO, § 221 Rn. 44 ff.; *Braun/Uhlenbruck*, Unternehmensinsolvenz, 1997, S. 488, 637 f.; *Braun*, in: Nerlich/Römermann, InsO, § 219 Rn. 87; *Kaltmeyer*, ZInsO 1999, 316, 320 f.; *Graf/Wunsch*, ZIP 2001, 1029, 1038; *Smid*, ZInsO 1998, 347 ff.; *Wutzke*, ZInsO 1999, 1, 4; *Häsemeyer*, Insolvenzrecht, Rn. 28.49; *Burmeister/Schmidt-Hern*, in: Kübler, HRI, § 43 Rn. 68 ff.; *Jungmann*, Grundpfandgläubiger und Unternehmensinsolvenz, 2004, Rn. 315 ff.

237 Vgl. Begr. RegE InsO, BT-Drucks. 12/2443, S. 212 (zu § 298 InsO).

238 Siehe etwa die Kritik von *Grub*, in: FS Uhlenbruck, 2000, S. 501, 512 f.

239 Begr. RegE ESUG, BT-Drucks. 17/5712, S. 35; *Sinz*, in: MünchKomm-InsO, § 253 Rn. 36. Zu praktischen Fragestellungen im Zusammenhang mit salvatorischen Klauseln sowie weiterer Einzelheiten siehe *Burmeister/Schmidt-Hern*, in: Kübler, HRI, § 43 Rn. 68 ff.; ausführlich auch *Eidenmüller*, in: MünchKomm-InsO, § 221 Rn. 44 ff. Als Beispiel aus der Praxis ist etwa der Insolvenzplan der *Pfleiderer AG* v. 15.8.2012 zu nennen, indem Mittel auf einem Sonderkonto für die Fälle zurückgestellt wurden, dass ein Beteiligter seine Schlechterstellung nachweist, siehe dazu *Decher/Voland*, ZIP 2013, 103 mit Verweis auf AG Düsseldorf v. 18.10.2012 – 501 IN 84/12.

festgestellte Schlechterstellungen von Angehörigen einer oder (mehrerer) Gruppe(n) auszugleichen, die dem Plan ihre Zustimmung verweigern.

Das überwiegende Schrifttum sprach sich vor dem Inkrafttreten des ESUG für eine finanzielle Ausgleichsmöglichkeit auch innerhalb des § 245 InsO aus.[240] Als Begründung wurden im Wesentlichen die Erwägungen des Gesetzgebers in der Entwurfsfassung der Insolvenzordnung zum individuellen Minderheitenschutz (zu § 298) herangezogen, die eine entsprechende Möglichkeit ausdrücklich vorsahen.[241] In Anbetracht der unterschiedlichen rechtlichen Konstellationen, die einerseits § 251 InsO, andererseits § 245 InsO zugrunde liegen, erscheint es jedoch zweifelhaft, ob eine Übertragung der zu § 298 der Entwurfsfassung bzw. § 251 InsO getroffenen Erwägungen ohne Weiteres auf § 245 Abs. 1 Satz 1 InsO möglich ist. Insoweit stellt sich insbesondere die Frage, weshalb eine Normierung im Rahmen des ESUG innerhalb des § 251 InsO, nicht aber innerhalb des § 245 InsO erfolgt ist.

Für die Übertragbarkeit spricht zunächst der identische Wortlaut in den Vorschriften der § 251 Abs. 1 Nr. 2 und § 245 Abs. 1 Nr. 1 InsO, in denen in beiden Fällen die Rede von einer *voraussichtlichen Schlechterstellung* ist. Eine identische Begriffsbestimmung und Reichweite des Merkmals der voraussichtlichen Schlechterstellung ist dabei ebenfalls zu verzeichnen, welches sich insoweit ausschließlich nach einem wirtschaftlichen Maßstab bemisst.[242] Zudem schließt die Normierung der „salvatorischen Klausel" in der Vorschrift des § 251 Abs. 3 InsO nicht notwendigerweise einen weiteren Anwendungsbereich neben dem individuellen Minderheitenschutz aus. Hierauf scheinen sich auch Vertreter im Schrifttum weiterhin zu berufen, die eine Ausgleichsmöglichkeit i. S. v. § 251 Abs. 3 InsO auch seit

240 *Braun/Frank*, in: Braun, InsO, 4. Aufl. 2010, § 245 Rn. 19; *Braun*, in: Nerlich/Römermann, InsO, § 245 Rn. 17; *Eidenmüller*, in: MünchKomm-InsO, 2. Aufl. 2008, § 221 Rn. 46 ff.; *ders.*, NJW 1999, 1837, 1838; *Drukarczyk*, in: MünchKomm-InsO, § 245 Rn. 53; *Madaus*, Der Insolvenzplan, 2011, Kap. 3, S. 285; *Verse*, ZGR 2010, 299, 322.

241 *Braun/Frank*, in: Braun, InsO, 4. Aufl. 2010, § 245 Rn. 19; *Eidenmüller*, in: MünchKomm-InsO, 2. Aufl. 2008, § 221 Rn. 41; *Drukarczyk*, in: MünchKomm-InsO, 2. Aufl. 2008, § 245 Rn. 53.

242 Dazu ausführlicher § 12, III., 4., b).

dem Inkrafttreten des ESUG weiterhin im Rahmen des § 245 InsO zulassen wollen.[243]

Ausgehend von der Entwurfsbegründung der InsO scheint der damalige Gesetzgeber einen weiteren Anwendungsbereich der salvatorischen Klausel neben dem individuellen Minderheitenschutz nicht vorgesehen zu haben. Entgegen vereinzelter Auffassungen im Schrifttum[244] folgt aus der Begründung nicht allein, *„dass im Plan zusätzliche Leistungen an solche Beteiligte vorgesehen werden* [können], *die dem Plan widersprechen und den Nachweis führen, dass sie ohne solche Zusatzleistungen durch den Plan schlechtergestellt werden als ohne einen Plan*“. Aus dem Zusammenhang ergibt sich vielmehr zugleich, dass der Gesetzgeber diese Möglichkeit lediglich für die Fälle vorgesehen hat, in denen der Insolvenzplan mit der erforderlichen Mehrheit durch die Gläubigergruppen angenommen worden ist, dieser gleichwohl nicht durch das Insolvenzgericht bestätigt werden kann, weil einzelne Gläubiger durch den Plan ungewollt schlechter stehen würden.[245] Dass die Möglichkeit von Ausgleichsmitteln auch innerhalb des § 245 Abs. 1 Nr. 1 InsO vorgesehen sein soll, sofern das Mehrheitserfordernis gemäß § 243, 244 InsO gänzlich fehlt, folgt daraus nicht.

Vielmehr ergibt sich der eingeschränkte Anwendungsbereich der Ausgleichsmöglichkeit aus dem herabgesetzten Schutzbereich des § 251 InsO.[246] Soweit das Gesetz den Schutz eines in seiner Abstimmungsgruppe überstimmten (Minderheits-)Beteiligten gemäß § 251 Abs. 1 Nr. 2 InsO auf seinen Mindestliquidationswert beschränkt, stellen sich Ausgleichsmittel zur Förderung einer Planbestätigung als begrüßenswertes Mittel dar. Aufgrund der mehrheitlichen Annahme des Plans ist dieser hinreichend rechtlich legitimiert, da das Gesetz eine Mehrheitsentscheidung gemäß §§ 243, 244 InsO ausreichen lässt. In diesen Fällen ist eine Bestätigung des Plans trotz begründetem Minderheitenschutzantrag im Interesse einer erfolgreichen Sanierung gerechtfertigt, sofern die Nachteile des übergangenen Beteiligten finanziell ausgeglichen werden.

243 So etwa *Braun/Frank*, in: Braun, InsO, § 245 Rn. 26; *Drukarczyk*, in: MünchKomm-InsO, § 245 Rn. 45 ff.; *F. Becker*, in: Kübler, HRI, § 41 Rn. 88.

244 *Braun/Frank*, in: Braun, InsO, 4. Aufl. 2010, § 245 Rn. 19.

245 Begr. RegE InsO, BT-Drucks. 12/2443, S. 212 (zu § 298 InsO).

246 Dazu ausführlich § 9, V., 2., c), bb).

Fehlt dagegen bereits die mehrheitliche Annahme des Plans gemäß §§ 243, 244 InsO, kann die Bereitstellung finanzieller Ausgleichsmittel nicht dazu führen, die nicht vorhandene rechtliche Legitimation des Plans durch die „Hintertür“ zu schaffen. Eine Ersetzung der Zustimmung kann sich in den Fällen ausschließlich nach den Maßstäben des § 245 InsO richten, ohne das Schlechterstellungsverbot gemäß § 245 Abs. 1 Nr. 1 InsO durch das Vorsehen von Ausgleichsleistungen aushebeln zu können. Eine § 251 Abs. 3 InsO entsprechende Regelung sucht man in der Vorschrift des § 245 InsO daher zu Recht vergeblich.

Soweit Teile im Schrifttum in Bezug auf § 245 InsO weiterführend erwägen, mit der Bereitstellung von Ausgleichsmitteln Probleme lösen zu können, die sich im Rahmen der angemessenen wirtschaftlichen Beteiligung i. S. v. § 245 Abs. 1 Nr. 2 InsO zeigen,[247] kann dies nicht überzeugen. Hierbei geht es um strikt einzuhaltende Anforderungen mit dem Ziel, ungewollte übernominale Befriedigungen, Verstöße gegen die zivilrechtliche Haftungsordnung sowie Verstöße gegen den Gleichbehandlungsgrundsatz zu verhindern.[248] Sollten die genannten – für marktkonforme Insolvenzbewältigungen wesentlichen – Anforderungen durch das Vorsehen von Ausgleichsmitteln ausgehebelt werden können, hätte dies einen weitreichenden Legitimationsmangel des Insolvenzplans zur Folge. Hierbei ginge es nicht mehr allein um wirtschaftliche Interessen Einzelner bei einem im Übrigen mehrheitlich angenommenen Insolvenzplan. Vielmehr soll entsprechend dem gemäß §§ 243, 244, 245 InsO zum Ausdruck kommenden Gesetzeswillen eine Annahme des Plans im Falle einer ausbleibenden Abstimmungsmehrheit – vorbehaltlich der Anwendbarkeit des § 245 InsO – scheitern.

Die Kompensationsmöglichkeit gemäß § 251 Abs. 3 InsO ist insoweit als absolute Ausnahmevorschrift für den individuellen Minderheitenschutz

---

247 *Eidenmüller*, Unternehmenssanierung zwischen Markt und Gesetz, 1999, S. 96 Fn. 108; *ders.*, in: MünchKomm-InsO, § 221 Rn. 52; *F. Becker*, in: Kübler, HRI, § 41 Rn. 83 ff.

248 Diese wird im Rahmen des § 245 InsO in Form der Gewährleistung einer angemessenen Beteiligung an dem wirtschaftlichen Wert sichergestellt, dazu § 9, V., 2., c), aa).

anzusehen. Eine Übertragbarkeit auf den Fall des § 245 Abs. 1 Nr. 1 InsO scheidet aus.[249]

cc) Minderheitenschutz trotz Ausschluss vom Abstimmungsverfahren

Die vorstehenden Ausführungen beziehen sich in ihrem Ausgangspunkt zunächst ausschließlich auf den Minderheitenschutz derjenigen Gläubiger und Anteilsinhaber, die im Abstimmungstermin aktiv gegen den Insolvenzplan gestimmt haben, eine Planannahme wegen §§ 243, 244 bzw. 245 InsO jedoch nicht verhindern konnten. Eine Betrachtung ausschließlich der stimmberechtigten Beteiligten wird einer umfassenden Darstellung des planrechtlichen Minderheitenschutzes jedoch nicht gerecht.

Eines Minderheitenschutzes bedarf es nicht nur in den Fällen, in denen Gläubiger und Anteilsinhaber in einer Abstimmungsgruppe vertreten sind und aktiv gegen den Plan stimmen können. Der personelle Anwendungsbereich des Minderheitenschutzes hängt vielmehr allein von der Frage ab, ob Gläubigern oder Anteilsinhabern nach Maßgabe der § 217 i. V. m. §§ 223 ff. InsO droht, durch einen rechtskräftigen Planbestätigungsbeschluss ungewollt den Wirkungen des Plans unterworfen und dadurch gegebenenfalls schlechtergestellt zu werden (§§ 254 bis 254b InsO). Wann dies der Fall ist, richtet sich einzig nach der Beteiligtenstellung i. S. v. § 254 Abs. 1 InsO, aus der sich der Betroffenheitsstatus eines Gläubigers bzw. Anteilsinhabers durch einen Insolvenzplan ergibt. Die Entscheidung darüber, ob ein Beteiligter zusätzlich auch einer Abstimmungsgruppe angehört (vgl. § 222 InsO) und ihm innerhalb seiner Abstimmungsgruppe zusätzlich ein Stimmrecht zusteht, folgt mit den Vorschriften der §§ 237 ff. InsO dagegen eigenständigen Regelungen.

Eine entsprechende Differenzierung zwischen der Beteiligtenstellung und der Zugehörigkeit zu einer Abstimmungsgruppe bzw. einer Stimmberechtigung ist deshalb von Bedeutung, da das Insolvenzplanverfah-

249 So auch *Spliedt*, in: K. Schmidt, InsO, § 245 Rn. 14; a. A. *F. Becker*, in: Kübler, HRI, § 41 Rn. 88, 91; *Jaffé*, in: Wimmer, InsO, § 245 Rn. 41 ff. Für die Zulässigkeit salvatorischer Klauseln im Rahmen des § 245 InsO vor Inkrafttreten des ESUG etwa *Eidenmüller*, NJW 1999, 1837, 1838; *Braun/Frank*, in: Braun, InsO, 4. Aufl. 2010, § 245 Rn. 19; *Braun*, in: Nerlich/Römermann, InsO, § 245 Rn. 17.

ren Konstellationen hervorbringen kann, in denen Gläubiger[250] gemäß §§ 254 bis 254b InsO ungewollt den Wirkungen eines Insolvenzplans unterworfen werden können, obwohl sie keiner Abstimmungsgruppe angehören und demnach nicht am Abstimmungsverfahren beteiligt sind. Den Ausgangspunkt für die Beteiligtenstellung von Gläubigern und Anteilsinhabern i. S. v. § 254 Abs. 1 InsO bildet die Umgestaltung ihrer materiellen Rechtspositionen in einem Insolvenzplan. Welche Regelungen in einem Plan möglich sind, normieren die Vorschriften der §§ 217 i. V. m. 223 ff. InsO für die verschiedenen Gläubigergruppen bzw. für die Gruppe der Anteilsinhaber. Sofern auf Grundlage dieser Gestaltungsmöglichkeiten in die Rechtspositionen von Gläubigern und Anteilsinhabern eingegriffen wird, folgt daraus zugleich ihr Beteiligtenstatus i. S. v. § 254 Abs. 1 InsO.

So sind *absonderungsberechtigte Gläubiger* gemäß §§ 217 Satz 1 i. V. m. 223 Abs. 2 InsO Beteiligte, sofern ihre Rechte auf Absonderung abweichend zu § 223 Abs. 1 InsO – unter Berücksichtigung des § 223 Abs. 1 Satz 2 InsO – ausdrücklich einer Regelung im Insolvenzplan unterzogen werden. (Einfache) *Insolvenzgläubiger* i. S. v. § 38 InsO sind dagegen stets beteiligt, da ihre Forderungen gemäß §§ 217 Satz 1 i. V. m. 224 InsO durch einen Plan in jedem Falle umgestaltet werden. Für *nachrangige Insolvenzgläubiger* i. S. v. § 39 InsO gilt entsprechendes mit der Besonderheit, dass sich ihre Betroffenheit nicht ausschließlich daraus ergibt, dass ihre Rechtspositionen in einem Plan geregelt werden. Einer ausdrücklichen Regelung bedarf es nicht. Denn § 225 Abs. 1 InsO sieht mit Ausnahme der in § 225 Abs. 3 InsO genannten Forderungen bereits von Gesetzes wegen vor, dass die Forderungen nachrangiger Gläubiger als erlassen gelten, wenn im Insolvenzplan nicht ausnahmsweise etwas anderes bestimmt ist. Damit sind sie auch ohne Regelung durch eine rechtskräftige Planbestätigung betroffen. Schließlich sind *am Schuldner beteiligte Personen* nur in den Fällen Beteiligte im Planverfahren, sofern ihre Rechte gemäß §§ 217 Satz 2 i. V. m. 225a InsO tatsächlich im Plan geregelt werden. Eine Beteiligtenstellung der *Massegläubiger* i. S. v. § 53 InsO wird nur im Falle der Anzeige der Masseunzulänglichkeit gemäß § 210a InsO begründet. Anderenfalls sind sie

250 Für die Anteilsinhaber kann sich eine vergleichbare Situation nicht ergeben, dazu siehe § 12, II., 2., c).

wie *aussonderungsberechtigte Gläubiger*[251] und *Neugläubiger*[252] nicht den Wirkungen des Plans unterworfen und damit keine Beteiligten i. S. v. § 254 Abs. 1 InsO.[253]

(1) *Gruppenlose* Gläubiger (§ 222 Abs. 1 Nr. 3 InsO)

Der Großteil der i. S. v. § 254 Abs. 1 InsO beteiligten Gläubiger wird im Falle einer Umgestaltung ihrer Rechtspositionen in einem Plan (vgl. §§ 217 i. V. m. 223 ff. InsO) zwar regelmäßig einer Abstimmungsgruppe angehören. Denn soweit Gläubiger mit unterschiedlichen Rechtsstellungen von entsprechenden Planregelungen betroffen sind, müssen sie entsprechend ihrer Rechtsstellung gemäß § 222 InsO zwingend in verschiedene Gruppen unterteilt werden, die im späteren Abstimmungstermin zugleich die Abstimmungsgruppen bilden.

Abweichendes gilt allerdings für nachrangige Insolvenzgläubiger i. S. v. § 39 InsO. Obwohl sie in Ermangelung einer abweichenden Regelung gemäß § 225 Abs. 1 InsO in einem Plan regelmäßig in Folge eines vollständigen Forderungserlasses nachteilig betroffen sind, sieht § 222 Abs. 1 Nr. 3 InsO keine (Abstimmungs-)Gruppe für sie vor. Das hängt damit zusammen, dass die Verteilung des Schuldnervermögens in Form des Unternehmenswertes in aller Regel schon nicht zur vollständigen Befriedigung der nicht nachrangigen Insolvenzgläubiger ausreicht.[254] Damit sind sie trotz ihrer Beteiligteneigenschaft i. S. v. § 254 Abs. 1 InsO in keiner Abstim-

---

251 Aussonderungsberechtigte Gläubiger nehmen am Insolvenzplanverfahren schon kraft Gesetzes nicht teil, da die Aussonderung gemäß § 47 Satz 2 InsO nach den Gesetzen erfolgt, die außerhalb des Insolvenzverfahrens gelten, *Spliedt*, in: K. Schmidt, InsO, § 253 Rn. 4; *Ganter*, in: MünchKomm-InsO, § 47 Rn. 473, 494.

252 Unter den Begriff der Neugläubiger werden Gläubiger gefasst, die nach der Eröffnung des Insolvenzverfahrens, aber noch vor dessen Abschluss, Forderungen gegen den Schuldner erlangen, etwa durch den Abschluss von Verträgen. Für die Befriedigung ihrer Rechte steht ihnen nicht die Insolvenzmasse, sondern nur das insolvenzfreie Vermögen des Schuldners zur Verfügung, *Peters*, in: MünchKomm-InsO, § 35 Rn. 60; *Gogger*, in: Gogger, Insolvenzgläubiger-Handbuch, § 2 Rn. 430.

253 *Pleister*, in: KPB, InsO, § 253 Rn. 8; *Burmeister/Schmidt-Hern*, in: Kübler, HRI, § 43 Rn. 123; zu § 254 Abs. 1 Satz 1 InsO a. F. vor dem Inkrafttreten des ESUG *Otte*, in: KPB, InsO, § 254 Rn. 5, 8; *Braun*, in: Nerlich/Römermann, InsO, § 254 Rn. 6.

254 Begr. RegE InsO, BT Druck. 12/2443, S. 201 (zu § 268); *Braun/Frank*, in: Braun, InsO, § 225 Rn. 1; *Breuer*, in: MünchKomm-InsO, § 225 Rn. 2; *Braun*, in: Nerlich/Römermann, InsO, § 225 Rn. 1; *Lüer*, in: Uhlenbruck, InsO, § 225 Rn. 4.

mungsgruppe vertreten, obwohl sie die Wirkungen eines rechtskräftigen Planbestätigungsbeschlusses gemäß §§ 254 bis 254b InsO bis hin zu einer potenziellen Schlechterstellung gleichermaßen treffen.

Auf einen Minderheitenschutz müssen jedoch auch die nachrangigen Insolvenzgläubiger, die keiner Abstimmungsgruppe angehören, nicht verzichten. Mangels Gruppenzugehörigkeit unterfallen sie zwar nicht dem von Amts wegen zu berücksichtigenden Schutz des § 245 InsO. Sie können sich unter den Voraussetzungen des § 251 Abs. 1 InsO jedoch stets auf den individuellen Minderheitenschutz berufen. Denn die Antragsberechtigung i. S. v. § 251 Abs. 1 InsO richtet sich ausschließlich nach dem Beteiligtenstatus i. S. v. § 254 Abs. 1 InsO. Einer zulässigen Antragstellung steht eine fehlende Gruppenzugehörigkeit daher nicht entgegen.[255]

(2) *Stimmrechtslose* Gläubiger innerhalb der Abstimmungsgruppe

Ausgehend von dem Beteiligtenstatus i. S. v. § 254 Abs. 1 InsO, der alleiniger Ausgangspunkt einer potenziellen Schlechterstellung durch den Plan ist, gilt es einen Minderheitenschutz schließlich für diejenigen Gläubiger zu gewährleisten, die zwar einer (Abstimmungs-)Gruppe angehören, in dieser aber nicht abstimmungsberechtigt sind. Die Gewährung von Stimmrechten im Abstimmungstermin folgt gemäß §§ 237 ff. InsO eigenständigen Regelungen. Im Wesentlichen gleichen diese der für die Stimmrechte in der Gläubigerversammlung geltenden Vorschrift des § 77 InsO.[256] Ein Gleichlauf mit der Vorschrift des § 254 Abs. 1 InsO oder der Regelung des § 222 InsO kommt in diesen Vorschriften zumindest für Gläubiger jedoch nicht zum Ausdruck, d. h. die Beteiligteneigenschaft sowie die Zugehörigkeit zu einer Abstimmungsgruppe haben nicht automatisch auch eine Stimmberechtigung zur Folge.[257]

Die Konstellation der Gruppenzugehörigkeit eines Beteiligten bei gleichzeitigem Stimmrechtsausschluss ist für Gläubiger denkbar, denen das

255 *Andres*, in: Andres/Leithaus, InsO, § 251 Rn. 1, 2; *Sinz*, in: MünchKomm-InsO, § 251 Rn. 6.

256 *Hintzen*, in: MünchKomm-InsO, § 238 Rn. 4 a. E.; *Vortmann*, in: Pape/Gundlach/Vortmann, Handbuch der Gläubigerrechte, Teil 3, D. Rn. 236.

257 Etwas anderes gilt für Anteilsinhaber, dazu siehe § 12, II., 2., c).

Insolvenzgericht kein Stimmrecht gewährt hat.[258] Stimmrechte etwa der *Insolvenzgläubiger* i. S. v. § 38 InsO werden grundsätzlich zunächst für Forderungen gewährt, die gemäß § 174 ff. InsO angemeldet und im Prüfungstermin anerkannt wurden und weder vom Insolvenzverwalter noch von einem anderen stimmberechtigten Gläubiger bestritten worden sind (§§ 237 Abs. 1 Satz 1 i. V. m. 77 Abs. 1 Nr. 1 InsO).[259] Sobald die angemeldeten Forderungen jedoch im Prüfungstermin oder im anschließenden Erörterungstermin bestritten werden, haben die Beteiligten die Berechtigung der bestrittenen Forderungen bzgl. deren Umfang im Einigungsverfahren des Prüfungstermins bzw. im Erörterungstermin (vgl. § 235 InsO) zu erörtern und hierüber eine Einigung zu erzielen.[260] Kommt es zu keiner Einigung, entscheidet der Richter über die Gewährung bzw. Versagung eines Stimmrechts (§§ 237 Abs. 1 Satz 1 i. V. m. 77 Abs. 2 Satz 2 InsO, § 18 Abs. 1 Nr. 2 RPflG). Für *nachrangige Insolvenzgläubiger* i. S. v. § 39 InsO gilt im Grundsatz entsprechendes,[261] wenngleich sie bereits im Regelfall kein Stimmrecht haben werden.[262] Während sich somit für Gläubiger eine Betroffenheit durch den Plan bei gleichzeitigem Stimmrechtsausschluss ergeben kann, ist dies für Anteilsinhaber mangels einer §§ 237 Abs. 1 Satz 1 i. V. m. 77 Abs. 2 Satz 2 InsO entsprechenden Regelung in § 238a InsO, der über die Stimmrechtsgewährung von Anteilsinhabern entscheidet, nicht denkbar.[263]

---

258 In allen anderen Fällen beruht der Ausschluss des Stimmrechts darauf, dass der Plan entweder zwar einen Rechtseingriff, ausnahmsweise aber keine Gruppenbildung vorsieht (vgl. § 225 Abs. 1 InsO i. V. m. § 222 Abs. 1 Nr. 3 InsO), oder eine Gruppenbildung nicht erfolgt, weil die Rechte schon gar nicht Gegenstand einer Regelung im Insolvenzplan sind (vgl. § 222 Abs. 1 Nr. 1, 4 InsO), was insbesondere für Anteilsinhaber gilt. Die Frage einer Stimmrechtsfeststellung stellt sich in den Fällen somit nicht, dazu *Thies*, in: HambKomm-InsO, § 238 Rn. 3a ff.; *Haas*, in: HK-InsO, § 237 Rn. 7 f.

259 Ein Bestreiten des Schuldners ist unbeachtlich, § 77 Abs. 1 Satz 1 InsO i. V. m. § 178 Abs. 1 Satz 2.

260 Wichtiger Orientierungspunkt ist in diesem Zusammenhang das Ergebnis des zuvor abgehaltenen Prüfungstermins (vgl. §§ 29 Abs. 1 Nr. 2, 176 InsO).

261 *Haas*, in: HK-InsO, § 237 Rn. 4, 10 ff.

262 Dazu siehe Begr. RegE InsO, BT-Drucks. 12/2443, S. 209 (zu § 291), S. 206 (zu § 281); *Braun/Frank*, in: Braun, InsO, § 246 Rn. 1; § 237 Rn. 7. Zum Stimmrechtsverfahren der Gläubiger siehe etwa *Braun*, in: Gottwald, Insolvenzrechts-Handbuch, § 68 Rn. 35 ff.

263 Näher dazu § 12, II., 2., c).

Der Minderheitenschutz für *nicht stimmberechtigte* Gläubiger innerhalb ihrer Abstimmungsgruppe(n) beurteilt sich letztlich nach den identischen Maßstäben, die auch für die stimmberechtigten Gläubiger der Gruppe gelten, mithin nach den Vorschriften der §§ 245, 251 InsO. Das folgt aus der gesetzlichen Ausgestaltung des Abstimmungssystems. Für die Frage, ob in der Abstimmungsgruppe die erforderliche (Doppel-)Mehrheit gemäß § 244 InsO erreicht wird, sind ausschließlich die tatsächlich abgegebenen Stimmen der abstimmungsberechtigten Gruppenangehörigen maßgeblich, denen ein Stimmrecht gemäß §§ 237 ff. InsO gewährt wurde.[264] Damit bleiben die stimmberechtigten Gläubiger bei der Feststellung der gemäß §§ 243, 244 InsO erforderlichen Mehrheiten unberücksichtigt. Von einem positiven Abstimmungsergebnis und der Annahme des Plans werden sie gleichwohl betroffen.

Für den Minderheitenschutz hat das zur Folge, dass auch die nicht stimmberechtigten Gläubiger im Falle der ausbleibenden Abstimmungsmehrheit innerhalb der Gruppe (§ 244 InsO) von Amts wegen in die Prüfung des Obstruktionsverbots gemäß § 245 InsO einbezogen sind. Denn der Wortlaut des § 245 InsO spricht von „Angehörigen der Gruppe“ und nicht etwa ausschließlich von den stimmberechtigten Angehörigen in der Gruppe. Damit werden sie gemäß § 245 Abs. 1 Nr. 1 InsO sowohl vor Schlechterstellungen gegenüber dem Regelverfahren geschützt. Zusätzlich sind sie gemäß §§ 245 Abs. 1 Nr. 2, Abs. 2 InsO darüber hinaus angemessen an dem wirtschaftlichen Wert zu beteiligen.

Wird der Plan dagegen innerhalb der Gruppe gemäß §§ 243, 244 InsO mehrheitlich angenommen, steht den Plangegnern der individuelle Minderheitenschutz gemäß § 251 InsO zur Verfügung. Denn für die Zulässigkeit eines Minderheitenschutzantrags gemäß § 251 Abs. 1 InsO kommt es dabei nicht auf die Stimmberechtigung des Gläubigers innerhalb seiner Abstimmungsgruppe an.[265]

264 *Braun/Uhlenbruck*, Unternehmensinsolvenz, 1997, S. 483 f.; *Maus*, in: KSI, 2. Aufl. 2000, S. 931, 954 ff. Rn. 84 ff.; *Pape/Uhlenbruck/Voigt-Salus*, Insolvenzrecht, Kapitel 38 Rn. 35 m. w. N.; *Landfermann*, BB 1995, 1649, 1655.

265 Begr. RegE InsO, BT-Drucks. 12/2443, S. 212 (zu § 298); *Andres*, in: Andres/Leithaus, InsO, § 251 Rn. 1, 2; *Flöther/Wehner*, in: Blersch/Goetsch/Haas, InsO, § 251 Rn. 4; *Rattunde*, in: Leonhardt/Smid/Zeuner, InsO, § 251 Rn. 20; *Sinz*, in: Münch-

dd) Zwischenergebnis: Minderheitenschutz gemäß §§ 245, 251 InsO

Das Insolvenzplanverfahren gewährleistet über die Vorschriften der §§ 245, 251 InsO einen vollständigen Minderheitenschutz für sämtliche Gläubiger und Anteilsinhaber, die gemäß §§ 254 bis 254b InsO drohen, ungewollt den Wirkungen eines Insolvenzplans unterworfen und gegebenenfalls schlechtergestellt zu werden. Ob dieser Schutz über das Obstruktionsverbot gemäß § 245 InsO oder über den individuellen Minderheitenschutz gemäß § 251 InsO sichergestellt wird, richtet sich nach der zugrunde liegenden Abstimmungskonstellation. Danach gilt: Erfolgt die Prüfung einer voraussichtlichen Schlechterstellung des Gläubigers bzw. Anteilsinhabers im Falle einer ausbleibenden mehrheitlichen Annahme des Plans innerhalb seiner Abstimmungsgruppe nicht schon von Amts wegen gemäß § 245 Abs. 1 Nr. 1 InsO, ist der (ungewollt) betroffene Beteiligte auf den Minderheitenschutzantrag gemäß § 251 Abs. 1 InsO verwiesen. Letzteres gilt dabei insbesondere auch für diejenigen Beteiligten, die schon gar keiner (Abstimmungs-)Gruppe i. S. v. § 222 InsO angehört haben.

ee) Verhältnis von § 245 InsO zu § 251 InsO

Auf den ersten Blick steht der Anwendungsbereich des Obstruktionsverbots gemäß § 245 InsO zu dem des individuellen Minderheitenschutzes gemäß § 251 InsO in einem Ausschlussverhältnis, soweit es um die Überprüfung der Schlechterstellung eines Beteiligten geht. Das ist auf die möglichen Abstimmungsergebnisse zurückzuführen. Denn soweit eine Gruppe mehrheitlich *gegen* die Planannahme stimmt, erfolgt die Prüfung des § 245 InsO von Amts wegen, um unter den Voraussetzungen des § 245 InsO eine Zustimmung gegebenenfalls ersetzen zu können. Stimmt die Gruppe dagegen mehrheitlich *für* den Plan, kommt es für eine Annahme des Plans also nicht auf § 245 InsO an, sind die innerhalb der Gruppe überstimmten Beteiligten auf den individuellen Minderheitenschutz des § 251 InsO verwiesen, sofern sie eine Schlechterstellung durch den Plan rügen wollen.

Komm-InsO, § 251 Rn 6; *Pleister*, in: KPB, InsO, § 251 Rn. 4; *Lüer*, in: Uhlenbruck, InsO, § 251 Rn. 11; a. A. *Jaffé*, in: Wimmer, InsO, § 251 Rn. 9.

Insoweit ergeben sich bereits strukturelle Unterschiede zwischen beiden Vorschriften.[266] So werden im Rahmen des individuellen Minderheitenschutzes an den Beteiligten mit dem Glaubhaftmachungserfordernis seiner Schlechterstellung gemäß § 251 Abs. 2 InsO höhere Anforderungen gestellt, als es im Rahmen des § 245 InsO der Fall ist, dessen Prüfung von Amts wegen erfolgt. Zudem bezieht sich das Obstruktionsverbot gemäß § 245 Abs. 1 Nr. 1 InsO und damit die Überprüfung einer Schlechterstellung auf „... *die Angehörigen dieser Gruppe* ...", ist folglich gruppenbezogen ausgestaltet.[267] Der individuelle Minderheitenschutz gemäß § 251 InsO umfasst hingegen die Überprüfung der voraussichtlichen Schlechterstellung eines einzelnen Gläubigers bzw. Anteilsinhabers, der innerhalb seiner Gruppe überstimmt wurde.[268]

Im Schrifttum wird ein eigenständiger Anwendungsbereich des individuellen Minderheitenschutzes gemäß § 251 InsO auch für diejenigen Beteiligten bejaht, die bereits in die Prüfung des Obstruktionsverbots gemäß § 245 InsO einbezogen sind, weil sie gegen den Plan gestimmt haben und in ihrer Abstimmungsgruppe insgesamt die erforderlichen Mehrheiten für die Annahme des Plans gemäß §§ 243, 244 InsO nicht erzielt wurden.[269] Diesen Beteiligten wird sogar dazu geraten, zusätzlich einen Minderheitenschutzantrag gemäß § 251 Abs. 1 InsO zu stellen.[270] Das wird damit begründet, dass die Entscheidung darüber, ob die Zustimmung einer Gruppe gemäß § 245 InsO zugunsten einer Planannahme ersetzt wird, nicht separat ergehe, sondern erst im Bestätigungsverfahren erfolge (§ 248 InsO). Ergeht auf der Grundlage des § 245 InsO in den Fällen eine Bestätigung des Plans durch das Insolvenzgericht, wäre ein im Anschluss gestellter Minderheitenschutzantrag als verspätet unzulässig. Den ungewollt betroffenen Beteiligten bliebe in dem Falle ausschließlich noch die Möglichkeit, den Planbestätigungsbeschluss mit der sofortigen Beschwerde gemäß § 253 InsO anzufechten.[271]

---

266 Dazu siehe bereits oben § 9, V., 2., c), bb).

267 *Spliedt*, in: K. Schmidt, InsO, § 245 Rn. 2.

268 *Spliedt*, in: K. Schmidt, InsO, § 245 Rn. 2.

269 *Jungmann*, KTS 2006, 135, 149 Fn. 78.

270 So *Jungmann*, KTS 2006, 135, 149 Fn. 78.

271 So *Jungmann*, KTS 2006, 135, 149 Fn. 78 zur Rechtslage vor dem Inkrafttreten des ESUG. Zur Unselbständigkeit der Entscheidung über ein Obstruktionsverbot siehe auch *Spliedt*, in: K. Schmidt, InsO, § 245 Rn. 3.

Zumindest in formeller Hinsicht spricht kein Grund gegen die zusätzliche Erhebung eines Minderheitenschutzantrags gemäß § 251 InsO durch einen Beteiligten, in dessen Abstimmungsgruppe die Annahme des Insolvenzplans scheitert, obwohl die Überprüfung einer etwaigen Schlechterstellung der gesamten Gruppe gemäß § 245 Abs. 1 Nr. 1 InsO bereits von Amts wegen erfolgt. Ein entsprechendes Vorgehen wurde in der Praxis von Gläubigern bereits praktiziert.[272]

Allerdings stellt sich im Falle einer gescheiterten Annahme des Plans in einer Gruppe die Frage nach dem Sinn eines Nebeneinanders von § 245 InsO und § 251 InsO. Sofern es um die materiell-rechtliche Schutzrichtung der Vorschriften geht, schützen sowohl § 245 Abs. 1 Nr. 1 InsO als auch § 251 Abs. 1 Nr. 2 InsO die Beteiligten vor einer ungewollten Schlechterstellung durch den Plan. Der Bezugspunkt ist in beiden Fällen eine *wirtschaftliche* Schlechterstellung, sodass es sich insoweit um inhaltsgleiche Ausgestaltungen handelt.[273] Im Falle einer ausbleibenden Gruppenmehrheit ist der Schutz der Gruppenangehörigen vor Schlechterstellungen gemäß § 245 Abs. 1 Nr. 1 InsO bereits hinreichend sichergestellt.[274] Ein zusätzlicher Minderheitenschutzantrag wäre unter diesem Gesichtspunkt obsolet.[275]

Gegen ein Ausschlussverhältnis zwischen § 245 InsO und § 251 InsO spricht auch nicht die *gruppenbezogene* Ausgestaltung des Obstruktionsverbots gemäß § 245 InsO. Denn soweit das Insolvenzgericht im Rahmen des § 245 Abs. 1 Nr. 1 InsO eine Schlechterstellung der gesamten Gruppe prüft, geht diese Prüfung letztlich auf jeden individuellen Gläubiger bzw. Anteilsinhaber innerhalb der Gruppe zurück.[276] Schon im Wortlaut des § 245 Abs. 1

272 *LG Mühlhausen* v. 17.9.2007 – 2 T 190/06, NZI 2007, 724 ff.

273 *Backes*, in: Pape/Uhländer, NWB Komm-InsO, § 251 Rn. 12; *Braun/Uhlenbruck*, Unternehmensinsolvenz, 1997, S. 618; a. A. *Jungmann*, KTS 2006, 135, 136 ff., der für den Beurteilungsmaßstab in Bezug auf die voraussichtliche Schlechterstellung eine „vernünftige Chance“ ausreichen lässt. Ausführlich zur Schlechterstellungsprüfung § 12, III., 4., b).

274 *Backes*, in: NWB Komm-InsO, § 251 Rn. 1.

275 *Spliedt*, in: K. Schmidt, InsO, § 251 Rn. 2 a. E. Der Schutzgehalt des § 251 InsO tritt gegenüber § 245 InsO wegen der angemessenen Beteiligung an dem wirtschaftlichen Wert (§ 245 Abs. 1 Nr. 2 i. V. m. Abs. 2 bzw. 3 InsO) sogar hinter diesen zurück, dazu § 9, V., 2., c), bb).

276 Dazu *LG Traunstein* v. 27.8.1999 – 4 T 2966/99, WM 2000, 680 ff.; *Madaus*, Der Insolvenzplan, 2011, Kap. 1, S. 255: „… *jedem ablehnenden Gläubiger* …“; *Pleister*, in:

Nr. 1 InsO ist in diesem Zusammenhang die Rede von „... *Angehörigen dieser Gruppe* ...“ und somit von *jedem* Angehörigen.

Schließlich ergibt sich auch aus den Schutzzwecken des § 251 bzw. § 245 InsO ein entsprechendes Ausschlussverhältnis. Denn der individuelle Minderheitenschutz gemäß § 251 InsO hat seine Daseinsberechtigung für die Fälle, in denen Gläubiger bzw. Anteilsinhaber innerhalb ihrer Gruppe überstimmt werden und eine Planannahme gemäß §§ 243, 244 InsO gegen ihren Willen zu Stande kommt.[277] § 245 InsO greift demgegenüber als materiell-rechtlich weitreichenderer und im Hinblick auf formale Anforderungen privilegierender Minderheitenschutz in den Fällen ein, in denen eine mehrheitliche Annahme des Plans in der Gruppe gemäß §§ 243, 244 InsO zunächst nicht erfolgt.[278] Ob es dennoch zu einer Annahme des Plans kommt, entscheidet sich ausschließlich nach § 245 InsO. In dem Falle sind die Gläubiger bzw. Anteilsinhaber von der zusätzlichen Stellung eines Minderheitenschutzantrags gemäß § 251 Abs. 1 InsO befreit, da diesem im Hinblick auf die Überprüfung einer Schlechterstellung schlichtweg keine Bedeutung mehr zukommt.[279] Die Prüfung erfolgt insoweit bereits von Amts wegen im Rahmen des § 245 InsO.[280]

ff) Schuldnerschutz gemäß § 247 Abs. 1, 2 InsO

Das (ungewollte) Schlechterstellungsverbot eines Beteiligten durch einen Insolvenzplan erstreckt sich neben Gläubigern bzw. Anteilsinhabern darüber hinaus auf den Insolvenzschuldner. In einem Insolvenzplan sind gemäß § 217 Satz 1 InsO Regelungen zulässig, die die Haftung des Schuldners zum Gegenstand haben. Damit droht gegebenenfalls auch der

---

KPB, InsO, § 245 Rn. 7.

277 *LG Traunstein* v. 27.8.1999 – 4 T 2966/99, WM 2000, 680, 683, 686 Ziff. 6.; *Braun/Uhlenbruck*, Unternehmensinsolvenz, 1997, S. 610; *Braun*, in: Nerlich/Römermann, InsO, § 251 Rn. 1; *Sinz*, in: MünchKomm-InsO, § 251 Rn. 1; *Wertenbruch*, ZIP 2013, 1693, 1701; a. A. *Smid*, ZInsO 2014, 1873, 1874, der einen Anwendungsbereich des § 251 InsO auch für Fälle bejaht, in denen die Zustimmung einer gegen die Annahme des Plans votierenden Abstimmungsgruppe gemäß § 245 InsO fingiert wird.

278 Dazu schon ausführlich § 8, II., 2.

279 *Spliedt*, in: K. Schmidt, § 251 Rn. 2; *Braun/Uhlenbruck*, Unternehmensinsolvenz, 1997, S. 618.

280 So auch *Keller*, Insolvenzrecht, 4. Teil, Kap. 12 Rn. 1772.

Schuldner im Falle einer mehrheitlichen Annahme des Plans und einer Planbestätigung gemäß §§ 243 ff. i. V. m. §§ 248, 254 ff. InsO ungewollt den Wirkungen des Plans unterworfen zu werden.

Der Schutz des Schuldners vor ungewollten Schlechterstellungen ist in seinem Widerspruchsrecht gemäß § 247 Abs. 1 InsO verankert. Denn ein Widerspruch des Schuldners steht einer Planbestätigung nur dann nicht entgegen, wenn:

- der Schuldner durch den Plan voraussichtlich nicht schlechtergestellt wird, als er ohne einen Plan stünde (§ 247 Abs. 2 Nr. 1 InsO), und
- kein Gläubiger einen wirtschaftlichen Wert erhält, der den vollen Betrag seines Anspruchs übersteigt (§ 247 Abs. 2 Nr. 2 InsO).

(1) Rechtlicher Mindestschutz (§ 247 Abs. 2 Nr. 1 InsO)

Mit der Voraussetzung des § 247 Abs. 2 Nr. 1 InsO erhebt der Gesetzgeber die Gewährleistung eines Mindestschutzes auch für den Schuldner zur Prämisse, die es im Vorfeld einer Planbestätigung gemäß § 248 InsO sicherzustellen gilt.

Der Wortlaut des § 247 Abs. 2 Nr. 1 InsO deckt sich im Hinblick auf das Merkmal der voraussichtlichen Schlechterstellung mit den Vorschriften der §§ 245 Abs. 1 Nr. 1, 251 Abs. 1 Nr. 1 InsO. Wenngleich den dort genannten „voraussichtlichen Schlechterstellungen" *prima facie* ein gleichbedeutendes Verständnis zugrunde zu liegen scheint, sind die Parallelen insoweit missverständlich, als dass sich die mögliche voraussichtliche Schlechterstellung eines Schuldners i. S. v. § 247 Abs. 2 Nr. 1 InsO nicht anhand eines wirtschaftlichen Maßstabs bemisst.

Anders als es für Gläubiger und Anteilsinhaber der Fall ist, beschränkt sich der Mindestschutz des Schuldners nicht auf wirtschaftliche Interessen. Für den Schuldner geht es vielmehr um die Erhaltung eines Mindeststandards von Rechten, die ihm die Insolvenzordnung gewährt und in die mittels Insolvenzplan nicht gegen den Willen des Schuldners eingegriffen werden darf.[281] Die Frage einer voraussichtlichen Schlechterstellung des Schuldners hat sich folglich an einer rechtlichen Schlechterstellung zu orientieren.[282]

Im Hinblick auf eine voraussichtliche Schlechterstellung des Schuldners i. S. v. § 247 Abs. 2 Nr. 1 InsO ist daher allein maßgeblich, ob eine entsprechende Planregelung die Rechtsstellung des Schuldners ungewollt beeinträchtigt, die ihn die InsO ausnahmslos gewährt und deren Beeinträchtigung er auch in einem alternativen Regelinsolvenzverfahren nicht zu befürchten hätte. Das Schrifttum nennt die drei folgenden Konstellationen: dem Schuldner wird durch den Plan eine Restschuldbefreiung verwehrt oder erschwert (§§ 286 ff. InsO), ein bei der Schlussverteilung verbleibender Übererlös (§ 199 InsO) vorenthalten oder in das insolvenzfreie Vermögen eingegriffen (vgl. §§ 36, 37 InsO).[283]

In den genannten Fällen darf ein Widerspruch des Schuldners gemäß § 247 Abs. 2 Nr. 1 InsO nicht für unbeachtlich erklärt werden, mit der Folge, dass die Bestätigung des Insolvenzplans zu versagen ist (§ 250 Nr. 1 InsO).

(2) Verbot übermäßiger Befriedigung (§ 247 Abs. 2 Nr. 2 InsO)

Gemäß § 247 Abs. 2 Nr. 2 InsO ist für eine Unbeachtlichkeit des Schuldnerwiderspruchs weiterhin erforderlich, dass kein Gläubiger einen wirtschaftlichen Wert erhält, der den vollen Betrag seines Anspruchs übersteigt. Die

281 *Braun*, in: Nerlich/Römermann, InsO, § 247 Rn. 3; *Braun/Frank*, in: Braun, InsO, § 247 Rn. 3.

282 Begr. RegE InsO, BT- Drucks. 12/2443, S. 210 (zu § 293 InsO); *Rattunde*, in: Leonhardt/Smid/Zeuner, InsO, § 247 Rn. 6; *Braun/Frank*, in: Braun, InsO, § 247 Rn. 3; *Braun*, in: Nerlich/Römermann, InsO, § 247 Rn. 3; *ders.*, in: Gottwald, Insolvenzrechts-Handbuch, § 68 Rn. 96; *Frank*, in: Runkel, Anwalts-Handbuch Insolvenzrecht, § 12 Rn. 283; für einen wirtschaftlichen Maßstab dagegen *Hess*, in: Hess, InsO, § 247 Rn. 4; *Thies*, in: HambKomm-InsO, § 247 Rn. 7; anders wiederum *Backes*, in: Pape/Uhländer, NWB Komm-InsO, § 247 Rn. 14; *Sinz*, in: MünchKomm-InsO, § 247 Rn. 23 und wohl auch *Jaffé*, in: Wimmer, InsO, § 247 Rn. 6, die auf eine rechtliche oder eine wirtschaftliche Schlechterstellung abstellen.

283 *Braun*, in: Gottwald, Insolvenzrechts-Handbuch, § 68 Rn. 96; *Braun/Frank*, in: Braun, InsO, § 247 Rn. 3; *Rattunde*, in: Leonhardt/Smid/Zeuner, InsO, § 247 Rn. 7; *Sinz*, in: MünchKomm-InsO, § 247 Rn. 27 ff.

Vorschrift soll vermögensrechtliche Besserstellungen von Gläubigern verhindern und entspricht der Regelung des § 245 Abs. 2 Nr. 1 InsO.[284]

VI. Ergebnis

Die vorstehende Darstellung hat gezeigt, dass der rechtliche Rahmen des Insolvenzplanverfahrens in Form des Gruppenbildungserfordernisses gemäß § 222 InsO zunächst die Grundvoraussetzung dafür schafft, dass die zivilrechtliche Haftungsordnung des BGB auch im Planverfahren Geltung erlangt. Diese ist ihrerseits ausschlaggebend dafür, dass Vermögensverschiebungen und ungewollte Schlechterstellungen gegenüber dem Regelverfahren vermieden werden. Sofern sich Beteiligte dennoch durch einen Insolvenzplan gegenüber dem Regelverfahren – wirtschaftlich – schlechtergestellt fühlen, sehen §§ 245, 251 und 247 InsO verfahrensrechtliche Möglichkeiten vor, mit denen sie sich gegen einen Plan zur Wehr setzen und eine Planbestätigung gegebenenfalls verhindern können. Sofern die Rechtsbehelfe gemäß §§ 247, 251 InsO gegen die Bestätigung des Insolvenzplans erfolglos sind oder eine fehlende Zustimmung gemäß § 245 InsO ersetzt wird, wird den Beteiligten zumindest ihr wirtschaftlicher Mindestliquidationswert garantiert, den sie im Falle einer Verwertung nach den Vorschriften des gesetzlichen Regelinsolvenzverfahrens gemäß §§ 156 ff. InsO erhalten hätten. Ungewollte Schlechterstellungen von Beteiligten werden dadurch im Falle der Bestätigung des Insolvenzplans gemäß § 248 InsO bestenfalls vermieden.

VII. (Doppelter) Minderheitenschutz durch die sofortige Beschwerde (§ 253 InsO)

Eine aus Sicht der Beteiligten wichtige Ergänzung zu dem gerichtlichen Bestätigungsverfahren gemäß § 248 InsO ist das Rechtsmittel der sofortigen Beschwerde gegen einen Planbestätigungsbeschluss (§ 253 InsO). Durch die zulässige sofortige Beschwerde überprüft das Beschwerdegericht erneut den planrechtlichen Vorschriftenkatalog gemäß §§ 248 bis 252 InsO, der bereits Prüfungsgegenstand des Insolvenzgerichts im Bestätigungsverfahren gewesen ist. Der Rechtskatalog der §§ 248 bis 252

284 *Braun/Frank*, in: Braun, InsO, § 247 Rn. 5; zu § 245 Abs. 2 Nr. 1 InsO siehe § 9, V., 2., c), aa), (2).

InsO umfasst die Regelungen über den Inhalt des Plans (§§ 219 bis 230 InsO), die verfahrensmäßige Behandlung des Plans (§ 218, §§ 231 bis 243 InsO), die Annahme des Plans durch die Beteiligten (§§ 244 bis 246 InsO) sowie die Zustimmung des Schuldners (§ 247 InsO) zum Plan.[285] Speziell im Zusammenhang mit den vorstehenden Erwägungen zur Gewährleistung eines effektiven Minderheitenschutzes spielt das Bestätigungsverfahren insofern eine bedeutende Rolle, da das Insolvenzgericht im Rahmen seines Bestätigungsbeschlusses sowohl über die Anwendung des Obstruktionsverbots gemäß § 245 als Bestandteil der Vorschriften über die „Annahme durch die Beteiligten" i. S. v. § 250 Nr. 1 InsO als auch über Minderheitenschutzanträge gemäß § 251 InsO entscheidet. Gleichermaßen verhält es sich mit dem Mindestschutz des Schuldners gemäß § 247 InsO, der über die Vorschriften über die „Zustimmung des Schuldners" ebenfalls gemäß § 250 Nr. 1 InsO in den Prüfungsgegenstand des Bestätigungsverfahrens einbezogen ist. Mit dem insolvenzgerichtlichen Bestätigungsverfahren gemäß § 248 InsO und dem Rechtsmittel der sofortigen Beschwerde gemäß § 253 InsO stellt das Gesetz damit einen doppelten Rechtsschutz zur Verfügung, mit dessen Hilfe sich die Beteiligten gegen ungewollte Schlechterstellungen zur Wehr setzen können.[286]

VIII. Weitere Vorgehensweise

Ein umfänglicher Rechtsschutz ist sowohl aus Sicht der Beteiligten als auch im Interesse marktkonformer Verwertungsergebnisse zunächst uneingeschränkt zu begrüßen. Zugleich steht eine weitreichende gesetzliche Ausgestaltung eines gerichtlichen Rechtsschutzes im Planverfahren aussichtsreichen und stets eilbedürftigen[287] Sanierungsvorhaben nicht selten entgegen, wie die Praxis der letzten Jahre mit Insolvenzplänen eindrucksvoll belegt. Das Insolvenzplanverfahren und insbesondere das in § 253 InsO a. F. ausgestaltete Beschwerderecht ist in der Vergangenheit zusehends als ein sanierungsfeindliches Obstruktionsinstrument in Verruf geraten. Inwieweit dieser „Missstand" zu einem erheblichen Attrakti-

285 BGH v. 23.10.2008 – IX ZB 235/06, NZI 2009, 106, 107 (Rn. 10); *Braun/Frank*, in: Braun, InsO, § 253 Rn. 1.

286 Zum Rechtsschutz des Insolvenzplanverfahrens gemäß §§ 251, 253 InsO jüngst BVerfG v. 17.10.2013 – 2 BvR 1978/13, NZI 2013, 1072 f.

287 *Braun*, NZI 1999, 473, 474; *Sinz*, in: MünchKomm-InsO, § 253 Rn. 1.

vitätsverlust für ein Insolvenzplanverfahren beigetragen hat, wird im Folgenden näher zu beleuchten sein. Festgehalten werden kann jedoch bereits an dieser Stelle, dass sich das Beschwerderecht vor dem Inkrafttreten des ESUG nur unzureichend an dem Insolvenzplanverfahren, insbesondere an die gesetzliche Ausgestaltung des planrechtlichen Minderheitenschutzes, orientiert hat. Bevor im Weiteren auf die Kritikpunkte der bisherigen Rechtslage eingegangen wird, sollen zunächst die Grundzüge des Rechtsmittels der sofortigen Beschwerde gemäß § 253 InsO dargestellt werden. Dadurch wird zunächst eine Verständnisgrundlage für die Beantwortung der Frage geschaffen, welche Merkmale innerhalb des Beschwerderechts für den früheren Missstand ursächlich waren. Zugleich ist ein Verständnis des Rechtmittels der sofortigen Beschwerde für die anschließende Untersuchung der Reformmaßnahmen des ESUG unabdingbar. Speziell mit § 253 Abs. 2 InsO erfolgte im Wesentlichen eine enge Verknüpfung der beschwerderechtlichen Voraussetzungen mit verfahrensmäßigen Elementen des Planverfahrens, für deren Verständnis nicht nur auf die im Folgenden darzustellenden verfahrensrechtlichen Aspekte des Beschwerderechts, sondern insbesondere auch auf die vorangegangene Darstellung der Abstimmungs- und Minderheitenschutzkonstellationen zurückzukommen sein wird.

Kapitel 3: Die sofortige Beschwerde gegen den Planbestätigungsbeschluss

§ 10 Grundzüge der sofortigen Beschwerde

I. Modifizierung der zivilprozessualen sofortigen Beschwerde i. S. v. § 567 ZPO

Die sofortige Beschwerde gegen einen Planbestätigungsbeschluss gleicht in ihrer Grundkonzeption einer zivilprozessualen sofortigen Beschwerde gemäß §§ 567 ff. ZPO, für die §§ 6, 253 InsO gewisse Modifikationen vorsehen.[288] Neben die zivilprozessuale sofortige Beschwerde tritt als weitere Beschwerdeform die Rechtsbeschwerde (§§ 574 bis 577 ZPO).[289] Mit dem Inkrafttreten des Zivilprozessreformgesetzes vom 27.7.2001[290] ist das Recht der Beschwerde neu gefasst worden. Die bis zu diesem Zeitpunkt existierenden verschiedenen Beschwerdearten sind der sofortigen Beschwerde[291] und der Rechtsbeschwerde gewichen.[292]

288 *Pleister*, in: KPB, InsO, § 253 Rn. 4; *Becker*, in: Nerlich/Römermann, InsO, § 6 Rn. 36 f.; *Braun/Frank*, in: Braun, InsO, § 253 Rn. 1; *Thies*, in: HambKomm-InsO, § 253 Rn. 2; *Ganter/Lohmann*, MünchKomm-InsO, § 6 Rn. 4b; *Pape*, in: FS Uhlenbruck, 2000, S. 49, 53 f.; *ders.*, NZI 2001, 516, 517.

289 Die Rechtsbeschwerde ist auf eine Überprüfung von Rechtsfragen beschränkt, *Wulf*, in: Vorwerk/Wolf, BeckOK-ZPO, § 574 Rn. 3; *Koch*, in: Saenger, ZPO, § 574 Rn. 3.

290 BGBl. I 2001, S. 1887 ff.

291 Die sofortige Beschwerde hat die frühere einfache Beschwerde ersetzt, *Koch*, in: Saenger, ZPO, § 567 Rn. 2.

292 *Wulf*, in: Vorwerk/Wolf, BeckOK-ZPO, § 567 Rn. 1; näher zur Entstehungsgeschichte *Lipp*, in: MünchKomm-ZPO, § 567 Rn. 3; *Koch*, in: Saenger, ZPO, § 567 Rn. 2.

Durch die Einlegung einer sofortigen Beschwerde i. S. v. §§ 567 ff. ZPO können erstinstanzliche Beschlüsse, Verfügungen und bestimmte Zwischenurteile der Amts- und Landgerichte angegriffen werden,[293] sofern das Gesetz eine entsprechende Beschwerdemöglichkeit vorsieht (vgl. § 567 Abs. 1 Nr. 1 ZPO).[294] Die gemäß §§ 6 Abs. 1, 253 InsO statthafte sofortige Beschwerde gegen den Planbestätigungsbeschluss reiht sich in diese Rechtsmittelsystematik ein, indem ein Beschluss über die Bestätigung eines Insolvenzplans gemäß §§ 248, 252 InsO als prozessrechtliche Entscheidung des Insolvenz- bzw. Amtsgerichts[295] angefochten werden kann.

II. Beschwerdevoraussetzungen

Der Prüfungsmaßstab einer sofortigen Beschwerde untergliedert sich in eine Zulässigkeits- und eine Begründetheitsprüfung.[296]

1. Zulässigkeit der sofortigen Beschwerde

a) *Beschwer* als Filterfunktion für berechtigte Beschwerdeanliegen

Im Rahmen der Zulässigkeit überprüft das Beschwerdegericht zunächst von Amts wegen, ob die sofortige Beschwerde an sich statthaft und in der gesetzlichen Form und Frist eingelegt ist (vgl. § 4 InsO i. V. m. § 572 Abs. 2, § 569 ZPO).[297] Darüber hinaus prüft das Gericht die ungeschriebene[298] Zulässigkeitsvoraussetzung der *Beschwer*. Sie liegt vor, wenn der Beschwerdeführer durch die angefochtene Entscheidung des Amts- oder

293 *Ball*, in: Musielak, ZPO, Vorbem. zu §§ 511 bis 541 Rn. 6; *Koch*, in: Saenger, ZPO, Vorbem. zu §§ 511 bis 577 Rn. 6, § 567 Rn. 1.

294 Gemäß § 567 Abs. 1 Nr. 2 ZPO ist die Beschwerde darüber hinaus statthaft, wenn es sich um Entscheidungen handelt, die eine mündliche Verhandlung nicht erfordern und durch die ein das Verfahren betreffendes Gesuch zurückgewiesen worden ist.

295 Für das Insolvenzverfahren ist das Amtsgericht, in dessen Bezirk ein Landgericht seinen Sitz hat, als Insolvenzgericht für den Bezirk dieses Landgerichts ausschließlich zuständig, § 2 Abs. 1 InsO.

296 *Koch*, in: Saenger, ZPO, Vorbem. zu §§ 511 bis 577 Rn. 13; *Ball*, in: Musielak, ZPO, Vorbem. zu §§ 511 bis 541 Rn. 12.

297 Ausführlich zu den verfahrensrechtlichen (Zulässigkeits-)Voraussetzungen von Rechtsmitteln *Ball*, in: Musielak, ZPO, Vorbem. zu §§ 511 bis 541 Rn. 13 ff.; *Koch*, in: Saenger, ZPO, Vorbem. zu §§ 511 bis 577 Rn. 13 ff.

298 *Uwe Gerken*, in: GroßKomm-ZPO, Bd. 7, Vor § 511 Rn. 23 m. w. N.

Landgerichts in irgendeiner Form benachteiligt ist und die sofortige Beschwerde diesen Nachteil zumindest teilweise zu beseitigen vermag.[299] Die Beschwer ist eine typisierte Form des für die Zulässigkeit eines Rechtmittels zusätzlich erforderlichen Rechtsschutzbedürfnisses.[300] Das Rechtsschutzbedürfnis des Beschwerdeführers ist durch seine Beschwer regelmäßig indiziert.[301]

b) Unterscheidung zwischen formeller und materieller Beschwer i. R. d. ZPO

Im Kontext der zivilprozessualen sofortigen Beschwerde i. S. v. § 567 ZPO wird gemeinhin zwischen einer formellen Beschwer und einer materiellen Beschwer unterschieden. Ein Beschwerdeführer ist formell beschwert, wenn der rechtskräftige Inhalt der mit der Beschwerde angefochtenen Entscheidung hinter dem zurückbleibt, was der Beschwerdeführer in der Vorinstanz „beantragt" hat.[302] Genauer formuliert es *Rimmelspacher*: „*... Die Beschwer bestimmt sich für jede Partei danach, wieweit der vom Richterspruch gewährte Rechtsschutz hinter dem von ihr in zulässiger Form angriffs- oder verteidigungsweise erbetenen Rechtsschutz zurückbleibt ...*[303]". Den Anknüpfungspunkt für eine mögliche formelle Beschwer des Beschwer-

299 BGH v. 7.5.2003 – XII ZB 191/02, NJW 2003, 2172, 2173; BGH v. 21.7.2005 – I ZR 172/04, GRUR 2005, 886; *Wulf*, in: Vorwerk/Wolf, BeckOK-ZPO, § 511 Rn. 12.

300 *Rimmelspacher*, in: MünchKomm-ZPO, Vorbem. zu §§ 511 ff. Rn. 13; *Koch*, in: Saenger, ZPO, Vorbem. zu §§ 511 bis 577 ZPO Rn. 17; zur Beschwer und zum Rechtsschutzbedürfnis im Rechtsmittelverfahren siehe auch *Kahlke*, ZZP 1981, 423 ff.

301 *Ganter/Lohmann*, in: MünchKomm-InsO, § 6 Rn. 35. Zum Rechtsschutzbedürfnis siehe etwa BGH v. 14.12.1988 – VIII ZR 31/88, NJW-RR 1989, 263, 264; *Baumbach/Lauterbach/Albers/Hartmann*, ZPO, Grundz. § 253 Rn. 33 ff.; *Reichold*, in: Thomas/Putzo, ZPO, Vorbem. zu § 253 Rn. 26. An einem Rechtsschutzbedürfnis fehlt es jedoch in den Fällen, in denen das Gericht unnötig, zweckwidrig oder missbräuchlich in Anspruch genommen wird, *Uwe Gerken*, in: GroßKomm-ZPO, Bd. 7, Vor § 511 Rn. 63 mit Beispielen aus der Rspr.; siehe auch *Reichold*, in: Thomas/Putzo, ZPO, Vorbem. zu § 253 Rn. 27.

302 BGH v. 12.4.2011 – VI ZB 58/10, NJW-RR 2011, 1285, 1286; BGH v. 5.1.1992 – XII ZB 135/91, NJW 1992, 1513, 1514; BGH v. 2.3.1994 – XII ZR 207/92, NJW 1994, 2697 m. w. N.; BGH v. 2.10.2001 – VI ZR 356/00, NJW 2002, 212, 213; BGH v. 19.3.2009 – IX ZB 152/0,8 NJW-RR 2009, 853, 854; *Uwe Gerken*, in: GroßKomm-ZPO, Bd. 7, Vor § 511 Rn. 25; *Baumbach/Lauterbach/Albers/Hartmann*, ZPO, Grundz. § 511 Rn. 15; *Rosenberg/Schwab/Gottwald*, Zivilprozessrecht, § 135 Rn. 8; *Prütting*, in: KPB, InsO, § 6 Rn. 27; *Backes*, in: Pape/Uhländer, NWB Komm-InsO, § 253 Rn. 12; *Gehrhardt*, in: FS Uhlenbruck, 2000, S. 75, 85.

303 *Rimmelspacher*, in: MünchKomm-ZPO, Vorbem. zu §§ 511 ff. Rn. 14 m. zahlr. w. N.

deführers bildet insoweit sein verfahrensmäßiges Verhalten in der Vorinstanz.[304] Von einer materiellen Beschwer ist dagegen die Rede, wenn die mit der Beschwerde angefochtene Entscheidung die Rechtsstellung des Beschwerdeführers beeinträchtigt oder seinen Pflichtenkreis erweitert.[305] Entscheidend ist insoweit der Inhalt der angefochtenen gerichtlichen Entscheidung und deren Auswirkungen auf die Rechtsstellung des Beschwerdeführers.

Die Unterscheidung zwischen der formellen und der materiellen Beschwer beruht auf folgenden Erwägungen: Nicht jeder potenzielle Beschwerdeführer kann im Rahmen des zivilprozessualen Beschwerdeverfahrens i. S. v. § 567 ZPO zugleich formell *und* materiell beschwert sein. Das ist darauf zurückzuführen, dass einem Beschwerdeverfahren zunächst ein vorinstanzliches kontradiktorisches Zivilverfahren zwischen einem Kläger und einem Beklagten vorausgeht.[306] Dieses vorinstanzliche Verfahren wird als Anknüpfungspunkt für die Ermittlung der Beschwer auf Seiten des Klägers bzw. des Beklagten in unterschiedlicher Weise zugrunde gelegt. Ob der Beschwerdeführer formell oder materiell beschwert ist und welcher Beschwer es im Einzelfall bedarf, hängt insoweit maßgeblich davon ab, ob der Kläger oder der Beklagte als Beschwerdeführer auftritt.[307]

So kann etwa für die *formelle Beschwer* ausschließlich auf den (Beschwerdeführer-)Kläger abgestellt werden. Das ist darauf zurückzuführen, dass in dem der Beschwerde vorausgehenden Verfahren ausschließlich der Kläger Sachanträge i. S. v. § 297 Abs. 1 ZPO stellt,[308] die den Inhalt der

304 *Rimmelspacher*, in: MünchKomm-ZPO, Vorbem. zu §§ 511 ff. Rn. 15, 17; *Gehrhardt*, in: FS Uhlenbruck, 2000, S. 75, 85.

305 BGH v. 18.1.2007 – IX ZB 170/06, NJW-RR 2007, 765; *Uwe Gerken*, in: Groß-Komm-ZPO, Bd. 7, Vor § 511 Rn. 29; *Prütting*, in: KPB, InsO, § 6 Rn. 27; *Backes*, in: Pape/Uhländer, NWB Komm-InsO, § 253 Rn. 12; *Rosenberg/Schwab/Gottwald*, Zivilprozessrecht, § 135 Rn. 22; *Kahlke* ZZP 1981, 423, 433.

306 Dazu vgl. *Rimmelspacher*, in: MünchKomm-ZPO, Vorbem. zu §§ 511 ff. Rn. 15 ff.; *Wulf*, in: Vorwerk/Wolf, BeckOK-ZPO, § 511 Rn. 13; *Ball*, in: Musielak, ZPO, § 511 Rn. 20.

307 Dazu vgl. *Backes*, in: Pape/Uhländer, NWB Komm-InsO, § 253 Rn. 12.

308 BGH v. 12.4.2011 – VI ZB 58/10, NJW-RR 2011, 1285, 1286; BGH v. 5.1.1955 – IV ZR 238/54, NJW 1955, 545, 546; BGH v. 2.2.1999 – VI ZR 25–98, NJW 1999, 1339; BGH v. 29.6.2000 – I ZR 29/98, NJW-RR 2001, 620, 621; *Reichold*, in: Thomas/Putzo, ZPO, § 297 Rn. 1; *Koch*, in: Saenger, ZPO, Vorbem. zu §§ 511 bis 577 Rn. 18; a. A. *Rimmelspacher*, in: MünchKomm-ZPO, Vorbem. zu §§ 511 ff. Rn. 18.

gerichtlichen Entscheidung betreffen, die im Hinblick auf ihre Reichweite letztlich als Vergleichsbasis im Rahmen der Ermittlung einer formellen Beschwer berücksichtigt wird. Insoweit entscheiden allein die Sachanträge des Klägers darüber, ob die vorinstanzliche Entscheidung des Gerichts inhaltlich hinter der „beantragten" Entscheidung des Klägers zurückbleibt und er dadurch formell beschwert ist. In der Konsequenz fordern Rechtsprechung und Schrifttum auf Seiten eines (Beschwerdeführer-)Klägers eine formelle Beschwer.[309]

Für den Beklagten der Vorinstanz verbleibt im Rahmen des Beschwerdeverfahrens dagegen lediglich die Geltendmachung einer materiellen Beschwer. Denn der Beklagte stellt im vorinstanzlichen Verfahren schon keine die Entscheidung des Gerichts tragenden Sachanträge i. S. v. § 297 Abs. 1 ZPO,[310] auf die für die Feststellung einer potenziellen formellen Beschwer zurückgegriffen werden könnte. Insoweit fehlt es auf Seiten des Beklagten bereits an einem verfahrensmäßigen Anknüpfungspunkt für eine formelle Beschwer. Für den (Beschwerdeführer-)Beklagten ist daher ausschließlich auf die Auswirkungen der gerichtlichen Entscheidung auf seine Rechtsstellung, mithin auf eine materielle Beschwer abzustellen.[311]

c) Strukturelle Abweichungen im Insolvenzplanverfahren

Die Unterscheidung zwischen einer formellen und einer materiellen Beschwer, wie sie im Kontext des § 567 ZPO auf der Grundlage eines kontradiktorischen Zivilverfahrens erfolgt,[312] greift im Rahmen des Beschwerdeverfahrens gegen einen Planbestätigungsbeschluss zu kurz. Das hängt damit zusammen, dass das – vorinstanzliche – Insolvenzplanverfahren

309 BGH v. 12.4.2011 – VI ZB 58/10, NJW-RR 2011, 1285, 1286; BGH v. 09.10.1990 – VI ZR 89/90, NJW 1991, 703, 704 m. w. N.; *Ball*, in: Musielak, ZPO, Vorbem. zu §§ 511 bis 541 Rn. 20; *Koch*, in: Saenger, ZPO, Vorbem. zu §§ 511 bis 577 Rn. 18; *Wulf*, in: Vorwerk/Wolf, BeckOK-ZPO, § 511 Rn. 13.

310 *Koch*, in: Saenger, ZPO, Vorbem. zu §§ 511 bis 577 Rn. 18.

311 BGH v. 15.1.1992 – XII ZB 135/91, NJW 1992, 1513 f.; sowie *Koch*, in: Saenger, ZPO, Vorbem. zu §§ 511 bis 577 Rn. 18; *Ball*, in: Musielak, ZPO, Vorbem. zu § 511 bis 541 Rn. 20; *Reichold*, in: Thomas/Putzo, ZPO, Vorbem. zu § 511 Rn. 19; *Uwe Gerken*, in: GroßKomm-ZPO, Bd. 7, Vor § 511 Rn. 29; *Heßler*, in: Zöller, ZPO, Vor §§ 511 ff. Rn. 19a f.; *Habscheid*, NJW 1964, 234 ff.; a. A. *Rimmelspacher*, in: MünchKomm-ZPO, Vorbem. zu §§ 511 ff. Rn. 14 f., 17 ff.

312 Siehe § 10, II., 1., a).

strukturell von einem kontradiktorischen Zivilverfahren abweicht. Insoweit ergeben sich Besonderheiten in Bezug auf die jeweilige Beteiligtenstellung im Insolvenzplanverfahren, die sich von der Parteistellung eines Klägers bzw. Beklagten unterscheidet. Im Insolvenzplanverfahren stehen sich anstelle eines Klägers und eines Beklagten grundsätzlich die den Plan vorlegende Person und alle Beteiligten gegenüber, die im Falle einer rechtskräftigen Planbestätigung in ihren Rechten beeinträchtigt sind (vgl. §§ 254 bis 254b InsO).[313] Dabei kann die Einreichung des Insolvenzplans im vorliegenden Zusammenhang als der den Inhalt der insolvenzgerichtlichen Entscheidung betreffende Sachantrag verstanden werden, dessen gerichtliche Bestätigung der Planvorlegende begehrt (§§ 248, 252 InsO). Demgegenüber ergibt sich für die Beteiligten aus einer Planvorlage im Falle der Bestätigung des Insolvenzplans zunächst lediglich eine potenzielle Beeinträchtigung ihrer Rechtsstellungen, entsprechend der Parteistellung eines Beklagten im Zivilverfahren.[314] Der wesentliche Unterschied zwischen den potenziell betroffenen Beteiligten eines Insolvenzplanverfahrens und einem Beklagten im Zivilverfahren besteht jedoch darin, dass neben dem Planvorlegenden auch die Beteiligten die Möglichkeit haben, in Form von verfahrensspezifischen Sachanträgen auf die gerichtliche Bestätigungsprüfung und damit auf den Inhalt der gerichtlichen Entscheidung Einfluss zu nehmen. Zu nennen sind in diesem Zusammenhang die Rechtsbehelfe des Minderheitenschutzantrags gemäß § 251 Abs. 1 InsO sowie des Schuldnerwiderspruchs gemäß § 247 Abs. 1 InsO, durch die eine gerichtliche Bestätigung des Insolvenzplans verhindert werden kann.[315]

Infolge der weitreichenderen verfahrensmäßigen Möglichkeiten für Beteiligte in einem Insolvenzplanverfahren sowie aufgrund der strukturellen Unterschiede des Planverfahrens gegenüber einem Zivilverfahren ist damit zugleich der Bezugspunkt für die Ermittlung einer formellen bzw. materiellen Beschwer innerhalb des insolvenzplanrechtlichen Beschwerdeverfahrens i. S. v. § 253 InsO ein anderer. So bieten die verfahrensmäßi-

313 Zur entsprechenden Differenzierung zwischen formeller und materieller Beschwer im insolvenzrechtlichen Kontext siehe *Andres*, in: Andres/Leithaus, InsO, § 6 Rn. 16; *Ganter/Lohmann*, in: MünchKomm-InsO, § 6 Rn. 31; *Rüther*, in: HambKomm-InsO, § 6 Rn. 17.

314 Siehe § 10, II., 1., a).

315 Vgl. *Thies*, in: HambKomm-InsO, § 252 Rn. 25.

gen Möglichkeiten der Beteiligten innerhalb des Insolvenzplanverfahrens denkbare Anknüpfungspunkte für eine formelle Beschwer, die neben eine mögliche materielle Beschwer in Form einer potenziellen Rechtsbeeinträchtigung durch einen Planbestätigungsbeschluss treten.

Das Insolvenzplanverfahren bietet damit Anknüpfungspunkte, um von einem Beschwerdeführer die Geltendmachung sowohl einer formellen als auch einer materiellen Beschwer zu fordern. Insoweit geht mit der gesetzlichen Ausgestaltung des Insolvenzplanverfahrens zugleich das Potenzial einher, den Erfolg der sofortigen Beschwerde gegen einen Planbestätigungsbeschluss durch eine strenge Ausgestaltung entsprechender Beschwerdevoraussetzungen weitestgehend einzuschränken.

d) Formelle *und* materielle Beschwer gemäß § 253 Abs. 2 InsO

Dass der Gesetzgeber dieses Potenzial erst im Rahmen des ESUG erkannt und umgesetzt hat, ist in Anbetracht der langjährigen Kritik, die das Insolvenzplanverfahren insbesondere in Bezug auf seine Rechtsmittellastigkeit begleitet hat, äußerst verwunderlich. Erstmals seit dem Inkrafttreten des ESUG muss ein Beschwerdeführer im Rahmen der sofortigen Beschwerde gegen einen Planbestätigungsbeschluss nunmehr formell *und* materiell beschwert sein.[316] Die sofortige Beschwerde ist gemäß § 253 Abs. 2 InsO nur noch zulässig, wenn der Beschwerdeführer

- dem Plan spätestens im Abstimmungstermin schriftlich oder zu Protokoll widersprochen hat (Nr. 1 InsO),
- gegen den Plan gestimmt hat (Nr. 2 InsO) und
- glaubhaft macht, dass er durch den Plan wesentlich schlechtergestellt wird, als er ohne einen Plan stünde, und dass dieser Nachteil nicht durch eine Zahlung aus den in § 251 Abs. 3 InsO genannten Mitteln ausgeglichen werden kann (Nr. 3 InsO).

Das Erfordernis einer formellen Beschwer folgt aus § 253 Abs. 2 Nr. 1, 2 InsO;[317] insoweit wird mit dem erforderlichen Planwiderspruch und

316 *Pleister*, in: KPB, InsO, § 253 Rn. 11.

317 Begr. RegE ESUG, BT-Drucks. 17/5712, S. 35.

der Abstimmung gegen den Plan an verfahrensmäßige Maßnahmen des Insolvenzplanverfahrens angeknüpft. Der Beschwerdeführer muss sich demnach bereits im laufenden Planverfahren gegen den Insolvenzplan ausgesprochen haben, um durch eine spätere gerichtliche Bestätigung des Plans formell beschwert sein zu können. Dagegen bezieht sich die weitere Zulässigkeitsvoraussetzung des § 253 Abs. 2 Nr. 3 InsO im Hinblick auf die Glaubhaftmachung einer wesentlichen Schlechterstellung sowie einer fehlenden finanziellen Ausgleichsmöglichkeit ausschließlich auf eine Beeinträchtigung der Rechtsstellung des Beschwerdeführers, folglich auf eine materielle Beschwer.

2. Begründetheit der sofortigen Beschwerde

Im Rahmen der Begründetheit einer sofortigen Beschwerde i. S. v. § 567 ZPO erfolgt eine sachliche Überprüfung der angegriffenen Entscheidung des Ausgangsgerichts. Sie bezieht sich sowohl auf die Überprüfung der durch das Ausgangsgericht vorgenommenen konkreten Rechtsanwendung als auch auf die der Entscheidung zugrunde liegenden Tatsachen. Insoweit gleicht der Prüfungsumfang der sofortigen Beschwerde dem in der Berufungsinstanz.[318] Anders als das Revisionsgericht in der Revisionsinstanz ist sie damit nicht auf eine reine Fehlerkontrolle beschränkt.[319]

Für die Begründetheitsprüfung der sofortigen Beschwerde gegen einen Planbestätigungsbeschluss hat der weitreichende Prüfungsumfang zur Folge, dass das Beschwerdegericht grundsätzlich eine umfassende Überprüfung des insolvenzgerichtlichen Planbestätigungsverfahrens vornimmt (§ 248 InsO), d. h. den Bestätigungsbeschluss des Insolvenzgerichts in tatsächlicher und rechtlicher Hinsicht überprüft. Gegenstand der sofortigen Beschwerde sind damit sämtliche Vorschriften, die bereits Gegenstand der insolvenzgerichtlichen Prüfung im Bestätigungsverfahren gewesen sind. Diese sind die Vorschriften der §§ 248 bis 252 InsO.[320] Der zu prüfende

318 Dazu siehe auch *Lipp*, in: MünchKomm-ZPO, § 572 Rn. 2.

319 BGH v. 21.12.2006 – IX ZB 81/06, NZI 2007, 166, 167; *Wulf*, in: Vorwerk/Wolf, BeckOK-ZPO, § 572 Rn. 12, 15; *Rosenberg/Schwab/Gottwald*, Zivilprozessrecht, § 147 Rn. 8.

320 BGH v. 23.10.2008 – IX ZB 235/06, NZI 2009, 106, 107 (Rn. 10); *Braun/Frank*, in: Braun, InsO, § 253 Rn. 1.

Vorschriftenkatalog der §§ 248 bis 252 InsO beinhaltet damit grundsätzlich alle Regelungen, die den Inhalt des Insolvenzplans, seine verfahrensmäßige Behandlung, die Annahme des Plans durch die Gläubiger und Anteilsinhaber bzw. die Zustimmung des Schuldners zum Plan sowie den bedeutenden Minderheitenschutz regeln.[321] Abweichungen gegenüber der alten Rechtslage ergeben sich für die sofortige Beschwerde gegen einen Bestätigungsbeschluss gleichwohl dahingehend, als dass der Erfolg einer Beschwerde seit dem Inkrafttreten des ESUG eine konkrete materielle Beschwer gemäß § 253 Abs. 2 Nr. 3 InsO in Form einer wesentlichen Schlechterstellung voraussetzt. Damit ist die Begründetheitsprüfung der sofortigen Beschwerde im Ergebnis ausschließlich auf die Überprüfung einer potenziellen Verletzung von Minderheitenschutzrechten begrenzt.[322]

III. Verzögerung der Planwirkungen gemäß § 254 Abs. 1 InsO

Wesentliche Abweichungen ergeben sich zwischen der allgemeinen zivilprozessualen sofortigen Beschwerde i. S. v. § 567 ZPO und der sofortigen Beschwerde i. S. v. § 253 InsO im Hinblick auf die mit ihrer Einlegung verbundenen Rechtswirkungen. Die Einlegung einer zivilprozessualen sofortigen Beschwerde i. S. v. § 567 ZPO hat grundsätzlich keinen Suspensiveffekt zur Folge (vgl. § 570 Abs. 1 ZPO),[323] obwohl sie ein Rechtsmittel im Sinne der ZPO ist (§ 511 ZPO), für die ein Suspensiveffekt grundsätzlich vorgesehen ist.[324] Suspensiveffekt bedeutet, dass der Eintritt der Wirkungen der mit der Beschwerde angefochtenen Entscheidung gehemmt wird, bis über das Rechtsmittel entschieden worden ist (vgl. § 705 ZPO).[325] Lediglich § 570 Abs. 1 ZPO ordnet einen Suspensiveffekt der Beschwerde für die Fälle an, in denen ein Ordnungs- oder Zwangsmittel festgesetzt worden ist. In den übrigen Fällen besteht für das Beschwerdegericht lediglich die Möglichkeit, nach Maßgabe des § 570 Abs. 2, 3 ZPO die Vollzie-

321 BGH v. 23.10.2008 – IX ZB 235/06, NZI 2009, 106, 107 (Rn. 10); *Braun/Frank*, in: Braun, InsO, § 253 Rn. 1.

322 A. A. BGH v. 17.7.2014 – IX ZB 13/14 (*Suhrkamp*), NZG 2014, 1309, 1313 Rn. 38; dazu ausführlich § 13.

323 *Koch*, in: Saenger, ZPO, § 570 Rn. 1; *Wulf*, in Vorwerk/Wolf, BeckOK-ZPO, § 570 Rn. 1; *Lipp*, in: MünchKomm-ZPO, § 570 Rn. 3.

324 *Wulf*, in Vorwerk/Wolf, BeckOK-ZPO, § 511 Rn. 1 ff.; *Rosenberg/Schwab/Gottwald*, Zivilprozessrecht, § 133 Rn. 1 ff., 4.

325 *Wulf*, in Vorwerk/Wolf, BeckOK-ZPO, § 511 Rn. 1 ff.

hung der angefochtenen Entscheidung auszusetzen.[326] Das hat zur Folge, dass die Einlegung einer Beschwerde auf den Fortgang des Rechtsstreits in der Regel keinen Einfluss hat, selbst wenn die Beschwerde durch den Verfahrensfortgang gegenstandslos wird.[327] Auch die Vollstreckbarkeit der angefochtenen Entscheidung wird in Folge einer Beschwerdeeinlegung nicht verhindert, wie sich aus § 794 Abs. 1 Nr. 3 ZPO ergibt.

Im Rahmen der sofortigen Beschwerde gegen einen Planbestätigungsbeschluss ist ein entsprechendes Regel-Ausnahme-Verhältnis hinsichtlich eines Suspensiveffekts nicht vorgesehen. Vielmehr folgt aus § 254 Abs. 1 InsO, dass die im gestaltenden Teil eines Insolvenzplans festgelegten Wirkungen für und gegen alle Beteiligten erst mit der Rechtskraft des Bestätigungsbeschlusses eintreten.[328] Das ist der Fall, wenn die Frist zur Einlegung einer sofortigen Beschwerde verstrichen ist[329], rechtskräftig über eine sofortige Beschwerde entschieden ist[330] oder – seit dem Inkrafttreten des ESUG – sofern eine sofortige Beschwerde gemäß § 253 Abs. 4 InsO zurückgewiesen wird.[331] Insoweit beeinflusst die Einlegung einer sofortigen Beschwerde gemäß § 253 InsO den Fortgang des Insolvenzplanverfahrens, indem die Wirkungen des Plans trotz gerichtlicher Bestätigung (§§ 248, 252 InsO) zunächst nicht eintreten, etwaige Sanierungsmaßnahmen folglich nicht umgesetzt werden können.

326 *Ball*, in: Musielak, ZPO, § 570 Rn. 1.

327 *Ball*, in: Musielak, ZPO, § 570 Rn. 2; *Wulf*, in Vorwerk/Wolf, BeckOK-ZPO, § 570 Rn. 1.

328 *Pleister*, in: KPB, InsO, § 253 Rn. 7.

329 Entsprechend §§ 705 Satz 1 ZPO, 4 InsO, *Smid*, DZWIR 2005, 364, 365. Gemäß §§ 4, 6 Abs. 1 InsO i. V. m. 569 Abs. 1 Satz 1 ZPO kann die sofortige Beschwerde gemäß § 253 InsO binnen einer Notfrist von zwei Wochen bei dem Insolvenzgericht eingelegt werden.

330 *Otte*, in: KPB, InsO, § 254 Rn. 4; *Braun/Frank*, in: Braun, InsO, § 254 Rn. 2.

331 *Th. Schultze*, in: Kübler, HRI, § 46 Rn. 1. Ausführlich zur Zurückweisung § 14.

IV. Ablauf des Beschwerdeverfahrens (§§ 253, 4 InsO i. V. m. § 572 ZPO)

1. Abhilfeverfahren vor dem Insolvenzgericht

Der Ablauf eines Beschwerdeverfahrens folgt sowohl für die allgemeine zivilprozessuale Beschwerde i. S. v. § 567 ZPO als auch für die sofortige Beschwerde i. S. v. § 253 InsO einheitlich aus § 572 ZPO (i. V. m. § 4 InsO). Danach führt das Ausgangsgericht als das Gericht, dass die mit der Beschwerde angegriffene Entscheidung erlassen hat, zunächst ein sog. Abhilfeverfahren durch (§ 572 Abs. 1 ZPO[332]). In einem Abhilfeverfahren soll dem Ausgangsgericht Gelegenheit gegeben werden, die Entscheidung erneut zu überprüfen, bevor das Beschwerdegericht mit der Sache befasst wird.[333] Im Falle einer vollständigen Abhilfe durch das Ausgangsgericht wird die sofortige Beschwerde damit gegenstandlos, ohne dass über sie entschieden worden wäre.[334] Eine nur teilweise Abhilfe sowie eine Nichtabhilfe begründet für das Ausgangsgericht dagegen eine Pflicht zur Vorlage der Beschwerde an das Beschwerdegericht (§ 572 Abs. 1 Satz 1 Hs. 2 ZPO).[335]

Im Hinblick auf den im Abhilfeverfahren anzuwendenden Prüfungsmaßstab folgt aus § 572 Abs. 1 Satz 1 Hs. 1 ZPO, dass eine Abhilfe durch das Ausgangsgericht zu erfolgen hat, sofern es die Beschwerde für „begründet“ hält. Im Rahmen des Abhilfeverfahrens ist die Überprüfung der Zulässigkeitsvoraussetzungen für die sofortige Beschwerde folglich nicht vorgesehen.[336] Das Ausgangsgericht ist daher nicht daran gehindert, einer Beschwerde abzuhelfen, auch wenn die Zulässigkeitsvoraussetzungen für die sofortige Beschwerde offensichtlich nicht erfüllt sind. Insoweit kommt es lediglich darauf an, ob das Ausgangsgericht auf der Grundlage seines eigenen ursprünglichen Prüfungsmaßstabs und entgegen seiner vorherigen Auffassung einen Rechtsverstoß bzw. eine Benachteiligung in der

332 § 572 wurde durch Art. 2 Ziff. 72 ZPO-RG vom 27. 7. 2001 (BGBl. I, S. 1887, 1895, 1903) mit Wirkung v. 1.1.2002 (Art. 53 Ziff. 3 ZPO-RG) neu gefasst, *Lipp*, in: MünchKomm-ZPO, § 572 Rn. 3.

333 Damit trägt es zugleich zu einer Beschleunigung des Beschwerdeverfahrens sowie zu einer Entlastung der Beschwerdegerichte bei, *Ball*, in: Musielak, ZPO, § 572 Rn. 1.

334 *Rosenberg/Schwab/Gottwald*, Zivilprozessrecht, § 147 Rn. 18.

335 *Ball*, in: Musielak, ZPO, § 572 Rn. 6.

336 *Rosenberg/Schwab/Gottwald*, Zivilprozessrecht, § 147 Rn. 18.

Rechtsstellung des Beschwerdeführers feststellt.[337] Der damit im Abhilfeverfahren unverändert bleibende Prüfungsmaßstab für das Ausgangsgericht ergibt sich daraus, dass das Abhilfeverfahren noch nicht mit dem Beschwerdeverfahren gleichzusetzen ist, obwohl es seine gesetzliche Ausgestaltung innerhalb der Vorschrift des § 572 ZPO erfahren hat, dessen Überschrift vom „Gang des Beschwerdeverfahrens" spricht. Damit obliegt die Überprüfung der sofortigen Beschwerde einschließlich ihrer (Zulässigkeits-)Voraussetzungen allein dem Beschwerdegericht innerhalb der Beschwerdeinstanz.[338]

Die im Rahmen des ESUG eingeführte Neuregelung des § 6 Abs. 1 Satz 2 InsO trägt dem Erfordernis zur Durchführung eines Abhilfeverfahrens durch das Insolvenzgericht – im Kontext des § 253 InsO – im Interesse einer weiteren Verfahrensbeschleunigung Rechnung. Danach kann eine sofortige Beschwerde gemäß § 253 InsO ausschließlich noch bei dem Ausgangsgericht, d. h. bei dem Insolvenzgericht eingelegt werden. § 6 Abs. 1 Satz 2 InsO weicht damit im Rahmen des Insolvenzplanverfahrens von dem zivilprozessualen Grundsatz des § 569 Abs. 1 ZPO ab, wonach ein Beschwerdeführer wählen kann, ob er seine Beschwerde bei dem Ausgangsgericht einreicht, das die angefochtene Entscheidung erlassen hat (*iudex a quo*) oder bei dem im Rechtszug nächsthöheren (Beschwerde-)Gericht (*iudex ad quem*).[339] Sofern der Beschwerdeführer seine Beschwerde vor dem Beschwerdegericht einreicht, muss es die sofortige Beschwerde zur Durchführung eines Abhilfeverfahrens zunächst an das Insolvenzgericht weiterleiten. Um derartige Verfahrensverzögerungen im Insolvenzplanverfahren zu vermeiden, soll dem Insolvenzgericht von vornherein die Möglichkeit gegeben werden, der Beschwerde abzuhelfen (vgl. §§ 4 InsO i. V. m. 572 Abs. 1 Hs. 1 ZPO).[340]

---

337 *Ball*, in: Musielak, ZPO, § 572 Rn. 4; *Koch*, in: Saenger, ZPO, § 572 Rn. 2; *Lipp*, in: MünchKomm-ZPO, § 572 Rn. 4 f.; *Rosenberg/Schwab/Gottwald*, Zivilprozessrecht, § 147 Rn. 18.

338 BGH v. 21.1.2010 – IX ZB 164/09, ZInsO 2010, 631, 633; BGH v. 16.12.2008 – IX ZA 46/08, NJW-RR 2009, 718; *Lipp*, in: MünchKomm-ZPO, § 572 Rn. 12.

339 *Musielak/Voit*, Grundkurs ZPO, § 7 Rn. 562.

340 Siehe die Begründung in: Beschlussempfehlung u. Bericht zum ESUG, BT-Drucks. 17/7511, S. 33.

2. Beschwerdeverfahren vor dem Beschwerdegericht

Sofern das Beschwerdegericht im Anschluss an ein Abhilfeverfahren mit der sofortigen Beschwerde befasst ist, prüft es von Amts wegen zunächst ihre Zulässigkeitsvoraussetzungen. Stellt das Beschwerdegericht die Unzulässigkeit der Beschwerde fest, ist sie zu verwerfen (§ 572 Abs. 2 ZPO).[341] Anderenfalls prüft das Beschwerdegericht die Begründetheitsvoraussetzungen.[342] Erachtet das Beschwerdegericht die sofortige Beschwerde für begründet, ist die angefochtene Ausgangsentscheidung des Amts- oder Landgerichts aufzuheben.[343] Eine unbegründete Beschwerde ist zurückzuweisen.[344]

§ 11 Die sofortige Beschwerde als Obstruktionsinstrument vor dem Inkrafttreten des ESUG

Mit der Reform der sofortigen Beschwerde gegen einen Planbestätigungsbeschluss reagierte der Gesetzgeber auf die langjährig kritisierte Rechtsmittellastigkeit des Insolvenzplanverfahrens. Speziell von der Einführung der neuartigen Zulässigkeitsvoraussetzungen in § 253 Abs. 2 InsO erhofft sich der Gesetzgeber eine weitreichende Beschränkung der Beschwerdemöglichkeiten.[345] Die vor dem Inkrafttreten des ESUG geltenden Zulässigkeitsvoraussetzungen vermochten die Möglichkeiten für Beteiligte, den Eintritt der Wirkungen eines Plans durch die Einlegung einer sofortigen Beschwerde zu verzögern, nicht wirkungsvoll einzudämmen. Dieses Versagen war jedoch nicht ausschließlich darauf zurückzuführen, dass ein Beschwerdeführer durch den im Wege der sofortigen Beschwerde angegriffenen Planbestätigungsbeschluss nicht formell beschwert sein

---

341 *Rosenberg/Schwab/Gottwald*, Zivilprozessrecht, § 135 Rn. 1 f.; *Lipp*, in: MünchKomm-ZPO, § 572 Rn. 12.

342 BGH v. 30.3.2006 – IX ZB 171/04, NJW-RR 2006, 1346, 1347; *Lipp*, in: MünchKomm-ZPO, § 572 Rn. 23; zur ausnahmsweisen Entbehrlichkeit der Zulässigkeitsprüfung ebenfalls BGH v. 30.3.2006 – IX ZB 171/04, NJW-RR 2006, 1346, 1347 m. w. N.; *Wulf*, in Vorwerk/Wolf, BeckOK-ZPO, § 572 Rn. 13 f. m. w. N.

343 Näher dazu und zu den Möglichkeiten des Beschwerdegerichts BGH v. 18.10.1968 – X ZB 1/68, NJW 1969, 1253; *Wulf*, in Vorwerk/Wolf, BeckOK-ZPO, § 572 Rn. 17 ff.; *Ball*, in: Musielak, ZPO, § 572 Rn. 15 ff.; *Lipp*, in: MünchKomm-ZPO, § 572 Rn. 30 ff. jew. m. w. N.; konkret zu § 253 InsO siehe *Pleister*, in KPB, InsO, § 253 Rn. 41.

344 *Rosenberg/Schwab/Gottwald*, Zivilprozessrecht, § 135 Rn. 2, 51.

345 Begr. RegE ESUG, BT-Drucks. 17/5712, S. 35.

musste. Auch die vor dem Inkrafttreten des ESUG erforderliche materielle Beschwer begründete für einen Beschwerdeführer keine nennenswerte Zulässigkeitshürde, da als Bezugspunkt der materiellen Beschwer lediglich auf eine – formale – Rechtsbeeinträchtigung des Beschwerdeführers abgestellt wurde. Insoweit glichen die an die *Beschwer* gestellten Anforderungen denen, die auch im Rahmen der allgemeinen zivilprozessualen sofortigen Beschwerde i. S. v. § 567 ZPO bestanden haben und die auf der Grundlage der jeweiligen Parteirolle des Beschwerdeführers in dem vorausgegangenen – vorinstanzlichen – Verfahren zu ermitteln war.[346] Danach ergab sich für einen Gläubiger bzw. Schuldner als Beschwerdeführer im Rahmen des § 253 InsO a. F. vor dem Inkrafttreten des ESUG folgendes Bild:

I. Beschwerdebefugnis eines Gläubigers vor dem Inkrafttreten des ESUG

Sofern sich Gläubiger mit der sofortigen Beschwerde gegen einen Planbestätigungsbeschluss zur Wehr setzten, mussten sie durch den Planbestätigungsbeschluss lediglich materiell beschwert sein. Auf das vorherige Verhalten im Abstimmungstermin bzw. auf das Verhalten im „vorinstanzlichen" Insolvenzplanverfahren als denkbarer Anknüpfungspunkt für eine formelle Beschwer kam es darüber hinaus nicht an, da eine formelle Beschwer des Beschwerdeführers nicht erforderlich war.[347]

Für eine materielle Beschwer musste der Beschwerdeführer geltend machen, dass ihn der bestätigte Insolvenzplan in seinen Rechten beeinträchtigt.[348] Dafür genügte bereits die – formale – Beeinträchtigung seiner Rechtsposition dergestalt, dass der Plan für ihn keine vollständige For-

346 Dazu vgl. auch *Backes*, in: Pape/Uhländer, NWB Komm-InsO, § 253 Rn. 13.

347 BGH v. 7.7.2005 – IX ZB 266/04, NZI 2005, 619, 620; LG Berlin v. 20.10.2004 – 86 T 578/04; NZI 2005, 335, 336; *Sinz*, in: MünchKomm-InsO, § 253 Rn. 22; *ders.*, in: MünchKomm-InsO, 2. Aufl. 2008, § 253 Rn. 6, 20; *Thies*, in: HambKomm-InsO, 3. Aufl. 2009, § 253 Rn. 7. Mit Beschluss v. 13.1.2011 entschied der BGH gleichwohl, das als Beschwer des Beschwerdeführers im Rahmen des § 253 InsO a. F. auch eine formelle Beschwer ausreichte, BGH v. 13.1.2011 – IX ZB 29/10, ZIP 2011, 781.

348 BGH v. 7.7.2005 – IX ZB 266/04, NZI 2005, 619, 620; *Andres*, in: Andres/Leithaus, InsO, 2. Aufl. 2011, § 253 Rn. 4; *Braun/Frank*, in: Braun, InsO, 4. Aufl. 2010, § 253 Rn. 3; *Flessner*, in: HK-InsO, 6. Aufl. 2011, § 253 Rn. 7; *Pleister*, in: KPB, InsO, § 253 Rn. 11.

derungsbefriedigung vorsah,[349] was dem Regelfall eines Insolvenz(plan) szenarios entsprach. Ob der Beschwerdeführer im Falle eines alternativen Verwertungsszenarios einen höheren Wert erzielt hätte, spielte insofern keine Rolle.[350] Die materielle Beschwer war somit stets zu bejahen, sofern die Rechtsposition des Beschwerdeführers im Insolvenzplan auf der Grundlage der §§ 223 ff. InsO – formal – umgestaltet wurde oder eine entsprechende Beeinträchtigung der Rechtsposition bereits unmittelbar aus einer gesetzlichen Regelung folgte (vgl. § 225 Abs. 1 InsO).[351]

II. Beschwerdebefugnis eines Schuldners vor dem Inkrafttreten des ESUG

1. Planvorlage durch den Schuldner

Für den Schuldner als Beschwerdeführer ergaben sich dagegen auch vor dem Inkrafttreten des ESUG einige Besonderheiten gegenüber dem allgemeinen zivilprozessualen Verständnis von der Zulässigkeitsvoraussetzung der *Beschwer*. Wehrte sich der Schuldner gemäß § 253 InsO a. F. gegen einen Planbestätigungsbeschluss, den dieser im Falle einer eigenen Planvorlage im Sinne eines „Sachantrags" gemäß § 218 Satz 1 InsO „beantragt" hatte, hätte ihn ein Planbestätigungsbeschluss formell beschweren müssen. Ein erfolgter Planbestätigungsbeschluss entsprach bei eigener Planvorlage durch den Schuldner aber seinem Begehr. Der bestätigende Beschluss schied als Anknüpfungspunkt für eine formelle Beschwer folglich aus. Auch ein alternativer Rückgriff auf eine mögliche materielle Beschwer kam im Falle einer eigenen Planvorlage nicht in Betracht, obwohl der Plan die Rechtsstellung des Schuldners beeinträchtigen konnte. Denn soweit der Schuldner seine etwaige Rechtsbeeinträchtigung selbst im Plan ausgestaltete bzw. durch eine selbständige Planvorlage begehrte, wurde diesem eine Beschwerdebefugnis gegen einen Bestätigungsbeschluss aus teleologischen Erwägungen nach den Grundsätzen des widersprüchlichen Ver-

349 BGH v. 7.7.2005 – IX ZB 266/04, NZI 2005, 619, 620; LG Berlin v. 20.10.2004 – 86 T 578/04; NZI 2005, 335, 336; *Spliedt*, in: K. Schmidt, InsO, § 253 Rn. 14; *Flessner*, in: HK-InsO, 6. Aufl. 2011, § 253 Rn. 7; *Jungmann*, Grundpfandgläubiger und Unternehmensinsolvenz, 2004, Rn. 321.

350 LG Berlin v. 20.10.2004 – 86 T 578/04, NZI 2005, 335 ff.

351 LG Berlin v. 20.10.2004 – 86 T 578/04; NZI 2005, 335, 336; *Flessner*, in: HK-InsO, 6. Aufl. 2011, § 253 Rn. 7; *Backes*, in: Pape/Uhländer, NWB Komm-InsO, § 253 Rn. 15; a. A. *Braun/Frank*, in: Braun, InsO, § 253 Rn. 5.

haltens versagt.[352] Ein Schuldner konnte eine sofortige Beschwerde gegen einen Planbestätigungsbeschluss folglich nicht zulässig verfolgen, sofern dieser den Plan gemäß § 218 Satz 1 InsO vorlegte.

2. Planvorlage durch den Insolvenzverwalter

Wollte der Schuldner gegen den Bestätigungsbeschluss eines Insolvenzplans vorgehen, der durch den Insolvenzverwalter vorgelegt wurde (§ 218 Satz 1 InsO), musste dieser – entsprechend der Stellung eines Beklagten im Zivilverfahren[353] – zunächst materiell beschwert sein. Dafür musste er geltend machen, dass der Plan ihn in seinen Rechten beeinträchtigt.[354] Entgegen dem Wortlaut des § 253 InsO a. F. musste der Schuldner im Falle der Vorlage des Plans durch den Insolvenzverwalter darüber hinaus auch formell beschwert sein. Das war der Fall, wenn er dem Insolvenzplan zuvor gemäß § 247 Abs. 1 InsO widersprochen hatte.[355] Das Erfordernis einer formellen Beschwer lag jedoch nicht etwa darin begründet, dass das Gesetz in § 253 InsO a. F. vor dem Inkrafttreten des ESUG eine entsprechende formelle Beschwer forderte. Vielmehr war diese Voraussetzung darauf zurückzuführen, dass § 247 InsO eine gesetzliche Zustimmungsfiktion für den Schuldner statuierte, die nur dann nicht eingriff, wenn er dem Plan im Vorfeld der gerichtlichen Planbestätigung widersprochen hatte. Widersprach der Schuldner nicht, wurde seine Zustimmung zum Plan fingiert. Das hatte zur Folge, dass in materiell-rechtlicher Hinsicht eine etwaige Verletzung seiner Rechtsstellung gemäß § 247 Abs. 2 InsO schon nicht im Bestätigungsverfahren zu prüfen war und somit auch keine Versagung einer Bestätigung hätte bewirken können.[356] Damit konnte es zugleich auch in der Beschwerdeinstanz nicht mehr auf die Versagungsgründe

352 *Sinz*, in: MünchKomm-InsO, 2. Aufl. 2008, § 253 Rn. 20a; *Lüer*, in: Uhlenbruck, InsO, § 253 Rn. 2.

353 Dazu näher oben, § 10, II., 1.

354 *Andres*, in: Andres/Leithaus, InsO, 2. Aufl. 2011, § 253 Rn. 5; *Braun/Frank*, in: Braun, InsO, 4. Aufl. 2010, § 253 Rn. 3; *Sinz*, in: MünchKomm-InsO, 2. Aufl. 2008, § 253 Rn. 21.

355 LG Berlin v. 20.10.2004 – 86 T 578/04, NZI 2005, 335, 336; *Sinz*, in: MünchKomm-InsO, 2. Aufl. 2008, § 253 Rn. 20; *Flessner*, in: HK-InsO, 6. Aufl. 2011, § 253 Rn. 7; *Braun/Frank*, in: Braun, InsO, 4 Aufl. 2010, § 253 Rn. 3; *Smid*, NZI 2005, 296 f.

356 Begr. RegE InsO, BT-Drucks. 12/2443, S. 210 (zu § 293); LG Berlin v. 20.10.2004 – 86 T 578/04, NZI 2005, 335, 336; *Andres*, in: Andres/Leithaus, InsO, 2. Aufl. 2011, § 253 Rn. 4; *Sinz*, in: MünchKomm-InsO, 2. Aufl. 2008, § 253 Rn. 20.

gemäß § 247 Abs. 2 InsO ankommen, da sich anderenfalls der Prüfungsumfang des Beschwerdegerichts in unzulässiger Weise geändert hätte.[357]

Die erforderliche materielle Beschwer des Schuldners hing insoweit unmittelbar mit der erforderlichen formellen Beschwer des Schuldners zusammen, da nur ein erfolgter Widerspruch des Schuldners gemäß § 247 Abs. 1 InsO die Wirkung hatte, dass es auf eine mögliche materielle Beschwer in Form einer Rechtsbeeinträchtigung gemäß § 247 Abs. 2 InsO im Bestätigungsverfahren und somit zugleich im Beschwerdeverfahren überhaupt ankommen konnte.[358]

III. Kritik

1. Beschwerdeverfahren als Fehlerüberprüfungsverfahren

Die geringen Zulässigkeitshürden für Gläubiger im Rahmen der sofortigen Beschwerde gegen einen Planbestätigungsbeschluss hatten vor dem Inkrafttreten des ESUG eine erhebliche Rechtsmittellast für das Insolvenzplanverfahren zur Folge. Sie bescherten dem Sanierungsinstrument des Insolvenzplans einen erheblichen Attraktivitätsverlust.

Weil ein Beschwerdeführer im Hinblick auf seine erforderliche materielle Beschwer keine wesentlichen Zulässigkeitshürden zu überwinden hatte, vermochte dieser das Rechtsmittel ohne nennenswerten Aufwand zulässig einzulegen und dadurch einen Verzögerungseffekt für den Eintritt der Wirkungen eines Insolvenzplans gemäß § 254 Abs. 1 Satz 1 InsO a. F. auszulösen. Dies hatte zur Folge, dass das Verfahren für die unbestimmte Dauer des Beschwerdeverfahrens blockiert wurde.[359] Verzögerungen von mehreren Monaten bis zu einem Jahr waren denkbar.[360] Die Gefahr für sanierungsbedürftige Unternehmen sowie für die die Sanierung befürwortenden Beteiligten bestand dabei nicht lediglich in einer zeitlichen Ver-

357 *Sinz*, in: MünchKomm-InsO, 2. Aufl. 2008, § 253 Rn. 20 m. w. N. Allgemein zum Streitgegenstand im Rechtsmittelverfahren *Rosenberg/Schwab/Gottwald*, Zivilprozessrecht, § 133 Rn. 2 m. w. N.

358 Begr. RegE InsO, BT-Drucks. 12/2443, S. 210 (zu § 293), *Smid*, NZI 2005, 296, 297.

359 Vgl. *Jaffé*, in: Wimmer, InsO, § 253 Rn. 13.

360 Vgl. BGH v. 17.9.2014 – IX ZB 26/14 (*Suhrkamp*), NZG 2014, 1351, 1353 Rn. 8; *Jaffé*, in: KSI, Kap. 23 Rn. 65; *ders.*, in: Wimmer, InsO, § 253 Rn. 13.

zögerung der Durchsetzung eines Sanierungskonzepts, sondern konnte erhebliche wirtschaftliche Nachteile verursachen und schlimmstenfalls zu einem völligen Scheitern einer Sanierung führen. Den Gläubigern als potenzielle Beschwerdeführer kam damit ein erhebliches Obstruktions- bzw. Verzögerungspotenzial für ein Insolvenzplanverfahren zu.[361]

Der Missstand des früheren Rechts wird besonders dadurch deutlich, dass das Beschwerdeverfahren in Folge der geringen Anforderungen an die materielle Beschwer in ein reines „Fehlerüberprüfungsverfahren mit Obstruktionscharakter" entarten konnte.[362] So wurde es Gläubigern ermöglicht, sofortige Beschwerden gegen Planbestätigungsbeschlüsse – zulässig – zu verfolgen, ohne dass es darauf ankam, ob der Beschwerdeführer durch die Beseitigung eines gerügten Rechtsverstoßes im Falle einer erfolgreichen Beschwerde einen wirtschaftliche Vorteil erlangt hätte.[363] Ein Gläubiger konnte damit eine Beschwerde auch lediglich darauf stützen, dass die Bestätigung des Insolvenzplans gemäß § 250 InsO von Amts wegen hätte versagt werden müssen, obwohl ihn der Rechtsverstoß nicht wirtschaftlich benachteiligt hätte.[364] Ob der Beschwerdeführer im Falle eines berichtigten Plans, d.h. im Falle der Beseitigung des Versagungsgrundes, wirtschaftlich besser stünde als es der durch ihn angegriffene Plan vorsah, blieb im Rahmen der Frage nach einer ausreichenden Beschwer unberücksichtigt. Zwar wurde im Schrifttum teilweise davon ausgegangen, dass zumindest die *Begründetheit* einer sofortigen Beschwerde im Ergebnis einen wirtschaftlichen Nachteil des Beschwerdeführers gegenüber einem Alternativszenario erfordere.[365] Die sanierungsgefährdenden Verzögerungen für den Eintritt der Wirkungen eines Plans resultierten jedoch bereits allein aus der *zulässigen* Einlegung einer sofor-

361 Dazu schon kritisch *Fritze*, DZWIR 2007, 89, 93; *Pape*, ZInsO 2009, 1, 5 f.; *Uhlenbruck*, NZI 2008, 201, 204; *Westpfahl/Janjuah*, Beilage ZIP 3/2008, 1, 21; *Pleister*, in: KPB, InsO, § 253 Rn. 7.

362 *Heublein*, NZI 2005, 381.

363 Dazu LG Berlin v. 20.10.2004 – 86 T 578/04, NZI 2005, 335 ff. und die Besprechung von *Smid*, NZI 2005, 296 ff., mit Erwiderung *Heublein*, NZI 2005, 381 ff.; siehe auch *Spliedt*, in: K. Schmidt, InsO, § 250 Rn. 17, § 253 Rn. 9, 14.

364 *BGH v. 15.7.2010 – IX ZB 65/10*, NZI 2010, 734, 736 Rn. 23 ff.; BGH v. 3.12.2009 – IX ZB 30/09, NZI 2010, 101.

365 *Sinz*, in: MünchKomm-InsO, 2. Aufl. 2008, § 253 Rn. 21.

tigen Beschwerde, da auch insoweit ein gerichtlicher Prüfungsaufwand erforderlich war, der eine gewisse Zeit in Anspruch nahm.

Die erfolgreiche Geltendmachung einer materiellen Beschwer scheiterte auch nicht daran, dass der mit der Beschwerde angegriffene Plan den Beschwerdeführer bereits wirtschaftlich besserstellte als alternative Verwertungsszenarien jenseits eines Insolvenzplans, insbesondere im Vergleich zu einem Regelverfahren. Der Beschwerdeführer konnte im Wege der sofortigen Beschwerde folglich auch eine nochmalige wirtschaftliche Verbesserung seiner Position versuchen durchzusetzen, obwohl der Plan diese gegenüber dem Regelverfahren bereits vorsah.[366] Auf einen wirtschaftlichen Vergleich gegenüber einem alternativen Verwertungsszenario nach den Vorschriften des Regelverfahrens kam es für die materielle Beschwer nicht an.[367] Nach der Auffassung des BGH hätte dies eine umfassende Prüfung erfordert, die zumindest von dem Beschwerdeführer i. S. v. § 251 Abs. 2 InsO hätte glaubhaft gemacht werden müssen, was § 253 InsO a. F. vor dem Inkrafttreten des ESUG aber nicht vorsah.[368]

Besonders unter Zugrundelegung der verfahrensrechtlichen Abwehrmaßnahmen des laufenden Planverfahrens vermochte ein derartiges Verzögerungspotenzial in der Beschwerdeinstanz wertungsrechtlich nicht zu überzeugen. Denn auch für einen Erfolg einer verfahrensrechtlichen Maßnahme zur Bekämpfung eines Plans ist in materiell-rechtlicher Hinsicht seit jeher stets erforderlich, dass der Beteiligte nach Maßgabe der §§ 245, 251 InsO durch eine Plandurchsetzung wirtschaftliche Nachteile

366 *Sinz*, in: MünchKomm-InsO, § 253 Rn. 22; *ders.*, in: MünchKomm-InsO, 2. Aufl. 2008, § 253 Rn. 6, 20; *Braun*, in: Nerlich/Römermann, InsO, § 253 Rn. 1. Denkbar war dies bspw. im Falle einer fehlerhaften Gruppeneinteilung des Beschwerdeführers, der zwar schon in seiner Gruppe eine höhere Zahlung erwarten durfte als im Regelinsolvenzverfahren, im Falle korrekter Einteilung aber eine noch höhere Zahlung erlangt hätte als es der fehlerhafte Plan vorsah.

367 BGH v. 15.7.2010 – IX ZB 65/10, NZI 2010, 734, 736 (Rn. 23, 26); BGH v. 13.10.2011– IX ZB 37/08, NZI 2012, 139, 140 (Rn. 7); *Flessner*, in: HK-InsO, 6. Aufl. 2011, § 253 Rn. 7.

368 BGH v. 15.7.2010 – IX ZB 65/10, NZI 2010, 734, 736 (Rn. 26). Teile im Schrifttum hielten eine sofortige Beschwerde dagegen auch vor dem Inkrafttreten des ESUG wegen fehlenden Rechtsschutzbedürfnisses für unzulässig, wenn sich die wirtschaftliche Situation des Beschwerdeführers im Erfolgsfalle verschlechtern oder diese unberührt bleiben würde, so etwa *Heublein*, NZI 2005, 381, 382; *Smid/Rattunde/Martini*, Der Insolvenzplan, Rn. 18.21.

erleidet. Dies kommt mit dem normativen Merkmal der *voraussichtlichen Schlechterstellung* unmittelbar zum Ausdruck. Die Möglichkeiten zur Verhinderung eines Plans im laufenden Insolvenzplanverfahren sind für einen Beteiligten gemäß §§ 245, 251 InsO stets an einen drohenden Verlust seines Mindestliquidationswertes geknüpft und damit an eine Verletzung des Minderheitenschutzes. Liegt nach diesem Maßstab keine voraussichtliche Verletzung des Minderheitenschutzes vor, ist die Gegenwehr des Beteiligten als Missbrauch zu qualifizieren, die die Erfolglosigkeit der verfahrensrechtlichen Abwehrmaßnahmen zur Folge haben.[369] Für den Minderheitenschutz gemäß § 251 InsO ergibt sich diese materiell-rechtliche Einschränkung bereits auf der Ebene der Zulässigkeit, da einem Beteiligten die Glaubhaftmachung einer voraussichtlichen Schlechterstellung in Fällen einer missbräuchlichen Beschwerdeverfolgung nicht gelingen wird. Wesentliche Zeitverzögerungen in Folge unberechtigter Rechtsbehelfsanliegen waren daher im laufenden Insolvenzplanverfahren schon vor dem Inkrafttreten des ESUG nicht zu befürchten. Dagegen suchte man ein gleichnamiges Erfordernis einer voraussichtlichen Schlechterstellung als beschränkende Zulässigkeitsvoraussetzung im Beschwerderecht gemäß § 253 InsO a. F. vergeblich.[370]

2. „Missbrauchsfälle" in Folge weitreichender Beschwerdebefugnis

Infolge der weitreichenden Beschwerdebefugnis machten sich Gläubiger ihre Beschwerdemöglichkeit in der Vergangenheit vermehrt zunutze, um sich mit der Verfolgung von Beschwerden gegen Bestätigungsbeschlüsse auf missbräuchliche Weise Sondervorteile zu sichern. Gläubiger bekämpften Insolvenzpläne zum Teil ausschließlich aus taktischen Motiven, indem sie eine Beschwerde zunächst einlegten, um sich eine Zurücknahme der Beschwerde mit Sonderzahlungen abkaufen zu lassen.[371]

---

369 Im Rahmen des § 245 InsO muss allerdings dazukommen, dass auch eine angemessene wirtschaftliche Beteiligung gemäß § 245 Abs. 1 Nr. 2 i. V. m. Abs. 2 bzw. Abs. 3 InsO der Gläubiger bzw. Anteilsinhaber gewährleistet ist, siehe auch *Heublein*, NZI 2005, 381 f.

370 Zur Diskussion *Heublein*, NZI 2005, 381 f.

371 Begr. RegE ESUG, BT-Drucks. 17/5712, S. 35; *Sinz*, in: MünchKomm-InsO, § 253 Rn. 6; *Braun/Frank*, in: Braun, InsO, § 253 Rn. 19.

Das Aktienrecht sieht sich bereits seit langem mit einer Parallelproblematik konfrontiert, das unter dem Stichwort der „räuberischen Aktionäre" bekannt ist und Gesetzgeber, Rechtsprechung und Schrifttum seit Jahren eingehend beschäftigt. Danach machen sich missbräuchlich motivierte Aktionäre das Instrument der Anfechtungsklage zunutze, indem sie eine Klage gegen Hauptversammlungsbeschlüsse bzw. der darin geregelten gesellschaftsrechtlichen Strukturmaßnahmen lediglich mit dem Motiv erheben, sich für die Klagerücknahme eine Abfindung auszahlen zu lassen. Der „räuberische Aktionär" beabsichtigt lediglich, sich den „Lästigkeitswert" seiner Klage abkaufen zu lassen, der darin zu erblicken ist, dass eine erhobene Klage gegen eine Maßnahme regelmäßig zu einer gesetzlichen- oder faktischen Registersperre führt.[372] Für die Gesellschaft kann diese Sperre bzw. Blockade erhebliche wirtschaftliche Nachteile zur Folge haben, da die mit der Klage angefochtenen Strukturmaßnahmen zu ihrer Wirksamkeit und Durchsetzung regelmäßig einer Eintragung in das Handelsregister bedürfen. Ein Blick auf die finanziellen Dimensionen der in der Vergangenheit dokumentierten Zahlungen der Gesellschaften an „räuberische Aktionäre" verdeutlicht eindrucksvoll, welchen Stellenwert diese Problematik für Aktiengesellschaften bereits seit langer Zeit einnehmen.[373] Mit dem Gesetz zur Unternehmensintegrität und Modernisierung des Anfechtungsrechts (UMAG[374]) und dem Gesetz zur Umsetzung der Aktionärsrechterichtlinie (ARUG[375]) sucht nun auch der Gesetzgeber seit einigen Jahren die Problematik einzudämmen.[376]

---

372 Dazu siehe etwa BGH v. 22.4.1991 – II ZR 157/89, DStR 1991, 885 ff.; LG Frankfurt a. M. v. 2.10.2007 – 3-5 O 177/07, NZG 2007, 949 ff. mit Anm. *Peters*, NZG 2007, 935 ff.; siehe auch *Koch*, in: Hüffer, AktG, § 245 Rn. 23; *Servatius*, in: Spindler/Stilz, AktG, § 184 Rn. 42; *Goll/Schwörer*, ZRP 2008, 77 ff.; *Grunewald*, NZG 2009, 967 f.; *Verse*, NZG 2009, 1127; *Rothley*, GWR 2009, 312 f.; *Helm/Manthey*, NZG 2010, 415 ff.; *Ehmann/Walden*, NZG 2013, 806 f.

373 Siehe dazu die empirische Studie Anfechtungsklagen und Freigabeverfahren bei *Baums/Drinhausen/Keinath*, ZIP 2011, 2329, 2344 ff.

374 BGBl. I S. 2802.

375 BGBl. I S. 2479.

376 Zur Zielsetzung des UMAG und ARUG siehe in diesem Zusammenhang die Begründung der Bundesregierung zum Entwurf eines Gesetzes zur Unternehmensintegrität und Modernisierung v. 14.3.2005 (UMAG), Begr. RegE UMAG, BT-Drucks. 15/5092, S. 10 bzw. die Begründung der Bundesregierung zum Entwurf eines Gesetzes zur Umsetzung der Aktionärsrechterichtlinie v. 21.1.2009 (ARUG), Begr. RegE ARUG, BT-Drucks. 16/11642, S. 20 f.

Im Kontext des Insolvenzplanverfahrens verwundert es unter diesem vergleichenden Gesichtspunkt wenig, dass entsprechende missbräuchliche Praktiken auch im Rahmen des § 253 InsO a. F. in insolvenzrechtliche Sanierungssachverhalte Einzug erhalten haben. Gläubiger, die es lediglich darauf abgesehen haben, einen Plan mittels sofortiger Beschwerde aus missbräuchlich-finanziellem Bereicherungsstreben zu blockieren, sahen sich durch das frühere Beschwerderecht gemäß § 253 InsO a. F. nicht daran gehindert. Das ESUG setzte es sich als Ziel, derartige, insbesondere durch Kleingläubiger bekannt gewordene Praktiken zu verhindern, indem Beschwerdemöglichkeiten von Beteiligten effektiv beschränkt werden sollten, „... *die eine kleine Forderung nur zu dem Zweck erworben haben, gegen den Plan zu opponieren und sich ihr Obstruktionspotential gegebenenfalls abkaufen zu lassen ...*“.[377]

IV. Ergebnis

Die rechtliche Ausgestaltung des Beschwerderechts gegen einen Planbestätigungsbeschluss beinhaltete vor dem Inkrafttreten des ESUG eine erhebliche Sanierungsgefahr. Infolge der weitreichenden Beschwerdebefugnis vermochten Beteiligte den Eintritt der Wirkungen eines Insolvenzplans durch die Einlegung einer Beschwerde auf unbestimmte Zeit zu verzögern. Das Resultat war ein folgenschweres Missverhältnis zwischen der Beschwerdebefugnis der Beteiligten und ihren schützenswerten Rechtsschutzinteressen, das erhebliche wirtschaftliche Nachteile für das Unternehmen und für die Befürworter einer Sanierung verursachen konnte. Ein Korrektiv zur effektiven Einschränkung von Beschwerdemöglichkeiten suchte man in § 253 InsO a. F. vor dem Inkrafttreten des ESUG vergeblich.[378]

377 Begr. RegE ESUG, BT Drucks. 17/5712, S. 35.

378 *Jaffé*, in: KSI, Kap. 23 Rn. 65.

Kapitel 4: Reformmaßnahmen des ESUG

§ 12 Die Zulässigkeitsvoraussetzungen gemäß § 253 Abs. 2 InsO

Vor dem Inkrafttreten des ESUG offenbarte die gesetzliche Ausgestaltung der sofortigen Beschwerde gegen einen Planbestätigungsbeschluss ein Missverhältnis zwischen der Beschwerdebefugnis und den schützenswerten Beschwerdeanliegen der Beteiligten.[379] Insoweit vermochte auch die Einlegung einer (wirtschaftlich) aussichtslosen Beschwerde den Eintritt der Wirkungen des Plans in Folge der faktisch „grenzenlosen" Beschwerdebefugnis auf unbestimmte Zeit zu verzögern.

Ein erklärtes Reformziel des Gesetzgebers besteht darin, die Rechtsschutzmöglichkeiten moderat zu beschränken, ohne berechtigten Anliegen den gebotenen Rechtsschutz zu verwehren.[380] Dafür wurden in einem ersten Schritt die Zulässigkeitsvoraussetzungen der sofortigen Beschwerde erheblich verschärft.

Seit dem Inkrafttreten des ESUG ist die sofortige Beschwerde gegen einen Planbestätigungsbeschluss gemäß § 253 Abs. 2 InsO nur noch zulässig, wenn der Beschwerdeführer

- dem Plan spätestens im Abstimmungstermin schriftlich oder zu Protokoll widersprochen hat (Nr. 1 InsO),
- gegen den Plan gestimmt hat (Nr. 2 InsO) und

379 So auch *Jaffé*, ZGR 2010, 248, 259.

380 Begr. RegE ESUG, BT-Drucks. 17/5712, S. 35.

– glaubhaft macht, dass er durch den Plan wesentlich schlechtergestellt wird, als er ohne einen Plan stünde, und dass dieser Nachteil nicht durch eine Zahlung aus den in § 251 Abs. 3 InsO genannten Mitteln ausgeglichen werden kann (Nr. 3 InsO).

Damit verlangt das Gesetz in Form des Widerspruchserfordernisses und der Plangegenstimme eine formelle Beschwer auf Seiten des Beschwerdeführers. Die wesentliche Schlechterstellung sowie eine fehlende Ausgleichsmöglichkeit mit Mitteln i. S. v. § 251 Abs. 3 InsO begründet schließlich das Erfordernis einer konkreten materiellen Beschwer, die der Beschwerdeführer glaubhaft machen muss.[381] Laut Gesetzgeber ist neben § 253 Abs. 2 Nr. 1 bis Nr. 3 InsO darüber hinaus eine allgemeine Beschwer erforderlich, die voraussetzt, dass der Insolvenzplan in die Rechte des Beschwerdeführers eingreift.[382]

Im vorliegenden Kapitel wird den primären Fragestellungen nachgegangen, inwieweit die Beschwerdevoraussetzungen gemäß § 253 Abs. 2 Nr. 1 bis 3 InsO für einen Beschwerdeführer Anwendung erlangen, welche Hürden diese begründen und ob sich die Neuregelungen zur Erfüllung der Reformziele eignen. Die Darstellung folgt dabei im Grundsatz der gesetzlichen Chronologie. Insoweit wird zunächst auf die Zulässigkeitsvoraussetzung der allgemeinen Beschwer eingegangen, gefolgt von den formellen- und materiellen Voraussetzungen gemäß § 253 Abs. 2 InsO. In diesem Zusammenhang gilt es für die Festlegung des Anwendungsbereichs personell dahingehend zu differenzieren, ob eine Beschwerde durch den Schuldner oder durch einen Gläubiger bzw. Anteilsinhaber eingelegt wird. Für Letztere ist darüber hinaus von Bedeutung, welcher planverfahrensrechtlichen Abstimmungskonstellation (§§ 243, 244 InsO) der Beschwerdeführer im Planverfahren unterworfen war.

381 BGH v. 17.7.2014 – IX ZB 13/14, NZG 2014, 1309, 1311 Rn. 26.

382 Begr. RegE ESUG, BT-Drucks. 17/5712, S. 35.

I. Die (allgemeine) Beschwer

Ausweislich der Regierungsbegründung zum ESUG muss ein Beschwerdeführer zunächst allgemein beschwert sein, will er eine sofortige Beschwerde gegen einen Planbestätigungsbeschluss zulässig verfolgen.[383] Für die Frage der allgemeinen Beschwer ist darauf abzustellen, ob der Insolvenzplan in die Rechte des Beschwerdeführers eingreift. Entsprechend dem allgemeinen zivilprozessualen Verständnis kommt hierbei grundsätzlich sowohl eine formelle- als auch eine materielle Beschwer in Betracht,[384] wenngleich die Regierungsbegründung in Bezug auf den erwähnten *Rechtseingriff* lediglich auf eine materielle Beschwer des Beschwerdeführers abzustellen scheint.

Das Erfordernis einer allgemeinen Beschwer wirft unter Berücksichtigung der weiteren Zulässigkeitsvoraussetzungen gemäß § 253 Abs. 2 Nr. 1 bis Nr. 3 InsO die Frage nach ihrer Daseinsberechtigung auf. Denn bereits aus dem Erfordernis der Glaubhaftmachung einer (wesentlichen) Schlechterstellung gemäß § 253 Abs. 2 Nr. 3 InsO folgt, dass der Insolvenzplan konkret in die Rechte des Beschwerdeführers eingreifen muss. Eine allgemeine Beschwer wäre in dem Falle stets indiziert. Mehr als eine lediglich deklaratorische Bedeutung kann der Zulässigkeitsvoraussetzung der allgemeinen Beschwer aus diesen Gründen daher nicht zugesprochen werden.[385]

II. Formelle Beschwer gemäß § 253 Abs. 2 Nr. 1 und Nr. 2 InsO

Seit dem Inkrafttreten des ESUG ist die sofortige Beschwerde gegen einen Planbestätigungsbeschluss nur noch zulässig, wenn der Beschwerdeführer dem Insolvenzplan spätestens im Abstimmungstermin schriftlich oder zu Protokoll widersprochen und gegen den Plan gestimmt hat (§ 253 Abs. 2 Nr. 1, 2 InsO). Damit muss der Beschwerdeführer nunmehr formell beschwert sein. Der formellen Beschwer bedarf es lediglich in den Fällen nicht, in denen der Beschwerdeführer in der öffentlichen Bekanntmachung des Erörterungs- und Abstimmungstermins (§ 235 Abs. 2 InsO) und in den Ladungen zum Termin (§ 235 Abs. 3 InsO) nicht auf die Not-

383 Begr. RegE ESUG, BT-Drucks. 17/5712, S. 35.

384 *Backes*, in: Pape/Uhländer, NWB Komm-InsO, § 253 Rn. 12 ff.

385 Abweichendes gilt lediglich für einen (Beschwerdeführer-)Schuldner, dazu vgl. unten § 12, III., 3.

wendigkeit eines Widerspruchs und einer Planablehnung besonders hingewiesen worden ist.[386] Die Einführung einer Hinweispflicht gemäß § 253 Abs. 3 InsO fußt auf rechtsstaatlichen Motiven.[387] Sofern der Kreis der betroffenen Personen keine Kenntnis oder Möglichkeit zur Kenntnisnahme von der Notwendigkeit einer Mitwirkung im Verfahren hatte, erscheint es nicht geboten, ihn von Rechtsmitteln auszuschließen.[388] Fehlt ein entsprechender Hinweis, bedarf es auf Seiten eines Beschwerdeführers keiner formellen Beschwer.[389]

Jenseits der Ausnahmevorschrift des § 253 Abs. 3 InsO scheinen die formellen Zulässigkeitsvoraussetzungen gemäß § 253 Abs. 2 Nr. 1, 2 InsO für jeden Beschwerdeführer ausnahmslos zu gelten. Zumindest der Wortlaut der Vorschrift suggeriert einen entsprechend weitreichenden Anwendungsbereich, in dem nicht zwischen beschwerdeberechtigten Schuldnern, Gläubigern und Anteilsinhabern differenziert wird. Eine möglichst ausnahmslose Anwendung der Voraussetzungen auf alle potenziellen Beschwerdeführer erscheint in Anbetracht des Ziels, Beschwerdemöglichkeiten im Planverfahren zu beschränken, auch durchaus im Sinne des Gesetzgebers. Gleichwohl gilt es im Hinblick auf die Frage, wer dem Insolvenzplan widersprochen und gegen diesen gestimmt haben muss, nach der Beteiligtenstellung des Beschwerdeführers sowie nach seiner verfahrensrechtlichen Behandlung im vorausgegangenen Verfahren zu differenzieren.[390] Denn mit dem ESUG erfolgte im Rahmen der beschwerderechtlichen Zulässigkeitsvoraussetzungen gemäß § 253 Abs. 2 Nr. 1, 2 InsO eine enge Verknüpfung mit verfahrensmäßigen Maßnahmen des Insolvenzplanverfahrens. Da sich diese als Anknüpfungspunkte für die beschwerderechtlichen Zulässigkeitsvoraussetzungen gemäß § 253 Abs. 2 Nr. 1, 2 InsO, je nach der Beteiligtenstellung des Beschwerdeführers, unterscheiden, gilt es diese Differenzierungen auch bei der Bestimmung des Anwendungsbereichs der Zulässigkeitsvoraussetzungen zu berücksichtigen. Insoweit gilt es im Folgenden zunächst personell dahingehend zu unterscheiden,

386 *Thies*, in: HambKomm-InsO, § 253 Rn. 16.

387 Begr. RegE ESUG, BT-Drucks. 17/5712, S. 36.

388 Begr. RegE ESUG, BT-Drucks. 17/5712, S. 36.

389 Begr. RegE ESUG, BT-Drucks. 17/5712, S. 36; *Braun/Frank*, in: InsO, § 253 Rn. 14; *Sinz*, in: MünchKomm-InsO, § 253 Rn. 37 f.

390 *Thies*, in: HanmbKomm-InsO, § 253 Rn. 9.

ob der Schuldner oder ein Gläubiger bzw. Anteilsinhaber eine sofortige Beschwerde gegen einen Planbestätigungsbeschluss einlegt.

1. Formelle Beschwer des Schuldners

Ein Widerspruchs- und Gegenstimmerfordernis gemäß § 253 Abs. 2 Nr. 1, 2 InsO hätte für einen Beschwerdeführerschuldner zur Folge, dass dieser – faktisch – stets von seiner Beschwerdemöglichkeit ausgeschlossen wäre. Denn gegen den Plan kann der Schuldner schon deshalb nicht abstimmen, da dieser nicht aktiv an der Abstimmung teilnimmt.[391] Die Mitwirkung des Schuldners im Planverfahren beschränkt sich auf ein Widerspruchsrecht gemäß § 247 Abs. 1 InsO.[392] Sofern sich der Schuldner nicht mit dem Insolvenzplan zufrieden gibt, muss er dem Plan spätestens im Abstimmungstermin gemäß § 247 Abs. 1 InsO widersprochen haben. Unterlässt er dies, hat seine sofortige Beschwerde gemäß § 253 Abs. 2 Nr. 3 InsO keinen Erfolg.[393] Dass die Zulässigkeitsvoraussetzung des Widerspruchserfordernisses gemäß § 253 Abs. 2 Nr. 1 InsO an eben diesen verfahrensmäßigen Planwiderspruch des Schuldners gemäß § 247 Abs. 1 InsO anknüpft, ergibt sich einerseits aus dem Umstand, dass mit der Voraussetzung des § 253 Abs. 2 Nr. 1 InsO das Erfordernis einer formellen Beschwer zum Ausdruck gebracht wird,[394] andererseits aus der Regierungsbegründung zum ESUG.[395]

Eine formelle Beschwer als Zulässigkeitsvoraussetzung eines Rechtsmittels zeichnet insoweit im Allgemeinen aus, dass die mit dem Rechtsmittel angefochtene Entscheidung, vorliegend der angegriffene Planbestätigungsbeschluss, hinter der im „Vorverfahren“ beantragten Entscheidung

391 *Thies*, in: HambKomm-InsO, § 247 Rn. 2; *Jaffé*, in: Wimmer, InsO, § 247 Rn. 3; dazu siehe § 8, I., 2.

392 *Braun/Frank*, in: Braun, InsO, § 247 Rn. 1; *Braun*, in: Nerlich/Römermann, InsO, § 247 Rn. 1.

393 *Spliedt*, in: K. Schmidt, InsO, § 253 Rn. 8; *Sinz*, in: MünchKomm-InsO, § 253 Rn. 44.

394 Zum verfahrensmäßigen Anknüpfungspunkt einer formellen Beschwer siehe oben § 10, II., 1., b).

395 Dort ist die Rede davon, dass die verfahrensmäßigen Möglichkeiten ausgeschöpft worden sein müssen, um eine Planbestätigung zu verhindern; für den Schuldner ist dies allein der Widerspruch gem. § 247 Abs. 1 InsO, Begr. RegE ESUG, BT-Drucks. 17/5712, S. 35.

zurückbleibt.[396] Dabei kann der Anknüpfungspunkt für die formelle Beschwer des Schuldners, bezogen auf das der Beschwerdeinstanz vorangegangene Planverfahren, ausschließlich das verfahrensrechtliche Verhalten sein, mit dem dieser im laufenden Planverfahren die *Versagung* der Planbestätigung beantragen kann. Diese Möglichkeit bietet dem Schuldner ausschließlich das Widerspruchsrecht gemäß § 247 Abs. 1 InsO. Mit einem Widerspruch vermag der Schuldner nach Maßgabe der materiellrechtlichen Voraussetzungen gemäß § 247 Abs. 2 InsO eine Planbestätigung zu verhindern, sofern der Plan seinen Mindestschutz nicht gewährleistet.[397]

Für die erforderliche formelle Beschwer des Schuldners im Rahmen der Beschwerde gegen einen Planbestätigungsbeschluss ist ein zuvor erklärter Planwiderspruch mithin erforderlich, aber auch ausreichend. Das Gegenstimmerfordernis gemäß § 253 Abs. 2 Nr. 2 InsO erlangt darüber hinaus für den Schuldner keine Bedeutung.[398] Dies entspricht zudem den Ausführungen des Gesetzgebers in der Regierungsbegründung zum ESUG. Zur Vorschrift des § 253 Abs. 2 Nr. 1 InsO heißt es in Bezug auf die formelle Beschwer, dass der Beschwerdeführer zuvor seine verfahrensmäßigen Möglichkeiten ausgeschöpft haben muss, um die Bestätigung des Plans zu verhindern.[399] Allein der Planwiderspruch des Schuldners vermag unter den Voraussetzungen des § 247 Abs. 2 InsO als einzige ihm im Verfahren zu Gebote stehende Möglichkeit einen Plan zu verhindern. Weitere verfahrensrechtliche Möglichkeiten stehen dem Schuldner nicht zur Verfügung.

396 Dazu siehe oben § 10, II., 1., b).

397 Dazu siehe bereits § 8, I., 2. Eine formelle Beschwer des Beschwerdeführerschuldners kommt demnach nicht in Betracht, wenn der Plan von diesem selbst vorgelegt worden ist, *Andres*, in: Andres/Leithaus, InsO, § 253 Rn. 5; *Sinz*, in: MünchKomm-InsO, § 253 Rn. 42.

398 *Thies*, in: HambKomm-InsO, § 253 Rn. 12; *Sinz*, in: MünchKomm-InsO, § 253 Rn. 45; *Wenzel*, in: Haarmeyer/Wutzke/Förster, InsO, § 253 Rn. 16; *Burmeister/Schmidt-Hern*, in: Kübler, HRI, § 43 Rn. 135.

399 Begr. RegE ESUG, BT-Drucks. 17/5712, S. 35.

2. Formelle Beschwer von Gläubigern und Anteilsinhabern

a) Differenzierungserfordernis aufgrund verfahrensrechtlicher Verknüpfung

Auch für Gläubiger und Anteilsinhaber stellt sich die Frage, ob sie dem Plan stets widersprochen und gegen diesen gestimmt haben müssen (§ 253 Abs. 2 Nr. 1, 2 InsO), um eine sofortige Beschwerde gegen einen Planbestätigungsbeschluss zulässig einlegen zu können. Der Wortlaut des § 253 Abs. 2 InsO scheint zunächst für eine zwingende Anwendung der formellen Zulässigkeitsvoraussetzungen zu sprechen. Jedoch lässt bereits ein näherer Blick auf das Widerspruchserfordernis gemäß § 253 Abs. 2 Nr. 1 InsO an einer zwingenden Anwendung zweifeln. Das ist darauf zurückzuführen, dass der Gesetzgeber mit der verfahrensmäßigen Maßnahme des Planwiderspruchs das Erfordernis einer formellen Beschwer zum Ausdruck bringt.[400] Der Beschwerdeführer soll im Vorfeld der Beschwerdeeinlegung seine verfahrensmäßigen Möglichkeiten ausgeschöpft haben, um den Insolvenzplan noch im laufenden Insolvenzplanverfahren zu verhindern.[401] Insoweit stellt sich jedoch die Frage, ob die Möglichkeit eines Widerspruchs jedem Gläubiger bzw. Anteilsinhaber im laufenden Planverfahren zur Verfügung steht oder es einer solchen Maßnahme überhaupt bedarf, um eine Bestätigung des Insolvenzplans abzuwehren. Unter Berücksichtigung der Gesetzesbegründung ist darüber hinaus fraglich, ob ein – wortlautgetreuer – Planwiderspruch eine solche verfahrensmäßige Möglichkeit darstellt, mit der ein Insolvenzplan im laufenden Planverfahren ausschöpfend verhindert werden kann.

Den Ausgangspunkt entsprechender Fragestellungen bilden sowohl die für Gläubiger bzw. Anteilsinhaber bestehenden Möglichkeiten mit dem Ziel der Planverhinderung als auch das Erfordernis zum Ergreifen entsprechender Maßnahmen, die für die Beteiligten je nach Beschwerdekonstellation unterschiedlich zu beurteilen sind. Insoweit kommt es für den Beschwerdeführer maßgeblich auf die dem jeweiligen Planverfahren zugrunde liegende Abstimmungskonstellation an, d. h. ob ein Gläubiger bzw. Anteilsinhaber im Planverfahren lediglich innerhalb seiner Abstimmungsgruppe mehrheitlich überstimmt wurde (dazu im Folgenden unter

400 Begr. RegE ESUG, BT-Drucks. 17/5712, S. 35.

401 Begr. RegE ESUG, BT-Drucks. 17/5712, S. 35.

aa)) oder seine gesamte Abstimmungsgruppe dem Plan mehrheitlich die erforderliche Zustimmung versagt hat (dazu im Folgenden unter bb)). Im letzteren Fall ergeben sich aus Sicht der Plangegner gewisse verfahrensrechtliche Privilegien, die sich auf die verfahrensmäßigen Maßnahmen und damit auf die denkbaren Anknüpfungspunkte für die beschwerderechtlichen formellen Zulässigkeitsvoraussetzungen auswirken.

b) Widerspruchserfordernis gemäß § 253 Abs. 2 Nr. 1 InsO

aa) Verfahrensrechtliche Möglichkeiten im Falle gruppeninterner Überstimmung

Ein Beschwerdeführer muss dem Insolvenzplan spätestens im Abstimmungstermin widersprochen haben, um eine sofortige Beschwerde gegen einen Planbestätigungsbeschluss zulässig einlegen zu können (§ 253 Abs. 2 Nr. 1 InsO). Damit knüpft das Widerspruchserfordernis an eine verfahrensmäßige Maßnahme des Insolvenzplanverfahrens an.[402] Anders als es für einen Schuldner der Fall ist, ergibt sich die Möglichkeit zur Erhebung eines Planwiderspruchs für Gläubiger und Anteilsinhaber nicht aus § 247 InsO.[403] Sie folgt vielmehr aus § 251 Abs. 1 Nr. 1 InsO. Danach müssen Gläubiger und Anteilsinhaber, die im Wege eines Minderheitenschutzantrags gemäß § 251 InsO gegen die drohende Bestätigung eines Insolvenzplans vorgehen wollen, diesem spätestens im Abstimmungstermin schriftlich oder zu Protokoll widersprochen haben. Da sich der Wortlaut des § 253 Abs. 2 Nr. 1 InsO im Hinblick auf das Widerspruchserfordernis nicht von dem Wortlaut des minderheitenschutzrechtlichen Widerspruchserfordernisses unterscheidet, scheint die beschwerderechtliche Zulässigkeitsvoraussetzung insoweit an den minderheitenschutzrechtlichen Widerspruch i. S. v. § 251 Abs. 1 Nr. 1 InsO anzuknüpfen, den ein (Beschwerdeführer-) Gläubiger bzw. -Anteilsinhaber als verfahrensmäßige Maßnahme erhoben haben muss.

Die Wahl des minderheitenschutzrechtlichen Widerspruchserfordernisses gemäß § 251 Abs. 1 Nr. 1 InsO als Anknüpfungspunkt für die Zulässigkeitsvoraussetzung des § 253 Abs. 2 Nr. 1 InsO scheint für Beschwerden

402 Vgl. Begr. RegE ESUG, BT-Drucks. 17/5712, S. 35.

403 Dazu siehe bereits oben § 8, II. und § 12, II., 1.

von Gläubigern und Anteilsinhabern zumindest insoweit konsequent, da auch im Rahmen von Schuldnerbeschwerden auf den verfahrensmäßigen (Schuldner-)Widerspruch gemäß § 247 InsO abgestellt wird.[404] Gleichwohl bestehen zwischen dem Schuldnerwiderspruch und dem minderheitenschutzrechtlichen Widerspruch von Gläubigern und Anteilsinhabern strukturelle Unterschiede, die im Rahmen der Zulässigkeitsvoraussetzung des § 253 Abs. 2 Nr. 1 InsO zunächst an einem gleichbedeutenden Verständnis zweifeln lassen. Denn anders als der Schuldnerwiderspruch erfüllt der minderheitenschutzrechtliche Widerspruch nicht die Funktion, die der beschwerderechtlichen Zulässigkeitsvoraussetzung des § 253 Abs. 2 Nr. 1 InsO ausweislich der Gesetzesbegründung zum ESUG zukommen soll. Während der Schuldnerwiderspruch gemäß § 247 InsO einen eigenständigen verfahrensmäßigen Rechtsbehelf darstellt, mit dem die Bestätigung eines Insolvenzplans verhindert werden kann, handelt es sich bei dem minderheitenschutzrechtlichen Widerspruch i. S. v. § 251 Abs. 1 Nr. 1 InsO lediglich um eine Zulässigkeitsvoraussetzung innerhalb des Rechtsbehelfs des Minderheitenschutzantrags gemäß § 251 Abs. 1 InsO. Allein der Widerspruch gemäß § 251 Abs. 1 Nr. 1 InsO vermag eine Planbestätigung nicht zu verhindern. Zudem werden die verfahrensmäßigen Möglichkeiten von Gläubigern und Anteilsinhabern mit dem Ziel der Verhinderung eines Plans nicht durch einen Widerspruch ausgeschöpft.[405]

(1) Entscheidungen des LG Berlin und des BGH im Fall *Suhrkamp*

Auch in der Rechtsprechung sowie im Schrifttum ist die – scheinbare – Unvereinbarkeit des Widerspruchs i. S. v. § 251 Abs. 1 Nr. 1 InsO mit der Funktion der beschwerderechtlichen Zulässigkeitsvoraussetzung gemäß § 253 Abs. 2 Nr. 1 InsO nicht unerwähnt geblieben. Basierend auf den Erwägungen in der Gesetzesbegründung zum ESUG zeichneten sich im Hinblick auf das Planwiderspruchserfordernis gemäß § 253 Abs. 2 Nr. 1 InsO bereits kurz nach dem Inkrafttreten des ESUG gewisse Kontroversen ab, die bis in die Gegenwart ein differenziertes Verständnis von der

404 Siehe oben § 12, II., 1.

405 Vgl. LG Berlin v. 21./24.2.2014 – 51 T 107/14 (*Suhrkamp*), ZInsO 2014, 962, 963; a. A. BGH v. 17.7.2014 – IX ZB 13/14 (*Suhrkamp*), NZG 2014, 1309, 1310 Rn. 18, der in den Ausführungen der Gesetzesbegründung bzgl. der „Ausschöpfung verfahrensmäßiger Möglichkeiten, um den Plan zu verhindern" lediglich die Befugnis erblickt, dem Insolvenzplan zu widersprechen.

beschwerderechtlichen Zulässigkeitsvoraussetzung des § 253 Abs. 2 Nr. 1 InsO zur Folge haben.[406]

Dass diese Thematik über ihren dogmatischen Klärungsbedarf hinaus zugleich eine erhebliche praktische Relevanz aufweist, zeigte sich jüngst im Rahmen des Insolvenzverfahrens der *Suhrkamp-Verlagsgruppe GmbH & Co. KG.*[407] Sowohl die Beschwerdekammer des LG Berlin[408] als auch der BGH[409] im anschließenden Rechtsbeschwerdeverfahren mussten sich der Frage widmen, welche formellen Anforderungen ein Beschwerdeführer für die zulässige Einlegung einer sofortigen Beschwerde gemäß § 253 Abs. 2 InsO erfüllen muss. In der Sache ging es um die sofortige Beschwerde der im Abstimmungstermin mehrheitlich überstimmten Minderheitsgesellschafterin der Verlagsgruppe. Diese wandte sich mit der Beschwerde gegen den Insolvenzplanbestätigungsbeschluss des AG Berlin Charlottenburg,[410] nachdem sie dem Insolvenzplan im Vorfeld des Planbestätigungsbeschlusses zwar widersprochen, jedoch keinen Minderheitenschutzantrag gemäß § 251 Abs. 1 InsO gestellt hatte.

Im Kern ging es in dieser Auseinandersetzung darum, dass das LG Berlin auf der Grundlage des beschwerderechtlichen Widerspruchserfordernisses gemäß § 253 Abs. 2 Nr. 1 InsO von einem Gläubiger bzw. Anteilsinhaber das vorherige Durchlaufen eines Minderheitenschutzverfahrens gemäß § 251 Abs. 1 InsO für erforderlich hielt.[411] Das LG Berlin stützt sich in diesem Zusammenhang auf die Gesetzesbegründung zum ESUG, in der

406 So fordert das Schrifttum als Zulässigkeitsvoraussetzung teilweise einen Minderheitenschutzantrag (vgl. etwa *Jaffé*, in: Wimmer, FK-InsO, § 253 Rn. 7; *Haas*, in: HK-InsO, § 253 Rn. 6; *Smid/Rattunde/Martini*, Der Insolvenzplan, Rn. 18.36d; *Fischer*, NZI 2013, 513, 515; *Fölsing*, EWiR 2014, 293 f.; *Skauradszun*, DZWIR 2014, 338, 339 f.), während teilweise auch lediglich ein Widerspruch i. S. v. § 251 Abs. 1 Nr. 1 InsO für ausreichend erachtet wird (vgl. etwa *Spliedt*, in: K. Schmidt, § 253 Rn. 6; *Frank*, in: Runkel/Schmidt, Anwalts-Handbuch Insolvenzrecht, § 13 Rn. 430; *Burmeister/Schmidt-Hern*, in Kübler, HRI, § 43 Rn. 134; *Hölzle*, ZIP 2014, 1819, 1820).

407 Dazu siehe die Darstellungen bei *Commandeur/Hübler*, NZG 2015, 185 ff.; *Göb*, NZI 2015, 13 ff.; *Böcker*, DZWIR 2014, 440 ff.; *ders.*, DZWIR 2014, 577 ff.; *ders.*, DZWIR 2015, 10 ff.; *Müller*, DB 2014, 41 ff.; *Lehmann/Rühle*, NZI 2014, 889 ff.; *Skauradszun*, DZWIR 2014, 338 ff.; *Smid*, ZInsO 2014, 1873 ff.; *ders.*, ZinsO 2014, 2078 ff.

408 LG Berlin v. 21./24.2.2014 – 51 T 107/14 (*Suhrkamp*), ZInsO 2014, 962 f.

409 BGH v. 17.7.2014 – IX ZB 13/14 (*Suhrkamp*), NZG 2014, 1309 ff.

410 AG Charlottenburg v. 15.1.2014 – 36s IN 2196/13 (*Suhrkamp*), BeckRS 2014, 14998.

411 LG Berlin v. 21./24.2.2014 – 51 T 107/14 *(Suhrkamp)*, ZInsO 2014, 962, 963.

im Rahmen der Vorschrift des § 253 Abs. 2 Nr. 1 InsO darauf hingewirkt werde, dass der Beschwerdeführer seine verfahrensmäßigen Möglichkeiten ausgeschöpft haben müsse. Daher schließe auch der Wortlaut des § 253 Abs. 2 Nr. 1 InsO das Erfordernis eines Minderheitenschutzverfahrens nicht aus.[412]

Dagegen lässt der BGH[413] einen Widerspruch i. S. v. § 251 Abs. 1 Nr. 1 InsO ausreichen. Das Erfordernis eines Minderheitenschutzantrags folge weder aus dem Wortlaut der Vorschrift oder der Systematik des Gesetzes noch lasse sich dieses auf den Willen des Gesetzgebers oder den Sinn und Zweck des § 253 InsO stützen.[414] Soweit in der Gesetzesbegründung im Zusammenhang mit § 253 Abs. 2 Nr. 1 InsO davon die Rede sei, dass der Beschwerdeführer seine verfahrensmäßigen Rechte auszuschöpfen habe, sei darin ausschließlich die Befugnis zu erblicken, dem Insolvenzplan zu widersprechen. Der Gesetzgeber habe es in diesem Zusammenhang ferner unterlassen, auch die Zulässigkeitsvoraussetzung des § 253 Abs. 2 Nr. 2 InsO zu erwähnen, was im Hinblick auf eine verfahrensmäßige Möglichkeit zur Verhinderung eines Plans nahegelegen hätte.[415] Zudem habe sich der Gesetzgeber im Rahmen der Ausgestaltung der sofortigen Beschwerde im Rahmen des ESUG von der bisherigen Senatsrechtsprechung im Rahmen des § 253 InsO a. F. leiten lassen.[416] Diese beinhalten im Wesentlichen die Aussage, dass eine formelle Beschwer in Gestalt des Widerspruchs als beschwerderechtliche Zulässigkeitsvoraussetzung nicht erforderlich ist.[417]

412 LG Berlin v. 21./24.2.2014 – 51 T 107/14 (*Suhrkamp*), ZInsO 2014, 962, 963.

413 BGH v. 17.7.2014 – IX ZB 13/14 (*Suhrkamp*), NZG 2014, 1309 ff.

414 BGH v. 17.7.2014 – IX ZB 13/14 (*Suhrkamp*), NZG 2014, 1309 ff.; *Böcker*, DZWIR 2014, 440, 442; *Lehmann/Rühle*, NZI 2014, 889, 893.

415 BGH v. 17.7.2014 – IX ZB 13/14, NZG 2014, 1309, 1310 Rn. 18.

416 BGH v. 17.7.2014 – IX ZB 13/14 (*Suhrkamp*), NZG 2014, 1309 Rn. 7 mit Verweis auf BGH v. 7.7.2005 – IX ZB 266/04, NJW-RR 2005, 1638; BGH v. 15.7.2010 – IX ZB 65/10, BeckRS 2010, 17861; BGH v. 13.1.2011 – IX ZB 29/10, BeckRS 2011, 02331; BGH v. 13.10.2011 – IX ZB 37/08, NZI 2012, 139.

417 BGH v. 7.7.2005 – IX ZB 266/04, NJW-RR 2005, 1638; BGH v. 15.7.2010 – IX ZB 65/10, BeckRS 2010, 17861; BGH v. 13.1.2011 – IX ZB 29/10, BeckRS 2011, 02331; BGH v. 13.10.2011 – IX ZB 37/08, NZI 2012, 139.

(2) Intention des Gesetzgebers

Damit stützen sowohl das LG Berlin als auch der BGH ihre Entscheidungsgründe in erster Linie auf den – ihrem jeweiligen Verständnis zugrunde liegenden – Willen des Gesetzgebers, der mit § 253 Abs. 2 InsO zum Ausdruck komme. Soweit der BGH in diesem Zusammenhang erwägt, dass der Gesetzgeber sich bei der Ausgestaltung des § 253 InsO von der bisherigen Senatsrechtsprechung habe leiten lassen, findet sich in den Gesetzesmaterialien kein entsprechender Hinweis. Vielmehr deuten die Erwägungen des Gesetzgebers darauf hin, dass dieser über einen Widerspruch hinaus auch das vollständige Durchlaufen eines Minderheitenschutzverfahrens als beschwerderechtliche Zulässigkeitsvoraussetzung etablieren wollte. In der Gesetzesbegründung heißt es wörtlich:

„*Nach Absatz 2 Nummer 1* [gemeint ist § 253 Abs. 2 Nr. 1 InsO] *ist die Beschwerde nur dann zulässig, wenn der Beschwerdeführer zuvor seine verfahrensmäßigen Möglichkeiten ausgeschöpft hat, um die Bestätigung des Plans zu verhindern. Neben der materiellen Beschwer in Gestalt einer wirtschaftlichen Beeinträchtigung muss damit auch eine formelle Beschwer vorliegen.*“[418]

Entgegen der Auffassung des BGH ist in der Gesetzesbegründung an keiner Stelle die Rede davon, dass mit der Voraussetzung des § 253 Abs. 2 Nr. 1 InsO an die frühere Senatsrechtsprechung angeknüpft werden sollte. Auch lässt sich den Ausführungen nicht entnehmen, dass mit § 253 Abs. 2 Nr. 1 InsO ausschließlich auf die Befugnis für Beschwerdeführer hingewirkt werden solle, dem Plan zu widersprechen. Insoweit scheint der BGH die Ausführungen aus ihrem Zusammenhang zu lösen und unberücksichtigt zu lassen, dass nicht bloß von „verfahrensmäßigen Möglichkeiten“ die Rede ist, sondern dass diese Möglichkeiten „ausgeschöpft“ werden sollen, „*um*“ den Plan zu verhindern, was voraussetzt, dass mit den erforderlichen Maßnahmen ein Plan verhindert werden kann.[419] Aus diesem Grunde findet auch die Zulässigkeitsvoraussetzung des Gegenstimmerfordernisses gemäß § 253 Abs. 2 Nr. 2 InsO in diesem Kontext in der Gesetzesbegründung keine weitere Erwähnung. Denn bei der bloßen Versagung

418 Begr. RegE ESUG, BT-Drucks. 17/5712, S. 35.

419 Zu der Intention des Gesetzgebers im Hinblick auf § 253 InsO siehe auch § 13, II.

der Zustimmung durch den Beschwerdeführer handelt es sich unstreitig um keine verfahrensmäßige Maßnahme, mit der ein Insolvenzplan verhindert werden kann. Das Absehen von einem Minderheitenschutzantrag im Rahmen des § 253 Abs. 2 InsO widerspricht schließlich dem Wesen der seit dem ESUG erforderlichen formellen Beschwer,[420] da der Widerspruch in seiner Funktion hinter einem Minderheitenschutzantrag zurückbleibt und nicht als Anknüpfungspunkt für eine formelle Beschwer in Betracht kommt.

(3) Trennung von Widerspruch und Antrag innerhalb des § 251 InsO

Bereits vor dem Inkrafttreten des ESUG wurde innerhalb des § 251 InsO strikt zwischen dem Widerspruch und dem Antrag unterschieden. Die strikte Trennung beruhte seinerzeit auf den unterschiedlichen Fristenregelungen, die für die Erklärung des Widerspruchs bzw. für die Antragstellung vorgesehen waren. Während der Widerspruch spätestens im Abstimmungstermin erklärt werden musste (§ 251 Abs. 1 Nr. 1 InsO a. F.), konnte der Antrag noch bis kurz vor der Verkündung des gerichtlichen Bestätigungsbeschlusses, nach anderer Auffassung sogar bis zur (formellen) Rechtskraft des Bestätigungsbeschlusses gestellt werden.[421] Dadurch sollte einem Beteiligten die Möglichkeit gegeben werden, seinen erklärten Widerspruch nicht weiter verfolgen zu müssen, sofern er an einem weitergehenden Minderheitenschutzantrag gemäß § 251 InsO kein Interesse mehr hatte.[422] In diesem Falle erfolgte keine gerichtliche Prüfung des Minderheitenschutzes nach Maßgabe der in § 251 InsO normierten Voraussetzungen.[423] Die Möglichkeit zur erfolgreichen Abwehr einer Planbestätigung gemäß § 251 InsO erforderte folglich zwingend die Antragstel-

420 Dazu vgl. bereits oben § 10, II., 1.

421 Für eine Antragstellung bis zur Rechtskraft des Bestätigungsbeschlusses BGH v. 22.3.2007 – IX ZB 10/06, NZI 2007, 522; *Andres*, in: Andres/Leithaus, InsO, 2. Aufl. 2011, § 251 Rn. 2; *Flöther/Wehner*, in Blersch/Goetsch/Haas, InsO, § 251 Rn. 5; *Braun/Frank*, in: Braun, InsO, 4. Aufl. 2010, § 251 Rn. 5. Für eine Antragstellung rechtzeitig vor Bestätigung des Beschlusses *Flessner*, in: HK-InsO, 6. Aufl. 2011, § 251 Rn. 4; *Sinz*, in: MünchKomm-InsO, 2. Aufl. 2008, § 251 Rn. 7; *Lüer*, in: Uhlenbruck, InsO, § 251 Rn. 7 f.

422 *Sinz*, in: MünchKomm-InsO, 2. Aufl. 2008, § 251 Rn. 10.

423 Die gerichtliche Prüfung des § 251 InsO erfolgt lediglich auf Antrag, *Braun/Frank*, in: Braun, InsO, § 251 Rn. 1; Braun, in: Nerlich/Römermann, InsO, § 251 Rn. 2; Der Insolvenzplan, Rn. 17.1.

lung.[424] Bei dem Widerspruch handelte es sich dagegen lediglich um eine förmliche Zulässigkeitsvoraussetzung. Insbesondere konnte die Erklärung des Planwiderspruchs nicht mit einem Minderheitenschutzantrag gleichgesetzt werden,[425] *et vice versa.*

Die unterschiedliche Bedeutung eines Widerspruchs und eines Antrags wird auch in der höchstrichterlichen Rechtsprechung hervorgehoben. Zu der Funktion des Widerspruchs äußert sich der BGH wie folgt: Das Widerspruchserfordernis

„… soll der Rechtssicherheit dienen (vgl. BT-Dr 12/2443, S. 211, unter Bezugnahme auf S. 210). Der erforderliche Widerspruch „spätestens im Abstimmungstermin" entspricht der für den Schuldner geltenden Regelung des § 247 I InsO. Danach gilt dessen Zustimmung als erteilt, wenn er dem Plan nicht spätestens im Abstimmungstermin schriftlich oder zu Protokoll der Geschäftsstelle widerspricht. Durch das Zusammenspiel beider Vorschriften ist sichergestellt, dass bei Schluss des Abstimmungstermins für den Schuldner und für die Gläubiger gleichermaßen Klarheit geschaffen ist, ob der Insolvenzplan am Widerspruch eines der Beteiligten scheitern kann. Die Erklärungspflicht verhindert zugleich eine unnötige Verzögerung des Verfahrens. Denn der Versagungsantrag des Gläubigers, für den keine Frist vorgesehen ist, kann gestellt werden, bis die Bestätigung des Plans rechtskräftig geworden ist (vgl. BT-Dr 12/2443, S. 212; Sinz, in: MünchKomm-InsO, § 251 Rdnr. 6). Überraschend gestellte Versagungsanträge ohne vorherigen Widerspruch würden gegebenenfalls die Anberaumung eines neuen Prüfungstermins erfordern.“[426]

Laut den Erwägungen des BGH beschränkt sich der Widerspruch primär auf eine informatorische Funktion für die Beteiligten.[427] Durch den Widerspruch sollen diese lediglich darüber in Kenntnis gesetzt werden, dass der Plan trotz einer mehrheitlichen Annahme noch scheitern kann. Im Gegensatz zu dem Schuldnerwiderspruch gemäß § 247 Abs. 1 InsO löst

424 BGH v. 22.3.2007 – IX ZB 10/06, NZI 2007, 522; *Paul*, ZInsO 2007, 856, 858 m. w. N.

425 So BGH v. 22.3.2007 – IX ZB 10/06, NZI 2007, 522; *Frank*, in: Runkel, Anwalts-Handbuch Insolvenzrecht, § 12 Rn. 273.

426 BGH v. 22.3.2007 – IX ZB 10/06, NZI 2007, 522.

427 Dazu siehe auch Begr. RegE ESUG, BT-Drucks. 17/5712, S. 35.

der Widerspruch i. S. v. § 251 Abs. 1 Nr. 1 InsO keine inhaltliche Prüfung des Insolvenzgerichts aus. Dazu bedarf es eines Minderheitenschutzantrags gemäß § 251 Abs. 1 InsO. Auch unter diesem Gesichtspunkt kann einem Planwiderspruch i. S. v. § 251 Abs. 1 Nr. 1 InsO nicht die Macht zugesprochen werden, einen Plan zu verhindern.

Da allein der Planwiderspruch i. S. v. § 251 Abs. 1 Nr. 1 InsO aufgrund seiner lediglich informatorischen Funktion keine Prüfung der Minderheitenschutzvorschriften durch das Insolvenzgericht auslöst, scheidet dieser als Anknüpfungspunkt für eine formelle Beschwer von Gläubigern und Anteilsinhabern aus. Insoweit fehlt es an einer gerichtlichen Entscheidung, die hinter der – mit dem Widerspruch – begehrten Entscheidung des Beteiligten zurückbleibt.[428]

(4) § 253 Abs. 2 Nr. 3 InsO als Anknüpfungspunkt für ein Antragserfordernis

Unter Berücksichtigung der eingeschränkten Funktion des Widerspruchs ließe sich eine Umdeutung der Zulässigkeitsvoraussetzung i. S. v. § 253 Abs. 2 Nr. 1 InsO in einen erforderlichen Minderheitenschutzantrag ausschließlich auf die Gesetzesbegründung zu § 253 Abs. 2 Nr. 1 InsO stützen. Ein solches Verständnis ginge jedoch mit einer bedenklich weitreichenden Überdehnung des Wortlauts des § 253 Abs. 2 Nr. 1 InsO einher. Zwar normiert § 253 Abs. 2 Nr. 1 InsO eine Zulässigkeitsvoraussetzung für *jeden* potenziellen Beschwerdeführer, insbesondere auch für einen Schuldner. Für den Schuldner stellt der gleichlautende „Widerspruch" gemäß § 247 InsO eine entsprechende verfahrensmäßige Möglichkeit i. S. v. § 253 Abs. 2 Nr. 1 InsO auch durchaus dar, mit der ein Plan verhindert werden kann. Daher kann nicht ausgeschlossen werden, dass der Gesetzgeber den „Widerspruch" i. S. v. § 253 Abs. 2 Nr. 1 InsO für Gläubiger und Anteilsinhaber als Rechtsbehelf des Minderheitenschutzantrags verstanden wissen will, der lediglich aus Gründen der Straffung des Wortlauts die untechnische Bezeichnung des „Widerspruchs" trägt. Vor diesem Hintergrund ließe sich das Erfordernis eines Minderheitenschutzantrags für Gläubiger und Anteilsinhaber auch nicht mit einem Umkehrschluss der Vorschrift

428 Zu dem Begriff der formellen Beschwer siehe oben § 10, II., 1.

des § 253 Abs. 3 InsO widerlegen,[429] in der ebenfalls ausschließlich von einem Widerspruch die Rede ist.

Im Ergebnis bedarf es einer Umdeutung des Widerspruchserfordernisses gemäß § 253 Abs. 2 Nr. 1 InsO in ein Antragserfordernis jedoch deshalb nicht, weil sich Letzteres als ungeschriebene Zulässigkeitsvoraussetzung jedenfalls der beschwerderechtlichen materiellen Zulässigkeitsvoraussetzung gemäß § 253 Abs. 2 Nr. 3 InsO entnehmen lässt.

§ 253 Abs. 2 Nr. 3 InsO verlangt für die Zulässigkeit einer sofortigen Beschwerde die Glaubhaftmachung einer wesentlichen Schlechterstellung gegenüber einem hypothetischen Regelverfahren. Durch das Erfordernis der konkreten materiellen Beschwer im Sinne von § 253 Abs. 2 Nr. 3 InsO bringt der Gesetzgeber seit dem Inkrafttreten des ESUG zum Ausdruck, dass der Erfolg einer sofortigen Beschwerde von der (wesentlichen) Verletzung der Minderheitenschutzrechte des Beschwerdeführers abhängt. Damit es jedoch im Beschwerdeverfahren vor dem Beschwerdegericht auf den Versagungsgrund einer voraussichtlichen Schlechterstellung des Beteiligten gemäß § 251 InsO ankommen kann, muss die Überprüfung einer voraussichtlichen Schlechterstellung des Beteiligten, d. h. der Minderheitenschutz in Form der Gewährleistung seines Mindestliquidationswertes, bereits Prüfungsgegenstand im Bestätigungsverfahren gewesen sein (§ 248 InsO). Anderenfalls würde sich die inhaltliche Prüfung des Beschwerdegerichts und damit der Beschwerdegegenstand gegenüber dem „vorinstanzlichen" Bestätigungsverfahren in unzulässiger Weise erweitern.[430]

Die Überprüfung des individuellen Minderheitenschutzes im insolvenzgerichtlichen Bestätigungsverfahren erfordert in den Fällen, in denen Gläubiger oder Anteilsinhaber innerhalb ihrer Abstimmungsgruppe überstimmt wurden, jedoch stets einen Minderheitenschutzantrag gemäß § 251 Abs. 1 InsO. Fehlt es an einem Antrag gemäß § 251 Abs. 1 InsO, ist die voraussichtliche Schlechterstellung des überstimmten Beteiligten schon kein Prüfungsbestandteil des Bestätigungsverfahrens und steht

429 So BGH v. 17.7.2014 – IX ZB 13/14 (*Suhrkamp*), NZG 2014, 1309, 1310 Rn. 20 f.

430 *Sinz*, in: MünchKomm-InsO, § 251 Rn. 10; *Fölsing*, EWiR 2014, 293, 294.

einer Planbestätigung nicht entgegen. Eine Überprüfung von Amts wegen erfolgt nicht. In den Fällen kann es damit auch in der Beschwerdeinstanz nicht auf den Versagungsgrund des § 251 InsO, d.h. auf eine voraussichtliche (wesentliche) Schlechterstellung des Beschwerdeführers ankommen.[431] Dies gilt selbst dann, wenn der Beteiligte dem Plan gemäß § 251 Abs. 1 Nr. 1 InsO widersprochen hat, da allein der Widerspruch eine entsprechende Prüfung durch das Insolvenzgericht nicht auszulösen vermag.[432]

Damit lässt sich das Erfordernis eines Minderheitenschutzantrags als ungeschriebene Zulässigkeitsvoraussetzung mittelbar der beschwerderechtlichen Erfolgsvoraussetzung der konkreten materiellen Beschwer entnehmen (§ 253 Abs. 2 Nr. 3 InsO). Dem steht auch die Erwägung des BGH nicht entgegen, wonach der Wortlaut des § 253 Abs. 2 Nr. 3 InsO einen Minderheitenschutzantrag nicht vorsehe.[433] Insoweit führt der BGH in seiner *Suhrkamp*-Entscheidung weiter aus, dass sich die Grundsätze über die Einlegung und Begründung von Rechtsmitteln durch ein „besonderes Maß an Gleichheit, Klarheit und innerer Logik" auszeichnen müssen. Insbesondere dürfe die normative Ausgestaltung des Rechtswegs für den Rechtssuchenden nicht unzumutbar sein. Die Herleitung eines Antragserfordernisses gemäß § 251 Abs. 1 InsO aus der Zulässigkeitsvoraussetzung des § 253 Abs. 2 Nr. 1 InsO werde diesen verfassungsrechtlichen Maßstäben nicht gerecht.[434]

---

431 So i. E. auch jüngst LG Berlin v. 21./24.2.2014 – 51 T 107/14 (*Suhrkamp*), ZInsO 2014, 962, 963, mit Anm. *Fölsing*, EWiR 2014, 293. Der Prüfungsumfang des Beschwerdegerichts entspricht der Rechtsmäßigkeitsprüfung im Bestätigungsverfahren (BGH v. 23.10.2008 – IX ZB 235/06, NZI 2009, 106, 107 Rn. 10). Deshalb ist der individuelle Minderheitenschutz nur Prüfungsgegenstand im Beschwerdeverfahren, sofern dieser schon im Bestätigungsverfahren gem. § 248 InsO geprüft wurde; dies erfolgt jedoch nicht von Amts wegen sondern nur auf ausdrücklichem Antrag gem. § 251 InsO, *Sinz*, in: MünchKomm-InsO, § 248 Rn. 22 m.w.N.; *Andres*, in: Andres/Leithaus, InsO, § 251 Rn. 2; *Braun/Frank*, in: Braun, InsO, § 251 Rn. 1; *Braun*, in: Nerlich/Römermann, InsO, § 248 Rn. 3.

432 Zum Planwiderspruch als formales Element siehe oben § 12, II., 2., b), aa), (3).

433 So aber BGH v. 17.7.2014 – IX ZB 13/14 (*Suhrkamp*), NZG 2014, 1309, 1310 Rn. 14 f.

434 BGH v. 17.7.2014 – IX ZB 13/14 (*Suhrkamp*), NZG 2014, 1309, 1310 Rn. 14 f. mit Verweis auf BVerfG v. 11.02.1987 – 1 BvR 475/85, BVerfGE 74, 228, 234.

Auf den ersten Blick überzeugend, vermag das Argument des BGH unter Berücksichtigung der Rechtslage vor dem Inkrafttreten des ESUG jedenfalls auf den zweiten Blick die Herleitung eines Antragserfordernisses aus § 253 Abs. 2 Nr. 3 InsO nicht zu widerlegen. So konnte eine sofortige Beschwerde bereits vor dem Inkrafttreten des ESUG nur mit Erfolg auf den Versagungsgrund des § 251 InsO und damit auf eine Verletzung von Minderheitenschutzrechten durch den Planbestätigungsbeschluss gestützt werden, sofern der Beschwerdeführer im Vorfeld der Planbestätigung ein Minderheitenschutzverfahren erfolglos durchlaufen hat.[435] Entsprechende Hinweise zum Erfordernis des Durchlaufens eines Minderheitenschutzverfahrens sah der Wortlaut des § 253 InsO a. F. vor dem Inkrafttreten des ESUG ebenfalls nicht vor. Verfassungsrechtliche Bedenken wurden in diesem Zusammenhang, soweit ersichtlich, jedoch nicht geäußert. Die Einführung der materiellen Zulässigkeitsvoraussetzung des § 253 Abs. 2 Nr. 3 InsO scheint gegenüber der Rechtslage vor dem Inkrafttreten des ESUG insoweit zu mehr Klarheit beizutragen.

Im Ergebnis kann damit ein Gläubiger bzw. Anteilsinhaber, der innerhalb seiner Gruppe überstimmt wurde und wegen einer drohenden Schlechterstellung im Wege der sofortigen Beschwerde gegen einen Planbestätigungsbeschluss vorgeht, die Zulässigkeitsvoraussetzung des § 253 Abs. 2 Nr. 3 InsO nur erfüllen, sofern er zuvor ein Minderheitenschutzverfahren gemäß § 251 InsO erfolglos durchlaufen hat.[436] In den Fällen erfüllt der Beschwerdeführer damit regelmäßig zugleich die Zulässigkeitsvoraussetzung des Widerspruchs gemäß § 253 Abs. 2 Nr. 1 InsO, der seinerseits eine Zulässigkeitsvoraussetzung für einen Minderheitenschutzantrag darstellt (§ 251 Abs. 1 Nr. 1 InsO). Für eine terminologische Vermischung des Widerspruchs und des Antrags auf der Grundlage des § 253 Abs. 2 Nr. 1 InsO besteht daher kein Erfordernis, da insoweit die materielle Zulässigkeitsvoraussetzung des § 253 Abs. 2 Nr. 3 InsO als Anknüpfungspunkt für die – ungeschriebene – Voraussetzung eines Minderheitenschutzantrags dient. Dadurch ist zugleich gewährleistet, dass die sofortige Beschwerde eines mehrheitlich überstimmten Gläubigers bzw. Anteilsinhabers nur zulässig

435 BGH v. 15.7.2010 – IX ZB 65/10, BeckRS 17861 Rn. 17. ff.

436 So i. E. auch *Braun/Frank*, in: Braun, InsO, § 253 Rn. 11; *Smid/Rattunde/Martini*, Der Insolvenzplan, Rn. 18.36d; *Fischer*, NZI 2013, 513, 515.

ist, wenn dieser seine verfahrensrechtlichen Möglichkeiten ausgeschöpft hat, um den Plan zu verhindern.

(5) Doppelfunktion des Widerspruchserfordernisses

Soweit mit dem Widerspruchserfordernis gemäß § 253 Abs. 2 Nr. 1 InsO laut der Regierungsbegründung zum ESUG auf eine verfahrensmäßige Maßnahme hingewirkt wird, „*um*“ einen Insolvenzplan im Bestätigungsverfahren zu verhindern, kommt diese Funktion allein dem Schuldnerwiderspruch zu (§ 247 Abs. 1 InsO). Demnach scheint es für die Terminologie des „Widerspruchs“ im Rahmen von sofortigen Beschwerden von Gläubigern und Anteilsinhabern an einer Daseinsberechtigung zu fehlen. Gleichwohl erwähnt die Gesetzesbegründung im Zusammenhang mit der Vorschrift des § 253 Abs. 2 Nr. 1 InsO darüber hinaus, dass der Beschwerdeführer seine Beschwer durch einen Widerspruch zweifelsfrei geltend machen müsse, weil die damit bezweckte eindeutige Äußerung des Beschwerdeführers „*Im Interesse der Planbarkeit des Verfahrens …*“ zwingend erforderlich sei.[437] Damit misst der Gesetzgeber der beschwerderechtlichen Widerspruchsvoraussetzung gemäß § 253 Abs. 2 Nr. 1 InsO zusätzlich eine informatorische Funktion zu, die auch dem minderheitenschutzrechtlichen Widerspruch gemäß § 251 Abs. 1 Nr. 1 InsO seit jeher zukommt.

Damit lässt sich der scheinbare Widerspruch zwischen dem Wortlaut des § 253 Abs. 2 Nr. 1 InsO und der daran anknüpfenden Gesetzesbegründung dahin auflösen, dass sich das zum Ausdruck kommende Erfordernis der *Ausschöpfung verfahrensmäßiger Möglichkeiten zur Verhinderung eines Plans* ausschließlich auf den Schuldnerwiderspruch gemäß § 247 Abs. 1 InsO bezieht. Für Gläubiger und Anteilsinhaber, die innerhalb ihrer Abstimmungsgruppe mehrheitlich überstimmt werden, beschränkt sich die Funktion des Widerspruchs i. S. v. § 253 Abs. 2 Nr. 1 InsO dagegen auf die – förmliche – informatorische Funktion zur Verbesserung der Planbarkeit des Verfahrensablaufs. Gleichwohl sind auch Gläubiger und Anteilsinhaber nicht von dem Zulässigkeitserfordernis entbunden, ihre verfahrensmäßigen Möglichkeiten im Rahmen des § 253 Abs. 2 InsO

437 Begr. RegE ESUG, BT-Drucks. 17/5712, S. 35.

vollständig auszuschöpfen, um den Plan zu verhindern. Der gesetzliche Anknüpfungspunkt ist hierbei jedoch in der materiellen Zulässigkeitsvoraussetzung des § 253 Abs. 2 Nr. 3 InsO zu erblicken. In Anbetracht der Doppelfunktion des Widerspruchserfordernisses kann folglich auch für Beschwerdekonstellationen von Gläubigern und Anteilsinhabern an dem Gesetzeswortlaut des § 253 Abs. 2 Nr. 1 InsO festgehalten werden.

(6) Keine Zulässigkeitshürde gemäß § 253 Abs. 2 Nr. 1 InsO im Falle eines durchlaufenen Minderheitenschutzverfahrens

Das beschwerderechtliche Zulässigkeitserfordernis eines Minderheitenschutzantrags für überstimmte Gläubiger und Anteilsinhaber hat regelmäßig zur Folge, dass einem Antrag zugleich auch ein Planwiderspruch i. S. v. § 251 Abs. 1 InsO – als Zulässigkeitsvoraussetzung des Minderheitenschutzantrags – vorausgegangen sein wird. Zwingend ist dies gleichwohl nicht, wie ein Sachverhalt aus dem Jahre 2007 zeigt, der dem BGH in einem Rechtsbeschwerdeverfahren zugrunde lag.[438] In dem besagten Sachverhalt versäumte es ein Gläubiger, zusätzlich zu seinem Minderheitenschutzantrag einen Widerspruch zu erklären, weshalb das seinerzeit zuständige LG Berlin den Minderheitenschutzantrag als unzulässig zurückwies.[439]

Dem entgegnete der BGH, dass auf einen Widerspruch gemäß § 251 Abs. 1 Nr. 1 InsO als bloße „Förmelei" verzichtet werden könne, sofern schon der Minderheitenschutzantrag gemäß § 251 Abs. 1 InsO – wie im Fall geschehen – frühzeitig im Abstimmungstermin gestellt worden ist,[440] obwohl für die Antragstellung vor dem Inkrafttreten des ESUG noch bis kurz vor der Verkündung des gerichtlichen Bestätigungsbeschlusses gemäß §§ 248, 252 InsO, nach anderer Auffassung noch bis zur (formellen) Rechtskraft des Bestätigungsbeschlusses gemäß §§ 248, 254 Abs. 1 Satz 1 InsO a. F. Gelegenheit gewesen wäre.[441] Weil in dieser Konstellation bereits frühzeitig im Abstimmungstermin Klarheit für die Beteiligten darüber bestanden habe,

---

438 BGH v. 22.3.2007 – IX ZB 10/06, NZI 2007, 522.

439 LG Berlin v. 6.1.2006 – 86 T 446/05.

440 So BGH v. 22.3.2007 – IX ZB 10/06, NZI 2007, 522.

441 Dazu siehe die Nachweise in § 12, II., 2., b), aa), (3).

dass ein Plan noch scheitern könne, habe es keines zusätzlichen Widerspruchs bedurft.[442]

Ein fehlender Widerspruch gemäß § 251 Abs. 1 Nr. 1 InsO darf folglich nicht dazu führen, dass ein Minderheitenschutzantrag als unzulässig verworfen wird, sofern die Beteiligten über ein mögliches Scheitern des Plans frühzeitig in Form eines Minderheitenschutzantrags gemäß § 251 Abs. 1 InsO in Kenntnis gesetzt wurden.[443]

Unter Berücksichtigung der mit dem ESUG erfolgten Änderungen des § 251 InsO werden die Beteiligten nunmehr jedoch stets in Form des Minderheitenschutzantrags frühzeitig über ein mögliches Scheitern des Plans in Kenntnis gesetzt. Zurückzuführen ist diese Feststellung auf die neuartige Fristenregelung für die Glaubhaftmachung einer voraussichtlichen Schlechterstellung in § 251 Abs. 2 InsO. Demzufolge ist ein Minderheitenschutzantrag nur zulässig, wenn der Antragsteller „spätestens im Abstimmungstermin" glaubhaft macht, dass er durch den Plan voraussichtlich schlechtergestellt wird.

Damit drängt sich jedoch die prozessuale Frage auf, ob auch der Minderheitenschutzantrag nunmehr spätestens im Abstimmungstermin zu stellen ist, in dessen Rahmen die Glaubhaftmachung der Schlechterstellung zu erfolgen hat. Das Gesetz schweigt zu dem Zeitpunkt der Antragstellung. Hält man jedoch mit einigen Stimmen im Schrifttum entsprechend der alten Rechtslage weiterhin an der Möglichkeit der Antragstellung bis zur Verkündung des Bestätigungsbeschlusses[444] oder bis zu dessen (formeller) Rechtskraft[445] fest, hätte dies zur Folge, dass die Glaubhaftmachung gemäß § 251 Abs. 2 InsO isoliert und damit unabhängig von dem Antrag gemäß § 251 Abs. 1 InsO erfolgen könnte, je nach Zeitpunkt der Antragstellung sogar müsste. Denn der Planwiderspruch i. S. v. § 251 Abs. 1 Nr. 1 InsO als

442 BGH v. 22.3.2007 – IX ZB 10/06, NZI 2007, 522.

443 Dazu vgl. auch *Sinz*, in: MünchKomm-InsO, § 253 Rn. 27.

444 So auch seit Inkrafttreten des ESUG *Pleister*, in: KPB, InsO § 251 Rn. 5; *Andres*, in: Andres/Leithaus, InsO, § 251 Rn. 2; *Haas*, in: HK-InsO, § 251 Rn. 4; *Wenzel*, in: Haarmeyer/Wutzke/Förster, InsO, § 251 Rn. 6; *Thies*, in: HambKomm-InsO, § 251 Rn. 5.

445 So nach gegenwärtiger Rechtslage etwa *Gietl*, in: Wimmer/Dauernheim/Wagner/Gietl, Handbuch des Fachanwalts Insolvenzrecht, Kap. 13 Rn. 167.

einzig in Betracht kommender „formaler Träger“ für die Glaubhaftmachung bedarf im Hinblick auf seine eingeschränkte informatorische Funktion keiner weiteren Begründung, mit der die Glaubhaftmachung einer Schlechterstellung verbunden werden könnte.[446]

Die Möglichkeit einer isolierten Glaubhaftmachung findet im Gesetz jedoch keine Stütze. Sie würde zudem das gesetzgeberische Ziel konterkarieren, Insolvenzplanverfahren zügig abzuschließen. Denn die Frage nach dem Gelingen der Glaubhaftmachung einer voraussichtlichen Schlechterstellung gemäß § 251 Abs. 2 i. V. m. Abs. 1 Nr. 2 InsO setzt – wenn auch auf der Grundlage eines herabgesetzten Überzeugungsgrades – einen gerichtlichen Prüfungsaufwand des Insolvenzgerichts in Gang.[447] Damit würde das Gericht mit einer verfahrensverzögernden Prüfung beauftragt, obwohl zu diesem Zeitpunkt noch keine Gewissheit darüber bestünde, ob die Antragstellung gemäß § 251 Abs. 1 InsO künftig folgen wird. Eine vorgezogene Glaubhaftmachung hätte eine *pro forma* Prüfung des Insolvenzgerichts zur Konsequenz, für die im Falle einer ausbleibenden Antragstellung gemäß § 251 InsO rückblickend kein Erfordernis bestanden hätte.

Seit dem Inkrafttreten des ESUG ist damit bereits der Minderheitenschutzantrag gemäß § 251 Abs. 1 InsO zusammen mit dem erforderlichen Tatsachenvortrag sowie der entsprechenden Glaubhaftmachung spätestens im Abstimmungstermin zu stellen.[448] Der Antrag übernimmt insoweit zugleich die informatorische Funktion, die Beteiligten frühzeitig über ein mögliches Scheitern des Plans in Kenntnis zu setzen, wodurch ein Planwiderspruch i. S. v. § 251 Abs. 1 Nr. 1 InsO auf der Grundlage der Rechtsprechung des BGH[449] als Formalie nunmehr obsolet ist.

Die Entbehrlichkeit des minderheitenschutzrechtlichen Widerspruchs strahlt schließlich in gleicher Weise auf die beschwerderechtliche Zuläs-

---

446 BGH v. 22.3.2007 – IX ZB 10/06, NZI 2007, 522; ausführlich § 12, II., 2., b), aa), (3).

447 Näher zur Glaubhaftmachung § 12, III., 4., a).

448 So auch *Sinz*, in: MünchKomm-InsO, § 251 Rn. 11; *Burmeister/Schmidt-Hern*, in: Kübler, HRI, § 43 Rn. 27 f.; *Spliedt*, in: K. Schmidt, InsO, § 251 Rn. 4; *Wenzel*, in: Haarmeyer/Wutzke/Förster, InsO, § 251 Rn. 10: „Der Gläubiger muss diese Schlechterstellung mit dem Antrag glaubhaft machen.“; a. A. *Thies*, in: HambKomm-InsO, § 251 Rn. 5; *Pleister*, in: KPB, InsO, § 251 Rn. 5.

449 BGH v. 22.3.2007 – IX ZB 10/06, NZI 2007, 522.

sigkeitsvoraussetzung des § 253 Abs. 2 Nr. 1 InsO aus. Das hat zur Folge, dass der beschwerderechtlichen Zulässigkeitsvoraussetzung des Planwiderspruchs für Beschwerden von Gläubigern und Anteilsinhabern aufgrund des Antragserfordernisses (vgl. § 253 Abs. 2 Nr. 3 InsO) gleichermaßen eine eigenständige Bedeutung abgesprochen werden muss, da mit § 253 Abs. 2 Nr. 1 InsO als verfahrensmäßige Maßnahme insoweit an den minderheitenschutzrechtlichen Widerspruch angeknüpft wird.

(7) Ergebnis

Die formelle Zulässigkeitsvoraussetzung des Planwiderspruchs gemäß § 253 Abs. 2 Nr. 1 InsO hat für diejenigen Gläubiger und Anteilsinhaber keine eigenständige Bedeutung, die im Abstimmungstermin innerhalb ihrer Gruppe überstimmt wurden. Gleichwohl müssen auch diese Beteiligten für ihre erforderliche formelle Beschwer ihre verfahrensmäßigen Möglichkeiten ausgeschöpft haben, um einen Plan zu verhindern. Dafür müssen sie ein Minderheitenschutzverfahren gemäß § 251 InsO erfolglos durchlaufen haben, da anderenfalls ihre potenzielle materielle Beschwer in Form einer wesentlichen Schlechterstellung gemäß § 253 Abs. 2 Nr. 3 InsO schon kein Prüfungsgegenstand des Beschwerdeverfahrens ist.

bb) Verfahrensrechtliche Möglichkeiten im Falle ausbleibender Gruppenmehrheit

Die Entbehrlichkeit der beschwerderechtlichen Zulässigkeitsvoraussetzung des Planwiderspruchs gemäß § 253 Abs. 2 Nr. 1 InsO beschränkt sich mit den vorangegangenen Ausführungen zunächst ausschließlich auf Beschwerdekonstellationen derjenigen Beteiligten, die innerhalb ihrer Abstimmungsgruppe mehrheitlich überstimmt wurden. Alternativ kommen für Gläubiger und Anteilsinhaber solche Beschwerdekonstellation in Betracht, in denen ihre Abstimmungsgruppe dem Insolvenzplan die mehrheitliche Zustimmung gemäß §§ 243, 244 InsO insgesamt versagte, die erforderliche Mehrheit jedoch auf der Grundlage des Obstruktionsverbots gemäß § 245 InsO geschaffen wurde.[450] Auch in diesem Zusammenhang stellt sich die Frage, ob ein verfahrensmäßiger Widerspruch gegen den Plan erforderlich ist, um nicht mit einer sofortigen Beschwerde

450 Dazu siehe bereits oben § 8, II., 2.

gegen einen auf der Grundlage des § 245 InsO ergangenen Planbestätigungsbeschluss an der beschwerderechtlichen Zulässigkeitsvoraussetzung gemäß § 253 Abs. 2 Nr. 1 InsO zu scheitern.

Insoweit ergibt sich jedoch eine verfahrensrechtliche Besonderheit gegenüber der Abstimmungskonstellation, in der ein Gläubiger bzw. Anteilsinhaber lediglich innerhalb seiner Gruppe überstimmt wurde. Mit dem Widerspruchserfordernis gemäß § 253 Abs. 2 Nr. 1 InsO soll zunächst darauf hingewirkt werden, dass ein Beschwerdeführer im Vorfeld einer sofortigen Beschwerde seine ihm zur Verfügung stehenden verfahrensmäßigen Möglichkeiten ausgeschöpft hat, um einen Plan zu verhindern.[451] Darüber hinaus kommt dem Widerspruch eine informatorische Funktion zu, indem die Beteiligten frühzeitig darüber in Kenntnis gesetzt werden sollen, dass der Plan noch scheitern kann.[452] Sofern eine Abstimmungsgruppe dem Plan allerdings von vornherein die Zustimmung versagt, erschöpfen sich die verfahrensmäßigen Maßnahmen zur Verhinderung des Plans für die gruppenangehörigen Gläubiger bzw. Anteilsinhaber allein in der mehrheitlichen Versagung der Zustimmung. Darüber hinaus bedarf es keiner weiteren Maßnahmen, insbesondere keines Minderheitenschutzantrags, um einen Planbestätigung gegebenenfalls zu verhindern. Denn im Falle einer ausbleibenden Gruppenmehrheit ist der Insolvenzplan mangels Annahme bereits zunächst gescheitert. Ob die erforderliche Mehrheit auf der Grundlage des Obstruktionsverbots gemäß § 245 InsO nachträglich geschaffen werden kann, beurteilt sich anhand einer von Amts wegen durchzuführenden Prüfung des Insolvenzgerichts im Bestätigungsverfahren (§ 248 InsO). In diesem Zusammenhang erlangt auch der Minderheitenschutz der von einer Obstruktionsentscheidung gemäß § 245 InsO betroffenen Beteiligten Bedeutung, da die erforderliche Abstimmungsmehrheit gemäß § 245 Abs. 1 Nr. 1 InsO nur geschaffen werden kann, sofern die gruppenangehörigen Beteiligten nicht ungewollt schlechtergestellt werden. Es bedarf folglich weder eines Widerspruchs noch eines Minderheitenschutzantrags, um entsprechende Prüfungen des Insolvenzgerichts auszulösen. Ein Minderheitenschutzantrag gemäß § 251 Abs. 1 InsO ist für diese Gläubiger bzw. Anteilsinhaber

451 Begr. RegE ESUG, BT-Drucks. 17/5712, S. 35.

452 Begr. RegE ESUG, BT-Drucks. 17/5712, S. 35; siehe auch § 12, II., b), aa), (3).

auch überflüssig, da das Obstruktionsverbot gemäß § 245 InsO stets von Amts wegen geprüft wird und in seiner inhaltlichen Prüfungsreichweite zudem über den Rechtsschutz des individuellen Minderheitenschutzes gemäß § 251 InsO hinausgeht. So gewährleistet § 245 InsO den Beteiligten neben ihrem Mindestliquidationswert zusätzlich eine angemessene wirtschaftliche Beteiligung an dem Wert, der auf der Grundlage des Plans den Beteiligten zufließt. Auch ergeben sich aufgrund der von Amts wegen erfolgenden Überprüfung im Kontext des § 245 InsO verfahrensrechtliche Privilegierungen für Gläubiger bzw. Anteilsinhaber gegenüber einer Minderheitenschutzkonstellation gemäß § 251 InsO, da sie insoweit weder einen Versagungsantrag gemäß § 251 Abs. 1 InsO stellen noch eine voraussichtliche Schlechterstellung i. S. v. § 251 Abs. 1 Nr. 1 InsO glaubhaft machen müssen.[453]

Ausgehend von der Funktion der beschwerderechtlichen Zulässigkeitsvoraussetzung des Planwiderspruchs gemäß § 253 Abs. 2 Nr. 1 InsO haben diese Unterschiede zur Folge, dass die Durchführung verfahrensmäßiger Maßnahmen, die als Anknüpfungspunkt für eine erforderliche formelle Beschwer i. S. d. § 253 Abs. 2 Nr. 1 InsO dienen, nur in den Fällen gefordert werden kann, in denen das Gesetz diese für Gläubiger bzw. Anteilsinhaber vorsieht. Mit anderen Worten: Ist ein Widerspruch oder ein Minderheitenschutzantrag im Insolvenzplanverfahren für bestimmte Gläubiger bzw. Anteilsinhaber nicht vorgesehen, darf eine sofortige Beschwerde im Falle des Ausbleibens einer entsprechenden Maßnahme nicht auf der Grundlage des § 253 Abs. 2 InsO mangels formeller Beschwer als unzulässig verworfen werden.

Sofern die dem Gläubiger bzw. Anteilsinhaber angehörende Abstimmungsgruppe dem Plan mehrheitlich die Zustimmung versagt, sieht das Gesetz für sie jedoch weder einen Widerspruch noch ein Minderheitenschutzverfahren vor. Als verfahrensmäßige Anknüpfungspunkte für eine formelle Beschwer gemäß § 253 Abs. 2 InsO scheiden diese Maßnahmen folglich aus.

453 Dazu siehe bereits die Ausführungen in § 9, V., 2., c).

Das Erfordernis zur Erhebung eines Planwiderspruchs i. S. v. § 253 Abs. 2 Nr. 1 InsO lässt sich auch nicht auf die dem Widerspruchserfordernis zukommende informatorische Funktion stützen.[454] Ausweislich der Regierungsbegründung zum ESUG soll das Erfordernis zur Erklärung eines Widerspruchs zwar – auch – zu einer besseren Planbarkeit des Verfahrens beitragen, in dem bereits spätestens im Abstimmungstermin Kenntnis darüber besteht, dass der Plan noch scheitern kann. Sofern jedoch der Insolvenzplan im Falle einer ausbleibenden Abstimmungsmehrheit innerhalb der Gruppe schon nicht mehrheitlich angenommen wird, gilt dieser vorbehaltlich einer späteren Zustimmungsfiktion gemäß § 245 InsO als gescheitert. Dadurch werden die Beteiligten allein durch das Abstimmungsergebnis darüber in Kenntnis gesetzt, dass der Plan noch scheitern kann bzw. im Falle der fehlenden Voraussetzungen gemäß § 245 InsO gegebenenfalls niemals bestätigt wird. Damit übernimmt allein das Abstimmungsergebnis die Funktion, die Beteiligten im Interesse einer besseren Planbarkeit des Verfahrens über ein mögliches Scheitern des Plans zu „informieren".

Damit erlangt die beschwerderechtliche Zulässigkeitsvoraussetzung des Widerspruchserfordernisses gemäß § 253 Abs. 2 Nr. 1 InsO auch für (Beschwerdeführer-)Gläubiger bzw. -Anteilsinhaber keine Bedeutung, in deren Abstimmungsgruppe die erforderliche Mehrheit für die Annahme des Plans nicht erreicht wurde und die eine sofortige Beschwerde gegen einen Planbestätigungsbeschluss erheben, der auf einer fingierten Zustimmmung fußt (§ 245 InsO).

cc) Verfahrensrechtliche Möglichkeiten für *nicht stimmberechtigte* Gläubiger

Die Entbehrlichkeit des Widerspruchserfordernisses gemäß § 253 Abs. 2 Nr. 1 InsO trifft in gleichem Maße für (Beschwerdeführer-)Gläubiger zu, die im Abstimmungsverfahren nicht stimmberechtigt waren, weil ihnen in der Gruppe kein Stimmrecht gewährt wurde oder weil sie von vornherein schon keiner Abstimmungsgruppe angehört haben.[455]

454 Vgl. dazu § 12, II., b), aa), (5).

455 Dazu siehe bereits § 9, V., 2., c), cc) und im Folgenden § 12, II., 2., c).

Für die *gruppenangehörigen, nicht stimmberechtigten* Gläubiger richten sich die verfahrensmäßigen Möglichkeiten zur Verhinderung eines Plans als Anknüpfungspunkt der formellen Zulässigkeitsvoraussetzung gemäß § 253 Abs. 2 InsO danach, ob der Plan in ihrer Gruppe gemäß §§ 243, 244 InsO mehrheitlich angenommen wurde oder eine Planannahme in der Gruppe insgesamt zunächst unterblieben, die Zustimmung jedoch gemäß § 245 InsO ersetzt worden ist.

Im ersten Fall muss der Gläubiger ein Minderheitenschutzverfahren gemäß § 251 InsO durchlaufen haben, um eine sofortige Beschwerde zulässig verfolgen zu können. Ein Widerspruch genügt den Anforderungen nicht.[456] Im letzteren Fall bedarf es dagegen weder eines Widerspruchs noch eines Minderheitenschutzantrags, da auch ein *nicht stimmberechtigter Gläubiger* von der Prüfungsreichweite des § 245 InsO umfasst ist. Der Anwendungsbereich des § 245 InsO erstreckt sich dabei auf alle Angehörigen der Gruppe, nicht lediglich auf die in der Gruppe stimmberechtigten Gläubiger.[457]

Erheben dagegen *gruppenlose Gläubiger* wegen einer ungewollten voraussichtlichen Schlechterstellung eine Beschwerde gegen einen Planbestätigungsbeschluss (vgl. §§ 222 Abs. 1 Nr. 3, 225 InsO), müssen diese stets ein Minderheitenschutzverfahren gemäß § 251 InsO durchlaufen haben, um eine Beschwerde zulässig verfolgen zu können. Durch den individuellen Minderheitenschutz gemäß § 251 InsO besteht für sie die Möglichkeit, eine ungewollte voraussichtliche Schlechterstellung im Planverfahren zu rügen und einen Plan gegebenenfalls zu verhindern. Diesen Weg müssen sie ausgeschöpft haben, damit sie formell beschwert sind und es somit in materiell-rechtlicher Hinsicht im Beschwerdeverfahren auf eine potenzielle Rechtsverletzung ihres Minderheitenschutzes in Form einer (wesentlichen) Schlechterstellung gemäß § 253 Abs. 2 Nr. 3 InsO ankommen kann.[458]

456 Dazu ausführlich § 12, II., 2., b), aa), (4).
457 Dazu ausführlich § 9, V., 2., c), ee).
458 Dazu ausführlich § 12, II., 2., b), aa), (4).

c) Abstimmung gegen den Plan gemäß § 253 Abs. 2 Nr. 2 InsO

Als weitere Zulässigkeitsvoraussetzung setzt § 253 Abs. 2 Nr. 2 InsO voraus, dass Gläubiger und Anteilsinhaber im Abstimmungstermin gegen den Insolvenzplan gestimmt haben. Damit knüpft das Gesetz die Zulässigkeit der sofortigen Beschwerde entgegen der alten Rechtslage in zweifacher Hinsicht sowohl an die Beteiligung an der Abstimmung über den Plan als auch an ein bestimmtes Stimmverhalten. Insoweit normiert § 253 Abs. 2 Nr. 2 InsO zumindest für diejenigen Gläubiger und Anteilsinhaber eine zwingende Zulässigkeitsvoraussetzung, die im Abstimmungstermin innerhalb ihrer Abstimmungsgruppe stimmberechtigt waren. Darüber hinaus stellt sich jedoch auch im Hinblick auf § 253 Abs. 2 Nr. 2 InsO die Frage, ob die Zulässigkeitsvoraussetzung ausnahmslos Geltung erlangt.[459] Speziell für *nicht stimmberechtigte Gläubiger*, die gemäß §§ 254 ff. InsO gleichermaßen von den Wirkungen eines rechtskräftigen Planbestätigungsbeschlusses in ihren Rechten betroffen sein können, hätte ein zwingendes Erfordernis erhebliche Folgen. Ihre Beschwerden wären stets unzulässig.

aa) Nicht stimmberechtigte Gläubiger

Soweit die Frage des Anwendungsbereichs in diesem Kontext ausschließlich für nicht stimmberechtigte *Gläubiger* aufgeworfen wird, ist das darauf zurückzuführen, dass sich die Frage für den Schuldner sowie für Anteilsinhaber von vornherein nicht stellt. Denn der Schuldner ist bereits von Gesetzes wegen von dem Abstimmungsverfahren über den Insolvenzplan ausgeschlossen. Über die Annahme eines Plans stimmt dieser nicht aktiv ab. Anteilsinhaber können dagegen zwar grundsätzlich über einen Insolvenzplan abstimmen. Ein Stimmrecht wird ihnen jedoch nur in den Fällen verwehrt, in denen ihre Anteils- bzw. Mitgliedschaftsrechte durch den Plan nicht beeinträchtigt werden (vgl. § 238a Abs. 2 i. V. m. § 237 Abs. 2 InsO). Da ihnen in diesen Fällen aber bereits die Beteiligteneigenschaft i. S. v. § 254 Abs. 1 InsO abgesprochen werden muss, weil sie von den Planwirkungen nicht betroffen wären, steht ihnen auch das Beschwerderecht

459 Dafür etwa *Merten*, Die neue Insolvenzrechtsreform, S. 114; wohl auch *Thies*, in: HambKomm-InsO, § 253 Rn. 17.

gemäß § 253 InsO nicht zu.[460] Sieht der Insolvenzplan dagegen Regelungen ihrer Anteils- und Mitgliedschaftsrechte vor, wird ihnen auch ein Stimmrecht gewährt (vgl. § 238a Abs. 1 InsO). In den Fällen müssen sie gemäß § 253 Abs. 2 Nr. 2 InsO gegen den Plan gestimmt haben, um eine Beschwerde zulässig einlegen zu können.

Weniger eindeutig ist die Frage des Anwendungsbereichs des § 253 Abs. 2 Nr. 2 InsO für *nicht stimmberechtigte Gläubiger* zu beantworten. Damit sind zunächst die Gläubiger gemeint, denen das Insolvenzgericht trotz Zugehörigkeit zu einer Abstimmungsgruppe kein Stimmrecht gewährt hat. Hinzu kommen gruppenlose Gläubiger, die mangels Gruppenzuordnung von vornherein von dem Abstimmungsverfahren ausgeschlossen waren (vgl. § 222 Abs. 1 Nr. 3 i. V. m. § 225 Abs. 1 InsO). Obwohl sie nicht über den Plan abstimmen, können sie gleichermaßen ungewollt in die Wirkungen eines rechtskräftig bestätigten Insolvenzplans einbezogen werden (vgl. §§ 254 bis 254b InsO).[461]

Durch die zwingende Anwendung der Zulässigkeitsvoraussetzung gemäß § 253 Abs. 2 Nr. 2 InsO wären die *nicht stimmberechtigten Gläubiger* (faktisch) von dem Rechtsmittel der sofortigen Beschwerde gegen einen Bestätigungsbeschluss ausgeschlossen. Ihr Rechtsschutz würde sich auf die Minderheitenschutzregelungen im Rahmen des Obstruktionsverbots gemäß § 245 InsO oder, je nach Abstimmungskonstellation, auf den individuellen Minderheitenschutz gemäß § 251 InsO beschränken.

Zur Frage einer etwaigen Ausnahmeregelung von dem Erfordernis des § 253 Abs. 2 Nr. 2 schweigen die Gesetzesmaterialien zum ESUG. Orientierung verschafft in diesem Zusammenhang ein Blick auf die Materialien der Entwurfsfassung der InsO. Ihr lassen sich die Gründe entnehmen, weshalb die Zulässigkeit einer sofortigen Beschwerde gegen einen Planbestätigungsbeschluss vor dem Inkrafttreten des ESUG weder an eine Stimmberechtigung noch an ein bestimmtes Stimmverhalten geknüpft wurde. Für die vorliegende Thematik sollen diese Erwägungen daher kurz

460 *Burmeister/Schmidt-Hern*, in: Kübler, HRI, § 43 Rn. 125; *Heinrich*, NZI 2012, 235, 241; a. A. *Pleister*, in: KPB, InsO, § 253 Rn. 9; *Pape*, ZInsO 2010, 2155, 2161.

461 Dazu siehe § 9, V., 2., c), cc).

aufgegriffen und einer vergleichenden Betrachtung mit der aktuellen Rechtslage unterzogen werden.

bb) Begründung der Entwurfsfassung einer InsO als Anknüpfungspunkt

Die Zulässigkeit einer sofortigen Beschwerde gegen einen Planbestätigungsbeschluss hing vor dem Inkrafttreten des ESUG weder von einer Stimmberechtigung des Beschwerdeführers noch von einem bestimmten Stimmverhalten ab. In der Begründung des Regierungsentwurfs der InsO heißt es zur sofortigen Beschwerde, seinerzeit geregelt in § 300 der Entwurfsfassung: „*auch Gläubiger streitiger Forderungen, denen das Gericht kein Stimmrecht zuerkannt hat, sollen zur Beschwerde berechtigt sein.*“[462]

(1) Rechtsgedanke des § 89 Abs. 1 der Entwurfsfassung

Die Entwurfsfassung verweist im Rahmen der Begründung auf die parallele Regelung des § 89 Abs. 1 des Entwurfs, der für absonderungsberechtigte- und nachrangige Gläubiger sowie für den Insolvenzverwalter ein Antragsrecht gewährt, mit dem die Aufhebung eines Beschlusses der Gläubigerversammlung erzielt werden kann, sofern der Beschluss einen Teil der Gläubiger unangemessen benachteiligt.

In der Entwurfsbegründung wird das Antragsrecht gemäß § 89 Abs. 1 bewusst nicht davon abhängig gemacht, ob im Einzelfall eine Stimmberechtigung des absonderungsberechtigten- oder nachrangigen Gläubigers in der Gläubigerversammlung bestanden hat. Denn obwohl § 87 Abs. 2 des Entwurfs für das Zustandekommen eines Gläubigerbeschlusses eine doppelte Mehrheitsentscheidung der Gläubigerversammlung vorsieht,[463] die Beschlussbefugnis mithin bei den Gläubigern liegt, sieht der Entwurf

---

462 Dazu siehe die Ausführungen in Begr. RegE InsO, BT-Drucks. 12/2443, S. 212 (zu § 300 InsO). § 300 der Entwurfsfassung wurde mit Ausnahme der damals noch vorgesehenen Beschwerdeberechtigung von *am Schuldner beteiligten Personen* unverändert gemäß § 253 InsO in das Gesetz übernommen. Die Erwägungen zu der vorliegenden Thematik können vorliegend mithin uneingeschränkt zugrunde gelegt werden.

463 § 87 Abs. 2 der Entwurfsfassung statuierte ein (doppeltes) Mehrheitserfordernis, bestehend aus Kopfmehrheit (Nr. 1) und Summenmehrheit bzgl. der Forderungsbeträge (Nr. 2), siehe Begr RegE InsO, BT-Drucks. 12/2443, S. 22 und die Begründung auf S. 133 (zu § 87).

nicht für jeden Gläubiger ein Stimmrecht vor. So kann Gläubigern ein Stimmrecht durch das Insolvenzgericht gegebenenfalls verwehrt werden oder dieses ist – für nachrangige Gläubiger – von vornherein nicht vorgesehen (vgl. § 88 Abs. 2 i. V. m. Abs. 1 der Entwurfsfassung). Gegen einen Stimmrechtsausschluss ist in der Entwurfsfassung zudem kein Rechtsmittel vorgesehen, mit dem sich ein betroffener Gläubiger gegen diesen zur Wehr setzen kann.[464] Daraus kann sich eine doppelte Betroffenheit ergeben. Während der Gläubiger seinen Stimmrechtsausschluss nicht mit einem Rechtsmittel angreifen kann und insoweit vor „vollendete Tatsachen" gestellt wird, erlangt ein mit der doppelten Mehrheit zu Stande gekommener Beschluss gleichwohl eine Bindungswirkung für alle Gläubiger, unabhängig von deren Mitwirkungsmöglichkeit bei der Entscheidungsfindung im Abstimmungstermin. Denn für die erforderlichen Mehrheitsverhältnisse (vgl. § 87 Abs. 2 des Entwurfs) kommt es ausschließlich auf die tatsächlich abgegebenen Stimmen in der Gläubigerversammlung an. Der abstimmungsberechtigte Teil der Gläubigerversammlung vermag nach der Konzeption der Entwurfsfassung daher Beschlüsse zu fassen, die einen Teil der Gläubiger, insbesondere die Minderheit sowie die *nicht stimmberechtigten Gläubiger*, benachteiligen kann.

Mit dem weitreichenden Antragsrecht des § 89 Abs. 1 steuert die Entwurfsfassung insoweit einer nachteilhaften doppelten Betroffenheit entgegen, indem auch für *nicht stimmberechtigte Gläubiger* ein Rechtsbehelf vorgesehen ist, mit dem sie sich gegen einen nachteilhaften Beschluss zur Wehr setzen können.

(2) Parallele Ausgestaltung des Insolvenzplanverfahrens in der Entwurfsfassung

Dass sich der Gesetzgeber in Bezug auf die Frage der Beschwerdebefugnis der *nicht stimmberechtigten Gläubiger* in der Entwurfsbegründung in § 300 mit einem Verweis auf die Parallelvorschrift des § 89 Abs. 1 begnügt, ist auf die vergleichbaren Abstimmungssysteme der Gläubigerversammlung und des Insolvenzplanverfahrens zurückzuführen. Denn in ihrer rechtlichen Konzeption gleichen die planrelevanten Vorschriften der §§ 253 ff. der Entwurfsfassung denen der Gläubigerversammlung gemäß §§ 85 ff., in

464 § 6 Abs. 1 der Entwurfsfassung einer InsO, BT-Drucks. 12/2443, S. 10.

die sich auch der Rechtsbehelf des § 89 Abs. 1 eingliedert. Übertragen auf den Kontext des Insolvenzplanverfahrens bedeutet das zusammengefasst:

Über die Annahme eines Insolvenzplans entscheiden die Gläubiger im Rahmen einer Abstimmung, für die ein (doppelter) Mehrheitsbeschluss erforderlich ist.[465] Nicht jeder von einer Planannahme bzw. einem späteren Planbestätigungsbeschluss potenziell betroffene Gläubiger ist im Abstimmungstermin auch stimmberechtigt, sofern etwa das Insolvenzgericht einem Gläubiger ein Stimmrecht verwehrt hat.[466] Gegen einen gerichtlichen Stimmrechtsausschluss steht den betroffenen Gläubigern kein Rechtsmittel zur Verfügung, da die Entwurfsfassung ein solches nicht vorsieht. Gleichwohl hat ein auf der Planannahme beruhender rechtskräftiger Planbestätigungsbeschluss eine Bindungswirkung für und gegen alle Gläubiger zur Folge, sodass die Mehrheit eine Plandurchsetzung auch gegen den Willen der Minderheit durchsetzen kann,[467] der diese zudem gegebenenfalls ungewollt benachteiligt.

Wie schon im Rahmen des § 89 Abs. 1 des Entwurfs kommt dem Beschwerderecht eines *nicht stimmberechtigten Gläubigers* damit auch innerhalb der sofortigen Beschwerde gemäß § 300 des Entwurfs eine (Ausgleichs-)Funktion zu. Insoweit wird den *nicht stimmberechtigten Gläubigern* ein Rechtsmittel gewährt, mit dem sie sich gegen Nachteile wehren können, die sie in Folge einer ungewollten Unterwerfung unter die Wirkungen eines rechtskräftigen Insolvenzplans erleiden würden. Aus diesem Grunde sieht die Entwurfsfassung auch für die sofortige Beschwerde gemäß § 300 davon ab, die Beschwerdebefugnis an eine Stimmberechtigung des Beschwerdeführers zu knüpfen.

465 §§ 288 ff. der Entwurfsfassung einer InsO, BT-Drucks. 12/2443, S. 54 f.

466 Dazu § 281 Abs. 1 Satz 1 i. V. m. Abs. 2 der Entwurfsfassung, BT-Drucks. 12/2443, S. 53 f. Abweichend zur Regelung des § 88 Abs. 1 Satz 2 der Entwurfsfassung sehen die planrechtlichen Vorschriften keinen unmittelbaren Stimmrechtsausschluss für nachrangige Gläubiger vor, BT-Drucks. 12/2443, S. 22.

467 Vgl. §§ 295 Abs. 1 i. V. m. 301 Abs. 1 Satz 1 der Entwurfsfassung, BT-Drucks. 12/2443, S. 55, 56.

cc) Identische Interessenlage für *nicht stimmberechtigte Gläubiger*

In Anknüpfung an die Interessenlage der *nicht stimmberechtigten Gläubiger* bzgl. der Rechtsbehelfe der §§ 89 Abs. 1, 300 des Entwurfs stellt sich vorliegend auch im Hinblick auf die Zulässigkeitsvoraussetzung des § 253 Abs. 2 Nr. 2 InsO die Frage nach einer Ausnahmeregelung. Dabei darf ein Aspekt zunächst nicht unberücksichtigt bleiben:

Die vorstehenden Erwägungen zu dem Rechtsbehelf des § 89 Abs. 1 sowie zu der sofortigen Beschwerde gemäß § 300 fußen ausschließlich auf den Erwägungen der Entwurfsbegründung. Die am 1. Januar 1999 in Kraft getretene InsO jedoch enthält keine wortlautgetreue Kodifikation des Rechtsbehelfs des § 89 Abs. 1 sowie der mit diesem in Verbindung stehenden Vorschriften der Gläubigerversammlung (§§ 85 ff. des Entwurfs). Gleiches gilt für die sofortige Beschwerde gemäß § 300 und für die Vorschriften des Insolvenzplanverfahrens (vgl. §§ 253 ff. des Entwurfs).[468]

Während die Vorschriften über die Gläubigerversammlung ihren gesetzlichen Niederschlag in abgewandelter Form in §§ 74 ff. InsO erfahren haben, erfolgte eine Kodifikation der Vorschriften des Insolvenzplanverfahrens ebenfalls in modifizierter Form gemäß §§ 217 ff. InsO. Gleichwohl resultierten daraus keine wesentlichen inhaltlichen Änderungen, die eine abweichende Argumentation im Hinblick auf das Antrags- und Beschwerderecht von *nicht stimmberechtigten Gläubigern* erforderlich machen würde.

Zwar erfuhren insbesondere die Vorschriften des Insolvenzplanverfahrens durch das ESUG zum Teil wesentliche Änderungen gegenüber der bisherigen Rechtslage. Hinsichtlich der Schutzbedürftigkeit der *nicht stimmberechtigten Gläubiger* für die Fälle, in denen sie trotz fehlender Abstimmungs- und Mitwirkungsmöglichkeit von Mehrheitsbeschlüssen ungewollt von den Planwirkungen drohen betroffen zu werden, ergeben sich auch durch das ESUG keine Änderungen.

Entsprechend der bereits zuvor erwähnten Ausgleichsfunktion muss den *nicht stimmberechtigten Gläubigern* auch seit dem Inkrafttreten des

468 Ausführlich zur Entstehungsgeschichte der InsO *Stürner*, in: MünchKomm-InsO, Einleitung Rn. 25 ff. m. w. N.

ESUG weiterhin sowohl ein Antragsrecht gemäß § 78 Abs. 1 InsO als auch ein Beschwerderecht gegen einen Planbestätigungsbeschluss zustehen.[469] Das ist darauf zurückzuführen, dass die Vorschriften der Gläubigerversammlung (§§ 47 ff. InsO) sowie die Regelungen des Planverfahrens (§§ 217 ff. InsO) Mehrheitsbeschlüsse zulassen, die Gläubiger – gegebenenfalls nachteilhaft – binden,[470] obwohl sie mangels Stimmrecht keinen Einfluss auf das Abstimmungsergebnis nehmen konnten.[471] Darüber hinaus sieht das Gesetz für beide Abstimmungsverfahren auch gegenwärtig keinen Rechtsbehelf vor, mit denen sich die *nicht stimmberechtigten Gläubiger* gegen ihren Stimmrechtsausschluss zur Wehr setzen können.[472]

dd) Teleologische Erwägungen

Entgegen dem eindeutigen Wortlaut des § 253 Abs. 2 Nr. 2 InsO sprechen letztlich auch teleologische Erwägungen dafür, die Zulässigkeit sofortiger Beschwerden von *nicht stimmberechtigten Gläubigern* nicht an ihrer fehlenden Abstimmung gegen den Plan scheitern zu lassen. So ist bereits mehrfach angeklungen, dass mit der Einführung der formellen Zulässigkeitsvoraussetzungen gemäß § 253 Abs. 2 Nr. 1, 2 InsO darauf hingewirkt werden soll, dass Beschwerdeführer ihre verfahrensmäßigen Möglichkeiten ausschöpfen, um den Plan zu verhindern. Sofern es sich bei den in § 253 Abs. 2 InsO erwähnten verfahrensmäßigen Möglichkeiten jedoch um solche Maßnahmen handelt, die einem Beschwerdeführer im laufenden Planverfahren nicht zur Verfügung stehen, dürfen diese nicht als

469 Für den Rechtsbehelf des § 78 Abs. 1 InsO siehe *Herzig*, in: Braun, InsO, § 78 Rn. 9; *Delhaes*, in: Nerlich/Römermann, InsO, § 78 Rn. 3; *Uhlenbruck*, in: Uhlenbruck, InsO, § 78 Rn. 4.

470 Für die Gläubigerversammlung vgl. § 76 Abs. 2; für das Insolvenzplanverfahren vgl. §§ 243, 244 i. V. m. § 254 Abs. 1 InsO.

471 Für die Gläubigerversammlung vgl. § 77 Abs. 1 Satz 2, Abs. 2 InsO; für das Insolvenzplanverfahren vgl. §§ 237 Abs. 1 Satz 1 i. V. m. § 77 Abs. 2 InsO.

472 Für die Gläubigerversammlung vgl. § 77, 6 Abs. 1 Satz 1 InsO; für das Insolvenzplanverfahren vgl. § 237 Abs. 1 Satz 1 i. V. m. §§ 77, 6 Abs. 1 Satz 1 InsO, dazu siehe auch BGH v. 23.10.2008 – IX ZB 235/06, ZIP 2008, 2428, 2429, bestätigt durch BVerfG v. 26.11.2009 – 1 BvR 339/09, NJW-RR 2010, 1063 f.; *Haas*, in: HK-InsO, § 253 Rn. 5; *Bähr*, in: Mohrbutter/Ringstmeier, Handbuch der Insolvenzverwaltung, § 14 Rn. 195; a. A. *Andres*, in: Andres/Leithaus, InsO, § 253 Rn. 9.

Anknüpfungspunkte für beschwerderechtliche Zulässigkeitsvoraussetzungen herangezogen werden.[473]

ee) Ergebnis

Die formelle Zulässigkeitsvoraussetzung des Gegenstimmerfordernisses gemäß § 253 Abs. 2 Nr. 2 InsO findet keine Anwendung für (Beschwerdeführer-)Gläubiger, die im Rahmen der Abstimmung über die Annahme des Insolvenzplans nicht stimmberechtigt waren.

3. Zusammenfassung: Formelle Beschwer gemäß § 253 Abs. 2 InsO

a) Formelle Beschwer des Schuldners

Die erforderliche formelle Beschwer des (Beschwerdeführer-)Schuldners setzt voraus, dass der Schuldner dem Insolvenzplan im Vorfeld der gerichtlichen Planbestätigung gemäß § 247 Abs. 1 InsO widersprochen hat (§ 253 Abs. 2 Nr. 1 InsO).

b) Formelle Beschwer von Gläubigern bzw. Anteilsinhabern

aa) Widerspruchserfordernis bzw. Minderheitenschutzantrag

Gläubiger und Anteilsinhaber müssen dem Insolvenzplan entgegen dem Wortlaut des § 253 Abs. 2 Nr. 1 InsO nicht notwendigerweise widersprochen haben, um eine sofortige Beschwerde gegen den Planbestätigungsbeschluss zulässig einlegen zu können. Für sie ergibt sich unter Berücksichtigung der denkbaren Abstimmungskonstellationen im Planverfahren vielmehr die folgende Differenzierung:

Wurde der Insolvenzplan mit der erforderlichen Mehrheit in den Abstimmungsgruppen angenommen (§§ 243, 244 InsO), hat jedoch der Beschwer-

473 Vgl. auch *Flöther/Wehner*, in: Blersch/Goetsch/Haas, InsO, § 253 Rn. 7; *Pleister*, in: KPB, InsO, § 253 Rn. 15; *Andres*, in: Andres/Leithaus, InsO, § 253 Rn. 5; *Backes*, in: Pape/Uhländer, NWB Komm-InsO, § 253 Rn. 30; *Sinz*, in: MünchKomm-InsO, § 253 Rn. 11; *Kebekus/Wehler*, in: Graf-Schlicker, InsO, § 253 Rn. 1; *Fischer*, NZI 2013, 512, 514; a. A. *Merten*, Die neue Insolvenzrechtsreform, S. 114; wohl auch *Thies*, in: HambKomm-InsO, § 253 Rn. 17.

deführer innerhalb seiner Gruppe gegen den Plan gestimmt, muss er ein Minderheitenschutzverfahren gemäß § 251 Abs. 1 InsO durchlaufen haben; anderenfalls ist seine sofortige Beschwerde unzulässig (vgl. § 253 Abs. 2 Nr. 3 InsO).[474] Soweit der Beschwerdeführer ein Minderheitenschutzverfahren durchlaufen hat, wird er dem Plan regelmäßig zugleich auch gemäß § 253 Abs. 2 Nr. 1 InsO widersprochen haben, weil der verfahrensmäßige Widerspruch gemäß § 251 Abs. 1 Nr. 1 InsO seinerseits Zulässigkeitsvoraussetzung für einen Minderheitenschutzantrag ist. Zwingend notwendig ist der Widerspruch hingegen weder für die Zulässigkeit des Minderheitenschutzantrags gemäß § 251 Abs. 1 Nr. 1 InsO noch zur Erfüllung der beschwerderechtlichen Zulässigkeitsvoraussetzung gemäß § 253 Abs. 2 Nr. 1 InsO. Denn dem verfahrensmäßigen Widerspruch gemäß § 251 Abs. 1 Nr. 1 InsO kommt schon als Zulässigkeitsvoraussetzung des Minderheitenschutzantrages seit dem Inkrafttreten des ESUG keine eigenständige Bedeutung mehr zu, weil bereits der Antrag gemäß § 251 Abs. 1 InsO frühzeitig, d. h. spätestens im Abstimmungstermin, gestellt werden muss.[475] Wurde der Antrag folglich noch im Abstimmungstermin gestellt, ist die Erklärung des Widerspruchs als bloße „Formalie“ sowohl im Rahmen des Minderheitenschutzverfahrens als auch als beschwerderechtliche Zulässigkeitsvoraussetzung entbehrlich.[476] Insoweit erfüllt der erforderliche Minderheitenschutzantrag zugleich die informatorische (Teil-)Funktion, die dem Widerspruchserfordernis des § 253 Abs. 2 Nr. 1 InsO zukommt.[477]

Sofern der Insolvenzplan in der Abstimmungsgruppe des Beschwerdeführers nicht mit der erforderlichen Mehrheit angenommen wurde, muss dieser dem Plan weder gemäß § 253 Abs. 2 Nr. 1 InsO widersprochen noch ein Minderheitenschutzverfahren durchlaufen haben. In dem Fall wird im Bestätigungsverfahren (§ 248 InsO) bereits von Amts wegen überprüft, ob die fehlenden Zustimmungen zum Plan gemäß § 245 InsO ersetzt werden können. Die Prüfung umfasst dabei auch das Schlechterstellungsverbot

474 Dazu ausführlich oben § 12, II., 2., b), aa). Dies gilt im Falle der mehrheitlichen Annahme des Plans zugleich für Beteiligte, die entweder schon keiner Abstimmungsgruppe angehörten oder innerhalb ihrer Abstimmungsgruppe nicht stimmberechtigt waren, da auch sie gemäß §§ 254 bis 254b InsO drohen, ungewollt den Planwirkungen unterworfen zu werden.

475 Dazu § 12, II., 2., b), aa).

476 BGH v. 22.3.2007 – IX ZB 10/06, NZI 2007, 522; dazu § 12, II., 2., b), aa), (6).

477 Dazu § 12, II., 2., b), aa).

der gruppenangehörigen Beteiligten (Abs. 1 Nr. 1). Zusätzliche verfahrensmäßige Möglichkeiten zur Verhinderung eines Plans sieht das Gesetz in dieser Abstimmungskonstellation nicht vor.[478]

bb) Abstimmung gegen den Plan gemäß § 253 Abs. 2 Nr. 2 InsO

Gläubiger bzw. Anteilsinhaber müssen im Abstimmungstermin zwingend gegen den Plan gestimmt haben, sofern sie stimmberechtigt waren (§ 253 Abs. 2 Nr. 2 InsO). Fehlte einem Gläubiger ein Stimmrecht, weil dieser entweder keiner Abstimmungsgruppe angehörte (vgl. § 222 Abs. 1 Nr. 3 i. V. m. § 225 InsO) oder das Insolvenzgericht ihm ein Stimmrecht versagte (vgl. § 237 Abs. 1 Satz 1 i. V. m. § 77 Abs. 2 Satz 2 InsO), stellt die fehlende Abstimmung gegen den Plan kein Zulässigkeitshindernis dar.[479]

III. Materielle Beschwer gemäß § 253 Abs. 2 Nr. 3 InsO

1. Mehrstufige Zulässigkeitshürde

Seit dem Inkrafttreten des ESUG setzt § 253 Abs. 2 Nr. 3 InsO schließlich eine konkrete materielle Beschwer des Beschwerdeführers voraus. Dafür muss er glaubhaft machen, dass er durch den Plan wesentlich schlechtergestellt wird, als er ohne einen Plan stünde, und dass dieser Nachteil nicht durch eine Zahlung aus den in § 251 Abs. 3 InsO genannten Mitteln ausgeglichen werden kann.

Gegenüber der alten Rechtslage verschärft der Gesetzgeber die Zulässigkeitsvoraussetzungen der sofortigen Beschwerde gemäß § 253 Abs. 2 Nr. 3 InsO in mehrfacher Hinsicht.

Zunächst ist für die Frage der materiellen Beschwer des Beschwerdeführers nicht mehr jede – formale – Rechtsbeeinträchtigung beachtlich, die ihm durch einen Planbestätigungsbeschluss entstehen würde. Es soll ausschließlich noch auf eine Schlechterstellung des Beschwerdeführers gegenüber der Situation ohne Plan ankommen, d. h. auf einen Vergleich

478 Dazu § 12, II., 2., b), bb).

479 Dazu ausführlich § 12, II., 2., c).

mit der wirtschaftlichen Situation des Beschwerdeführers in einem alternativen Verwertungsszenario nach Maßgabe der Vorschriften des Regelinsolvenzverfahrens. Damit muss dem Beschwerdeführer durch einen rechtskräftigen Bestätigungsbeschluss gegenwärtig ein wirtschaftlicher Nachteil drohen. Erschwerend tritt hinzu, dass es sich bei diesem Nachteil um einen erheblichen Nachteil in Form einer „wesentlichen" Schlechterstellung handeln muss. Zu der Frage, was unter einem wesentlichen Nachteil im Sinne der Vorschrift zu verstehen ist, schweigt der Wortlaut des Gesetzes. In der Regierungsbegründung zum ESUG heißt es in diesem Zusammenhang, dass eine wesentliche Schlechterstellung i. S. v. § 253 Abs. 2 Nr. 3 InsO durch den Plan jedenfalls dann nicht angenommen werden könne, wenn die Abweichung von dem Wert, den der Gläubiger voraussichtlich bei einer Verwertung ohne Insolvenzplan erhalten hätte, unter zehn Prozent liege.[480] Als drittes Merkmal der neuartigen materiellen Beschwer soll auch eine wesentliche Schlechterstellung des Beschwerdeführers die Zulässigkeitsvoraussetzung gemäß § 253 Abs. 2 Nr. 3 InsO nicht erfüllen können, wenn der Plan Ausgleichsmittel i. S. v. § 251 Abs. 3 InsO für die Kompensation einer festgestellten (wesentlichen) Schlechterstellung vorsieht. Zuletzt obliegt es schließlich dem Beschwerdeführer, die materielle Beschwer gemäß § 253 Abs. 2 Nr. 3 InsO glaubhaft zu machen.[481]

2. Verfassungsrechtliche Legitimation einer „Erheblichkeitsschwelle"

Bevor im Folgenden auf die einzelnen Aspekte der materiellen Zulässigkeitsvoraussetzung gemäß § 253 Abs. 2 Nr. 3 InsO eingegangen wird, bedarf es zunächst der Ausräumung verfassungsrechtlicher Bedenken. Seit dem Inkrafttreten des ESUG ergibt sich im Hinblick auf den Rechtsschutz von Beteiligten gegenüber der alten Rechtslage nicht nur eine qualitative Einschränkung dergestalt, dass es für die Zulässigkeit einer Beschwerde gemäß § 253 Abs. 2 Nr. 3 InsO nur noch auf eine drohende Schlechterstellung des Beschwerdeführers ankommt. Auch in quantitativer Hinsicht ist

480 Begr. RegE ESUG, BT-Drucks. 17/5712, S. 35; zur Kritik in Bezug auf das Merkmal des Wesentlichkeit als ein unbestimmter Rechtsbegriff siehe die Stellungnahme der Bundesrechtsanwaltskammer zum ESUG v. März 2010, BRAK-Stellungnahme-Nr. 20/2011, abrufbar unter: www.brak.de/zur-rechtspolitik/stellungnahmen-pdf/stellungnahmen-deutschland/2011/maerz/stellungnahme-der-brak-2011-20.pdf, S. 10, [zuletzt abgerufen Februar 2015].

481 Ausführlich dazu § 12, III., 4., a).

der Rechtsschutz im Rahmen des § 253 InsO gegenüber der Rechtslage vor dem Inkrafttreten des ESUG begrenzt, da insoweit nicht jedwede Schlechterstellung eine materielle Beschwer des Beschwerdeführers begründet. Dies ist vielmehr nur dann der Fall, wenn es sich zugleich auch um eine *wesentliche* Schlechterstellung handelt.

Zwar schafft der Gesetzgeber mit der beschwerderechtlichen Zulässigkeitsvoraussetzung gemäß § 253 Abs. 2 Nr. 3 InsO in einem ersten Schritt einen materiell-rechtlichen Gleichlauf zwischen den Erfolgsvoraussetzungen der sofortigen Beschwerde und den verfahrensmäßigen Rechtsbehelfen bzw. Maßnahmen, mit denen Beteiligte die Bestätigung eines Plans verhindern können. Denn auch für einen Erfolg der verfahrensmäßigen Maßnahmen kommt es stets darauf an, dass der Beteiligte voraussichtlich schlechtergestellt wird, als er ohne einen Plan stünde (vgl. §§ 245, 247, 251 InsO).[482] In Gestalt der Wesentlichkeitsschwelle i. S. v. § 253 Abs. 2 Nr. 3 InsO weicht der Schutzgehalt der sofortigen Beschwerde jedoch von den Rechtsbehelfsmaßnahmen des Insolvenzplanverfahrens ab. Denn Letztere schützen die Beteiligten im Planverfahren über die Vorschriften des Minderheitenschutzes vor einer *jedweden* ungewollten Schlechterstellung (sog. Mindestliquidationswert).

Auf der Grundlage des § 253 Abs. 2 Nr. 3 InsO kann ein Planbestätigungsbeschluss gemäß §§ 248, 252 InsO trotz eines Beschwerdeverfahrens damit auch in den Fällen gemäß § 254 Abs. 1 InsO in Rechtskraft erwachsen, in denen der Beschwerdeführer durch den Plan zwar schlechtergestellt, jedoch nicht *wesentlich* schlechtergestellt wird. Insoweit wirkt die materielle Zulässigkeitsvoraussetzung gemäß § 253 Abs. 2 Nr. 3 InsO für den Beschwerdeführer wie ein faktischer Rechtsmittelausschluss.

Dieser erscheint insbesondere unter Berücksichtigung des allgemeinen verfassungsrechtlichen Justizgewähranspruchs (Art. 2 Abs. 1 GG i. V. m. Art. 20 Abs. 3 GG) sowie der Garantie effektiven Rechtsschutzes (Art. 19 Abs. 4 GG) nicht unbedenklich, gewährleisten diese doch einen effektiven Rechtsschutz durch das Offenstehen eines Rechtswegs und den

482 Dazu ausführlich § 9, V.

Zugang zu einer gerichtlichen Kontrolle.[483] Einen entsprechenden Rechtsschutz gewährleistet darüber hinaus das Grundrecht aus Art. 14 Abs. 1 GG, soweit eigentumsrechtlich geschützte Rechtspositionen von Beteiligten betroffen sind.[484] Bei den im Rahmen eines Insolvenzverfahrens betroffenen Forderungen der Gläubiger handelt es sich um eben solche private vermögenswerten Rechte, die von dem Schutzbereich des Art. 14 Abs. 1 GG umfasst sind.[485] Gleiches gilt für Anteils- und Mitgliedschaftsrechte, mit denen *am Schuldner beteiligte Personen* gegebenenfalls durch einen Insolvenzplan betroffen sind (§§ 217 Satz 2, 225a InsO).[486]

a) Verfassungsrechtlicher Justizgewähranspruch und Garantie effektiven Rechtsschutzes

Verfassungsrechtlichen Bedenken im Zusammenhang mit einem Beschwerdeausschluss *unwesentlich schlechtergestellter Beteiligter* begegnet der Gesetzgeber in seiner Regierungsbegründung zum ESUG knapp und eindeutig. Ein Rechtsmittelausschluss sei verfassungsrechtlich unbedenklich, da die Entscheidung über die Planbestätigung anstelle des Rechtspflegers stets durch den Richter getroffen werde (vgl. § 18 Abs. 1 Nr. 2 RPflG).[487] Weil dieser über die Bestätigung des Plans zudem in Kenntnis eines erklärten Widerspruchs entscheide,[488] bedürfe es keiner zweiten Instanz,

483 BVerfG v. 26.11.2009 – 1 BvR 339/09, NZI 2010, 57.

484 BVerfG v. 27.9.1978 – 1 BvR 361/78, NJW 1979, 534 f.; BVerfG v. 10.10.1978 – 1 BvR 475/78, NJW 1979, 538.

485 BVerfG v. 23.5.2006 – 1 BvR 2530/04, NZI 2006, 453.

486 BVerfG v. 27.4.1999 – 1 BvR 1613/94, BVerfGE 100, 289, 301 f., zur Eigentumsgarantie von Aktionären; BVerfG v. 1.3.1979 – 1 BvR 532, 533/77, 419/78 und 1 BvL 21/78, BVerfGE 50, 290, 342; BVerfG v. 7.5.1969 – 2 BvL 15/67, BVerfGE 25, 371, 407, zur Aktie als Schutzobjekt von Art. 14 GG; *Papier*, in: Mainz/Dürig, GG, Bd. II, Art. 14 Rn. 195.

487 Kritisch zum Richtervorbehalt etwa *Vallender*, MDR 2012, 125.

488 Im Hinblick auf die Zulässigkeitsvoraussetzung einer formellen Beschwer folgt für Gläubiger bzw. Anteilsinhaber als Beschwerdeführer auch hieraus, dass sie einen Minderheitenschutzantrag gemäß § 251 Abs. 1 InsO gestellt haben müssen, sofern ihr Recht auf Mindestliquidation in Folge einer mehrheitlichen Ablehnung des Plans in ihrer Gruppe nicht bereits von Amts wegen gemäß § 245 InsO überprüft wurde. Denn soweit der Gesetzgeber einen Ausschluss des Rechtsmittels damit rechtfertigt, dass eine Planbestätigung in Kenntnis eines Widerspruchs erfolgte, impliziert dies, dass das Recht des Beteiligten auf seinen Mindestliquidationswert bereits im Rahmen des Bestätigungsverfahrens geprüft wurde, es einer nochmaligen Überprüfung in einer (zweiten) Beschwerdeinstanz von Verfassung wegen

die dem Beteiligten gegen die erfolgte richterliche Entscheidung in Form des Planbestätigungsbeschlusses zur Verfügung stehen müsse.[489]

Zumindest im Ergebnis sind die Ausführungen des Gesetzgebers in einem Punkt nicht zu beanstanden. Soweit der verfassungsrechtliche Justizgewähranspruch (Art. 2 Abs. 1 GG i. V. m. Art. 20 Abs. 3 GG) sowie die Garantie eines effektiven Rechtsschutzes (Art. 19 Abs. 4 GG) das Offenstehen eines Rechtswegs gewährleisten, genügt hierfür nach der ständigen Rechtsprechung des Bundesverfassungsgerichts, dass die Rechtsordnung eine *einmalige* Möglichkeit zur Einholung einer gerichtlichen Entscheidung eröffnet.[490] Ein Instanzenzug wird dagegen nicht garantiert.[491] Vielmehr obliegt es dem Gesetzgeber, unter Abwägung der jeweils betroffenen Interessen darüber zu entscheiden, ob sich der Rechtsschutz auf eine Instanz beschränken oder mehrere Instanzenzüge vorsehen soll.[492]

---

folglich nicht mehr bedarf. Wurde aber ein Beteiligter innerhalb seiner Gruppe überstimmt, vermag dieser eine Überprüfung seines Minderheitenschutzes lediglich durch einen Minderheitenschutzantrag gemäß § 251 Abs. 1 InsO, nicht lediglich durch die Erklärung eines Widerspruchs i. S. v. § 251 Abs. 1 Nr. 1 InsO auszulösen, dazu bereits ausführlich § 12, II., 2., b), aa).

489 So die Begr. RegE ESUG, BT-Drucks. 17/5712, S. 36 unter Verweis auf BVerfG v. 26.11.2009 – 1 BvR 339/09, NZI 2010, 57 f., zur Verfassungsmäßigkeit nicht bestehenden Rechtsschutzes gegen die Stimmrechtsfestsetzung im Insolvenzplanverfahren gemäß § 18 Abs. 3 Satz 2 RPflG a. F.

490 Dazu siehe die Grundsatzerwägungen des BVerfG v. 26.11.2009 – 1 BvR 339/09, NZI 2010, 57 f.; BVerfG v. 25.1.2005 – 2 BvR 656/99, 657/99 und 683/99, NJW 2005, 1999, 2001, zur Frage von Zulassungsbeschränkungen zum Revisionsgericht; BVerfG v. 30.4.2003 – 1 PBvU 1/02, NJW 2003, 1924, zur Frage fachgerichtlichen Rechtsschutzes gegen einen Verstoß durch den Richter; BVerfG v. 11.6.1980 – 1 PBvU 1/79, NJW 1981, 39, 41, zu Zugangsbeschränkungen zum Rechtsmittel der Revision; a. A. *Gilles*, JZ 1985, 253, 259 f.; *Voßkuhle*, Rechtsschutz gegen den Richter, 1993, S. 255 ff., 298 ff.; *ders.*, NJW 1995, 1377, 1381 ff.

491 BVerfG v. 26.11.2009 – 1 BvR 339/09, NZI 2010, 57 f.; BVerfG v. 30.4.2003 – 1 PBvU 1/02, NJW 2003, 1924; BVerfG v. 11.6.1980 – 1 PBvU 1/79, NJW 1981, 39, 41; *Sachs*, in: Sachs, GG, Art. 19 Rn. 138; *Hofmann*, in: Schmidt-Bleibtreu, GG, Art. 19 Rn. 30, 52, Art. 20 Rn. 60; *Schulze-Fielitz*, in: Dreier, GG, Art. 19 IV Rn. 73.

492 BVerfG v. 26.11.2009 – 1 BvR 339/09, NZI 2010, 57 f., zur Unanfechtbarkeit von Stimmrechtsfestsetzungen im Planverfahren gemäß § 18 Abs. 3 Satz 2 RPflG; BVerfG v. 30.4.2003 – 1 PBvU 1/02, NJW 2003, 1924; BVerfG v. 11.6.1980 – 1 PBvU 1/79, NJW 1981, 39, 41.

b) Rechtsschutzgewährleistung aus Art. 14 Abs. 1 GG

Eine mehr als einmalige Möglichkeit zur Einholung einer gerichtlichen Entscheidung lässt sich auch aus der Rechtsschutzgewährleistung des Art. 14 Abs. 1 GG nicht ableiten.[493]

c) Der Bestätigungsbeschluss als „Rechtsprechung" i. S. v. Art. 92 GG

In der Regierungsbegründung zum ESUG heißt es, dass der Ausschluss eines Beschwerderechts in Fällen *nicht wesentlicher* Beeinträchtigungen verfassungsrechtlich unbedenklich sei.[494] Als Begründung beruft sich der Gesetzgeber darauf, dass bereits eine – einfache – voraussichtliche Schlechterstellung des Beteiligten als jener potenzielle wirtschaftliche Nachteil, um den es letztlich innerhalb des Beschwerdeverfahrens gemäß § 253 Abs. 2 Nr. 3 InsO ausschließlich geht, im Rahmen des insolvenzgerichtlichen Bestätigungsverfahrens (§ 248 InsO) überprüft wird.[495] Das ist darauf zurückzuführen, dass der Beschwerdeführer im Vorfeld eines Bestätigungsbeschlusses seine ihm zu Gebote stehenden verfahrensmäßigen Möglichkeiten ausgeschöpft haben muss, um den Plan zu verhindern. Wenn der Beschwerdeführer diese Voraussetzungen im Planverfahren erfüllt, schließt sich im Rahmen des Bestätigungsverfahrens in materiellrechtlicher Hinsicht stets eine Überprüfung des Minderheitenschutzes an (vgl. §§ 245 bzw. 251 InsO).[496]

Insofern scheint nach der Auffassung des Gesetzgebers in dem insolvenzgerichtlichen Bestätigungsverfahren bzw. in dem Bestätigungsbeschluss i. S. v. §§ 248, 252 InsO jene *einmalige* gerichtliche Entscheidung zum Ausdruck zu kommen, die einen Ausschluss von dem Rechtsmittel der sofortigen Beschwerde als zweite gerichtliche Instanz verfassungsrechtlich rechtfertigt. Dies würde jedoch voraussetzen, dass die Bestätigungsentscheidung i. S. v. § 248 InsO einen Akt rechtsprechender Gewalt i. S. v. Art. 92 GG darstellt, durch die den Beteiligten der verfassungsrechtlich einmalig garantierte Zugang zu einer gerichtlichen Kontrolle gewährt

---

493 BVerfG v. 26.11.2009 – 1 BvR 339/09, NZI 2010, 57 f.

494 Begr. RegE ESUG, BT-Drucks. 17/5712, S. 36.

495 Das kommt in der Regierungsbegründung zum Ausdruck, Begr. RegE ESUG, BT-Drucks. 17/5712, S. 36.

496 Dazu bereits § 12, II., 2., b), aa).

wird. Ob dies im Hinblick auf die Bestätigungsentscheidung der Fall ist, der Insolvenzrichter insoweit „Recht spricht", bedarf einer näheren Untersuchung.

aa) Richtervorbehalt als unzureichendes Bestimmungsmerkmal

Ob der insolvenzgerichtliche Planbestätigungsbeschluss gemäß §§ 248, 252 InsO als ein Akt der Rechtsprechung qualifiziert werden kann, bestimmt sich nach Art. 92 Hs. 1 GG. Danach ist die rechtsprechende Gewalt den Richtern anvertraut. Zumindest im Hinblick auf den in Art. 92 GG zum Ausdruck kommenden Richtervorbehalt steht einer Qualifikation des Bestätigungsbeschlusses als Akt der Rechtsprechung nichts entgegen, da die Durchführung des Insolvenzplanverfahrens seit dem Inkrafttreten des ESUG gemäß § 18 Abs. 1 Nr. 2 RPflG ausdrücklich dem Richter vorbehalten ist.[497]

Weitaus bedeutender ist die Frage, wie der Rechtsprechungsbegriff in Art. 92 Hs. 1 GG zu verstehen ist und ob sich der Planbestätigungsbeschluss darunter subsumieren lässt. Dabei muss zunächst berücksichtigt werden, dass nicht schon aus der gesetzlichen Anordnung eines Richtervorbehalts gefolgert werden kann, dass die damit jeweils einhergehenden Aufgaben der Richter bzw. Gerichte innerhalb des Insolvenzverfahrens als Rechtsprechung zu qualifizieren sind.[498] So führen Gerichte auf vielen Gebieten keine für Rechtsprechung charakteristische,[499] streitentscheidende Tätigkeit aus, sondern übernehmen zugleich auch verwaltende Aufgaben aus dem Bereich der Rechtsfürsorge.[500]

---

497 Begr. RegE ESUG, BT-Drucks. 17/5712, S. 14.

498 BVerfG v. 8.2.2001 – 2 BvF 1/00, NJW 2001, 1048, 1052; BVerfG v. 6.6.1967 – 2 BvR 375, 53/60 und 18/65, BVerfGE 22, 49, 78; BVerfG v. 23.6.1987 – 2 BvL 5/83, BVerfGE 76, 100, 106; *Hillgruber*, in: Maunz/Dürig, GG, Bd. VI, Art. 92 Rn. 19.

499 *Schulze-Fielitz*, in: Dreier, GG, Art. 92 Rn. 44 f.

500 Dies betrifft etwa Vormundschafts-, Nachlass- und Registersachen als Angelegenheiten der freiwilligen Gerichtsbarkeit, *Hillgruber*, in: Maunz/Dürig, GG, Bd. VI, Art. 92 Rn. 19 m.w.N.; *Madaus*, Der Insolvenzplan, 2011, Kap. 4, S. 349; *ders.*, NZI 2010, 430, 432; *Friesenhahn*, in: FS Thoma, S. 21 ff.

bb) Der Planbestätigungsbeschluss im Lichte des Rechtsprechungsbegriffs des BVerfG

Weder das Grundgesetz noch die Gerichte oder das juristische Schrifttum liefern eine feststehende Definition für den Begriff der Rechtsprechung i. S. v. Art 92 GG.[501] Das Schrifttum bedient sich zur Begriffsbestimmung materieller- und funktioneller Kriterien,[502] wie auch das BVerfG, das auf dieser Grundlage verschiedene Rechtsprechungsbegriffe herausgebildet hat. Namentlich sind dies der formelle Rechtsprechungsbegriff, der materielle Rechtsprechungsbegriff sowie der funktionelle Rechtsprechungsbegriff.[503]

(1) Formeller Rechtsprechungsbegriff

Von Rechtsprechung im formellen Sinne ist die Rede, wenn Richter bzw. Gerichte hoheitsrechtliche Befugnisse ausüben, die ihnen die Verfassung als gerichtsorganisatorische Einheit zuweist.[504] Soweit darunter einerseits grundgesetzliche Rechtswegzuweisungen, andererseits grundgesetzlich normierte konkrete Richtervorbehalte zu zählen sind,[505] kann eine entsprechende Qualifikation der Tätigkeiten des Insolvenzgerichts in einem Insolvenzverfahren und speziell ein Bestätigungsbeschluss gemäß § 248, 252 InsO nicht als „Rechtsprechung" im formellen Sinne qualifiziert werden, da es insoweit an einer entsprechenden verfassungsrechtlichen Regelung fehlt.[506]

---

501 *Hopfauf*, in: Schmidt-Bleibtreu, GG, Art. 92 Rn. 7; *Detterbeck*, in: Sachs, GG, Art. 92 Rn. 4; *Schulze-Fielitz*, in: Dreier, GG, Art. 92 Rn. 25.

502 *Hopfauf*, in: Schmidt-Bleibtreu, GG, Art. 92 Rn. 7 ff. m. zahlr. w. N.; *Schulze-Fielitz*, in: Dreier, GG, Art. 92 Rn. 26 m. w. N. (Fn. 116).

503 BVerfG v. 8.2.2001 – 2 BvF 1/00, BVerfGE 103, 111, 136 f. zur Gültigkeit der Wahl zum hessischen Landtag; BVerfG v. 23.6.1987 – 2 BvL 5/83, BVerfGE 76, 100, 106; BVerfG v. 31.5.1983 – 1 BvL 34/79, BVerfGE 64, 175, 179; BVerfG v. 6.6.1967 – 2 BvR 375, 53/60, 18/65, NJW 1967, 1219 ff. zur ausschließlichen Richterzuständigkeit der Verurteilung zu Kriminalstrafen; vgl. *Hillgruber*, in: Maunz/Dürig, GG, Bd. VI, Art. 92 Rn. 32.

504 Dazu BVerfG v. 16.7.1969 – 2 BvL 2/69, NJW 1969, 1619, 1621; BVerfG v. 6.6.1967 – 2 BvR 375, 53/60, 18/65, NJW 1967, 1219.

505 *Hillgruber*, in: Maunz/Dürig, GG, Bd. VI, Art. 92 Rn. 32; *Morgenthaler*, in: Epping/Hillgruber, BeckOK-GG, Art. 92 Rn. 7.

506 Kritisch zum formellen Rechtsprechungsbegriff *Hillgruber*, in: Maunz/Dürig, GG, Bd. VI, Art. 92 Rn. 39 f. m. w. N.

(2) Materieller Rechtsprechungsbegriff

Für den materiellen Rechtsprechungsbegriff stellt das BVerfG auf die konkrete sachliche Tätigkeit des Richters bzw. des Gerichts ab, bestimmt den Begriff der rechtsprechenden Gewalt folglich materiell.[507] Danach handele es sich bei hoheitsrechtlichen Befugnissen um Rechtsprechung, wenn es sich hierbei „*... von der Sache her um einen traditionellen Kernbereich der Rechtsprechung handelt ...*“, wie dies für die Kernbereiche der in Art. 95, 96 GG vorgefundenen Gerichtsbarkeiten der Fall ist.[508]

Im Hinblick auf den Planbestätigungsbeschluss i. S. v. §§ 248, 252 InsO kann allerdings nicht schon deshalb von einem Akt der Rechtsprechung im materiellen Sinne gesprochen werden, weil das Insolvenzgericht als spezialisierte Abteilung der Zivilgerichtsbarkeit der ordentlichen Gerichtsbarkeit angehört,[509] die Art. 95 Abs. 1 GG ausdrücklich aufführt. Laut BVerfG mache die Qualifizierung der den einzelnen Gerichtsbarkeiten übertragenen Aufgaben als *Rechtsprechung* vielmehr nur dann Sinn, wenn „*zumindest der Kernbereich der herkömmlicherweise den einzelnen Gerichtsbarkeiten übertragenen Aufgaben als Rechtsprechung im materiellen Sinn angesehen wird*“.[510] Daran anknüpfend seien etwa die bürgerlichen Rechtsstreitigkeiten vermögensrechtlicher Art sowie die Ausübung der Strafrechtspflege als typische Aufgaben der rechtsprechenden Gewalt anzusehen.[511]

Für den Planbestätigungsbeschluss gemäß §§ 248, 252 InsO lässt sich eine derart eindeutige Zuordnung zur „Rechtsprechung“ auf der Grundlage des materiellen Rechtsprechungsbegriffs nicht vornehmen, wie sie für die

507 BVerfG v. 3.8.2004 – 1 BvR 135/00 und 1086/01, NZI 2004, 574, 575 zum Rechtsschutz bei der Vorauswahl von Insolvenzverwalterkandidaten durch das Insolvenzgericht; BVerfG v. 6.6.1967 – 2 BvR 375, 53/60, 18/65, NJW 1967, 1219.

508 BVerfG v. 3.8.2004 – 1 BvR 135/00 und 1086/01, NZI 2004, 574, 575; BVerfG v. 6.6.1967 – 2 BvR 375, 53/60, 18/65, NJW 1967, 1219; *Hillgruber*, in: Maunz/Dürig, GG, Bd. VI, Art. 92 Rn. 35.

509 *Pape/Uhlenbruck/Voigt-Salus*, Insolvenzrecht, Kap. 10 Rn. 5.

510 BVerfG v. 6.6.1967 – 2 BvR 375, 53/60, 18/65, NJW 1967, 1219, 1220.

511 BVerfG v. 6.6.1967 – 2 BvR 375, 53/60, 18/65, NJW 1967, 1219, 1220; *Morgenthaler*, in: Epping/Hillgruber, BeckOK-GG, Art. 92 Rn. 10; *Hillgruber*, in: Maunz/Dürig, GG, Bd. VI, Art. 92 Rn. 36, der sich kritisch äußert, dass sich die materielle Anknüpfung an bestimmte, als solche der Rechtsprechung vorbehaltene Sachgebiete, selbst für die Zivil- und Strafrechtspflege nicht durchhalten lasse (Rn. 41).

bürgerlichen Rechtsstreitigkeiten und die Strafrechtspflege erfolgt sind. Das hängt damit zusammen, dass das Insolvenzgericht im Rahmen des einheitlichen Insolvenzverfahrens eine Vielzahl verschiedener Aufgaben wahrnimmt, die sich nicht als Rechtsprechung im herkömmlich-materiellen Sinn qualifizieren lassen. Im Laufe eines Insolvenzverfahrens kommen dem Insolvenzgericht insbesondere auch rechtsfürsorgende und somit verwaltende Aufgaben zu. Das zeigt sich bereits an der verfahrenschronologischen Gliederung des Insolvenzverfahrens, wie sie der Insolvenzordnung zugrunde liegt. Demnach ist das Gericht für die Eröffnung des Insolvenzverfahrens, die Leitung sowie für die Beendigung zuständig. Der dem Insolvenzgericht insoweit zukommende Aufgabenbereich ist somit eher organisatorischer, geschweige denn streitentscheidender Art.[512] Ein entsprechend verwaltender Aufgabenbereich kommt dem Insolvenzgericht teilweise auch im Rahmen eines Insolvenzplanverfahrens gemäß §§ 217 ff. InsO zu.[513] Die Vorschriften der §§ 217 ff. InsO stellen daher lediglich einen Rechtsrahmen dar. Dieser soll den Beteiligten die bestmögliche Verwertung des Schuldnervermögens durch privatautonome Gestaltungsfreiheit ermöglichen. Hoheitliche Eingriffe durch Gerichte haben dabei zugunsten eines Höchstmaßes an Flexibilität weitestgehend zu unterbleiben.[514] Innerhalb der §§ 217 ff. InsO übernimmt das Insolvenzgericht damit vor allem auch leitende Aufgaben sowie Aufsichtsfunktionen.

Soweit sich unter diesem Gesichtspunkt auf der Grundlage des – restriktiven – materiellen Rechtsprechungsbegriffs des BVerfG keine eindeutige Zuordnung des Kernbereichs „Insolvenzverfahren" und in diesem Zusammenhang des Planbestätigungsbeschlusses gemäß §§ 248, 252 InsO als Rechtsprechung i. S. v. Art. 92 GG vornehmen lässt, verbleibt letztlich

512 *Madaus,* Der Insolvenzplan, 2011, Kap. 4, S. 354 f.; *ders.*, NZI 2010, 430, 432 unter Verweis auf BGH v. 4.3.2004 – IX ZB 133/03, NJW 2004, 2015, 2016; *Becker*, in: Nerlich/Römermann, InsO, § 5 Rn. 1: Das Insolvenzverfahren „*... ist mehr ordnend und regelnd ... angelegt.*"; Häsemeyer, Insolvenzrecht, Rn. 3.05; *Smid*, NZI 2005, 613, 614; *ders.*, ZIP 1995, 1137, 1141.

513 *Madaus,* Der Insolvenzplan, 2011, Kap. 4, S. 355. Zudem gilt es zu berücksichtigen, dass das Insolvenzplanverfahren vor dem Inkrafttreten des ESUG mangels Richtervorbehalt mehrheitlich von dem Rechtspfleger geschweige denn von dem Insolvenzrichter bzw. dem Insolvenzgericht geleitet wurde. Von herkömmlicher, dem Richter vorbehaltener typischer Rechtsprechungstätigkeit konnte vor dem Inkrafttreten des ESUG insoweit keine Rede sein.

514 Vgl. Begr. RegE InsO, BT-Drucks. 12/2443, S. 76, 78 f.

ausschließlich die Subsumtion unter den funktionellen Rechtsprechungsbegriff des BVerfG.

(3) Funktioneller Rechtsprechungsbegriff

Das BVerfG anerkennt eine hoheitliche Maßnahme gemäß Art. 92 GG als Akt der Rechtsprechung, sofern es sich dabei um rechtsprechende Gewalt im funktionellen Sinne handelt. Was darunter zu verstehen ist, führt das BVerfG in seinem Urteil vom 8.2.2001[515] aus:

Rechtsprechende Gewalt i. S. v. Art. 92 GG ist auch dann gegeben, „... *wenn der Gesetzgeber für einen Sachbereich, der nicht schon materiell dem Rechtsprechungsbegriff unterfällt, eine Ausgestaltung wählt, die bei funktioneller Betrachtung nur der rechtsprechenden Gewalt zukommen kann. In funktioneller Hinsicht handelt es sich – ungeachtet des jeweiligen sachlichen Gegenstands – um Rechtsprechung, wenn der Gesetzgeber ein gerichtsförmiges Verfahren hoheitlicher Streitbeilegung vorsieht und den dort zu treffenden Entscheidungen eine Rechtswirkung verleiht, die nur unabhängige Gerichte herbeiführen können. Zu den wesentlichen Begriffsmerkmalen der Rechtsprechung in diesem Sinne gehört das Element der Entscheidung, der letztverbindlichen, der Rechtskraft fähigen Feststellung und des Ausspruchs dessen, was im konkreten Fall rechtens ist.*[516]“ ...

„*Kennzeichen rechtsprechender Tätigkeit ist daher typischerweise die letztverbindliche Klärung der Rechtslage in einem Streitfall im Rahmen besonders geregelter Verfahren.*“[517]

Zerlegt man den Bestimmungsgehalt des Rechtsprechungsbegriffs im funktionellen Sinne in seine Einzelbestandteile und überträgt sie auf die insolvenzgerichtliche Bestätigungsentscheidung, folgt daraus die Qualifi-

515 BVerfG v. 8.2.2001 – 2 BvF 1/00, NJW 2001, 1048 ff. zur Gültigkeit der Wahl zum hessischen Landtag.

516 BVerfG v. 8.2.2001 – 2 BvF 1/00, NJW 2001, 1048, 1052, mit Verweis auf BVerfG v. 28.11.1957 – 2 BvL 11/56, NJW 1958,97; BVerfG v. 27.4.1971 – 2 BvL 31/71, NJW 1971, 1308; BVerfG v. 20.4.1982 – 2 BvL 26/81, NJW 1982, 2425.

517 BVerfG v. 8.2.2001 – 2 BvF 1/00, NJW 2001, 1048, 1052.

kation des Bestätigungsbeschlusses als ein Akt der Rechtsprechung i. S. v. Art. 92 GG.

Denn der Planbestätigungsbeschluss ergeht in einem gerichtsförmigen Verfahren, dem in §§ 217 ff. InsO geregelten Insolvenzplanverfahren. Soweit im Hinblick auf Art. 92 GG zusätzlich verlangt wird, dass ein gerichtliches Verfahren den verfassungsrechtlich geschützten Anspruch auf rechtliches Gehör gewähren muss,[518] ist dem mit § 248 Abs. 2 InsO ebenfalls Genüge getan, da die Betroffenen im Vorfeld der Bestätigung eines Insolvenzplans Gelegenheit zur Stellungnahme erhalten.[519]

Darüber hinaus dient der Planbestätigungsbeschluss bzw. das Bestätigungsverfahren gemäß § 248 InsO zugleich der Klärung einer Rechtsstreitigkeit, dient folglich der Streitbeilegung.[520] Rechtsstreitigkeiten in diesem Sinne sind Meinungsverschiedenheiten über die bestehende Rechtslage.[521] Insoweit gilt es zunächst zu berücksichtigen, dass sich die vorliegend diskutierte Frage nach einer verfassungsrechtlichen Legitimation einer Wesentlichkeitsschwelle i. S. v. § 253 Abs. 2 Nr. 3 InsO im Beschwerdeverfahren nur in den Fällen stellt, in denen die sofortige Beschwerde nicht schon wegen einer fehlenden formellen Beschwer des Beschwerdeführers gemäß § 253 Abs. 2 Nr. 1, 2 InsO unzulässig ist. Nur wenn es für die Frage der Zulässigkeit einer sofortigen Beschwerde auf die materielle Zulässigkeitsvoraussetzung ankommt, muss das Planbestätigungsverfahren i. S. d. § 248 InsO dem Beschwerdeführer einen – einmaligen – gerichtlichen Rechtsschutz geboten haben, um seinen Ausschluss von dem (zweitinstanzlichen) Beschwerdeverfahren wegen einer *nicht wesentlichen* Schlechterstellung rechtfertigen zu können.[522] Sofern der Beschwerdeführer ein Minderheitenschutzverfahren durchlaufen und gegen die Annahme des Plans gestimmt hat,[523] ist das Insolvenzgericht im Bestätigungsverfahren

518 BVerfG v. 30.11.1955 – 1 BvO 2/52, BVerfGE 4, 358, 363; NJW 1956, 97, 98, u. a. zur Aufgabe der Gerichte, Recht zu sprechen sowie zu den entsprechenden Anforderungen i. R. d. Art. 92 GG.

519 *Madaus*, NZI 2010, 430, 432. Näher zu § 248 Abs. 2 InsO siehe *Sinz*, in: MünchKomm-InsO, § 248 Rn. 10 ff.; *Braun*, in: Nerlich/Römermann, InsO, § 248 Rn. 8 ff.

520 *Madaus*, Der Insolvenzplan, 2011, Kap. 4, S. 356.

521 *Madaus*, Der Insolvenzplan, 2011, Kap. 4, S. 356.

522 Begr. RegE ESUG, BT-Drucks. 17/5712, S. 36.

523 Zu den Anforderungen einer formellen Beschwer ausführlich § 12, II., 2.

– je nach Abstimmungskonstellation – über die Vorschriften der §§ 245 bzw. 251 InsO stets mit der Prüfung befasst worden, ob der Insolvenzplan den planrechtlichen Minderheitenschutz gewährleistet.[524] Damit liegt dem Planbestätigungsverfahren zugleich der kontradiktorische Streit zugrunde, ob der Insolvenzplan auf der Grundlage des Obstruktionsverbots gemäß § 245 InsO oder in Folge eines gescheiterten Minderheitenschutzantrags gemäß § 251 InsO auch gegen den Willen des Beteiligten bestätigt werden darf. Das ist nur der Fall, sofern das Insolvenzgericht keine Schlechterstellung eines Beteiligten feststellt. Damit ist zugleich die materiell-rechtliche Streitfrage verbunden, ob der Beteiligte seinen Mindestliquidationswert erhält.[525] Dem Bestätigungsverfahren gemäß § 248 InsO sowie dem Bestätigungsbeschluss liegt in diesen Fällen folglich die Klärung einer Rechtsstreitigkeit zugrunde.[526]

Der Bestätigungsbeschluss i. S. v. §§ 248, 252 InsO verleiht zudem eine Rechtswirkung, die nur unabhängige Gerichte herbeiführen können.[527] Soweit dafür laut BVerfG das Element der letztverbindlichen, der Rechtskraft fähigen Feststellung und des Ausspruchs dessen gehöre, was im konkreten Fall rechtens ist,[528] sind auch diese Merkmale in Gestalt des Planbestätigungsbeschlusses erfüllt. Denn das Insolvenzgericht prüft im Rahmen einer Rechtmäßigkeitskontrolle,[529] ob der Insolvenzplan gesetzeskonform nach Maßgabe der §§ 248 bis 252 InsO zu Stande gekommen ist. Ein nach Maßgabe der Überprüfung der §§ 248 bis 252 InsO erfolgter Planbestätigungsbeschluss ist somit als Feststellung und Ausspruch dessen zu qualifizieren, was im konkreten Fall rechtens ist. Der Bestätigungsbeschluss

524 Ausführlich § 12, II., 2., b), aa).

525 *Madaus*, Der Insolvenzplan, 2011, Kap. 4, S. 365 f.

526 Um einen Rechtsstreit in diesem Sinne handelt es sich laut Rechtsprechung des BVerfG auch bei der – umstrittenen – Frage der Stimmrechtsgewährung. Zudem übe der Insolvenzrichter bei der Entscheidung gemäß § 18 Abs. 3 Satz 2 RPflG a. F. (in der bis zum 1.1.2013 geltenden Fassung) rechtsprechende Gewalt i. S. v. Art. 92 GG aus, so zur Rechtslage vor dem Inkrafttreten des ESUG siehe BVerfG v. 26.11.2009 – 1 BvR 339/09, NZI 2010, 57 f.

527 BVerfG v. 26.11.2009 – 1 BvR 339/09, NZI 2010, 57, 58; BVerfG v. 8.2.2001 – 2 BvF 1/00, NJW 2001, 1048, 1052.

528 BVerfG v. 8.2.2001 – 2 BvF 1/00, NJW 2001, 1048, 1052; *Morgenthaler*, in: Epping/Hillgruber, BeckOK-GG, Art. 92 Rn. 11.

529 *Madaus*, Der Insolvenzplan, 2011, Kap. 4, S. 310 ff., 317; *Müller*, KTS 2002, 209, 211.

ist zudem eine rechtskraftfähige Entscheidung (vgl. § 254 Abs. 1 InsO).[530] Schließlich scheitert die Qualifikation des Beschlusses als ein Akt der Rechtsprechung vorliegend auch nicht an der *Letztverbindlichkeit* der Entscheidung.[531] Denn eine Letztverbindlichkeit in diesem Sinne kommt im Ergebnis nicht als ein Bestimmungsmerkmal für die Einordnung einer Entscheidung als rechtsprechender Akt i. S. v. Art 92 GG in Betracht.[532] Um letztverbindliche Entscheidungen handelt es sich streng genommen ausschließlich in den Fällen, in denen diese die letzten Entscheidungen eines vorgesehenen Instanzenzugs sind.[533] Die Zugrundelegung und Anwendung eines entsprechenden Bestimmungsmerkmals im Rahmen des Art. 92 GG hätte zur Folge, dass die Entscheidung eines erstinstanzlichen Gerichts in einem Streitfall niemals als Rechtsprechung angesehen werden könnte, was nicht überzeugen kann.[534]

d) Zwischenergebnis

Abgesehen von dem – untauglichen – Bestimmungsmerkmal der Letztverbindlichkeit lässt sich der Planbestätigungsbeschluss gemäß §§ 248, 252 InsO sämtlichen Merkmalen zuordnen, die das BVerfG dem funktionalen Rechtsprechungsbegriff zugrunde legt. Im Ergebnis ist der Bestätigungsbeschluss daher ausschließlich der rechtsprechenden Gewalt zuzuordnen; es handelt sich um einen Akt rechtsprechender Gewalt i. S. v. Art. 92 GG.[535]

Mit Blick auf die eingangs erwähnten Ausführungen des Gesetzgebers kann diesem allein unter verfassungsrechtlichen Gesichtspunkten im

530 Allgemein zur Rechtskraft von Beschlüssen *Musielak*, in: Musielak, ZPO, § 322 Rn. 6.

531 BVerfG v. 8.2.2001 – 2 BvF 1/00, NJW 2001, 1048, 1052.

532 *Hillgruber*, in: Maunz/Dürig, GG, Bd. VI, Art. 92 Rn. 42 m. w. N.

533 Diese Entscheidungen wären nur noch mit außerordentlichen Rechtsbehelfen angreifbar, *Hillgruber*, in: Maunz/Dürig, GG, Bd. VI, Art. 92 Rn. 42.

534 So *Hillgruber*, in: Maunz/Dürig, GG, Bd. VI, Art. 92 Rn. 42 m. w. N.

535 Dazu siehe BVerfG v. 17.10.2013 – 2 BvR 1978/13, BeckRS 2013, 57256 (Rn. 12 a. E.); *Madaus*, Der Insolvenzplan, 2011, Kap. 4, S. 362 ff., 366; *ders.*, NZI 2010, 430, 432 f.; a. A. *Smid*, ZInsO 2014, 1873, 1875; *ders.*, ZInsO 2014, 2078, 2080; *Brünkmans*, ZInsO 2014, 993, 996 unter Verweis auf die Entscheidung des BVerfG v. 3.8.2004 – 1 BvR 135/00 und 1086/01, NJW 2004, 2725 ff., die jedoch nicht die Frage des Rechtsprechungscharakters eines Bestätigungsbeschlusses zum Gegenstand hatte, sondern die Entscheidung über die Vorauswahl eines Insolvenzverwalters.

Grundsatz daher nicht widersprochen werden, soweit eine Rechtfertigung für einen Beschwerdeausschluss *unwesentlich schlechtergestellter Beschwerdeführer* darin gesehen wird, dass schon über die Bestätigung des Plans im Rahmen des § 248 InsO stets der Richter entschieden haben wird.[536] Seit dem Inkrafttreten des ESUG wird eine Entscheidung im Insolvenzplanverfahren auch insbesondere nicht mehr durch einen Rechtspfleger getroffen. Im Zuge des ESUG wurde die frühere Zuständigkeit des Rechtspflegers für das Insolvenzplanverfahren aufgehoben.[537] Das Insolvenzplanverfahren und somit die Bestätigung des Insolvenzplans gemäß § 248 InsO fallen nunmehr ausschließlich in den Zuständigkeitsbereich des Insolvenzrichters (§ 18 Abs. 1 Nr. 2 RPflG). Dadurch gewährleistet das Bestätigungsverfahren das verfassungsrechtlich garantierte Recht auf Einholung einer – einmaligen – gerichtlichen Entscheidung. *Madaus* sieht in dem Bestätigungsverfahren gemäß § 248 InsO insoweit völlig zu Recht einen integrierten Rechtsschutz für die Beteiligten.[538] Der verfassungsrechtliche Justizgewähranspruch (Art. 2 Abs. 1 GG i.V.m. Art. 20 Abs. 3 GG), die Garantie eines effektiven Rechtsschutzes (Art. 19 Abs. 4 GG) sowie die aus Art. 14 Abs. 1 GG abgeleitete Gewährleistung auf Einholung einer *einmaligen* gerichtlichen Entscheidung wird in Gestalt des Bestätigungsverfahrens gemäß § 248 ausgefüllt.

e) Wesentlichkeitshürde als (faktischer) Rechtsmittelausschluss

aa) Die sofortige Beschwerde gemäß § 253 InsO als zweite Instanz

Wenngleich verfassungsrechtliche Bedenken gegen einen Beschwerdeausschluss *nicht wesentlich* schlechtergestellter Beschwerdeführer gemäß § 253 Abs. 2 Nr. 3 InsO im Grundsatz nicht begründet sind, weil „... *weder durch den allgemeinen Justizgewähranspruch noch durch Art. 19 Abs. 4 GG garantiert wird, dass gegen eine richterliche Entscheidung eine zweite richterliche Instanz angerufen werden kann, ...*“[539] bedarf es für eine verfassungsrechtliche Rechtfertigung der Wesentlichkeitsschwelle vorliegend weiterer Rechtfertigungsgründe.

536 Begr. RegE ESUG, BT-Drucks. 17/5712, S. 36.

537 Begr. RegE ESUG, BT-Drucks. 17/5712, Art. 5, S. 14.

538 *Madaus*, Der Insolvenzplan, 2011, Kap. 4, S. 364 ff.

539 Begr. RegE ESUG, BT-Drucks. 17/5712, S. 36.

Das ist darauf zurückzuführen, dass unwesentlich schlechtergestellte Beteiligte nicht etwa deshalb von der sofortigen Beschwerde gemäß § 253 InsO ausgeschlossen werden, weil das Gesetz keine zweite Instanz vorsieht. Der Rechtsmittelausschluss erfolgt vielmehr (faktisch) dadurch, dass der Beschwerdeführer die Zulässigkeitshürde der Wesentlichkeitshürde i.S.v. § 253 Abs. 2 Nr. 3 InsO nicht mit dem Ziel überwinden kann, eine nochmalige Überprüfung seines Minderheitenschutzes in der – grundsätzlich vorgesehenen – zweiten (Beschwerde-)Instanz zu erreichen. Der Zugang zu dem Rechtsmittel der sofortigen Beschwerde ist auch einem unwesentlich schlechtergestellten Beteiligten somit grundsätzlich nicht verwehrt. Soweit jedoch das Prozessrecht eine zweite Instanz eröffnet, leitet sich daraus für den Bürger ein substantieller Anspruch auf eine möglichst wirksame gerichtliche Kontrolle innerhalb dieser Instanz ab.[540] Allerdings wird dem Gesetzgeber ein Gestaltungsspielraum bei der Ausgestaltung der Zulassungsvoraussetzungen zugestanden, unter denen eine weitere Instanz angerufen werden kann.[541] Zwar dürfen dabei die Zulassungshürden nicht unzumutbar erschwert werden.[542] Gleichwohl bedarf es zugleich der Herstellung von Rechtssicherheit, die voraussetzt, dass streitige Rechtsverhältnisse in angemessener Zeit geklärt werden.[543] Inwieweit die Ausgestaltung entsprechender Zulassungshürden, insbesondere die Zulässigkeitsvoraussetzung der materiellen Beschwer in Gestalt der Wesentlichkeitshürde i.S.v. § 253 Abs. 2 Nr. 3 InsO, unter Berücksichtigung des verfassungsrechtlichen Justizgewähranspruchs (Art. 2 Abs. 1 GG i.V.m. Art. 20 Abs. 3 GG) zulässig ist, bestimmt sich im Einzelfall anhand einer Interessenabwägung und nach dem Grundsatz der Verhältnismä-

540 BVerfG v. 25.1.2005 – 2 BvR 656/99, 657/99 u. 683/99, NJW, 1999, 2001 m.w.N.

541 BVerfG v. 30.4.2003 – 1 PBvU 1/02, NJW 2003, 1924 zur Frage fachgerichtlichen Rechtsschutzes gegen einen Verstoß durch den Richter; BVerfG v. 11.6.1980 – 1 PBvU 1/79, NJW 1981, 39, 41 zu Zugangsbeschränkungen zu dem Rechtsmittel der Revision; *Sachs*, in: Sachs, GG, Art. 19 Rn. 139; *Schulze-Fielitz*, in: Dreier, GG, Art. 19 IV Rn. 60, Art. 20 Rn. 211.

542 BVerfG v. 26.4.2010 – 1 BvR 1991/09, GRUR 2010, 1033 zur Nichtzulassung einer Berufung; BVerfG v. 17.3.1988 – 2 BvR 233/84, NVwZ 1988, 718, 719 zur Zulässigkeit der Beschwerde in asylrechtlichen Prozeßkostenhilfeverfahren; *Jarass*, in: Jarass/Pieroth, GG, Art. 20 Rn. 92; *Schulze-Fielitz*, in: Dreier, GG, Art. 19 IV Rn. 71.

543 BVerfG v. 26.11.2009 – 1 BvR 339/09, NZI 2010, 57 zur Verfassungsmäßigkeit nicht bestehenden Rechtsschutzes gegen die Stimmrechtsfestsetzung im Insolvenzplanverfahren gemäß § 18 Abs. 3 Satz 2 RPflG a.F.; BVerfG v. 2.3.1993 – 1 BvR 249/92, NJW 1993, 1635; *Hofmann*, in: Schmidt-Bleibtreu, GG, Art. 20 Rn. 67.

ßigkeit; insoweit darf der Adressat entsprechender Regelungen nicht übermäßig betroffen sein.[544]

bb) Abwägung widerstreitender Interessen

Als widerstreitende Interessen stehen sich im Rahmen des Insolvenzplanverfahrens das Rechtsschutzinteresse der Beschwerdeführer und das Vollzugsinteresse der Planbefürworter gegenüber. In Bezug auf die verfassungsrechtliche Legitimation der Wesentlichkeitsschwelle i. S. v. § 253 Abs. 2 Nr. 3 InsO ist danach zu fragen, ob dem Planvollzugsinteresse der Vorrang vor einer beschwerdebedingten Verzögerung für den Eintritt der Wirkungen eines Insolvenzplans gemäß §§ 254 bis 254b InsO in den Fällen gebührt, in denen ein Beschwerdeführer seine *unwesentliche* Schlechterstellung durch den Plan glaubhaft macht und einen Verstoß gegen den planrechtlichen Minderheitenschutz rügt.

Die Frage ist in Anbetracht der immensen betriebswirtschaftlichen und volkswirtschaftlichen Bedeutung erfolgreicher Unternehmenssanierungen und unter Berücksichtigung der Rechtsmittellastigkeit des Insolvenzplanverfahrens vor dem Inkrafttreten des ESUG zu bejahen. Die Fortführung des Unternehmens ist im Falle einer erfolgreichen Sanierungsaussicht gegenüber einer alternativen Liquidation des Unternehmens ein schützens- und fördernswertes Ziel. Durch die Sanierung können Arbeitsplätze erhalten und bedeutende Wirtschaftsbeziehungen zwischen dem Unternehmen und anderen Beteiligten aufrecht erhalten werden. Eine erfolgreiche Sanierung erfordert jedoch die zügige Umsetzung der erforderlichen Sanierungsmaßnahmen.[545] Eine Eilbedürftigkeit in diesem Sinne besteht bereits im Rahmen eines Liquidationsszenarios. Die regelmäßig geringe Insolvenzmasse ist der Grund dafür, dass die Verwertung des zur Verfügung stehenden Schuldnervermögens zügig erfolgen muss, um möglichst hohe Verwertungserlöse erzielen zu können.[546] Die Eilbedürftigkeit

544 BVerfG v. 26. 11.2009 – 1 BvR 339/09, NZI 2010, 57; BVerfG v. 23.5.2006 – 1 BvR 2530/04, NJW 2006, 2613, 2616 (Rn. 47); BVerfG v. 2.3.1993 – 1 BvR 249/92, NJW 1993, 1635; *Hofmann*, in: Schmidt-Bleibtreu, GG, Art. 20 Rn. 72 f.

545 So auch BVerfG v. 26.11.2009 – 1 BvR 339/09, NZI 2010, 57, 58; *Braun*, NZI 1999, 473, 474.

546 BVerfG v. 26.11.2009 – 1 BvR 339/09, NZI 2010, 57, 58; BVerfG v. 23.5.2006 – 1 BvR 2530/04, NJW 2006, 2613, 2615 (Rn. 36).

besteht umso mehr, wenn der Schuldner im Wege eines Insolvenzplans reorganisiert werden soll. Die Sanierung bezweckt regelmäßig die Wiederherstellung der wirtschaftlichen Leistungsfähigkeit und Wettbewerbsfähigkeit des Unternehmens. Dafür ist das Unternehmen schnellstmöglich mit finanziellen Mitteln auszustatten und je nach Sanierungskonzept entsprechend etwaiger im Plan vorgesehener Sanierungsmaßnahmen umzustrukturieren, damit das Unternehmen in die Lage versetzt wird, am Markt Erträge zu erzielen. Die Gewährleistung und Förderung zügiger Verfahrensabläufe gebietet bereits das Rechtsstaatsgebot. Schon das BVerfG führte in einem insolvenzrechtlichen Kontext seinerzeit aus, dass das Rechtsstaatsgebot die Herstellung von Rechtssicherheit erfordere, was voraussetze, dass strittige Rechtsverhältnisse in angemessener Zeit geklärt werden.[547]

Ein weitreichendes Beschwerderecht für Beteiligte, durch die der Eintritt der Wirkungen eines Insolvenzplans gemäß § 254 Abs. 1 InsO gegebenenfalls längerfristig verzögert werden kann, konkurriert mit dem Ziel der zügigen Durchsetzung von Sanierungsplänen. Aus diesem Grunde bedarf es einer Beschränkung sanierungsgefährdender Rechtsmittel speziell in den Fällen, in denen Beteiligte kein erkennbares wirtschaftliches Interesse an einer Überprüfung des Plans im Beschwerdeverfahren darlegen. Die Ausgestaltung des früheren Beschwerderechts vor dem Inkrafttreten des ESUG ermöglichte aufgrund der weitreichenden Beschwerdebefugnis eine entsprechende Beschwerdepraxis, in der Beteiligte die Möglichkeit hatten, ein Insolvenzplanverfahren ohne nennenswerte Anforderungen durch die Einlegung einer sofortigen Beschwerde und im Ergebnis ohne Erfolgsaussichten zu verzögern.[548] Soweit der Gesetzgeber entsprechenden beschwerdebedingten Sanierungsgefahren in Form einer Straffung der Zulässigkeitsvoraussetzungen der Beschwerde entgegengewirkt hat, stellt sich die Frage, ob es dafür einer Wesentlichkeitshürde i. S. v. § 253 Abs. 2 Nr. 3 InsO bedurft hätte. Gegebenenfalls hätte auch die Etablierung einer materiellen Zulässigkeitsvoraussetzung ausgereicht, die lediglich die Glaubhaftmachung einer *einfachen* voraussichtlichen Schlechterstellung von dem Beschwerdeführer verlangt, entsprechend dem Maßstab im

547 BVerfG v. 26.11.2009 – 1 BvR 339/09, NZI 2010, 57 m. w. N.

548 Dazu ausführlich oben § 11, III.

Minderheitenschutz des Insolvenzplanverfahrens gemäß § 251 Abs. 1 Nr. 2 InsO. In dem Falle hätte sich auch die Problematik eines Beschwerdeausschlusses von *unwesentlich* schlechtergestellten Beschwerdeführern gemäß § 253 Abs. 2 Nr. 3 InsO nicht gestellt. Allerdings wäre ein beschwerdebedingtes Obstruktionspotenzial insbesondere von Kleingläubigern durch das Erfordernis der Glaubhaftmachung einer *einfachen* Schlechterstellung nicht ausgeschlossen worden. In diese Richtung argumentiert zumindest der Gesetzgeber in der Gesetzesbegründung zum ESUG, soweit die Wesentlichkeitshürde i. S. v. § 253 Abs. 2 Nr. 3 InsO damit begründet wird, dass dadurch insbesondere die Beschwerden solcher Personen ausgeschlossen werden, die eine kleine Forderung nur zu dem Zweck erworben haben, um gegen den Plan zu opponieren und sich ihr Obstruktionspotenzial gegebenenfalls abkaufen zu lassen.[549] Aus dem Rechtsstaatsprinzip folgt zwar gleichermaßen, dass auch ein auf Schnelligkeit ausgelegtes Verfahren einen wirkungsvollen Rechtsschutz des einzelnen Rechtsuchenden bereitzustellen hat.[550] Die Wesentlichkeitsschwelle i. S. v. § 253 Abs. 2 Nr. 3 InsO scheint diesen Rechtsschutz zumindest teilweise für *unwesentlich* schlechtergestellte Beteiligte zu verhindern. Gleichwohl wird den Beteiligten in Form des Bestätigungsverfahrens gemäß § 248 InsO i. V. m. § 18 Abs. 1 Nr. 2 RPflG bereits ein umfassender und wirkungsvoller Rechtsschutz im Insolvenzplanverfahren gewährt.

f) Ergebnis

Nach Abwägung der widerstreitenden Interessen stellt sich ein (faktischer) Beschwerdeausschluss für *unwesentlich* schlechtergestellte Beteiligte gemäß § 253 Abs. 2 Nr. 3 InsO nicht als unverhältnismäßig dar. Dem überragenden Interesse an einem zügigen Planvollzug gebührt insoweit der Vorrang. Den Beteiligten wird ein umfänglicher und effektiver (integrierter) Rechtsschutz durch das Planbestätigungsverfahren gemäß § 248 InsO i. V. m. § 18 Abs. 1 Nr. 2 RPflG gewährt. Der Vorrang des Planvollzugs sowie der in § 248 InsO verankerte Rechtsschutz machen eine nochmalige Überprüfung des Plans im Hinblick auf etwaige Verstöße gegen die Vorschriften des Minderheitenschutzes in einer zweiten (Beschwerde-)

549 Begr. RegE ESUG, BT-Drucks. 17/5712, S. 35 f.

550 BVerfG v. 26. 11.2009 – 1 BvR 339/09, NZI 2010, 57; BVerfG v. 2.3.1993 – 1 BvR 249/92, NJW 1993, 1635.

Instanz für *unwesentlich* schlechtergestellte Beteiligte entbehrlich. Unter diesen Gesichtspunkten stellt sich die Wesentlichkeitshürde als Bestandteil der materiellen Zulässigkeitsvoraussetzung gemäß § 253 Abs. 2 Nr. 3 InsO als verfassungsgemäß dar, ungeachtet ihrer teilweisen (faktischen) Ausschlusswirkung von der sofortigen Beschwerde. Damit verstößt die Wesentlichkeitsschwelle weder gegen den verfassungsrechtlichen Justizgewähranspruch (Art. 2 Abs. 1 GG i. V. m. Art. 20 Abs. 3 GG) noch gegen die Garantie eines effektiven Rechtsschutzes (Art. 19 Abs. 4 GG).[551]

3. Personeller Anwendungsbereich der materiellen Beschwer gemäß § 253 Abs. 2 Nr. 3 InsO

Bevor im Folgenden näher auf die Frage eingegangen wird, inwieweit die materielle Zulässigkeitsvoraussetzung gemäß § 253 Abs. 2 Nr. 3 InsO zu einem erhofften Attraktivitätsgewinn für das Insolvenzplanverfahren beiträgt, gilt es vorab zu klären, für welche Beschwerdeführer die Zulässigkeitshürde Anwendung erlangt. Zwar unterscheidet der Wortlaut hinsichtlich seines Anwendungsbereichs nicht zwischen Schuldnern bzw. Anteilsinhabern und Gläubigern, die als potenzielle Beschwerdeführer in Betracht kommen. Daher ist grundsätzlich zunächst davon auszugehen, dass § 253 Abs. 2 Nr. 3 InsO für einen jeden Beschwerdeführer gleichermaßen Geltung erlangt.

Dass hingegen ein im Wortlaut zum Ausdruck kommender weiter Anwendungsbereich einer beschwerderechtlichen Zulässigkeitsvoraussetzung im Ergebnis nicht notwendigerweise auch einen solchen zur Folge haben muss, hat die Darstellung der formellen Zulässigkeitsvoraussetzungen gemäß § 253 Abs. 2 Nr. 1, 2 InsO gezeigt. Dieser Gedanke muss auch für die Frage nach dem Anwendungs- bzw. Geltungsbereich der materiellen Zulässigkeitsvoraussetzung gemäß § 253 Abs. 2 Nr. 3 InsO aufgegriffen werden. So ergibt sich auch hierbei ein Differenzierungsbedürfnis, welches seinen Anknüpfungspunkt einmal mehr in den verschiedenen Beteiligteneigenschaften der potenziellen Beschwerdeführer hat, begleitet von teleologischen Erwägungen zu § 253 Abs. 2 Nr. 3 InsO.

551 I. E. auch Begr. RegE ESUG, BT-Drucks. 17/5712, S. 36.

a) Beschränkung des § 253 Abs. 2 Nr. 3 InsO auf wirtschaftliche Schlechterstellungen

Soweit ein Beschwerdeführer gemäß § 253 Abs. 2 Nr. 1 bis 2 InsO formell beschwert ist, hat das für ihn in materiell-rechtlicher Hinsicht stets zur Folge, dass seine voraussichtliche Schlechterstellung über die Vorschriften der §§ 245, 247 oder 251 InsO bereits Prüfungsgegenstand im Bestätigungsverfahren gewesen ist. Für den Schuldner ist dies die Prüfung seiner voraussichtlichen Schlechterstellung gemäß § 247 Abs. 2 Nr. 1 InsO, für Gläubiger und Anteilsinhaber – je nach Abstimmungskonstellation – die der §§ 245 Abs. 1 Nr. 1 bzw. 251 Abs. 1 Nr. 2 InsO.[552]

Obwohl in den Vorschriften der §§ 247 Abs. 1, 245 Abs. 1 Nr. 1 und 251 Abs. 1 Nr. 2 InsO einheitlich von einer „voraussichtlichen Schlechterstellung" die Rede ist, hat die Darstellung der planrechtlichen Minderheitenschutzkonstellationen im zweiten Kapitel gezeigt, dass sich die Ermittlung einer voraussichtlichen Schlechterstellung für den Schuldner (§ 247 InsO) abweichend zu derjenigen von Gläubigern bzw. Anteilsinhabern (§§ 245, 251 InsO) bemisst. Denn während sich die voraussichtliche Schlechterstellung eines Schuldners nach rechtlichen Maßstäben bemisst, der Plan dem Schuldner mithin seine ihm zustehenden Mindestrechte gewährleisten muss, basiert die Ermittlung einer voraussichtlichen Schlechterstellung für Gläubiger bzw. Anteilsinhaber ausschließlich auf wirtschaftlichen Kriterien. Danach entscheidet allein ein negativer Differenzwert zwischen Planwert und voraussichtlichem Regelwert darüber, ob der Beteiligte durch die Planregelungen voraussichtlich schlechtergestellt wird.[553]

Der unterschiedliche Maßstab im Rahmen der Ermittlung der voraussichtlichen Schlechterstellung scheint für den (Beschwerdeführer-) Schuldner insoweit gegen eine Anwendung der materiellen Zulässigkeitsvoraussetzung gemäß § 253 Abs. 2 Nr. 3 InsO zu sprechen. Das ist darauf zurückzuführen, dass sich die Frage einer rechtlichen Schlechterstellung nach solchen Kriterien bemisst, die einer *wirtschaftlichen* Vergleichbarkeit mit der Situation ohne Plan nicht zugänglich ist.

552 Dazu oben § 12, II., 2., b).

553 Dazu § 9, III. Ausführlich zum Merkmal der Schlechterstellung § 12, III., 4., b).

b) § 253 Abs. 2 Nr. 3 InsO als Mittel zur Bekämpfung von Gläubigerbeschwerden

Der Anwendungsbereich der materiellen Zulässigkeitsvoraussetzung gemäß § 253 Abs. 2 Nr. 3 InsO muss für einen Beschwerdeführerschuldner ferner in Frage gestellt werden, sofern man die entsprechende Gesetzesbegründung zum ESUG zugrunde legt. Aus ihr folgt, dass ein Beschwerdeführer im Rahmen des § 253 Abs. 2 Nr. 3 InsO seine *wirtschaftlichen* Nachteile glaubhaft machen muss.[554] So ist in der Gesetzesbegründung in diesem Zusammenhang davon die Rede, dass gegenwärtig vor allem die Beschwerdemöglichkeiten von Kleingläubigern vermieden werden sollen, die eine kleine Forderung lediglich aus missbräuchlichen Motiven erworben haben, um sich das mit einer Beschwerdeeinlegung einhergehende Obstruktionspotenzial mit finanziellen Sondervorteilen abkaufen zu lassen.[555] Mit dem „Erwerb von Forderungen" spricht der Gesetzgeber jedoch ausschließlich das Obstruktionspotenzial an, das vor dem Inkrafttreten des ESUG von *Gläubigern* ausging.[556] Auch im Übrigen ist im Zusammenhang mit der Erheblichkeitsschwelle ausschließlich die Rede von *Gläubigern*. Das Reformziel des ESUG bestand nicht etwa darin, mit der Einführung der neuartigen Zulässigkeitsvoraussetzungen ein etwaiges beschwerdebedingtes Obstruktionspotenzial zu bekämpfen, dass von einem Schuldner ausging.[557]

Zudem darf für eine erforderliche materielle Beschwer gemäß § 253 Abs. 2 Nr. 3 InsO keine Ausgleichsmöglichkeit mit den in § 251 Abs. 3 InsO genannten Mitteln bestehen. Die in § 251 Abs. 3 InsO genannten „Ausgleichsmittel" meinen jedoch ausschließlich finanzielle Ausgleichsmittel, die im gestaltenden Teil des Plans auf Grundlage einer salvatorischen Klausel bereitgestellt werden können, um nachgewiesene Schlechterstellungen zugunsten eines Planvollzugs ausgleichen zu können. Eine solche Ausgleichsmöglichkeit setzt jedoch voraus, dass die Schlechterstellung einer finanziellen Kompensation zugänglich ist, was ausschließlich der Fall ist, wenn es sich bei der Schlechterstellung um Nachteile finanzieller bzw. wirtschaftlicher Art handelt. Dass die Ausgleichsmöglichkeit gemäß § 251 Abs. 3 InsO im Kontext des § 253 Abs. 2

554 Begr. RegE ESUG, BT-Drucks. 17/5712, S. 35 f.

555 Näher dazu bereits oben § 11, III., 2.

556 Siehe bereits zur Kritik der alten Rechtslage § 11.

557 Vgl. auch *Pleister*, in: KPB, InsO, § 253 Rn. 18.

Nr. 3 InsO mit der wesentlichen (wirtschaftlichen) Schlechterstellung in einem untrennbaren Zusammenhang steht, kommt schließlich unmittelbar in dem Wortlaut der Vorschrift zum Ausdruck, der von einem Ausgleich „*dieser*" Nachteile spricht.

Insoweit stellt § 253 Abs. 2 Nr. 3 InsO allein für Gläubiger und Anteilsinhaber eine Zulässigkeitsvoraussetzung dar,[558] nicht jedoch für den Schuldner.[559] Denn die für den Minderheitenschutz des Schuldners maßgebliche *rechtliche* Schlechterstellung, die dadurch gekennzeichnet ist, dass ihm sein zustehender Mindeststandard an Rechten ungewollt durch eine Planregelung beschnitten wird,[560] vermag durch finanzielle Ausgleichsmittel gemäß § 251 Abs. 3 InsO nicht kompensiert zu werden. Zudem ist schon die Feststellung einer *wesentlichen* Schlechterstellung i. S. v. § 253 Abs. 2 Nr. 3 InsO auf Seiten des Schuldners nicht möglich, bemisst sich das Merkmal der Wesentlichkeit doch zweifelsohne an wertmäßigen Kriterien.[561] Letzteres kann als Bemessungsfaktor daher ausschließlich für die Ermittlung einer wirtschaftlichen Schlechterstellung dienen.

4. Materielle Beschwer als Zulässigkeitshürde für den Beschwerdeführer

Welchen Anforderungsgehalt die materielle Zulässigkeitsvoraussetzung gemäß § 253 Abs. 2 Nr. 3 InsO gegenwärtig für einen Beschwerdeführer begründet, soll im Folgenden dargestellt werden. Die dadurch gewonnenen Erkenntnisse sollen schließlich für die Beantwortung der Frage fruchtbar gemacht werden, ob und inwieweit die neuartigen Zulässigkeitsvoraussetzungen gemäß § 253 Abs. 2 InsO insgesamt zu einer Erfüllung der Reformziele und damit zugleich zu einem Attraktivitätsgewinn des Planverfahrens beitragen.

---

558 A. A. *Pleister*, in: KPB, InsO, § 253 Rn. 18, der auch *am Schuldner beteiligte Personen* von der Regelung des § 253 Abs.2 Nr. 1 InsO ausnehmen will.

559 So auch *Sinz*, in: MünchKomm-InsO, § 253 Rn. 46; *Pleister*, in: KPB, InsO, § 253 Rn. 18; *Backes*, in: Pape/Uhländer, NWBKomm-InsO, § 253 Rn. 33; *Thies*, in: HambKomm-InsO, § 253 Rn. 13. Für den Schuldner bleibt es somit auch nach dem Inkrafttreten des ESUG dabei, dass dieser lediglich (allgemein) materiell beschwert sein muss. Das ist der Fall, sofern der Insolvenzplan in seine Rechte eingreift, so auch *Thies*, in: HambKomm-InsO, § 253 Rn. 13.

560 Dazu siehe § 9, V., 2., c), ff).

561 Siehe dazu die Erwägungen in Begr. RegE ESUG, BT-Drucks. 17/5712, S. 35 f.

a) Die Glaubhaftmachung gemäß §§ 253 Abs. 2 Nr. 3 InsO i. V. m. § 294 ZPO

aa) Zweck der Glaubhaftmachung

Der Beschwerdeführer muss seine materielle Beschwer gemäß § 253 Abs. 2 Nr. 3 InsO glaubhaft machen. Im Hinblick auf die Glaubhaftmachung findet sich eine entsprechende Regelung bereits seit dem Inkrafttreten der InsO in der Vorschrift des § 251 Abs. 1 Nr. 2 i. V. m. Abs. 2 InsO. Danach hängt die Zulässigkeit eines Minderheitenschutzantrags gleichermaßen davon ab, dass der Antragsteller seine voraussichtliche Schlechterstellung glaubhaft macht. Ihren gesetzlichen Vorläufer hat die Vorschrift in § 188 Abs. 2 KO.[562] Insoweit ist der im Insolvenzverfahren grundsätzlich anwendbare Amtsermittlungsgrundsatz (vgl. § 5 Abs. 1 InsO) im Rahmen des § 251 InsO abbedungen.[563] Das Erfordernis zur Glaubhaftmachung einer voraussichtlichen Schlechterstellung soll zu einer Entlastung der Insolvenzgerichte beitragen, indem die mit der *Feststellung* einer voraussichtlichen Schlechterstellung gegebenenfalls einhergehenden Prüfungserfordernisse vermieden werden, wenn ein Antrag lediglich auf bloße Vermutungen oder Einschätzungen des Antragstellers gestützt wird (sog. Pauschalanträge).[564]

In Anbetracht des Reformziels des ESUG, durch eine Reform des Beschwerderechts zu schnelleren Planverfahren beizutragen, insbesondere die Rechtsmittellast abzubauen und langwierige Beschwerdeverfahren zu vermeiden, muss dem Glaubhaftmachungserfordernis gemäß § 253 Abs. 2 Nr. 3 InsO innerhalb der sofortigen Beschwerde gegenwärtig eine gleichnamige Entlastungsfunktion zugesprochen werden.

---

562 Gesetzlicher Vorläufer des Glaubhaftmachungserfordernisses im individuellen Minderheitenschutz ist die Vorschrift des § 188 Abs. 2 KO. Danach mussten die Tatsachen, auf die der Antrag auf Verwerfung eines Vergleichs gestützt werden sollte, von dem Antragsteller glaubhaft gemacht werden, Begr. RegE InsO, BT-Drucks. 12/2443, S. 212 (zu § 298).

563 BGH v. 11.9.2003 – IX ZB 37/03, LMK 2004, 39, 40; AG Duisburg v. 29.1.2002 – 62 IN 53/00, NZI 2002, 328, 329; *Baumert*, in: Braun, InsO, § 5 Rn. 11; *Burmeister/Schmidt-Hern*, in: Kübler, HRI, § 43 Rn. 44.

564 LG Nürnberg-Fürth v. 4.2.2011 – 11 T 10430/10, BeckRS 2011, 03950; siehe auch *Andres*, in: Andres/Leithaus, InsO, § 251 Rn. 4; *Braun/Frank*, in: Braun, InsO, § 251 Rn. 10; *Sinz*, in: MünchKomm-InsO, § 251 Rn. 19; *Thorwart/Schauer*, NZI 2011, 574, 575.

bb) Glaubhaftmachungsmaßstab gemäß § 294 ZPO

Soweit in § 253 Abs. 2 Nr. 3 InsO von „Glaubhaftmachung" die Rede ist, ist damit der zivilprozessuale Glaubhaftmachungsmaßstab i. S. v. § 294 ZPO gemeint (vgl. § 4 InsO).[565] Wer eine tatsächliche Behauptung glaubhaft zu machen hat, kann sich aller Beweismittel bedienen und zusätzlich zur Versicherung an Eides statt zugelassen werden (§ 294 Abs. 1 ZPO). Für den Beschwerdeführer folgt daraus zunächst, dass er Tatsachen behaupten bzw. vortragen muss, aus denen sich seine materielle Beschwer ergibt. Dies sind zunächst Tatsachen, auf die der Beschwerdeführer seine wesentliche Schlechterstellung gegenüber der Situation ohne Plan stützt. Daneben bedarf es der Darlegung von Tatsachen, aus denen sich eine fehlende Ausgleichsmöglichkeit i. S. v. § 251 Abs. 3 InsO ergibt, sofern der Plan entsprechende Ausgleichsmittel vorsieht.

Der erforderliche Tatsachenvortrag stellt zwar ein notwendiges Element im Zusammenhang mit dem Erfordernis der Glaubhaftmachung dar. Hierbei handelt es sich jedoch nicht um ein Spezifikum der Glaubhaftmachung i. S. v. § 294 ZPO, sondern ist Ausdruck des allgemeinen zivilprozessualen Beibringungsgrundsatzes. Die Glaubhaftmachung erlangt vielmehr erst im Rahmen der Frage eine eigenständige Bedeutung, wie und in welchem Ausmaß der Beschwerdefürer die vorgebrachten Tatsachen beweisen muss. Sie ist insoweit eine spezielle Form der Beweisführung, die von dem grundsätzlich geltenden förmlichen Beweisverfahren im Zivilprozess abweicht. Letzteres zeichnet sich dadurch aus, dass die beweispflichtige und die die Tatsache behauptende bzw. vortragende Partei dem Richter die vollständige persönliche Überzeugung von der vorgetragenen Tatsache verschaffen muss, bevor das Gericht diese seiner Entscheidung zugrunde legen kann (sog. Vollbeweis i. S. v. § 286 ZPO). Dafür stehen der beweispflichtigen Partei verschiedene Beweismittel zur Verfügung, mit denen sie den geforderten Beweis erbringen kann, namentlich der Beweis durch Augenschein (§§ 371 ff. ZPO), der Zeugenbeweis (§§ 373 ff. ZPO), der Beweis durch Sachverständige (§§ 402 ff. ZPO), der Beweis durch Urkunden (§§ 415 ff. ZPO) und der Beweis durch Parteivernehmung (§§ 445 ff. ZPO).

565 *Pleister*, in: KPB, InsO, § 253 Rn. 21.

Demgegenüber weicht die Glaubhaftmachung gemäß § 294 ZPO als spezielle Form der Beweisführung sowohl im Hinblick auf das erforderliche Überzeugungsmaß als auch in Bezug auf die für die Glaubhaftmachung zur Verfügung stehenden Beweismittel von dem zivilprozessualen Strengbeweisverfahren ab.[566] Sofern eine Tatsache lediglich glaubhaft zu machen ist, genügt es nach der herrschenden Auffassung in Rechtsprechung[567] und im Schrifttum,[568] wenn ihr Vorliegen überwiegend wahrscheinlich ist,[569] womit ein gegenüber dem Strengbeweisverfahren herabgesetztes Beweismaß gilt. Zur Glaubhaftmachung ist neben sämtlichen zivilprozessualen Beweismitteln des Strengbeweisverfahrens zusätzlich die Versicherung an Eides statt zulässig (§ 294 Abs. 1 ZPO).

Im Hinblick auf die Glaubhaftmachung gilt es zu berücksichtigten, dass die beweispflichtige Partei die glaubhaft zu machenden Tatsachen zunächst vollständig vorbringen und glaubhaft machen muss, da sich das Gericht im Rahmen seiner Prüfung ausschließlich auf die vorgebrachten Tatsachen und Schlussfolgerungen beschränkt.[570] Ein fehlender Tatsachenvortrag geht zu Lasten des Beschwerdeführers.[571] Zudem müssen im Falle eines erfolgten Tatsachenvortrags sämtliche Beweismittel, mit denen die Tatsachen glaubhaft gemacht werden sollen, im Prüfungszeitpunkt präsent sein (§ 4 InsO i. V. m. § 294 Abs. 2 ZPO), d. h. eine sofortige Beweisaufnahme der Gerichts ermöglichen.[572]

566 *Walker*, Der einstweilige Rechtsschutz im Zivilprozeß und im arbeitsgerichtlichen Verfahren, 1993, Rn. 428.

567 BGH v. 9.2.1998 – II ZB 15/97, NJW 1998, 1870; BGH v. 5.5.1976 – IV ZB 49/75; MDR 1983, 749.

568 *Laumen*, in: Prütting/Gehrlein, ZPO, § 294 Rn. 2; *Leipold*, in: Stein/Jonas, ZPO, § 294 Rn. 1; *Baumbach/Lauterbach/Albers/Hartmann*, ZPO, § 294 Rn. 1 m. w. N.; *Huber*, in: Musielak, ZPO, § 294 Rn. 3.

569 Neben der „überwiegenden Wahrscheinlichkeit" finden sich in der Rechtsprechung und im Schrifttum teilweise abweichende Formulierungen zur Konkretisierung des Beweismaßes, dazu siehe die Übersicht bei *Huber*, in: Musielak, ZPO, § 294 Rn. 3 m. w. N.

570 BGH v. 22.3.2007 – IX ZB 10/06, NZI 2005, 522, 523 (Rn. 14 ff.); OLG Köln v. 29.8.2001 – 2 W 105/01, NZI 2001, 594, 595 f.; BayObLG v. 11.12.2000 – 4 Z BR 21/00, NZI 2001, 145, 147; *Lüer*, in: Uhlenbruck, InsO § 251 Rn. 17; *Sinz*, in: MünchKomm-InsO, § 251 Rn. 19.

571 *Lüer*, in: Uhlenbruck, InsO, § 251 Rn. 17.

572 *Bacher*, in: Vorwerk/Wolf, BeckOK-ZPO, § 294 Rn. 14.

cc) Besondere Hürde der Glaubhaftmachung bzgl. § 253 Abs. 2 Nr. 3 InsO

Mit speziellem Bezug zur materiellen Beschwer gemäß § 253 Abs. 2 Nr. 3 InsO erscheint bereits die Stufe des Tatsachenvortrags eine erhebliche Hürde für den Beschwerdeführer darzustellen, wenn es darum geht, eine wesentliche Schlechterstellung sowie gegebenenfalls unzureichende Ausgleichsmittel darzulegen. Tatsachen in diesem Sinne sind konkrete Anhaltspunkte; bloße Behauptungen genügen den Anforderungen des § 294 ZPO nicht.

Sowohl die Feststellung einer (wesentlichen) Schlechterstellung als auch die Ermittlung gegebenenfalls unzureichender Ausgleichsmittel können hingegen mit erheblichen Schwierigkeiten verbunden sein. Das ist darauf zurückzuführen, dass die Ermittlung einer potenziellen Schlechterstellung gegenüber dem Regelinsolvenzverfahren nur mit Hilfe von Prognosen möglich ist, da die Vergleichswerte eines hypothetischen Regelverfahrens gemäß §§ 156 ff. InsO nicht feststehen. Auch darüber hinaus sind für die Durchführung von Vergleichsrechnungen im Rahmen der Schlechterstellungsprüfung teils komplexe Bewertungsverfahren erforderlich, die in der Regel nicht ohne Unterstützung von Sachverständigen durchgeführt werden können.

Zur Illustration der regelmäßig auftretenden Schwierigkeiten wird mit den folgenden Ausführungen zunächst auf die Frage eingegangen, welche komplexen Bewertungsfragen sich im Rahmen der Feststellung einer (wesentlichen) Schlechterstellung sowie der Frage nach ausreichenden Ausgleichsmitteln stellen. Damit soll zunächst die Dimension verdeutlicht werden, die der Beschwerdeführer im Hinblick auf den Tatsachenvortrag und dem Erfordernis der Glaubhaftmachung seit dem Inkrafttreten des ESUG gemäß § 253 Abs. 2 Nr. 3 InsO bewältigen muss.

b) Schlechterstellung im Vergleich zur Situation „ohne Plan"

Geht es um die Frage, ob ein Gläubiger bzw. Anteilsinhaber durch die Regelungen eines rechtskräftig bestätigten Plans (wesentlich) schlechtergestellt wird, als er ohne einen Plan stünde, erfordert dies die Vornahme einer Vergleichsrechnung. In dieser wird die wirtschaftliche Situation des Beteiligten, wie sie sich nach dem Insolvenzplan darstellt, mit der Situation verglichen, wie sie im Falle einer alternativen Abwicklung „ohne Plan" bestehen würde (vgl. § 253 Abs. 2 Nr. 3 InsO bzw. §§ 245 Abs. 1 Nr. 1, 251 Abs. 1 Nr. 2 InsO). Ergibt der Vergleich, dass der Insolvenzplan dem Beteiligten weniger gewährt als er ohne Plan erhalten würde, begründet dies seine Schlechterstellung. Dabei kommt es ausschließlich auf das wirtschaftliche Endergebnis an, nicht etwa auf rechtliche Beschränkungen oder Eingriffe, die für den Beteiligten im Ergebnis wirtschaftlich folgenlos bleiben.[573]

Als Beispiel verneint das Schrifttum etwa die Schlechterstellung eines absonderungsberechtigten Gläubigers, dessen Absonderungsrecht zur Masse gezogen wird, sofern diesem eine wirtschaftliche Kompensation in Höhe des Verkehrswertes des Sicherungsgegenstands gewährt bzw. gezahlt wird, an dem das Absonderungsrecht bestanden hat.[574] Die Schwierigkeit im Zusammenhang mit der Vergleichsrechnung besteht darin, dass es für ihre Durchführbarkeit zunächst einer Feststellung der jeweiligen Vergleichspaare bedarf, d. h. der Planwerte und der alternativen Werte „ohne Plan". Schon die Ermittlung der entsprechenden Vergleichspaare ist dabei regelmäßig mit erheblichen Schwierigkeiten und Unwägbarkeiten verbunden.

Rechtsprechung und Schrifttum sehen sich bereits seit dem Inkrafttreten der InsO mit entsprechenden Schwierigkeiten konfrontiert, soweit es etwa um die Überprüfung der Voraussetzungen des § 245 Abs. 1 Nr. 1 InsO innerhalb des Obstruktionsverbots oder des § 251 Abs. 1 Nr. 2 InsO innerhalb des individuellen Minderheitenschutzes geht, deren Anwendung identische Fragestellungen und Unwägbarkeiten verursacht.

aa) Verwertungsergebnisse „ohne Plan" als Vergleichsmaßstab

Die Planwerte sind schließlich den Werten gegenüberzustellen, die der Beteiligte in einer alternativen Verwertungssituation „ohne Plan" zu erwarten hätte. Damit sind die Verwertungsergebnisse gemeint, die sich

573 *Braun/Frank*, in: Braun, InsO, § 245 Rn. 3; *Braun*, in: Nerlich/Römermann, InsO, § 245 Rn. 3; *Lüer*, in: Uhlenbruck, InsO, § 245 Rn. 21.

574 *Braun, in: Nerlich/Römermann,* InsO, § 245 Rn. 3; *Braun/Frank*, in: Braun, InsO, § 245 Rn. 3.

im Rahmen einer alternativen Verwertung nach den Vorschriften des Regelinsolvenzverfahrens gemäß §§ 156 ff. InsO realisieren ließen.[575]

Als Verwertungsoption kommt zunächst die Abwicklung des Schuldnervermögens, sog. Zerschlagung bzw. Liquidation, in Betracht, daneben die Fortführung der wirtschaftlichen Einheit des Unternehmens in Form einer übertragenden Sanierung. Denkbar sind zudem Kombinationsmöglichkeiten dergestalt, dass Betriebsteile im Wege der übertragenden Sanierung veräußert werden und der verbleibende Teil des Unternehmens liquidiert wird.[576] Darin unterscheidet sich der Vergleichsmaßstab im Rahmen der Schlechterstellungsprüfung, wie sie die deutsche Insolvenzordnung vorsieht, von der Vorbildregelung des *„best interest of the creditor's test"* im U.S.-amerikanischen *Chapter 11*-Verfahren, in dem ausschließlich Liquidationswerte als Vergleichsmaßstab zugrunde gelegt werden.[577]

Trotz der verschiedenen Verwertungsoptionen, die das gesetzliche Regelinsolvenzverfahren gemäß §§ 156 ff. InsO bietet, handelt es sich bei der alternativen Verwertungsoption „ohne Plan" zumeist um eine Liquidation des Schuldnervermögens. Davon geht zumindest der Gesetzgeber in den Vorschriften der §§ 159 ff. InsO aus.[578] Deshalb gilt es im Rahmen der Prüfung einer etwaigen Schlechterstellung in der Mehrzahl der Fälle die Liquidations- bzw. Zerschlagungswerte zu ermitteln, die den Planwerten gegenübergestellt werden. Hierbei gilt es festzustellen, welchen Erlös bzw. welche Auszahlungsquote der Beteiligte im Falle der Liquidation des Schuldnervermögens bis zur Aufhebung des Insolvenzverfahrens (vgl. § 200 Abs. 1 InsO) erhalten würde.[579] Dies schließt die Werte mit ein, die dem Beteiligten im Wege einer etwaigen Nachtragsverteilung gemäß § 203 InsO zustehen würden.

---

575 *Braun/Frank*, in: Braun, InsO, § 245 Rn. 3; *Burmeister/Schmidt-Hern*, in: Kübler, HRI, § 43 Rn. 62; *Pleister*, in: KPB, InsO, § 253 Rn. 17.

576 Dazu siehe bereits die Ausführungen im vorstehenden § 5.

577 *Lüer*, in: Uhlenbruck, InsO, § 245 Rn. 13 m. w. N.; *Burmeister/Schmidt-Hern*, in: Kübler, HRI, § 43 Rn. 64.

578 *Uhlenbruck*, in: Uhlenbruck, InsO, § 159 Rn. 1.

579 *Braun/Frank*, in: Braun, InsO, § 251 Rn. 6.

Nicht stets müssen Liquidationswerte den Vergleichsmaßstab der Schlechterstellungsprüfung bilden, erfasst die Situation „ohne Plan" doch auch die übertragende Sanierung zur Fortführung der wirtschaftlichen Einheit des Unternehmens.[580] Als Ausnahmefall gegenüber dem Liquidationsverfahren kann die übertragende Sanierung im Rahmen einer Schlechterstellungsprüfung als Vergleichsmaßstab jedoch nur herangezogen werden, in denen diese als wahrscheinlichste Verwertungsoption des Regelverfahrens in Betracht kommt.[581] Dies lässt sich lediglich in den Fällen annehmen, in denen tatsächliche, konkrete und hinreichend bestimmte Anhaltspunkte dafür ersichtlich sind, dass im Falle einer Verwertung nach den Regelvorschriften die übertragende Sanierung gemäß §§ 160 ff. InsO den Vorzug vor einer Liquidation erhalten würde.[582] Das kann etwa der Fall sein, sofern bereits ein konkretes und bereits bindendes Kaufangebot eines Interessenten für das Unternehmen vorliegt.[583]

Liegen ausreichende Anhaltspunkte für das Alternativszenario einer übertragenden Sanierung vor, hat das für die Schlechterstellungsprüfung zur Folge, dass als Vergleichswerte nicht die Liquidations-, sondern die Fortführungswerte des Unternehmens (*sog. going concern*-Werte) anzusetzen sind.[584] Bei einem Fortführungswert handelt es sich um einen anteiligen Wert an einem Wirtschaftsgut, der als Bestandteil des Gesamtkaufpreises eines Unternehmens bei dessen Gesamtveräußerung und Fortführung zu ermitteln ist. Dabei muss jeder Vermögensgegenstand zunächst einzeln bewertet werden.[585] Darüber hinaus wird der Fortführungswert eines Unternehmens regelmäßig von einem weiteren immateriellen Wert gesteigert, bedingt etwa durch den unternehmerischen *good-will,* die

580 *Andres*, in: Andres/Leithaus, InsO, § 251 Rn. 5; *Lüer*, in: Uhlenbruck, InsO, § 245 Rn. 13; *Braun*, in: Nerlich Römermann, InsO, § 245 Rn. 7; *F. Becker*, in: Kübler, HRI, § 41 Rn. 12, 21; *Burmeister/Schmidt-Hern*, in: Kübler, HRI, § 43 Rn. 63.

581 Dazu *Braun*, in: Nerlich/Römermann, InsO, § 245 Rn. 7; *Pleister*, in: KPB, InsO, § 245 Rn. 10 jew. m. w. N.

582 Näher zu den erforderlichen Anhaltspunkten etwa *Pleister*, in: KPB, InsO, § 245 Rn. 10 m. w. N.; *Braun*, in: Nerlich/Römermann, InsO, § 245 Rn. 7 m. w. N.; *F. Becker*, in: HRI, § 41 Rn. 22 ff.; *Grub*, in: FS Uhlenbruck, 2000, S. 501, 509 f.

583 *Braun/Frank*, in: Braun, InsO, § 245 Rn. 3.

584 Begr. RegE InsO, BT-Drucks. 12/2443, S. 211 (zu § 298); a. A. *Drukarczyk*, Insolvenzplan und Obstruktionsverbot, 1998, S. 11 f.: [Das Gericht] „... *hat nur zu prüfen, ob das über die Liquidationsposition definierte Minimum mindestens erreicht wird.*"

585 *Frege/Keller/Riedel*, Insolvenzrecht, Rn. 364.

Kundenstruktur, gewerbliche Erfahrungen, Lizenzen, spezielle Mitarbeiterkompetenz sowie durch das betriebliche *know-how*.[586] Gegenüber den Liquidationswerten fallen die Fortführungswerte daher zumeist höher aus.[587]

Die Ermittlung von Fortführungswerten erfordert anders als die Ermittlung von Liquidationswerten regelmäßig einen höheren und komplexeren Ermittlungsaufwand, nicht zuletzt aufgrund der schwer bezifferbaren immateriellen Werte des Unternehmens. Soweit sich die Fortführungswerte des Unternehmens einschließlich seines immateriellen Wertes nach dem Gesamtkaufpreis des Unternehmens bemessen, bedarf es zur Feststellung entsprechender Werte komplexer Berechnungen nach den betriebswirtschaftlich anerkannten Grundsätzen der Unternehmensbewertung.[588]

bb) Die Werte des Insolvenzplans

Stehen die Liquidations- oder Fortführungswerte des Regelinsolvenzverfahrens als Vergleichspaar fest, sind sie den Werten gegenüberzustellen, die der Insolvenzplan für die Beteiligten vorsieht. Insoweit hat bereits der Planverfasser im gestaltenden Teil des Insolvenzplans festgelegt, wie die Rechtspositionen der Beteiligten durch den Plan geändert werden (vgl. § 221 Satz 1 InsO), d. h. welcher Befriedigungswert ihnen nach der Durchsetzung eines Plans zukommt. Deshalb ergibt sich für die Beteiligten schon unmittelbar aus dem gestaltenden Teil des Insolvenzplans, ob und in welchem Umfang ihnen der Plan wirtschaftliche Werte zuspricht.

Ausschlaggebend für die Frage nach der konkreten Art der wirtschaftlichen Leistung sowie der jeweiligen Verwertungsmodalitäten, etwa dem Zeitpunkt der Auszahlung der Leistung, ist dabei das Verwertungskonzept, welches dem jeweiligen Insolvenzplan zugrunde liegt. Insoweit kann der

586 So die Beispiele bei *Jaffé*, in: Wimmer, InsO, § 245 Rn. 20; siehe auch *Theysohn-Wadle*, in: Beisel/Klumpp, Der Unternehmenskauf, Kap. 3 Rn. 3.

587 *Ampferl*, in: Beck/Depré, Praxis der Insolvenz, § 2 Rn. 132; *Frege/Keller/Riedel*, Insolvenzrecht, Rn. 364.

588 *Braun*, in: Nerlich/Römermann, InsO, § 245 Rn. 7; vgl. auch *Jaffé*, in: Wimmer, InsO, § 245 Rn. 19 ff.

Insolvenzplan ein von den gesetzlichen Vorschriften der §§ 159 ff. InsO abweichendes Liquidationskonzept, eine übertragende Sanierung, eine Reorganisation oder Mischformen vorsehen. Im Rahmen eines Reorganisationskonzepts sieht der Plan regelmäßig eine Befriedigung der Beteiligten auf der Grundlage von Fortführungswerten vor. Denkbar sind darüber hinaus Kombinationen dergestalt, dass sich die Befriedigungswerte aus Liquidations- und Fortführungswerten zusammensetzen. Für die Ermittlung dieser planrechtlichen Befriedigungswerte, die letztlich im Rahmen der Schlechterstellungsprüfung als Vergleichspaar zugrunde gelegt werden, bieten der gestaltende Teil des Insolvenzplans sowie weitere Plananlagen[589] gewisse Hilfestellungen. Aus diesen Anlagen geht hervor, mit welchen Leistungen die Beteiligten in welchem Umfang und zu welchem Zeitpunkt rechnen können.

cc) Gegenwartsbezogene Vergleichsrechnung

Die Schwierigkeit der Ermittlung einer Schlechterstellung im Wege einer Vergleichsrechnung besteht somit in einem ersten Schritt darin, als Vergleichsmaßstab entsprechende Verwertungsergebnisse aus einem hypothetischen Regelinsolvenzverfahren zu ermitteln. Sodann sind die jeweiligen Befriedigungswerte aus dem Insolvenzplan zugrunde zu legen, die sich unmittelbar aus dem gestaltenden Teil des Plans ergeben. Im Hinblick auf die Planwerte scheint sich daher kein nennenswerter Ermittlungs- bzw. Bewertungsaufwand zu ergeben, da sich diese grundsätzlich dem Plan entnehmen lassen. Für die Ermittlung eines aussagekräftigen Vergleichsergebnisses bzw. der Feststellung einer Schlechterstellung genügt ein Vergleich mit den insoweit ersichtlichen Planwerten hingegen nicht. Vielmehr bedarf es weiterer Bewertungen, die daraus resultieren, dass die Befriedigungswerte der Beteiligten in einem Insolvenzplan zumeist auf einem Reorganisationskonzept fußen.

Eine Befriedigung der Beteiligten erfolgt auf der Grundlage eines Reorganisationsplans regelmäßig erst aus künftigen Erträgen des reorganisierten Unternehmens. Diesem muss deshalb ein gewisser Zeitraum gewährt werden, in dem es sich am Markt etablieren und Erträge erwirtschaften

589 Dazu siehe § 12, III., 4., d).

kann. Die vorzeitige Auszahlung von Befriedigungswerten an die Beteiligten würde nach einer erfolgreichen Reorganisation anderenfalls eine womöglich erneute wirtschaftliche Notlage hervorrufen. Aus diesem Grunde wird der Insolvenzplan eine Befriedigung der Beteiligten erst zu einem möglichst späten Zeitpunkt vorsehen,[590] zumindest aber frühzeitige Auszahlungen nur ratenweise gewähren, die keine überdurchschnittliche finanzielle Belastung für das Unternehmen begründen würde. Das wiederum hat zur Folge, dass erst nach dem Ablauf des jeweils vorgesehenen Befriedigungszeitraums im Ergebnis endgültig feststeht, welche Werte der Plan für die Beteiligten realisiert.

Für die Vergleichsrechnung im Rahmen der Schlechterstellungsprüfung kann sich dieses Szenario als problematisch erweisen, da es für die Feststellung einer Schlechterstellung auf das wirtschaftliche Endergebnis zum insoweit maßgeblichen Bewertungszeitpunkt ankommt. So sind den Liquidationswerten als regelmäßiger Vergleichsmaßstab, die den Gläubigern im Falle einer entsprechenden Unternehmensliquidation in aller Regel sofort zur Verfügung stehen,[591] die im Insolvenzplan vorgesehenen Werte gegenüberzustellen, wie sie sich nach dem Ablauf eines möglicherweise langfristig angelegten Befriedigungszeitraumes darstellen. Im letzteren Fall gilt es die voraussichtlichen wirtschaftlichen Entwicklungen für diesen Zeitraum sowohl für die Zugrundelegung der Planwerte als auch im Rahmen der Vergleichsrechnung zu berücksichtigen. Dies können Zinsentwicklungen sein oder anderweitige wirtschaftliche Einflussfaktoren, etwa ein möglicher Erhalt des Arbeitsplatzes des Beteiligten im Falle einer erfolgreichen Sanierung.[592]

Künftige Entwicklungen dieser Art sind im Rahmen der Vergleichsrechnung zu berücksichtigen und entsprechend auf den Beurteilungszeitpunkt anzupassen, da sich ein zuverlässiges Vergleichsergebnis ausschließlich auf der Grundlage gegenwartsbezogener Werte ermitteln lässt. Sofern etwa ein Reorganisationsplan eine etappenweise Befriedigung der Gläubiger vorsieht oder ein Befriedigungskonzept, das erst zu einem künftigen Zeitpunkt umgesetzt werden soll, müssen die im Insolvenzplan vorgese-

590 *Braun*, in: Nerlich/Römermann, InsO, § 245 Rn. 8.
591 *Braun*, in: Nerlich/Römermann, InsO, § 245 Rn. 8.
592 *Warrikoff*, KTS 1997, 527, 545.

henen Befriedigungswerte gegebenenfalls zunächst auf den für die Vergleichsrechnung maßgeblichen Zeitpunkt, dem Tag der Abstimmung[593] über den Plan, abgezinst werden.[594]

Insoweit kann festgehalten werden, dass die Ermittlung der Vergleichspaare als Grundlage für die Vornahme einer Vergleichsrechnung, je nach Sachverhalt und Plankonzept, mit schwierigen Bewertungsfragen verbunden sein kann, die in der Regel ein betriebswirtschaftliches *know-how* von Wirtschaftsprüfern erfordert. Daneben sind sämtliche Bewertungsparameter mit erheblichen Unsicherheitsfaktoren behaftet, da sowohl die Ermittlung der alternativen Regelwerte als Vergleichspaar als auch eine gegebenenfalls erforderlich werdende gegenwartsbezogene Anpassung der Planwerte auf den für die Prüfung der Schlechterstellung maßgeblichen Zeitpunkt mit teils hoch prognostischen Elementen verknüpft sind. Die ungewisse zukunftsbezogene Betrachtung ermöglicht damit keine zweifelsfreie Feststellung einer etwaigen Schlechterstellung eines Beteiligten durch die Regelungen in einem Insolvenzplan.[595]

dd) „Voraussichtliche" Schlechterstellung als Ausdruck einer Prognoseentscheidung

Bereits vor dem Inkrafttreten des ESUG ist im Zusammenhang mit den Vorschriften der §§ 245, 247, 251 InsO Kritik laut geworden, dass die Feststellung einer Schlechterstellung aufgrund ihrer komplexen Bewertungserfordernisse nur mit Hilfe von zeit- und kostenintensiven „Sachverständigengutachten" geleistet werden könne.[596]

Mit dem EGInsOÄndG vom 19.12.1998[597] versuchte der Gesetzgeber der Kritik entgegenzuwirken, indem in den entsprechenden gesetzlichen Vorschriften der Prognosecharakter einer Schlechterstellungsprüfung aus-

593 Zum Beurteilungszeitpunkt der Schlechterstellung eines Beteiligten *Eidenmüller*, Unternehmenssanierung zwischen Markt und Gesetz, 1999, S. 85 ff.; *Warringsholz*, Die angemessene Beteiligung der Gläubiger an dem wirtschaftlichen Wert der Masse aufgrund eines Insolvenzplans, 2005, S. 180.

594 Ausführlich dazu *Braun*, in: Nerlich/Römermann, InsO, § 245 Rn. 8 ff.; *Grub*, in: FS Uhlenbruck, 2000, S. 501, 506; *Eidenmüller*, NJW 1999, 1837, 1838.

595 *Uhlenbruck*, KTS 1992, 499, 510.

596 Siehe nur *Eidenmüller*, NJW 1999, 1837 ff.

597 BGBl. I S. 3839 (zu Artikel 2, Nr. 12, 13, 14).

drücklich hervorgehoben wurde. Dies erfolgte jeweils in Form einer Ergänzung des Wortlauts in den Vorschriften der §§ 245 Abs. 1 Nr. 1, 247 Abs. 2 Nr. 1 und § 251 Abs. 1 Nr. 2 InsO um den Begriff „voraussichtlich". Für die positive Feststellung einer voraussichtlichen Schlechterstellung reiche insoweit bereits aus, wenn die Schlechterstellung des Beteiligten durch die Regelungen des Plans im Vergleich zu einer Abwicklung nach dem Regelverfahren wahrscheinlicher ist,[598] wobei eine Wahrscheinlichkeit von 50 % + „x" genügt.[599] Das Gesetz verlangt somit lediglich ein Wahrscheinlichkeitsurteil.

Nach der Auffassung des Gesetzgebers erleichtere die gesetzliche Hervorhebung des Prognosecharakters dem Insolvenzgericht die zum Teil schwierige Entscheidung, ob eine Schlechterstellung zu bejahen ist.[600] Das Gericht sei demnach freier gestellt und grundsätzlich nicht gehalten, im Rahmen ihrer Amtsermittlungspflicht gemäß § 5 Abs. 1 InsO für die Prognoseentscheidung einen Sachverständigen hinzuzuziehen.[601]

Auf der Grundlage der Erwägungen des Gesetzgebers dürfte sich eine gleichnamige Erleichterung insoweit auch für die Beschwerdegerichte sowie für Beschwerdeführer ergeben, die im Rahmen des Beschwerdeverfahrens gemäß § 253 Abs. 2 Nr. 3 InsO mit entsprechenden Fragestellungen konfrontiert werden.[602] Zwar verzichtete der Gesetzgeber in der Vorschrift des § 253 Abs. 2 Nr. 3 InsO auf die Einführung des Begriffes „voraussichtlich". Dadurch ist der hiesigen Schlechterstellungsprüfung jedoch nicht ihr Prognosecharakter abzusprechen. Denn dass sich mit der in § 253 Abs. 2 Nr. 3 InsO zum Ausdruck kommenden Schlechterstellung im Hinblick auf ihren Prognosecharakter keine Unterschiede zu §§ 245, 247 und 251 InsO ergeben, folgt sowohl aus dem in § 253 Abs. 2 Nr. 3 InsO enthaltenen Ver-

598 Beschlussempfehlung u. Bericht zum EGInsOÄndG, BT-Drucks. 14/120, S. 14 (zu den Nummern 12, 13 und 14); zu § 251 InsO siehe BGH v. 29.3.2007 – IX ZB 204/05, NZI 2007, 409, 410; *Braun*, in: Nerlich/Römermann, InsO, § 245 Rn. 3; *Lüer*, in: Uhlenbruck, InsO, § 245 Rn. 7.

599 *Drukarczyk*, in: MünchKomm-InsO, § 245 Rn. 42.

600 Beschlussempfehlung u. Bericht zum EGInsOÄndG, BT-Drucks. 14/120, S. 14 (zu den Nummern 12, 13 und 14).

601 Beschlussempfehlung u. Bericht zum EGInsOÄndG, BT Drucks. 14/120, S. 14 (zu den Nummern 12, 13 und 14); *Wimmer*, DZWIR 1999, 62, 65.

602 *Sinz*, in: MünchKomm-InsO, § 253 Rn. 32.

weis auf § 251 InsO als auch aus der Gesetzesbegründung zum ESUG.[603] Auch im Rahmen des Beschwerdeverfahrens kann im Hinblick auf die Überprüfung einer (wesentlichen) Schlechterstellung eines Beschwerdeführers damit lediglich ein Wahrscheinlichkeitsurteil gefordert werden.

Ob jedoch allein mit der normativen Hervorhebung des Prognosecharakters einer Schlechterstellungsprüfung auch in praktischer Hinsicht eine Erleichterung für das Insolvenz- bzw. Beschwerdegericht sowie für einen Beschwerdeführer einhergeht, muss bezweifelt werden. Denn zumindest das Insolvenz- und das Beschwerdegericht müssen zu einer möglichst fundierten Einschätzung darüber gelangen, ob ein Beteiligter bzw. ein Beschwerdeführer durch den Insolvenzplan schlechtergestellt wird. Als notwendige Vorstufe bedarf es dafür einer möglichst detaillierten Ermittlung von Vergleichswerten, die das Gericht im Rahmen der ihm zur Verfügung stehenden Möglichkeiten ausschöpfend durchführen muss.

Auch der Umstand, dass die Feststellung einer voraussichtlichen Schlechterstellung nur mit Hilfe von Prognosen erfolgen kann, hat keinen Einfluss darauf, dass das Gericht sich auf der Grundlage der zur Verfügung stehenden Daten sowie der anerkannten Bewertungsmethoden einer Überzeugung weitestmöglich anzunähern hat. Je nach Komplexität der Sachverhalte wird die Ermittlung der Vergleichswerte und damit die Vergleichsrechnung nicht ohne Hilfe von Sachverständigen geleistet werden können. Zumindest die Gerichte werden in Anbetracht möglicher Amtshaftungsansprüche in der Regel kaum auf die Unterstützung von Sachverständigen verzichten.[604] Sanierungsgefährdende Verfahrensverzögerungen lassen sich in diesen Fällen daher auch durch die normative Hervorhebung eines Prognosecharakters nicht vermeiden.

c) Keine Ausgleichsmittel gemäß § 251 Abs. 3 InsO *(Salvatorische Klausel)*

Neben der wesentlichen Schlechterstellung stellt sich im Rahmen der materiellen Zulässigkeitsvoraussetzung des § 253 Abs. 2 Nr. 3 InsO die weitere Frage, ob der Insolvenzplan Ausgleichsmittel i. S. v. § 251 Abs. 3 InsO

603 Begr. RegE ESUG, BT-Drucks. 17/5712, S. 35 f.

604 *Sinz*, in: MünchKomm-InsO, § 251 Rn. 33.

vorsieht. Damit sind solche Ausgleichsmittel gemeint, die der Insolvenzplan auf der Grundlage einer salvatorischen Klausel gemäß § 251 Abs. 3 InsO zur Kompensation nachgewiesener Schlechterstellungen vorsieht.[605]

Teile des Schrifttums erwägen bereits seit Jahren, den – sanierungsfeindlichen – Praktikabilitätsproblemen der Schlechterstellungsprüfung mit der Aufnahme von salvatorischen Klauseln im Insolvenzplan zu begegnen, um zu schnelleren Planbestätigungen beizutragen.[606] Der dahinter stehende Gedanke: Ein Insolvenzplan kann finanzielle Ausgleichsmittel vorsehen, mit denen voraussichtliche Schlechterstellungen von Beteiligten im Ergebnis kompensiert werden können und einer Planbestätigung im Ergebnis nicht im Wege stehen. Sieht der Plan entsprechende Ausgleichsmittel vor, gilt es festzustellen, ob die Finanzierung der im Plan vorgesehenen Ausgleichsleistungen gesichert ist.[607] In dem Fall bedürfe es keiner möglicherweise zeit- und kostenintensiven Vergleichsrechnung zur Ermittlung einer Schlechterstellung.[608] Insolvenzpläne könnten schnell bestätigt werden und damit zu einer Entlastung der Insolvenzgerichte beitragen. Ob ein voraussichtlich schlechtergestellter Beteiligter einen Anspruch auf Ausgleichszahlung gemäß § 251 Abs. 3 InsO erfolgreich geltend machen kann, ist vor einem ordentlichen Gericht zu klären. Das Insolvenzgericht wäre damit sowohl von der Prüfung einer voraussichtlichen Schlechterstellung als auch von der Klärung etwaiger Ausgleichsansprüche entbunden.[609]

Die Erwägungen des Schrifttums suggerieren auf den ersten Blick, dass salvatorische Klauseln die „Heilbringer“ für schnelle Planbestätigungen seien, weil sie Schlechterstellungsprüfungen entbehrlich machen. Allein das *Vorsehen* von finanziellen Ausgleichsmitteln im Plan vermag eine (rechtskräftige) Planbestätigung im Falle einer voraussichtlichen Schlechterstellung eines Beteiligten dagegen noch nicht zu rechtfertigen.[610] Im

605 Begr. RegE ESUG, BT-Drucks. 17/5712, S. 36; *Braun/Frank*, in: Braun, InsO, § 253 Rn. 3.

606 So etwa *Eidenmüller*, NJW 1999, 1837, 1838.

607 *Kaltmeyer*, ZInsO 1999, 316, 320.

608 *Eidenmüller*, NJW 1999, 1837, 1838.

609 *Eidenmüller*, Unternehmenssanierung zwischen Markt und Gesetz, 1999, S. 94; *Frind/Köchling* bezeichnen die nach § 251 Abs. 3 InsO zurückgehaltenen Ausgleichsmittel als „Meckerfonds“, ZInsO 2013, 1666, 1676.

610 So aber *Pleister*, in: KPB, InsO, § 253 Rn. 20.

Interesse der Betroffenen muss zumindest feststehen, dass die vorgesehenen Ausgleichsmittel zur Kompensation einer voraussichtlichen Schlechterstellung ausreichen.[611] Zudem muss die Finanzierung des Ausgleichs gesichert sein.[612] Dabei können sich im Rahmen der §§ 251 Abs. 3, 253 Abs. 2 Nr. 3 InsO nach näherem Hinsehen auch hierbei die folgenden, zum Teil umfassenden Bewertungsfragen stellen.

aa) Ausreichende Ausgleichsmittel

Gemäß § 251 Abs. 3 InsO ist ein Antrag auf Minderheitenschutz trotz glaubhaft gemachter voraussichtlicher Schlechterstellung abzuweisen, steht einer Planbestätigung folglich nicht entgegen, sofern im gestaltenden Teil des Plans Mittel bereitgestellt werden, mit denen eine nachgewiesene wirtschaftliche Schlechterstellung ausgeglichen werden kann.[613] In den Fällen scheitert auch die sofortige Beschwerde gegen einen Planbestätigungsbeschluss mangels materieller Beschwer an der Zulässigkeitsvoraussetzung des § 253 Abs. 2 Nr. 3 InsO.

Da die Verletzung der Minderheitenschutzvorschriften, d.h. die Außerachtlassung einer ungewollten Schlechterstellung bei fehlender finanzieller Ausgleichsmöglichkeit, einen zwingenden Versagungsgrund für eine Planbestätigung darstellt (§§ 250, 251 InsO), kann allein das *Vorsehen* von Ausgleichsmitteln nicht als Legitimation für die Umgehung einer glaubhaft gemachten Schlechterstellung genügen. Sofern voraussichtlich schlechtergestellte Beteiligte auf der Grundlage von vorgesehenen Ausgleichsmitteln zugunsten einer zügigen Planbestätigung auf den ordentlichen Rechtsweg verwiesen werden sollen, müssen diese Mittel einen Ausgleich praktisch leisten können. Anderenfalls droht der Minderheitenschutzberechtigte vor dem ordentlichen Gericht leer auszugehen.

Ob die im Insolvenzplan vorgesehenen und bereitgestellten Mittel zur Kompensation der glaubhaft gemachten und gegebenenfalls später nachgewiesenen (wesentlichen) Schlechterstellung ausreichen, kann jedoch

611 So auch *Andres*, in: Andres/Leithaus, InsO, § 251 Rn. 6; *Frind/Köchling*, ZInsO 2013, 1666, 1676.

612 Begr. RegE ESUG, BT-Drucks. 17/5712, S. 35.

613 *Sinz*, in: MünchKomm-InsO, § 251 Rn. 36.

nicht allein auf der Grundlage der wirtschaftlichen Situation des einzelnen Beteiligten beurteilt werden, dessen Ausgleichsmöglichkeit im Rahmen des Minderheitenschutzverfahrens oder Beschwerdeverfahrens überprüft wird. Die Ausgleichsmittel müssen darüber hinaus vielmehr für sämtliche der im Rahmen der § 251 InsO bzw. § 253 InsO glaubhaft gemachten und nachgewiesenen Schlechterstellungen ausreichen, damit eine (rechtskräftige) Planbestätigung trotz vorliegender Schlechterstellung(en) legitimierbar ist.[614] Dies setzt die Kenntnis sämtlicher erfolgreich glaubhaft gemachter Schlechterstellungsumfänge voraus, die in der Summe den im Plan vorgesehenen Ausgleichsmitteln gegenüberzustellen sind. Eine bloß individuelle Betrachtung der wirtschaftlichen Situation des Beteiligten bzw. Beschwerdeführers, für den eine entsprechende Ausgleichsmöglichkeit im Rahmen der §§ 251 oder 253 InsO geprüft wird, greift in diesem Zusammenhang zu kurz.[615] Insoweit gilt es sämtliche Schlechterstellungswerte zu berücksichtigen, die im Rahmen der Minderheitenschutzverfahren gemäß § 251 Abs. 2 i. V. m. Abs. 1 Nr. 2 InsO erfolgreich nachgewiesen wurden.

Nur sofern die im Plan vorgesehenen Ausgleichsmittel sämtliche der ermittelten Schlechterstellungsumfänge abdecken bzw. diese übersteigen, kann im Rahmen der §§ 251 Abs. 3 InsO bzw. § 253 Abs. 2 Nr. 3 InsO davon die Rede sein, dass der gestaltende Teil des Plans entsprechende Ausgleichsmittel *vorsieht*. Das wird jedoch nur dann der Fall sein, wenn sich die Anzahl der Plangegner in einem überschaubaren Rahmen hält, der es erlaubt, die möglicherweise fällig werdenden Ausgleichsleistungen vorherzusehen. Zudem muss im Zusammenhang mit der wirtschaftlichen Situation des insolventen Unternehmens ein Zurückhalten von Ausgleichsmitteln auch möglich sein. Dabei gilt es speziell auf Seiten der Planbefürworter zu beachten, dass mit Zunahme der vorgehaltenen Ausgleichsmittel zugleich die für ihre Befriedigung zur Verfügung stehende Verwertungsmasse und damit ihre individuelle Befriedigungsquoten schrumpfen. Das Zurückhalten von Ausgleichsmitteln wird daher nur in einem begrenzten Umfang von den übrigen Beteiligten unterstützt werden.

614 Vgl. *Sinz*, in: MünchKomm-InsO, § 251 Rn. 38; *Burmeister/Schmidt-Hern*, in: Kübler, HRI, § 43 Rn. 74 ff.

615 *Sinz*, in: MünchKomm-InsO, § 251 Rn. 38.

bb) Sicherstellung der Finanzierung

Schließlich muss auch die Finanzierung der ausreichenden Ausgleichsmittel gesichert sein. Die Sicherung kann laut Gesetzesbegründung zum ESUG in Form einer Rücklage,[616] einer Bankbürgschaft oder durch eine ähnliche Art der Sicherung erfolgen.[617] Der Gesetzgeber versäumte es in diesem Zusammenhang, die Begrifflichkeit „ähnliche Art" näher zu konkretisieren. Damit dürften grundsätzlich verschiedene Möglichkeiten als Sicherungsmittel in Betracht kommen, solange diese der Funktion als „Sicherungsmittel" gerecht werden. Je nach Sicherungsmittel können auch hierfür Nachforschungen und Bewertungsfragen erforderlich werden, damit festgestellt werden kann, ob die Finanzierung der Mittel tatsächlich gesichert ist. Bewertungsfragen dieser Art werden lediglich in Ausnahmefällen entbehrlich sein, wenn die Sicherung der Finanzierung offensichtlich ist. Das dürfte etwa der Fall bei einer unbegrenzten Bürgschaft eines „Sicherungsgebers" sein, an dessen Solvenz kein Zweifel besteht.

d) Die Anlagen des Plans als Bewertungsgrundlage

Im Rahmen der Überprüfung einer voraussichtlichen (wesentlichen) Schlechterstellung sowie der Feststellung ausreichender Ausgleichsmittel i. S. v. § 251 Abs. 3 InsO ergeben sich gewisse Erleichterungen durch Hilfestellungen im Insolvenzplan. Zusammen mit dem Plan sind zahlreiche Anlagen einzureichen, die als Grundlage für die Ermittlung der erforderlichen Vergleichswerte herangezogen werden können (§ 219 i. V. m. §§ 229, 230 InsO). Die Plananlagen haben den Zweck, das Insolvenzgericht sowie die Beteiligten mit den Informationen zu versorgen, die für eine Beurteilung und Nachvollziehbarkeit der Planregelungen sowie des Plankonzepts erforderlich sind. § 229 InsO sieht bestimmte Plananlagen für den Fall vor, dass die Gläubiger aus den Erträgen des vom Schuldner oder von einem Dritten fortgeführten Unternehmens befriedigt werden sollen. Gemäß § 229 InsO müssen dem Plan folgende Anlagen beigefügt sein:

616 Gemeint ist wohl eine Rücklage im Sinne einer Aktivposition anstatt eine Rücklage im bilanziellen Sinne (vgl. § 150 AktG, § 272 HGB), so *Burmeister/Schmidt-Hern*, in: Kübler, HRI, § 43 Rn. 79; dazu siehe auch *Sinz*, in: MünchKomm-InsO, § 251 Rn. 35 ff.

617 Begr. RegE ESUG, BT-Drucks. 17/5712, S. 35; *Burmeister/Schmidt-Hern*, in: Kübler, HRI, § 43 Rn. 81 ff.

- eine Vermögensübersicht, in der die Vermögensgegenstände und die Verbindlichkeiten, die sich bei einem Wirksamwerden des Plans gegenüberstünden, mit ihren Werten aufgeführt werden (Planbilanz);
- eine Darstellung der erwarteten Aufwendungen und Erträge für das fortgeführte Unternehmen für den Zeitraum, während dessen die Gläubiger befriedigt werden sollen (Erfolgsrechnung);
- eine Darstellung der Zahlungsfähigkeit des Unternehmens in Form der Zusammenstellung von Einnahmen und Ausgaben des fortgeführten Unternehmens für den Befriedigungszeitraum (Liquiditätsrechnung);
- eine Vergleichsrechnung anhand von Liquidationswerten, die eine eventuelle Schlechterstellung durch die Planwerte offenbaren.[618]

Die umfassenden Plananlagen bieten sowohl dem Gericht als auch den Beteiligten eine wichtige Orientierungshilfe für die Ermittlung der erforderlichen Bewertungsgrundlagen. Die gerichtliche Einholung von zeit- und kostenintensiven Sachverständigengutachten im Rahmen der §§ 251 bzw. 253 InsO wird durch eine umfangreiche Dokumentation im Plan bestenfalls vermieden.

e) Keine Erleichterung durch Glaubhaftmachung

Mit den im Rahmen der Schlechterstellungsprüfung auftretenden Unwägbarkeiten und Bewertungsschwierigkeiten sehen sich in erster Linie die Insolvenzgerichte konfrontiert, wenn sie im Bestätigungsverfahren die Einhaltung der Vorschriften der §§ 245, 251 InsO überprüfen. Dabei müssen die Gerichte im Ergebnis von dem Vorliegen bzw. dem Nichtvorliegen einer Schlechterstellung überzeugt sein, wenngleich sich im Hinblick auf den Überzeugungsgrad aufgrund des Prognosecharakters der Schlechterstellungsprüfung insoweit gewisse Erleichterungen ergeben. Nur sofern das Insolvenzgericht von einer Schlechterstellung überzeugt ist, kann es einem Plan die Bestätigung auf der Grundlage der §§ 245 bzw. 251 InsO versagen.[619]

618 Dazu näher *Braun/Frank*, in: Braun, InsO, § 229 Rn. 1 ff.; *Eilenberger*, in: MünchKomm-InsO, § 229 Rn. 1 ff.; *Maus*, in: Uhlenbruck, InsO, § 229 Rn. 1 ff.; *Pape/Uhlenbruck/Voigt-Salus*, Insolvenzrecht, Kap. 38 Rn. 21.

619 Ausführlich zu § 245 InsO oben § 9, V., 2., c), aa).

Ein abgeschwächter Überzeugungsgrad gilt dagegen im Rahmen der beschwerderechtlichen Zulässigkeitsprüfung gemäß § 253 Abs. 2 Nr. 3 InsO, der auch dem Beschwerdeführer zugutekommt. Dieser muss seine materielle Beschwer „lediglich" glaubhaft machen. Mit den vorstehend erwähnten Bewertungshürden und Unwägbarkeiten hinsichtlich der Schlechterstellungsprüfung ist jedoch zugleich deutlich geworden, dass bereits die für die Vergleichsrechnung erforderliche Tatsachengrundlage mit erheblichen Schwierigkeiten verbunden sein kann. Zunächst obliegt dem Beschwerdeführer im Rahmen des § 253 Abs. 2 Nr. 3 InsO insoweit die umfangreiche und substantiierte Darlegung der erforderlichen Tatsachengrundlage. Erst in einem zweiten Schritt gilt es diese glaubhaft machen. Ob dem Beschwerdeführer bereits die Ermittlung und substantiierte Darlegung der Tatsachen gelingen wird, erscheint in Anbetracht der damit einhergehenden Bewertungserfordernisse mehr als fraglich.

aa) Erfordernis eines konkreten Tatsachenvortrags

Zweifel an dem Gelingen der Glaubhaftmachung einer materiellen Beschwer gemäß § 253 Abs. 2 Nr. 3 InsO erheben sich bereits im Hinblick auf den erforderlichen Tatsachenvortrag, auf den der Beschwerdeführer seine wesentliche Schlechterstellung bzw. eine unzureichende Zurückhaltung von Ausgleichsmitteln i. S. v. § 251 Abs. 3 InsO stützt. Schon die Ermittlung von hypothetischen Vergleichswerten aus einem Regelinsolvenzverfahren erfordert regelmäßig komplexe betriebswirtschaftliche Bewertungen, die ein Beschwerdeführer ohne die Unterstützung von Sachverständigengutachten kaum jemals wird leisten können.[620]

Obwohl mit dem Erfordernis der Glaubhaftmachung in § 253 Abs. 2 Nr. 3 InsO ein gegenüber § 286 ZPO abgeschwächtes Beweismaß normiert ist, ergibt sich daraus für den Beschwerdeführer im Hinblick auf die Anforderungen, die es im Rahmen eines substantiierten Tatsachenvortrags zu erfüllen gilt, insofern keine Erleichterung. Der Beschwerdeführer ist insbesondere nicht davon entbunden, konkrete Tatsachen plausibel vorzutragen. Zu den Anforderungen des insoweit parallel ausgestalteten Erfordernisses der Glaubhaftmachung innerhalb des individuellen Min-

620 Zu dem Sachverständigenerfordernis im Rahmen der Schlechterstellungsprüfung *Eidenmüller*, NJW 1999, 1837 ff.

derheitenschutzes gemäß § 251 Abs. 2 i. V. m. Abs. 1 Nr. 2 InsO äußerte sich bereits der BGH in seinem Beschluss vom 29.03.2007.[621] Danach müsse die Entwicklung, die eine Benachteiligung in Form der (voraussichtlichen) Schlechterstellung des Beteiligten bewirken könne, auf Grund konkreter Tatsachen wahrscheinlicher sein als eine Nichtschlechterstellung; die abstrakte Möglichkeit genüge insoweit nicht.[622]

Der Beschwerdeführer muss im Rahmen des § 253 Abs. 2 Nr. 3 InsO folglich zunächst sämtliche Tatsachen exakt definiert und substantiiert vortragen, gegebenenfalls auch in Form einer eigens vorgelegten Vergleichsrechnung,[623] aus denen sich ein überwiegendes Wahrscheinlichkeitsurteil gewinnen lässt.[624] Wie im Rahmen der Schlechterstellungsprüfungen gemäß §§ 245, 251 InsO handelt es sich aufgrund des hypothetischen Vergleichsmaßstabs der Situation „ohne Plan" auch bei § 253 Abs. 2 Nr. 3 InsO um Tatsachen, denen prognostische Elemente innewohnen, da eine Gewissheit hinsichtlich einer Schlechterstellung gegenüber der Situation ohne Plan nicht erzielt werden kann.[625]

Wesentliche Erleichterungen folgen für den Beschwerdeführer daraus allerdings nicht. Sollte der Beschwerdeführer seine Beschwerde etwa darauf stützen wollen, dass die im Plan gegenüber dem Regelverfahren vorgesehenen höheren Befriedigungswerte nicht realisierbar sind, muss der Beschwerdeführer konkrete Tatsachen vortragen, die seine Auffassung stützen. Dafür wäre eine umfängliche Bewertung erforderlich, die auf eine Überprüfung der Machbarkeit des Plans hinausliefe.[626]

621 BGH v. 29.3.2007 – IX ZB 204/05, NZI 2007, 409, 410.

622 BGH v. 29.3.2007 – IX ZB 204/05, NZI 2007, 409, 410.

623 *Thorwart/Schauer*, NZI 2011, 574, 575.

624 *Sinz*, in: MünchKomm-InsO, § 251 Rn. 29; siehe auch BGH v. 24.3.2011 – IX ZB 80/11, NZI 2011, 410, 411; LG Nürnberg-Fürth v. 4.2.2011 – 11 T 10430/10, NZI 2011, 592.

625 Dazu siehe § 12, III., 4., b), dd).

626 Umstritten ist, ob die Machbarkeit des Plans von den Insolvenzgerichten zu prüfen ist, sofern sie sich mit der Prüfung von voraussichtlichen Schlechterstellungen gemäß §§ 245, 247, 251 InsO befassen müssen. Dafür etwa *Braun/Frank*, in: Braun, InsO, § 245 Rn. 4; *Grub*, in: FS Uhlenbruck, 2000, S. 501, 510; *Pleister*, in: KPB, § 245 Rn. 14 ff.; *Eidenmüller*, NJW 1999, 1837, 1838; indirekt auch *Braun*, in: Nerlich/Römermann, InsO, § 245 Rn. 13 ff.; dagegen *Drukarczyk*, in: MünchKomm-InsO, § 245 Rn. 61; *Hess*, in: Hess, InsO, § 245 Rn. 16; siehe auch *Herweg*, Das Ob-

Sofern ein Beschwerdeführer seine sofortige Beschwer darauf stützt, dass über einen im Planverfahren verfolgten Minderheitenschutzantrag gemäß § 251 InsO fehlerhaft entschieden worden ist, wurde der Beteiligte bereits im Planverfahren mit dem Glaubhaftmachungserfordernis seiner voraussichtlichen Schlechterstellung konfrontiert (§ 251 Abs. 2 i. V. m. Abs. 1 Nr. 2 InsO). Im Beschwerdeverfahren kann er sich daher bereits der Tatsachen und Beweismittel bedienen, die er im Rahmen des Minderheitenschutzverfahrens als Beleg für seine voraussichtliche Schlechterstellung vorgebracht hat, zusätzlich jedoch auch neue Tatsachen vortragen und glaubhaft machen (§ 4 InsO i. V. m. § 571 Abs. 2 ZPO).[627] Auch im Übrigen wird der Beschwerdeführer im Rahmen der Glaubhaftmachung seiner materiellen Beschwer stets vortragen müssen, dass das Insolvenzgericht im Rahmen des Bestätigungsverfahrens falsch entschieden hat und der Plan nicht hätte bestätigt werden dürfen. Das ist darauf zurückzuführen, dass der Beschwerdeführer gemäß § 253 Abs. 2 InsO zugleich formell beschwert sein muss, was zur Folge hat, dass schon das Insolvenzgericht seinen Minderheitenschutz im Bestätigungsverfahren überprüft haben wird.[628] Damit obliegt es dem Beschwerdeführer innerhalb der Beschwerdeinstanz, die insoweit unzutreffenden Prüfungsergebnisse des Insolvenzgerichts hinsichtlich seiner Minderheitenschutzrechte (§ 245 InsO oder § 251 InsO) auf der Grundlage eines von ihm zu behauptenden Tatsachenvortrags glaubhaft zu machen.

Für die erfolgreiche Glaubhaftmachung der erforderlichen Tatsachen stehen dem Beschwerdeführer zwar die umfassenden Plananlagen als wesentliche Erkenntnisquellen zur Verfügung. Von einem eigenen Bewertungsaufwand bleibt der Beschwerdeführer gleichwohl nicht verschont, da die Anlagen des Plans kaum jemals eine voraussichtliche Schlechterstellung, unzureichende Ausgleichsmittel oder eine fehlende Finanzierungssicherheit offenbaren werden. Aus diesem Grunde werden auch Gläubiger bzw. Anteilsinhaber regelmäßig auf betriebswirtschaftliche- und juris-

struktionsverbot bei der Unternehmenssanierung, 2004, Rn. 146 ff., 148: Einer gesonderten Prüfung der Machbarkeit bedürfe es nicht, da die Klärung der Frage in die Prognose der einzelnen Entwicklungsszenarien mit einfließe.

627 *Ganter/Lohmann*, in: MünchKomm-InsO, § 6 Rn. 43.

628 Dazu ausführlich § 12, II., 2., b), aa), (4) und bb).

tische Expertise angewiesen sein, insbesondere sofern diese eine eigene Vergleichsrechnung vorlegen müssen, die ihren Vortrag stützt.

Eine weitere Schwierigkeit folgt für einen Beschwerdeführer daraus, dass sich das Beschwerdegericht im Rahmen der Prüfung der materiellen Zulässigkeitsprüfung gemäß § 253 Abs. 2 Nr. 3 InsO ausschließlich auf die vollständig vorgebrachten und präsenten Tatsachen bzw. Beweismittel beschränkt (§ 294 Abs. 2 ZPO). Dem Beschwerdeführer verbleibt somit nur ein begrenzter Zeitraum, um dem Beschwerdegericht die erforderlichen Tatsachen, Schlussfolgerungen und Einschätzungen vorzutragen und glaubhaft zu machen. Problematisch kann ein kurzer Zeitrahmen für den Beschwerdeführer vor allem in den Fällen werden, in denen er seine materielle Beschwer auf neue Tatsachen stützen möchte, die er nicht schon in einem Minderheitenschutzverfahren vorgebracht hat oder, sofern der Beschwerdeführer im Verfahren von einer Obstruktionsentscheidung gemäß § 245 InsO betroffen ist, er kein Minderheitenschutzverfahren durchlaufen haben muss und demnach erstmalig im Beschwerdeverfahren mit der Glaubhaftmachung einer (wesentlichen) Schlechterstellung konfrontiert wird.[629]

bb) Besonderheit für Anteilsinhaber seit dem Inkrafttreten des ESUG

(1) (Alt-)Anteilsinhaber

Neben den soeben zum Ausdruck gekommenen Unwägbarkeiten hinsichtlich der Glaubhaftmachung einer materiellen Beschwer gemäß § 253 Abs. 2 Nr. 3 InsO ergibt sich speziell für *am Schuldner beteiligte Personen* eine weitere Besonderheit. Anders als (Beschwerdeführer-)Gläubiger werden diese eine materielle Beschwer aufgrund ihrer Beteiligteneigenschaft und ihrer vermögensrechtlichen Stellung im Insolvenzverfahren in aller Regel nur wesentlich schwerer glaubhaft machen können.

Zum Ausgangspunkt: Auch die Anteilsinhaber des insolventen Unternehmens können seit dem Inkrafttreten des ESUG Plankonstellationen unterworfen werden, in denen zwanghaft in ihre Anteilsrechte einge-

629 Zu den verschiedenen Konstellationen vgl. § 12, II., 2.

griffen wird. § 217 Satz 2 InsO ermöglicht allgemein den Einbezug von Anteils- und Mitgliedschaftsrechten in den Plan. Eine nähere Konkretisierung, welche Eingriffe in Anteils- und Mitgliedschaftsrechte zulässig sind, erfolgt mit der Vorschrift des § 225a InsO. In § 225a Abs. 3 InsO ist zunächst allgemein die Rede davon, dass jede Regelung möglich ist, wenn sie gesellschaftsrechtlich zulässig ist. Konkretisierend, aber nur beispielhaft nennen § 225a Abs. 2 und 3 InsO spezielle Maßnahmen, die als potenzielle Eingriffe in Frage kommen.[630] So kann etwa die Fortsetzung einer aufgelösten Gesellschaft oder gar die Übertragung von Anteils- und Mitgliedschaftsrechten geregelt werden (vgl. § 225a Abs. 3 InsO). Darüber hinaus kann ein Insolvenzplan vorsehen, dass Forderungen von Gläubigern in Anteils- und Mitgliedschaftsrechte am Schuldner umgewandelt werden (§ 225a Abs. 2 Satz 1 InsO). Eine Umwandlung gegen den Willen der betroffenen Gläubiger ist gemäß § 225a Abs. 2 Satz 2 InsO hingegen ausgeschlossen; insoweit muss jeder Gläubiger seiner Forderungsumwandlung individuell und ausdrücklich zustimmen.[631]

Der mit *Debt-to-Equity-Swap* angloamerikanisch geprägte Begriff einer Forderungsumwandlung im zuletzt genannten Sinne erfolgt in mehreren Schritten, typischerweise beginnend mit einer Kapitalherabsetzung, gefolgt von einer Kapitalerhöhung in Form von Sacheinlagen der Gläubigerforderungen sowie einem Bezugsrechteausschluss der Altgesellschafter für die neu entstandenen Anteile.[632] Als Sanierungsmaßnahme bietet sich der *Debt-to-Equity-Swap* aus verschiedenen Gründen an. Durch diesen kann beispielsweise ein bestehender Bilanzverlust des Schuldners beseitigt werden.[633] Speziell Gläubigern ermöglicht der *Debt-to-Equity-Swap* das Vordringen in eine Gesellschafterstellung und dadurch die Einflussnahme auf das Unternehmen. Das Gesetz erklärt in § 225a Abs. 2 Satz 3 InsO sämtliche der für einen *Debt-to-Equity-Swap* typischerweise erforderlichen gesellschaftsrechtlichen Maßnahmen für zulässig, wenngleich es sich

630 *Becker*, ZInsO 2013, 1885, 1886.

631 Begr. RegE ESUG, BT-Drucks. 17/5712, S. 31.

632 *Simon/Merkelbach*, NZG 2012, 121, 123 m.w.N.; *Wirsch*, NZG 2010, 1131 f.; *Brinkmann*, WM 2011, 97; *Pleister/Kindler*, ZIP 2010, 503, 510; *Spetzler*, KTS 2010, 433, 436; *Hölzle*, KTS 2011, 291, 321.

633 *Wimmer*, jurisPR-InsR 5/2011 Anm. 1 v. 17.3.2011, 4. c); *Westpfahl/Janjuah*, Beilage zu ZIP 3/2008, 1, 14; *Simon/Merkelbach*, NZG 2012, 121, 123; *Wirsch*, NZG 2010, 1131; *Pleister/Kindler*, ZIP 2010, 503, 510; *Altmeppen*, in: FS Hommelhoff, 2012, S. 1, 9.

dabei nur um eine mögliche Ausgestaltungsart handelt.[634] Die in § 225a Abs. 2 Satz 3 InsO genannten Maßnahmen können in einem Plan daher auch individuell vorgesehen sein.[635]

Die Durchführung eines *Debt-to-Equity-Swap* oder vergleichbarer Eingriffe in die Anteilsrechte der Gesellschafter bedeuten für diese schlimmstenfalls einen – zumindest – teilweisen Wertverlust ihrer Anteile. Auch der vollständige Verlust der Gesellschafterstellung ist in diesem Zusammenhang denkbar.[636] So geht ein *Debt-to-Equity-Swap* in aller Regel mit einer Kapitalherabsetzung einher.[637] Dadurch wird das Gesellschaftskapital auf den tatsächlich noch vorhandenen Betrag des Eigenkapitals herabgesetzt. Für die Anteilsinhaber des Unternehmens hat das zur Folge, dass der wirtschaftliche Wert ihrer Anteilsrechte an dem Schuldner herabsinkt, im Falle eines Kapitalschnitts gegebenenfalls vollständig auf Null.[638] Neben einem bloßen Wertverlust des Anteilsrechts kann der Insolvenzplan gemäß §§ 217 Satz 2, 225a InsO damit auch eine „Enteignung" des Anteilsinhabers vorsehen. Von dieser sind sie insbesondere auch in den Fällen betroffen, in denen der Plan die Einziehung ihrer Anteilsrechte vorsieht.

Der Eingriff in die Anteilsrechte ist in Folge des aus Art. 14 GG resultierenden vermögensrechtlichen Schutzgehalts allerdings nicht entschädigungslos möglich, sofern dem Anteilsrecht praktisch noch ein Vermögenswert zukommt.[639] Deshalb kann und muss der Plan gegebenenfalls eine finanzielle Entschädigung für die betroffenen Anteilsinhaber vorsehen, die auch in Form von Ausgleichsmitteln i. S. v. § 251 Abs. 3 InsO bereit gestellt werden können.[640] Anderenfalls droht der Anteilsinhaber durch eine Regelung bzw. Umgestaltung seines Anteilsrechts in einem Plan gegebenenfalls schlechtergestellt zu werden, als er ohne einen Plan stünde.

634 *Braun/Frank*, in: Braun, InsO, § 225a Rn. 5.

635 *Stöber*, ZInsO 2013, 2457, 2458.

636 So geschehen im Rahmen des Insolvenzplanverfahrens der *Pfleiderer AG*, siehe dazu *Decher/Voland*, ZIP 2013, 103 mit Verweis auf AG Düsseldorf v. 18.10.2012 – 501 IN 84/12.

637 Dazu *Eidenmüller*, in: MünchKomm-InsO, § 225a Rn. 41 ff. m. w. N.

638 *Thies*, in: HambKomm-InsO, § 225a Rn. 14 ff.; *Eidenmüller*, in: MünchKomm-InsO, § 225a Rn. 42.

639 BVerfG v. 23.8.2000 – 1 BvR 68/95 u. 1 BvR 147/97, NJW 2001, 279, 280 (*Moto Meter*).

640 Begr. RegE ESUG, BT-Drucks. 17/5712, S. 32.

Im Falle einer fehlenden oder aus Sicht des Anteilsinhabers unzureichenden Entschädigungsregelung hat der von einer Planregelung betroffene Anteilsinhaber die Möglichkeit, sich gegen den Plan zu wehren. Dafür können der Anteilsinhaber sowie die Mehrheit in seiner Abstimmungsgruppe gegen den Plan stimmen. Darüber hinaus besteht für ihn die Möglichkeit eines individuellen Minderheitenschutzverfahrens gemäß § 251 InsO, sofern der Plan in seiner Abstimmungsgruppe trotz seiner Gegenstimme mehrheitlich angenommen worden ist. In beiden Fällen wird dadurch die voraussichtliche Schlechterstellung des Anteilsinhabers entweder von Amts wegen gemäß § 245 InsO oder auf Antrag gemäß § 251 InsO im Rahmen des Bestätigungsverfahrens überprüft (§ 248 InsO).[641]

Sofern der Insolvenzplan im Falle eines negativen Ausgangs der Minderheitenschutzprüfung gemäß §§ 248, 252 InsO bestätigt wird, steht auch den Anteilsinhabern das Beschwerderecht gegen einen Planbestätigungsbeschluss gemäß § 253 InsO zu. Die im Rahmen des § 253 Abs. 2 Nr. 3 InsO insoweit erforderliche Glaubhaftmachung einer wesentlichen Schlechterstellung dürfte einem (Beschwerdeführer-)Anteilsinhaber im Regelfall allerdings nicht gelingen. Das ist darauf zurückzuführen, dass sich im Hinblick auf die der Vergleichsrechnung zugrunde zu legenden Liquidationswerte für einen Anteilsinhaber die aussichtslose Lage ergibt, nicht mit wirtschaftlichen Werten aus der Verteilung des Verwertungserlöses rechnen zu können. Das ergibt sich bereits unmittelbar aus § 199 Satz 2 InsO. Dort ist geregelt, dass der Insolvenzverwalter jeder am Schuldner beteiligten Person den Teil eines bei der Schlussverteilung verbleibenden Überschusses herauszugeben hat,[642] der dieser Person bei einer Abwicklung außerhalb des Insolvenzverfahrens zustünde.[643] Überschuss in diesem Sinne meint den verbleibenden Verwertungserlös bei der Schlussvertei-

641 Ausführlich zu den jeweiligen Minderheitenschutzkonstellationen im Insolvenzplanverfahren oben § 9, V., 2., c).

642 § 199 InsO gewährt dem Gesellschafter darüber hinaus lediglich einen Anspruch auf Geld, nicht etwa einen Anteil an dem verwerteten Unternehmen, *Bitter*, ZGR 2010, 147, 191.

643 Die Verteilung eines Überschusses an die Gesellschafter richtet sich nach den für die Liquidation der Gesellschaft geltenden Bestimmungen, § 49 Abs. 1 Satz 1 BGB (e. V.), § 271 AktG (AG & KGaG, § 279 Abs. 3 AktG), § 72 GmbHG (GmbH), § 155 HGB (OHG/KG, Partnergesellschaft über § 10 Abs. 1 PartGG), § 734 BGB (GbR, nichtrechtsfähiger Verein über § 54 Satz 1 BGB) und §§ 91 f. GenG (Genossenschaft), siehe *Hintzen*, in: MünchKomm-InsO, § 199 Rn. 2.

lung, nachdem die Forderungen aller Insolvenzgläubiger in voller Höhe berichtigt worden sind (§ 199 Satz 1 InsO). Da jedoch die Insolvenzmasse in der Mehrzahl der Fälle nicht zur Befriedigung der Insolvenzgläubiger ausreicht,[644] die sich in der Regel mit Befriedigungsquoten von geringen Prozentsätzen abfinden müssen, können die Anteilsinhaber im Regelverfahren regelmäßig nicht mit einer Beteiligung an dem Verwertungserlös rechnen. In der Insolvenz sind ihre Anteile damit ökonomisch wertlos.[645]

Für die Anteilsinhaber hat das zur Folge, dass ihnen die Glaubhaftmachung einer (wesentlichen) Schlechterstellung gemäß § 253 Abs. 2 Nr. 3 InsO typischerweise nicht gelingen wird.[646] Da ein Anteilsinhaber schon nach den Vorschriften des Regelverfahrens regelmäßig nicht an dem Verwertungserlös partizipiert, muss folglich auch der Insolvenzplan für den Fall einer Regelung der Anteilsrechte, etwa im Falle eines *Debt-to-Equity-Swap*, keine finanzielle Entschädigung vorsehen.[647]

Die materielle Zulässigkeitsvoraussetzung gemäß § 253 Abs. 2 Nr. 3 InsO begründet im Ergebnis folglich speziell für die *am Schuldner beteiligten Personen* eine erhebliche und kaum überwindbare Hürde. Insoweit rela-

---

644 Im Durchschnitt deckt die zur Verfügung stehende Insolvenzmasse lediglich 5 % der Gläubigerforderungen ab, Institut für Mittelstandsforschung Bonn (IfM), Forschungsprojekt, abrufbar unter: http://www.ifm-bonn.org/studien/studie-detail/?tx_ifmstudies_detail[study]=70&cHash=306f813fa5b9df89f2b689fb5b5ea175, [zuletzt abgerufen Februar 2015]; siehe auch *Uhlenbruck*, in: Uhlenbruck, InsO, § 199 Rn. 1.

645 *Hölzle*, in: Kübler, HRI, § 31 Rn. 7; *Altmeppen*, in: FS Hommelhoff, 2012, S. 1, 17 ff.; *Schäfer*, in: FS Hommelhoff, 2012, S. 939, 946; *Brinkmann*, WM 2011, 97, 99 f.; *Haas*, NZG 2012, 961, 965; *K. Schmidt*, BB 2011, 1603, 1609; *Kresser*, ZInsO 2010, 1409, 1415; *Uhlenbruck*, NZI 2008, 201, 203; zumindest für den Fall der Überschuldung der Gesellschaft auch *Wertenbruch*, ZIP 2013, 1693, 1702. Dies stellt sich im Grundsatz auch nicht anders dar, wenn im Rahmen des Regelverfahrens anstelle einer Liquidation und Zerschlagung eine übertragende Sanierung erfolgt, *Bitter*, ZGR 2010, 147, 191. *Lüer* kritisiert in diesem Zusammenhang, dass aufgrund möglicher künftiger Erträge und möglicher Liquidationsüberschüsse nicht *per se* von der Wertlosigkeit der Gesellschafteranteile ausgegangen werden könne, dazu *Lüer*, in: Uhlenbruck, InsO, § 217 Rn. 18 f.

646 *Landfermann*, WM 2012, 821, 829 (Fn. 64); *Meyer*, ZInsO 2013, 2361, 2369; *Stöber*, ZInsO 2013, 2457, 2466: „… völlig unzureichender Minderheitenschutz der §§ 251, 253 InsO …".

647 *Kleindiek*, in: FS Hommelhoff, 2012, S. 543, 559; *Simon/Merkelbach*, NZG 2012, 121, 125.

tivieren sich die im Schrifttum teilweise geäußerten Bedenken dahingehend, dass eine Ausdehnung der Beschwerdeberechtigung auf die Gruppe der Anteilsinhaber das gesetzgeberische Ziel eines Abbaus von Störpotenzial im Planverfahren gegebenenfalls konterkarieren könne, weil verstärkt mit Beschwerden von Anteilsinhabern zu rechnen sei.[648]

(2) (Neu-)Anteilsinhaber in Folge eines *Debt-to-Equity-Swap*

Soweit mit den vorstehenden Ausführungen ausschließlich auf die (Alt-) Gesellschafter Bezug genommen wird, wenn der Plan in ihre Anteils- oder Mitgliedschaftsrechte eingreift, gilt es speziell im Hinblick auf einen im Plan vorgesehenen *Debt-to-Equity-Swap* auch den damit verbundenen Eingriff in die Rechtsposition der jeweiligen Gläubiger zu berücksichtigen. Diese bringen ihre Forderungen als Sacheinlagen im Rahmen der Kapitalerhöhung in das Unternehmen ein und werden im Gegenzug an dem Unternehmen beteiligt.[649] Sofern sich die Gläubiger durch ihre im Plan vorgesehenen Anteilswerte schlechtergestellt fühlen, weil sie ihre Forderungspositionen im Rahmen der hypothetischen Verwertung nach den Vorschriften des Regelverfahrens wirtschaftlich besserstellen würden, stellt sich die Frage, ob sie diese potenziellen Schlechterstellungen im Plan- bzw. Beschwerdeverfahren rügen können.

Dagegen sprechen verschiedene Erwägungen. Zunächst ist in § 225a Abs. 2 Satz 2 InsO festgelegt, dass eine Umwandlung gegen den Willen der betroffenen Gläubiger ausgeschlossen ist. Jeder betroffene Gläubiger muss einer Forderungsumwandlung individuell und ausdrücklich zustimmen; die Zustimmung ist dem Plan gemäß § 230 Abs. 2 InsO beizufügen.[650] Das Zustimmungserfordernis ist Ausfluss der grundrechtlich geschützten negativen Vereinigungsfreiheit nach Art. 9 GG. Kein Gläubiger soll gegen seinen Willen in eine Gesellschafterstellung hineingedrängt werden.[651] Damit ist zugleich die Möglichkeit ausgeschlossen, die erfor-

648 Dazu siehe die Äußerungen von *Pape*, ZInsO 2010, 2155, 2159; *ders.*, ZInsO 2011, 1033, 1040 f.; *Westpfahl/Janjuah*, Beilage zu ZIP 3/2008, 1, 17.

649 Ausführlich zum *Debt-to-Equity-Swap* etwa *Hölzle*, in: Kübler, HRI, § 31 Rn. 56 ff.

650 Begr. RegE ESUG, BT-Drucks. 17/5712, S. 31.

651 *Thies*, in: HambKomm-InsO, § 225a Rn. 33; *Spliedt*, in: K. Schmidt, InsO, § 225a Rn. 29, der Art. 9 anstatt Art. 5 GG meint; siehe auch Begr. RegE ESUG, BT-Drucks. 17/5712, S. 31.

derliche Gläubigerzustimmung gemäß § 225a Abs. 2 Satz 2 InsO im Wege einer mehrheitlichen Annahme des Plans gemäß §§ 243, 244 InsO – gegen den Willen des Gläubigers – zu erlangen.[652]

Für den Gläubiger ergibt sich im Planverfahren insofern ein doppeltes Zustimmungserfordernis: Einerseits muss der Gläubiger dem vorgesehenen *Debt-to-Equity-Swap* gemäß § 230 Abs. 2 InsO zustimmen, andererseits im späteren Abstimmungstermin positiv über den Insolvenzplan abstimmen. Sofern sich der Gläubiger im Nachgang zu seiner gemäß § 230 Abs. 2 InsO erteilten Zustimmung wegen einer vermeintlich fehlerhaften Anteilswertberechnung und damit wegen einer voraussichtlichen Schlechterstellung gegen den Plan zur Wehr setzt, kann es weder im Planbestätigungsverfahren im Rahmen der § 245 Abs. 1 Nr. 1 InsO oder § 251 InsO noch im Beschwerdeverfahren auf eine solche voraussichtliche Schlechterstellung ankommen. Dies folgt aus dem Verbot des widersprüchlichen Verhaltens gemäß § 242 BGB insoweit, als dass der Gläubiger seine Zustimmung zu seiner Forderungsumwandlung gemäß §§ 225a Abs. 2 Satz 2, 230 Abs. 2 InsO verweigern kann.[653]

cc) Ergebnis

Die erfolgreiche Glaubhaftmachung einer materiellen Beschwer gemäß § 253 Abs. 2 Nr. 3 InsO verlangt von dem Beschwerdeführer zunächst einen substantiierten Tatsachenvortrag in Bezug auf seine wesentliche wirtschaftliche Schlechterstellung. Insoweit muss der Beschwerdeführer zum Zwecke der Durchführbarkeit einer Vergleichsrechnung sowohl die ihn betreffenden Planwerte als auch die hypothetischen Werte eines Regelverfahrens darlegen, auf deren Grundlage eine Vergleichsrechnung zum Zwecke der Beurteilung erfolgen kann, ob der Beschwerdeführer durch die Regelungen des Insolvenzplans gegenüber dem Regelverfahren voraussichtlich wesentlich schlechtergestellt wird. Dem Beschwerdeführer wird bereits die Ermittlung der darzulegenden Tatsachen regelmäßig nicht ohne externe (Sachverständigen-)Unterstützung gelingen. Denn je nach

652 Hiervon unberührt bleibt die Möglichkeit eines Mehrheitsbeschlusses nach § 5 Abs. 3 Nr. 5 des Gesetzes über Schuldverschreibungen aus Gesamtemissionen (SchVG), Begr. RegE ESUG, BT-Drucks. 17/5712, S. 31.

653 *Burmeister/Schmidt-Hern*, in: Kübler, HRI, § 43 Rn. 67.

Größe und Komplexität des Sanierungssachverhalts erfordert bereits die Ermittlung und Zugrundelegung der entsprechenden Vergleichswerte als Vorfeldmaßnahme einer Vergleichsrechnung umfangreiche Bewertungen. Aus Sicht eines Beschwerdeführers besteht im Rahmen des § 253 Abs. 2 Nr. 3 InsO somit die Gefahr, dass diesem ein substantiierter Tatsachenvortrag geschweige denn die Glaubhaftmachung nicht gelingen wird, mit der Folge, dass die sofortige Beschwerde gegen den Planbestätigungsbeschluss als unzulässig verworfen wird.

IV. Bewertung der Zulässigkeitsvoraussetzungen

Soweit der Gesetzgeber mit dem ESUG das Ziel verfolgt, die Rechtsschutzmöglichkeiten moderat zu beschränken, ohne berechtigten Anliegen den gebotenen Rechtsschutz zu verwehren,[654] stellt sich auf der Grundlage der systematischen Einordnung der neuartigen Voraussetzungen die Frage nach der Effektivität der umgesetzten Reformmaßnahmen.

1. Die formellen Zulässigkeitsvoraussetzungen gemäß § 253 Abs. 2 Nr. 1, 2 InsO

a) Das Erfordernis einer *formellen Beschwer*

Mit den Zulässigkeitsvoraussetzungen der § 253 Abs. 2 Nr. 1, 2 InsO bringt der Gesetzgeber das Erfordernis einer formellen Beschwer zum Ausdruck. Die Beschwerdeführer sollen die ihnen im Verfahren zu Gebote stehenden Möglichkeiten ausgeschöpft haben, um einen Plan im Vorfeld einer Planbestätigung zu verhindern. Die insoweit erfolgte Verknüpfung beschwerderechtlicher Elemente mit dem Insolvenzplanverfahren ist gegenüber der alten Rechtslage *prima facie* uneingeschränkt zu begrüßen. So war der erhebliche Attraktivitätsverlust für das Insolvenzplanverfahren vor dem Inkrafttreten des ESUG insbesondere darauf zurückzuführen, dass das verfahrensrechtliche (Vor-)Verhalten von Beteiligten im Beschwerdeverfahren unberücksichtigt blieb. Die daraus resultierende fehlende Planbarkeit eines Insolvenzplanverfahrens machten Sanierungsvorhaben nicht selten uninteressant.[655] Unter Berücksichtigung der alten Rechtslage

654 So das Ziel des ESUG-Gesetzgebers, Begr. RegE ESUG, BT-Drucks. 17/5712, S. 35.
655 Zur Kritik vor dem Inkrafttreten des ESUG § 11, III.

scheint Kritik an der Sinnhaftigkeit der formellen Zulässigkeitsvoraussetzungen daher nicht angebracht. Denn mit der Einführung der § 253 Abs. 2 Nr. 1, 2 InsO schöpft der Gesetzgeber sein Potenzial zur Einführung entsprechender Voraussetzungen, die ein verfahrensmäßiges Verhalten zum Anknüpfungspunkt haben, letztlich vollends aus. Weitere verfahrensmäßige Mitwirkungserfordernisse als potenzielle Anknüpfungspunkte für formelle Zulässigkeitsvoraussetzungen hätte man Beteiligten insoweit nicht abverlangen können.

b) Kritik des Bundesrates

Namentlich der Bundesrat äußerte sich in seiner Stellungnahme zum Entwurf des ESUG in Bezug auf die beschwerderechtlichen Zulässigkeitsvoraussetzungen des § 253 Abs. 2 InsO kritisch. Einerseits begrüße man die Bemühungen, im Wege einschränkender Zulässigkeitskriterien zu mehr Planbarkeit im Insolvenzplanverfahren beizutragen. Andererseits sei in Frage zu stellen, ob die Maßnahmen ausreichen, um die bisherige Rechtsmittellast des Planverfahrens effektiv zu bekämpfen.[656] Die neuen Regelungen hätten, so der Bundesrat, im Schwerpunkt eher „formellen Charakter", die von obstruktionsmotivierten Gläubigern überwunden werden könnten, die es auf ein Scheitern des Plans abgesehen hätten.[657] Damit scheint sich der Bundesrat primär auf die formellen Zulässigkeitsvoraussetzungen des Widerspruchs- und Gegenstimmerfordernisses zu beziehen (§ 253 Abs. 2 Nr. 1, 2 InsO).

c) Stellungnahme

Dem Bundesrat ist zunächst darin Recht zu geben, dass weder das Widerspruchserfordernis noch die erforderliche Abstimmung gegen den Plan einen Beschwerdeführer vor erhebliche und nur schwer zu überwindende Zulässigkeitshürden stellen. Unter Berücksichtigung des zuvor ermittelten eingeschränkten Anwendungsbereichs der formellen Zulässigkeitsvoraussetzungen gemäß § 253 Abs. 2 Nr. 1, 2 InsO handelt es sich hierbei vielmehr um leicht zu überwindende – formale – Hürden, die obstrukti-

656 Stellungnahme des BRates zum ESUG, BT Drucks. 17/5712, Anlage 3, S. 58.

657 Stellungnahme des BRates zum ESUG, BT Drucks. 17/5712, Anlage 3, S. 58; vgl. auch die gleichlautende Kritik von *Braun/Heinrich*, NZI 2011, 505, 510.

onsmotivierte Beteiligte nicht effektiv davon abhalten werden, sofortige Beschwerden zu Lasten einer Verfahrensverzögerung zulässig einzulegen.[658] Insbesondere sofern man mit der hier vertretenen Auffassung davon ausgeht, dass das Widerspruchserfordernis gemäß § 253 Abs. 2 Nr. 1 InsO ausschließlich für den Schuldner eine eigenständige Bedeutung erlangt (vgl. § 247 Abs. 1 InsO[659]), eine Beschwerde von Gläubigern und Anteilsinhabern dagegen nicht als unzulässig verworfen werden darf, wenn der Beschwerdeführer im Planverfahren nicht widersprochen hat,[660] muss diesem eine Qualifikation als Beschwerdehindernis sogar gänzlich abgesprochen werden.

Gleichwohl ist die Antwort auf die Frage, ob die neuartigen Zulässigkeitsvoraussetzungen das gesetzgeberische Ziel einer moderaten Beschränkung von Rechtsschutzmöglichkeiten erfüllen, nicht ausschließlich im Rahmen der *formellen* Zulässigkeitsvoraussetzungen gemäß § 253 Abs. 2 Nr. 1 InsO zu suchen. Eine abschließende Gesamtbewertung muss insbesondere auch die materielle Zulässigkeitsvoraussetzung des § 253 Abs. 2 Nr. 3 InsO berücksichtigen.

Dass ausschließlich das Widerspruchs- und Gegenstimmerfordernis für sich noch nicht das Ziel erfüllen, den Beschwerdeführern im Interesse einer möglichst weitreichenden Beschwerdeeinschränkung schwer überwindbare Zulässigkeitshürden zu bereiten,[661] folgt unmittelbar aus der Regierungsbegründung zum ESUG. Denn das Widerspruchserfordernis soll nach der Intention des Gesetzgebers – zumindest auch – die übrigen Beteiligten im laufenden Planverfahren im Interesse einer Planbarkeit des Verfahrens frühzeitig darüber in Kenntnis setzen, dass der Plan noch scheitern kann.[662] Das Gegenstimmerfordernis schließlich soll ein widersprüchliches Verhalten des Beschwerdeführers dergestalt verhindern,[663] dass dieser eine Beschwerde zulässig verfolgen kann, obwohl er an der

658 Ausführlich dazu bereits oben § 12, II., 2., b), aa).

659 Dazu § 12, II., 1.

660 Siehe § 12, II., 2., b), aa), (6).

661 Diese Funktion kommt dem Widerspruchserfordernis i. S. v. § 253 Abs. 2 Nr. 1 InsO über § 247 InsO ausschließlich im Rahmen einer sofortigen Beschwerde eines Schuldners zu, dazu siehe oben § 12, II., 2., b), aa), (5).

662 Vgl. Begr. RegE ESUG, BT-Drucks. 17/5712, S. 35.

663 *Pleister*, in: KBP, InsO, § 253 Rn. 14; *Silcher*, in: Ahrens/Gehrlein/Ringstmeier, InsO, § 253 Rn. 13.

Abstimmung über die Annahme des Plans entweder nicht teilgenommen oder dem Plan zugestimmt hat.[664] Dadurch soll seit dem Inkrafttreten des ESUG ein wesentlicher Kritikpunkt des früheren Beschwerderechts vermieden werden: Die fehlende Planbarkeit und Vorhersehbarkeit des Insolvenzplanverfahrens.

Unter Berücksichtigung dieser – eigenständigen – Zielsetzung der formellen Zulässigkeitsvoraussetzungen gemäß § 253 Abs. 2 Nr. 1, 2 InsO für Beschwerden von Gläubigern und Anteilsinhabern lässt sich die Effektivität des Widerspruchs- und Gegenstimmerfordernisses nicht leugnen. Insoweit haben sie eine erhebliche Steigerung der Vorhersehbarkeit des Verfahrensablaufs zur Folge. Diese Beurteilung ändert sich auch nicht auf der Grundlage der vorliegend vertretenen Unbeachtlichkeit des Widerspruchserfordernisses für Beschwerden von Gläubigern und Anteilsinhabern. Denn sofern die von dem Gesetzgeber insoweit beabsichtigte Funktion des Widerspruchs bereits stets durch eine ausbleibende Annahme des Plans innerhalb einer oder mehrerer Abstimmungsgruppen (vgl. §§ 243, 244 InsO) oder in Folge eines erforderlichen Minderheitenschutzantrags gemäß § 251 Abs. 1 InsO in den Fällen erfüllt wird, in denen der Beschwerdeführer innerhalb seiner Abstimmungsgruppe mehrheitlich überstimmt wurde, ist die mit einem Widerspruch beabsichtigte Kenntnisverschaffung gewährleistet.[665] Ein Überraschungseffekt dergestalt, dass eine sofortige Beschwerde eingelegt wird, obwohl das Verhalten des Beschwerdeführers sowie der bisherige Verlauf des Planverfahrens keinerlei Rechtmittelabsichten erkennen lassen, wird dadurch nunmehr vermieden. Zugleich folgt aus dem Zulässigkeitsregime des § 253 Abs. 2 InsO jedoch, dass Gläubiger und Anteilsinhaber trotz der Unbeachtlichkeit des Widerspruchserfordernisses, je nach zugrunde liegender Abstimmungskonstellation, formell beschwert sein müssen, d. h. ihre verfahrensmäßigen Möglichkeiten ausgeschöpft haben müssen, um einen Plan zu verhindern.[666]

664 Diese Möglichkeit bestand vor dem Inkrafttreten des ESUG, dazu siehe § 11.

665 Dazu oben § 12, II., 2., b), aa), (6).

666 Dazu § 12, II., 2., b), aa).

2. Die materielle Zulässigkeitsvoraussetzung gemäß § 253 Abs. 2 Nr. 3 InsO

Während allein die formellen Zulässigkeitsvoraussetzungen noch keine effektive Beschränkung von Beschwerdemöglichkeiten zur Folge haben, soll dieses Ziel primär durch die neuartige materielle Zulässigkeitsvoraussetzung gemäß § 253 Abs. 2 Nr. 3 InsO erreicht werden.

a) Abbau der bisherigen Rechtsmittellast im Insolvenzplanverfahren

Eine sofortige Beschwerde von Gläubigern und Anteilsinhabern ist gemäß § 253 Abs. 2 Nr. 3 InsO zunächst nur zulässig, wenn der Beschwerdeführer eine wesentliche wirtschaftliche Schlechterstellung glaubhaft macht (§§ 294 ZPO, 4 InsO). Entgegen der Rechtslage vor dem Inkrafttreten des ESUG genügt damit allein die – formale – Beeinträchtigung der Rechtsstellung des Beschwerdeführers durch den Plan nicht mehr den Anforderungen der materiellen Beschwer.[667] Vermochten Beteiligte die sofortige Beschwerde in Folge der weitreichenden Beschwerdebefugnis vor dem Inkrafttreten des ESUG noch als reines Fehlerüberprüfungsverfahren mit Obstruktionscharakter zu missbrauchen, um Insolvenzplanverfahren zu verzögern, ist mit § 253 Abs. 2 Nr. 3 InsO nunmehr gewährleistet, dass eine Beschwerde nur in eine möglicherweise langwierige Begründetheitsprüfung mündet, wenn eine rechtskräftige Planbestätigung für den Beschwerdeführer zumindest wesentliche wirtschaftliche Nachteile zur Folge hätte.

Im Rahmen der Glaubhaftmachung der konkreten materiellen Beschwer gemäß § 253 Abs. 2 Nr. 3 InsO wird dem Beschwerdeführer bereits der erforderliche substantiierte Tatsachenvortrag nur sehr schwer gelingen.[668] Da dieser einen erheblichen Ermittlungs- und Bewertungsaufwand voraussetzen kann, kommt der materiellen Zulässigkeitsvoraussetzung eine bedeutende Präventivfunktion zu, die Gläubiger und Anteilsinhaber gegebenenfalls von vornherein davon abhalten wird, sofortige Beschwerden einzulegen. Diese Wirkung ist insbesondere im Zusammenhang mit obstruktionswilligen Beteiligten zu begrüßen, die die Absicht verfolgen, ein Insolvenzplanverfahren mit Hilfe ihres Beschwerderechts lediglich aus

667 Vgl. *Sinz*, in: MünchKomm-InsO, § 253 Rn. 32.

668 Dazu § 12, III., 4., e).

missbräuchlichen Motiven zu verzögern, weil sie sich dadurch finanzielle Sondervorteile versprechen.[669]

b) Benachteiligung von Großgläubigern

Das Erfordernis der Glaubhaftmachung einer materiellen Beschwer gemäß § 253 Abs. 2 Nr. 3 InsO schränkt den Rechtsschutz von Beteiligten gegenüber der Rechtslage vor dem Inkrafttreten des ESUG sowohl in qualitativer als auch quantitativer Hinsicht ein. Weil eine sofortige Beschwerde nur noch im Falle eines wirtschaftlichen Nachteils erfolgreich sein kann, begrenzt § 253 InsO den Rechtsschutz eines Beteiligten qualitativ dahingehend, dass es für einen Beschwerdeerfolg nicht mehr auf jeden Rechtsverstoß des Insolvenzgerichts ankommt,[670] sondern nur noch auf eine Verletzung der Minderheitenschutzvorschriften gemäß §§ 250, 251 InsO.[671] In quantitativer Hinsicht ergibt sich die Einschränkung daraus, dass nicht jedwede Schlechterstellung den Anforderungen einer materiellen Beschwer i. S. v. § 253 Abs. 2 Nr. 3 InsO genügt. Diese muss vielmehr *wesentlich* sein. Das bedeutet, dass der Wert, den der Insolvenzplan für den Beschwerdeführer vorsieht, mindestens zehn Prozent unter dem Wert liegen muss, den der Beschwerdeführer im Falle einer Verwertung nach den Regelvorschriften erhalten würde.[672] Die Beschwerde eines Gläubigers oder Anteilsinhabers ist damit auch im Falle seiner voraussichtlichen Schlechterstellung unzulässig, sofern sich diese noch innerhalb der Zehn-Prozent-Grenze bewegt.

Die Einführung der materiellen Zulässigkeitsvoraussetzung gemäß § 253 Abs. 2 Nr. 3 InsO ist vor dem Hintergrund des Reformziels, beschwerdebedingte Verfahrensverzögerungen möglichst zu vermeiden,[673] zunächst uneingeschränkt zu begrüßen. Auf der Grundlage der Wesentlichkeitshürde kann eine Vielzahl von sofortigen Beschwerden, insbesondere von

669 Begr. RegE ESUG, BT-Drucks. 17/5712, S. 35 f.; dazu siehe bereits § 11, III., 2.

670 Zur Rechtslage vor dem Inkrafttreten des ESUG siehe § 11.

671 Dazu § 13, III.

672 Begr. RegE ESUG, BT-Drucks. 17/5712, S. 35; *Thies*, in: HambKomm-InsO, § 253 Rn. 19; *Spliedt*, in: K. Schmidt, InsO, § 253 Rn. 10; *Jaffé*, in: Wimmer, InsO, § 253 Rn. 9.

673 Begr. RegE ESUG, BT-Drucks. 17/5712, S. 35.

Kleingläubigern, gegebenenfalls bereits als unzulässig verworfen werden. Dadurch können sanierungsgefährdende Verfahrensverzögerungen weitestgehend vermieden werden.

Soweit der Gesetzgeber an die Wesentlichkeitsschwelle i. S. v. § 253 Abs. 2 Nr. 3 InsO folglich die Erwartung knüpft, dass nunmehr insbesondere Beschwerden von Kleingläubigern regelmäßig an der Zulässigkeitshürde scheitern,[674] erfüllt die Wesentlichkeitsschwelle diese Erwartung nur zum Teil. Denn für Kleingläubiger begründet die Wesentlichkeitsschwelle i. S. v. § 253 Abs. 2 Nr. 3 InsO keine größere Zulässigkeitshürde, als sie sich für Großgläubiger darstellt. Vielmehr können sich im Einzelfall Ergebnisse ergeben, die es im Falle einer – absolut betrachtet – beachtlichen wertmäßigen Schlechterstellung eines Großgläubigers fraglich erscheinen lassen, ob eine Beschwerde als unzulässig verworfen werden kann, wenn die Zehn-Prozent-Hürde i. S. v. § 253 Abs. 2 Nr. 3 InsO einmal nicht erreicht wird. Das ist darauf zurückzuführen, dass sich die Wesentlichkeit der Schlechterstellung lediglich anhand einer 10 %-igen, negativen Wertdifferenz zwischen dem hypothetischem Regelwert und dem Wert aus dem Insolvenzplan bemisst, die sich jedoch stets *relativ* zu dem jeweiligen Forderungswert verhält.[675] Ein Beispiel:

> Ein Insolvenzgläubiger (A) hat gegen den Schuldner eine Forderung in Höhe von 1.000 €. Mangels ausreichender Insolvenzmasse sieht der Insolvenzplan für (A) lediglich eine Befriedigung in Höhe von 40 % (400 €) vor.
>
> Dagegen hat der Insolvenzgläubiger (B) eine Forderung in Höhe von 1.000.000 €. Sein Befriedigungswert ist im Insolvenzplan ebenfalls mit 40 % (400.000 €) angesetzt.

Für die erforderliche Glaubhaftmachung einer wesentlichen Schlechterstellung i. S. v. § 253 Abs. 2 Nr. 3 InsO bedeutet das Folgendes: Während der Insolvenzgläubiger (A) lediglich glaubhaft machen muss, dass er im Falle einer alternativen Regelverwertung ohne Plan mindestens zehn Prozent mehr erhalten würde, als der Plan für ihn vorsieht, vorliegend mithin

674 Begr. RegE ESUG, BT-Drucks. 17/5712, S. 35 f.

675 Siehe auch *Burmeister/Schmidt-Hern*, in: Kübler, HRI, § 43 Rn. 137.

40,00 €, muss der Insolvenzgläubiger (B) glaubhaft machen, dass er im Rahmen einer Regelverwertung ohne Plan entsprechend der Zehn-Prozent-Hürde mindestens 40.000 € mehr erhalten würde.

Sofern der Insolvenzgläubiger (B) im Rahmen seiner sofortigen Beschwerde beispielsweise lediglich eine Schlechterstellung in Höhe von 39.000 € glaubhaft macht, erreicht diese gemäß § 253 Abs. 2 Nr. 3 InsO nicht die maßgebliche Hürde von zehn Prozent. Die sofortige Beschwerde wäre unzulässig, obwohl dem Gläubiger beachtliche finanzielle Nachteile drohen, sofern der Planbestätigungsbeschluss in Rechtskraft erwächst. Die sofortige Beschwerde eines Kleingläubigers (A) wäre dagegen beispielsweise zulässig, das Planverfahren würde sich also für die Zeit des Beschwerdeverfahrens verzögern, sofern dieser eine Schlechterstellung in Höhe von 41,00 € glaubhaft macht.

Mit der Wesentlichkeitsschwelle i. S. v. § 253 Abs. 2 Nr. 3 InsO offenbart sich in derartigen Konstellationen ein gewisses Missverhältnis, das dadurch zum Ausdruck kommt, dass Großgläubigern im Falle einer – absolut betrachtet – beachtlichen wirtschaftlichen Schlechterstellung mit ihrer Beschwerde scheitern, sofern die Differenz zwischen Planwert und hypothetischem Regelwert nicht die Zehn-Prozent-Hürde erreicht. In den Fällen vermag § 253 Abs. 2 Nr. 3 InsO in seiner aktuellen Fassung keine interessengerechte Trennlinie zwischen beachtlichen monetären Rechtsschutzinteressen von Großgläubigern und minderwertigen monetären Rechtsschutzinteressen von Kleingläubigern zu ziehen.[676]

3. Attraktivitätsgewinn des Insolvenzplanverfahrens

In der Gesamtbetrachtung sind die Zulässigkeitsvoraussetzungen in § 253 Abs. 2 InsO als gelungene Reformmaßnahmen zu bewerten, da sie die in ihr gesetzten Erwartungen[677] erfüllen. So tragen die formellen Zulässigkeitsvoraussetzungen gemäß § 253 Abs. 2 Nr. 1, 2 InsO dafür Sorge, dass der Planverfasser sowie die Planbefürworter frühzeitig über ein mögliches Scheitern des Plans in Kenntnis gesetzt werden. Insoweit

676 Siehe zur Kritik der Wesentlichkeitshürde auch *Sinz*, in: MünchKomm-InsO, § 253 Rn. 31.

677 Dazu Begr. RegE ESUG, BT-Drucks. 17/5712, S. 35 f.

sind Insolvenzplanverfahren seit dem Inkrafttreten des ESUG planbarer und vorhersehbarer. Überraschungseffekte in Form einer unvorhergesehenen Gegenwehr eines Beteiligten durch die Einlegung einer sofortigen Beschwerde gegen einen Planbestätigungsbeschluss werden durch § 253 Abs. 2 Nr. 1, 2 InsO folglich vermieden.

Daneben setzt die materielle Zulässigkeitsvoraussetzung gemäß § 253 Abs. 2 Nr. 3 InsO mit den Erfordernissen eines drohenden wirtschaftlichen Nachteils, der zusätzlich erforderlichen *Wesentlichkeit*, der Glaubhaftmachung sowie mit der Möglichkeit zur finanziellen Kompensation einer nachgewiesenen Schlechterstellung mit Mitteln i. S. v. § 251 Abs. 3 InsO auf mehreren Stufen an, um beschwerdebedingte Verfahrensverzögerungen zu unterbinden.

Aufgrund der strengen Anforderungen, die der Beschwerdeführer seit dem Inkrafttreten des ESUG für die Zulässigkeit seiner sofortigen Beschwerde gemäß § 253 Abs. 2 InsO erfüllen muss, wird das Beschwerdegericht nur in seltenen Fällen die Begründetheit des Rechtsmittels zu prüfen haben. Die damit verbundene Hoffnung, sofortige Beschwerden zu Gunsten eines zügigen Planverfahrens und einer schnellen Umsetzung der im Plan vorgesehenen Sanierungsmaßnahmen bereits als unzulässig verwerfen zu können,[678] ist im Hinblick auf die neuartigen Zulässigkeitsvoraussetzungen gemäß § 253 Abs. 2 InsO insoweit berechtigt.

Hinzu kommt, dass der beträchtliche Aufwand, den ein Beschwerdeführer für die Überwindung der Zulässigkeitsvoraussetzungen gemäß § 253 Abs. 2 InsO eingehen muss,[679] bereits eine abschreckende Wirkung auf die Beteiligten ausübt. Sofern ein Beteiligter seine verfahrensmäßigen Möglichkeiten zur Verhinderung des Plans nicht bereits im Vorfeld eines Bestätigungsbeschlusses ausgeschöpft hat, hat die Beschwerde keinen Erfolg. Schöpfen sie dagegen ihre Möglichkeiten zur Verhinderung des Plans aus, hat das in materiell-rechtlicher Hinsicht stets eine Prüfung ihrer voraussichtlichen Schlechterstellung im Planbestätigungsverfahren zur Folge (vgl. §§ 245, 251 InsO).[680] Zumindest im Rahmen des § 251 InsO

678 Zur Zielsetzung des ESUG siehe Begr. RegE ESUG, BT-Drucks. 17/5712, S. 35 f.

679 Zu den Anforderungen der Glaubhaftmachung einer materiellen Beschwer gemäß § 253 Abs. 2 Nr. 3 InsO siehe § 12, III., 4., e).

680 Dazu ausführlich § 12, II., 2., b), aa) und bb).

muss die voraussichtliche Schlechterstellung darüber hinaus von dem Antragsteller glaubhaft gemacht werden (vgl. § 251 Abs. 2 InsO). Insoweit kann sich durch die Neuregelungen in § 253 Abs. 2 InsO bereits im Vorfeld einer Planbestätigung ein erheblicher verfahrensmäßiger Aufwand für die Beteiligten ergeben.

Daneben tritt im Rahmen des Beschwerdeverfahrens schließlich das Erfordernis der Glaubhaftmachung einer materiellen Beschwer i. S. v. § 253 Abs. 2 Nr. 3 InsO. Um auch diese Zulässigkeitsvoraussetzung zu überwinden, bedarf es eines zum Teil beträchtlichen Berechnungs- und Bewertungsaufwands, der in der Regel nicht durch externen Sachverständigenrat und durch die Inkaufnahme von Zeit- und Kostenaufwand bewältigt werden kann. Speziell missbrauchsmotivierte Beteiligte, die eine sofortige Beschwerde lediglich einlegen, weil sie sich durch die Verursachung beschwerdebedingter Verfahrensverzögerungen finanzielle Sondervorteile versprechen,[681] dürften dadurch von entsprechenden Missbrauchsabsichten abgeschreckt werden.

§ 13 Die Begründetheit der sofortigen Beschwerde gegen einen Planbestätigungsbeschluss

Neuerungen ergeben sich seit dem Inkrafttreten des ESUG zusätzlich im Rahmen der Begründetheitsprüfung einer sofortigen Beschwerde gegen einen Planbestätigungsbeschluss. Das ist darauf zurückzuführen, dass die materielle Zulässigkeitsvoraussetzung gemäß § 253 Abs. 2 Nr. 3 InsO auf die Ebene der Begründetheit ausstrahlt.[682] Eine sofortige Beschwerde gegen einen Bestätigungsbeschluss ist demnach nur begründet, wenn der Beschwerdeführer wesentlich schlechtergestellt ist und seine Schlechterstellung nicht mit Mitteln i. S. v. § 251 Abs. 3 InsO ausgeglichen werden kann.[683]

---

681 Zu dieser „missbräuchlichen" Beschwerdepraxis siehe die Ausführungen bei § 11, III., 2.

682 A. A. *Thies*, in: HambKomm-InsO, § 253 Rn. 21, der für die Begründetheit einer Beschwerde wie schon nach bisheriger Rechtslage lediglich einen Rechtsverstoß gemäß §§ 248 bis 252 InsO fordert.

683 Dazu ausführlich sogleich unter § 13, II., 2.

I. Begründetheit der Beschwerde vor dem Inkrafttreten des ESUG

Vor dem Inkrafttreten des ESUG war eine sofortige Beschwerde gegen einen Planbestätigungsbeschluss begründet, sofern dieser gegen die Vorschriften der §§ 248 bis 252 InsO verstoßen hat. Das Beschwerdegericht prüfte im Rahmen der Begründetheit der Beschwerde sämtliche Vorschriften über den Inhalt des Plans (§§ 219 bis 230 InsO), die verfahrensmäßige Behandlung des Plans (§ 218, §§ 231 bis 243 InsO), die Annahme des Plans durch die Beteiligten (§§ 244 bis 246 InsO) sowie die Zustimmung des Schuldners zum Plan (§ 247 InsO) und damit die Einhaltung des gesamten Rechtsrahmens der §§ 217 ff. InsO, der bereits Prüfungsgegenstand des Bestätigungsverfahrens (§ 248 InsO) gewesen ist.[684]

Wie bereits im Rahmen der Kritik zur alten Rechtslage dargestellt, vermochte ein Beschwerdeführer eine Beschwerde somit lediglich darauf zu stützen, dass ein Bestätigungsbeschluss wegen eines Verstoßes gemäß § 250 InsO von Amts wegen hätte versagt werden müssen.[685] Auf eine wirtschaftliche Benachteiligung des Beschwerdeführers durch den Plan im Vergleich zu dem alternativen Verwertungsszenario eines Regelinsolvenzverfahrens kam es in diesem Zusammenhang nicht an.[686]

II. Begründetheit der Beschwerde seit dem Inkrafttreten des ESUG

1. Rechtsverstoß (§§ 248 bis 252 InsO)

Seit dem Inkrafttreten des ESUG setzt die Begründetheit einer sofortigen Beschwerde gegen einen Planbestätigungsbeschluss zunächst unverändert voraus, dass der Planbestätigungsbeschluss gegen eine Vorschrift der §§ 248 bis 252 InsO verstößt.

---

684 BGH v. 23.10.2008 – IX ZB 235/06, NZI 2009, 106, 107 (Rn. 10); *Braun/Frank*, in: Braun, InsO, § 253 Rn. 1.

685 Ausführlich dazu § 11, II.

686 BGH v. 15.7.2010 – IX ZB 65/10, NZI 2010, 734, 736 (Rn. 23, 26); BGH v. 13.10.2011 – IX ZB 37/08, NZI 2012, 139, 140 (Rn. 7); *Flessner*, in: HK-InsO, 6. Aufl. 2011, § 253 Rn. 7.

2. Nachteil des Beschwerdeführers (§ 253 Abs. 2 Nr. 3 InsO)

Ausgehend von der Einführung der materiellen Zulässigkeitsvoraussetzung gemäß § 253 Abs. 2 Nr. 3 InsO stellt sich daneben die Frage, ob die Begründetheit auch die wesentliche Schlechterstellung eines Beschwerdeführers sowie eine fehlende finanzielle Kompensationsmöglichkeit voraussetzt.

Die Annahme einer entsprechenden „Ausstrahlungswirkung“[687] der materiellen Zulässigkeitsvoraussetzung gemäß § 253 Abs. 2 Nr. 3 InsO auf die Begründetheitsprüfung der sofortigen Beschwerde ist nicht unumstritten.[688] So verneint etwa der BGH einen entsprechenden Einfluss auf das Prüfungsprogramm der Begründetheit. Demnach könne ein Beschwerdeführer mit der sofortigen Beschwerde auch seit dem Inkrafttreten des ESUG unverändert eine Verletzung seiner Rechte aus §§ 248 bis 252 InsO geltend machen. Eine „Ausstrahlungswirkung“ ergebe sich laut Auffassung des BGH weder aus dem Wortlaut noch aus den Gesetzesmaterialien zum ESUG.[689] Zudem widerspreche die Annahme einer „Verengung der Begründetheitsprüfung“ der Intention des Gesetzgebers, mit der Wesentlichkeitshürde des § 253 Abs. 2 Nr. 3 InsO die Rechtsschutzmöglichkeiten moderat zu beschränken.[690]

Soweit der BGH seine Begründung im Wesentlichen auf die Intention des Gesetzgebers stützt, vermag der Verweis auf die Gesetzesbegründung die Annahme einer Ausstrahlungswirkung des § 253 Abs. 2 Nr. 3 InsO auf die Begründetheit der sofortigen Beschwerde nicht überzeugend zu widerlegen. Dort heißt es:

„Es ist […] geboten, die Rechtsschutzmöglichkeiten moderat zu beschränken, ohne berechtigten Anliegen den gebotenen Rechtsschutz zu verwehren.“[691]

687 BGH v. 17.7.2014 – IX ZB 13/14 (*Suhrkamp*), NZG 2014, 1309, 1312 Rn. 38.

688 Dafür etwa *Spliedt*, in: K. Schmidt, InsO, § 253 Rn. 14; *Sinz*, in: MünchKomm-InsO, § 253 Rn. 55; dagegen BGH v. 17.7.2014 – IX ZB 13/14 (*Suhrkamp*), NZG 2014, 1309, 1312 Rn. 34 ff.; *Thies*, in: HambKomm-InsO, § 253 Rn. 21; *Backes*, in: Pape/Uhländer, NWB Komm-InsO, § 253 Rn. 35.

689 BGH v. 17.7.2014 – IX ZB 13/14 (*Suhrkamp*), NZG 2014, 1309, 1312 Rn. 35 ff.

690 BGH v. 17.7.2014 – IX ZB 13/14 (*Suhrkamp*), NZG 2014, 1309, 1312 Rn. 39 mit Verweis auf Begr. RegE ESUG, BT-Drucks. 17/5712, S. 35.

691 Begr. RegE ESUG, BT-Drucks. 17/5712, S. 35.

Der dadurch zum Ausdruck kommende Wille des Gesetzgebers lässt sich nicht ermitteln, ohne zugleich die beschwerdebedingte Rechtsmittelproblematik vor dem ESUG sowie die aus diesen Missständen hervorgegangenen Reformmaßnahmen zu berücksichtigen. Soweit das Ziel des Gesetzgebers primär darin besteht, dem Insolvenzplanverfahren durch einen Abbau der früheren Missstände zu einem Attraktivitätsgewinn zu verhelfen, hat der Gesetzgeber nicht ausschließlich eine Beschleunigung des Insolvenzplanverfahrens durch eine Beschränkung der Beschwerdemöglichkeiten im Sinn. Auch aus einer ergebnisorientierten Perspektive besteht ein berechtigtes Reformziel darin, den Erfolg einer Beschwerde zugunsten einer wirtschaftlich sinnvollen Sanierung zu verhindern, sofern ein etwaiger Rechtsverstoß nicht zugleich einen wirtschaftlichen Nachteil des Beschwerdeführers zur Folge hat. Die Rechtsmittellast des Beschwerderechts vor dem Inkrafttreten des ESUG gründete insbesondere auf dem Umstand, dass das Beschwerdeverfahren in ein reines Fehlerüberprüfungsverfahren ausarten und eine Sanierung verhindern konnte, ohne dass es darauf ankam, ob der Beschwerdeführer im Falle einer Durchsetzung des Plans einen wirtschaftlichen Nachteil erlitten hätte.[692]

Mit dem ESUG schafft der Gesetzgeber insoweit Abhilfe, als dass die Erfolgsvoraussetzungen einer Beschwerde nunmehr insgesamt davon abhängig gemacht werden, dass der Beschwerdeführer im Falle der Durchsetzung des Plans zumindest (wesentliche) wirtschaftliche Nachteile erleiden muss. Dass es auch im Rahmen der sofortigen Beschwerde gemäß § 253 InsO primär auf die Vermögensinteressen von Beteiligten ankommen soll, insbesondere nicht mehr jedweder Rechtsverstoß gemäß §§ 248 bis 252 InsO zu einem Erfolg der Beschwerde führen soll, folgt darüber hinaus aus der mit dem Zurückweisungsinstrument des § 253 Abs. 4 InsO zum Ausdruck kommenden Wertung. Eine Zurückweisung ist zunächst lediglich ausgeschlossen, sofern ein besonders schwerer Rechtsverstoß festgestellt wird (§ 253 Abs. 4 Satz 2 InsO). Daraus ergibt sich bereits die Unbeachtlichkeit weniger schwerer Rechtsverstöße. Darüber hinaus scheidet eine Zurückweisung trotz fehlenden besonders schweren Rechtsverstoßes aus, sofern eine auf der Grundlage von wirtschaftlichen Nachteilen erfolgende Interessenabwägung ergibt, dass das Planvollzugs-

692 Ausführlich zur Kritik des Beschwerderechts vor dem Inkrafttreten des ESUG siehe oben § 11, III.

interesse überwiegt (§ 253 Abs. 4 Satz 2 InsO). Sofern die wirtschaftlichen Nachteile des Beschwerdeführers hinter denen des Unternehmens und der Planbefürworter zurückbleiben, ist das Planvollzugsinteresse stets als höherwertig zu gewichten.[693]

Weiterhin entspricht die Ausstrahlungswirkung des § 253 Abs. 2 Nr. 3 InsO auf die Ebene der Begründetheit dem Wesen einer materiellen Beschwer, die mit der Vorschrift zum Ausdruck kommt. Insoweit muss der Rechtsmittelführer als Zulässigkeitsvoraussetzung eine wesentliche Schlechterstellung behaupten bzw. darlegen und glaubhaft machen, die im weiteren Verlauf des Verfahrens als Erfolgsvoraussetzung auf die Ebene der Begründetheit durchschlägt, d. h. mit diesem Prüfungsstadium korrespondiert.

Schließlich widerlegt auch die Intention des Gesetzgebers nach einer *moderaten* Beschränkung von Rechtsschutzmöglichkeiten nicht die Annahme einer „Ausstrahlungswirkung". Denn insoweit gilt es auch die weiteren Reformmaßnahmen des ESUG in den Blick zu nehmen. So darf nicht unberücksichtigt bleiben, dass der Gesetzgeber mit der Reform des § 253 InsO nicht lediglich Rechtsschutz im Insolvenzplanverfahren beschränkt hat. Durch den ebenfalls seit dem Inkrafttreten des ESUG vorgesehenen Richtervorbehalt gemäß § 18 Abs. 1 Nr. 2 RPflG für das Insolvenzplanverfahren wurde mit dem Bestätigungsverfahren gemäß § 248 InsO vielmehr zugleich ein „integrierter" Rechtsschutz geschaffen, der die erhebliche Beschränkung der Beschwerdemöglichkeit gemäß § 253 InsO insoweit relativiert.[694]

Damit kann den erfolgten Gesetzesänderungen sowie den Gesetzesmaterialien unter Berücksichtigung der früheren Rechtsmittellast des Insolvenzplanverfahrens der Wille des Gesetzgebers entnommen werden, auch die Begründetheit der sofortigen Beschwerde davon abhängig zu machen, dass (Beschwerdeführer-)Gläubiger und (Beschwerdeführer-) Anteilsinhaber, ohne Aussicht auf eine finanzielle Kompensation, durch den Plan wesentlich schlechtergestellt werden müssen.[695] Das Beschwer-

693 Zum Zurückweisungsverfahren ausführlich unten § 14.

694 Dazu vgl. oben § 12, III., 2., c).

695 I. E. auch *Spliedt*, in: K. Schmidt, InsO, § 253 Rn. 14; *Sinz*, in: MünchKomm-InsO, § 253 Rn. 55; a. A. BGH v. 17.7.2014 – IX ZB 13/14 (*Suhrkamp*), NZG 2014, 1309,

degericht wird sich im Rahmen der Begründetheitsprüfung folglich stets den Unwägbarkeiten und Schwierigkeiten stellen müssen, die mit der Prüfung einer wesentlichen Schlechterstellung eines Gläubigers bzw. Anteilsinhabers sowie mit der Feststellung etwaiger Ausgleichsmittel i. S. v. § 251 Abs. 3 InsO einhergehen. Die Darlegungs- und Beweislast für seine konkrete materielle Beschwer gemäß § 253 Abs. 2 Nr. 3 InsO trägt der Beschwerdeführer.[696]

III. Reduzierung des Schutzumfangs auf Rechtsverstöße gemäß §§ 250, 251 InsO (Minderheitenschutz)

Indem der Erfolg einer sofortigen Beschwerde seit dem Inkrafttreten des ESUG an eine wesentliche Schlechterstellung geknüpft ist (§ 253 Abs. 2 Nr. 3 InsO), vermag diese von Gläubigern und Anteilsinhabern mit Erfolg ausschließlich noch auf eine Verletzung ihrer Minderheitenschutzrechte gestützt zu werden. Dies kommt im Wortlaut des § 253 Abs. 2 Nr. 3 InsO in Form der (ungewollten) Schlechterstellung zum Ausdruck. Eine quantitative Abweichung gegenüber dem in §§ 245, 251 InsO normierten Minderheitenschutz des Planverfahrens ergibt sich insoweit jedoch durch die Wesentlichkeitshürde.

Im Rahmen der Begründetheitsprüfung ergeben sich damit gegenüber der alten Rechtslage zugleich Änderungen in Bezug auf die berücksichtigsfähigen Rechtsverstöße der §§ 248 bis 252 InsO.[697] Insoweit können nunmehr ausschließlich solche Rechtsverstöße einen Beschwerdeerfolg herbeiführen, die in materiell-rechtlicher Hinsicht als Anknüpfungspunkte für eine Verletzung von Minderheitenschutzrechten in Form einer ungewollten (wesentlichen) Schlechterstellung in Betracht kommen. Dies sind die Vorschriften der §§ 250 (i. V. m. § 245 InsO) und 251 InsO.[698]

1312 Rn. 34 ff.; *Thies*, in: HambKomm-InsO, § 253 Rn. 21; *Backes*, in: Pape/Uhländer, NWB Komm-InsO, § 253 Rn. 35.

696 Vgl. *Burmeister/Schmidt-Hern*, in: Kübler, HRI, § 43 Rn. 156, die jedoch eine Ausstrahlungswirkung des § 253 Abs. 2 Nr. 3 InsO auf die Begründetheitsprüfung der Beschwerde nicht annehmen.

697 Zum Prüfungsumfang bereits § 9, VII.

698 Vgl. BGH v. 17.7.2014 – IX ZB 13/14 (*Suhrkamp*), NZG 2014, 1309, 1312 Rn. 34 ff.

Zurückzuführen ist die Beschränkung der Erfolgsvoraussetzungen auf das Zusammenspiel der Zulässigkeitsvoraussetzungen (§ 253 Abs. 2 Nr. 1 bis 3 InsO) sowie auf deren Ausstrahlungswirkung auf die Begründetheit. Der Beschwerdeführer muss für seine erforderliche formelle Beschwer zunächst seine verfahrensmäßigen Möglichkeiten ausgeschöpft haben, um einen Plan zu verhindern. Sind diese Voraussetzungen erfüllt, wird sich das Insolvenzgericht im Rahmen des Bestätigungsverfahrens gemäß § 248 InsO stets mit der Prüfung einer voraussichtlichen Schlechterstellung des Beschwerdeführers befasst haben.[699] Diese erfolgt, in Abhängigkeit von den denkbaren Abstimmungskonstellation, entweder von Amts wegen im Rahmen des § 245 InsO oder als Bestandteil eines Minderheitenschutzverfahrens gemäß § 251 InsO.[700] Die Prüfung des Obstruktionsverbots gemäß § 245 InsO unterfällt dabei im Hinblick auf den Vorschriftenkatalog der §§ 248 bis 252 InsO als zwingender Bestandteil der Vorschrift des § 250 Nr. 1 InsO („Vorschriften über die Annahme des Plans").[701]

Insoweit hängt der Erfolg einer sofortigen Beschwerde gegen einen Planbestätigungsbeschluss seit dem Inkrafttreten des ESUG von einer fehlerhaften insolvenzgerichtlichen Prüfung des Obstruktionsverbots gemäß § 245 InsO oder des individuellen Minderheitenschutzes gemäß § 251 InsO ab, sodass ein Insolvenzplan infolge einer verkannten (wesentlichen) Schlechterstellung des Beschwerdeführers nicht hätte bestätigt werden dürfen.[702] Auf einen Verstoß gegen die übrigen in §§ 248 bis 252 InsO – unmittelbar oder inzident enthaltenen – Vorschriften können sich Gläubiger und Anteilsinhaber dagegen nicht mehr mit Erfolg berufen.[703]

699 § 12, II, 2., b), aa), (4) und bb).

700 Im Falle des § 245 InsO wird zudem eine angemessene wirtschaftliche Beteiligung gemäß § 245 Abs. 2 InsO geprüft, dazu § 9, V., 2., c), aa).

701 Dazu § 9, VII.

702 Dazu siehe auch *Sinz*, in: MünchKomm-InsO, § 253 Rn. 90.

703 I. E. auch *Sinz*, in: MünchKomm-InsO, § 253 Rn. 55; *Spliedt*, in: K. Schmidt, InsO, § 253 Rn. 14, der jedoch eine Ausnahme von der Unbeachtlichkeit formaler Verstöße für die Fälle einer Verletzung des Anspruchs auf rechtliches Gehör (Art. 103 Abs. 1 GG) macht, wenn diese für das Abstimmungsergebnis kausal war. A. A. BGH v. 17.7.2014 – IX ZB 13/14 (*Suhrkamp*), NZG 2014, 1309, 1312 Rn. 34; *Brünkmans*, ZInsO 2014, 993, 996.

§ 14 Das Zurückweisungsverfahren gemäß § 253 Abs. 4 InsO

I. Bedeutung und Vorbildfunktion des § 246a AktG

Eine weitere Einschränkung beschwerdebedingter Verfahrensverzögerungen erhofft sich der Gesetzgeber von dem Zurückweisungsinstrument gemäß § 253 Abs. 4 InsO. Danach kann das Landgericht eine sofortige Beschwerde auf Antrag des Insolvenzverwalters unverzüglich zurückweisen, wenn eine Abwägung ergibt, dass das alsbaldige Wirksamwerden des Insolvenzplans vorrangig erscheint. Das ist der Fall, wenn die Nachteile einer Verzögerung des Planvollzugs die Nachteile für den Beschwerdeführer überwiegen. Lediglich sofern der bestätigte Insolvenzplan einen besonders schweren Rechtsverstoß begründet, scheidet eine Zurückweisung der sofortigen Beschwerde von vornherein aus (vgl. § 253 Abs. 4 Satz 2 InsO).

Die Zurückweisung einer sofortigen Beschwerde ermöglicht die frühzeitige Beendigung des Suspensiveffekts (vgl. § 254 Abs. 1 Satz 1 InsO), indem eine eventuelle langwierige Überprüfung im Rahmen eines „regulären" Beschwerdeverfahrens gemäß § 253 InsO vermieden wird. Eine zusätzliche Verfahrensbeschleunigung soll dadurch erreicht werden, dass die grundsätzlich bestehende Abhilfebefugnis des Insolvenzgerichts im Zurückweisungsverfahren ausgeschlossen ist (§ 572 Abs. 1 Satz 1 ZPO, § 253 Abs. 4 Satz 1 Hs. 2 InsO).[704]

Die Bundesregierung sah in ihrem Gesetzesentwurf zum ESUG die Einführung einer Zurückweisungsmöglichkeit ursprünglich nicht vor. § 253 Abs. 4 InsO wurde sprichwörtlich erst „in letzter Minute" in das Gesetz aufgenommen, nachdem der Rechtsausschuss die Einführung einer entsprechenden Regelung gefordert hatte.[705] Als Vorbildregelung diente dem Gesetzgeber das aktienrechtliche Freigabeverfahren gemäß § 246a AktG, in dessen Rahmen ausgesprochen werden kann, dass angefochtene Hauptversammlungsbeschlüsse ungeachtet der Anhängigkeit

704 Beschlussempfehlung u. Bericht zum ESUG, BT-Drucks. 17/7511, S. 36.
705 Beschlussempfehlung u. Bericht zum ESUG, BT-Drucks. 17/7511, S. 36; *Pleister*, in: KPB, InsO, § 253 Rn. 1, 23.

von Anfechtungsklagen in das Handelsregister eingetragen und vollzogen werden können.[706]

II. Problemstellung

In Bezug auf das Zurückweisungsinstrument des § 253 Abs. 4 InsO stellt sich zunächst die Frage nach seiner Rechtsnatur. So ist bereits fraglich, ob insoweit von einem eigenständigen Verfahrenscharakter die Rede sein kann oder die Zurückweisungsmöglichkeit als ein unselbständiger Bestandteil eines einheitlichen Beschwerdeverfahrens i. S. v. § 253 InsO zu verstehen ist. Die dogmatische Einordnung des Zurückweisungsverfahrens ist nicht nur deshalb von besonderer Bedeutung, weil sich aus ihr wichtige Erkenntnisse für die prozessrechtliche Handhabung innerhalb des § 253 Abs. 4 InsO ableiten lassen. Sie zeigt darüber hinaus auf, welche Unterschiede sich mit dem Zurückweisungsverfahren gegenüber dem aktienrechtlichen Freigabeverfahren offenbaren. In der Vorschrift des § 253 Abs. 4 InsO erfolgte im Vergleich zum Freigabeverfahren des § 246a AktG nicht nur eine wesentlich knappere gesetzliche Ausgestaltung. Eine Beschwerdekonstellation steht gegenüber einem aktienrechtlichen Freigabeverfahren darüber hinaus in einem rechtlich und wirtschaftlich abweichenden Kontext. Diese Unterschiede gilt es im Folgenden stets zu berücksichtigen, wenn der Versuch unternommen wird, Unklarheiten im Zusammenhang mit dem Zurückweisungsverfahren anhand eines Vergleichs mit dem aktienrechtlichen Freigabeverfahren zu klären. Die rechtlichen und wirtschaftlichen Unterschiede zwischen § 253 Abs. 4 InsO und § 246a AktG verbieten es, dem Zurückweisungsinstrument die rechtsdogmatischen und prozessrechtlichen Wesensmerkmale des aktienrechtlichen Freigabeverfahrens ohne eine nähere Überprüfung aufzuoktroyieren.[707]

706 Beschlussempfehlung u. Bericht zum ESUG, BT-Drucks. 17/7511, S. 36. Zuvor sprachen sich bereits Teile im Schrifttum, ebenfalls unter Verweis auf die Vorbildfunktion des aktienrechtlichen Freigabeverfahrens gemäß § 246a AktG, für eine entsprechende Regelung aus, so etwa *Westpfahl/Janjuah*, Beilage zu ZIP 3/2008, 1, 23; *Frind*, ZInsO 2010, 1426, 1431; BAKinso e. V. v. 25.2.2011, Stellungnahme zum zweiten Teil des Referentenentwurfes v. 25.1.2011/Regierungsentwurfes v. 23.2.2011 „ESUG", S. 4, abrufbar unter: http://bak-inso.de/index.php?option=com_phocadownload&view=category&id=12&Itemid=95, [zuletzt abgerufen Februar 2015].

707 Siehe auch *Fischer*, NZI 2013, 513, 516.

Der gesetzliche Standort des Zurückweisungsinstruments innerhalb der Vorschrift des § 253 InsO wirft zudem die Frage auf, in welchem systematischen Verhältnis das Zurückweisungsverfahren des § 253 Abs. 4 InsO zu der „regulären" Beschwerde gemäß § 253 Abs. 1 bis 3 InsO steht. Ausgangspunkt dieser Thematik ist der Umstand, dass die Zurückweisung einer sofortigen Beschwerde fakultativ durch den Insolvenzverwalter oder durch den – in Eigenverwaltung handelnden – Schuldner beantragt werden kann (§ 253 Abs. 4 Satz 1 InsO).[708] Das Beschwerdegericht wird daher gegebenenfalls mit einem auf Unzulässigkeit und/oder Unbegründetheit gestützten beschwerdeabweisenden Antrag sowie zugleich mit einem Antrag auf Zurückweisung gemäß § 253 Abs. 4 InsO befasst.

Exemplarisch für diesen systematischen Konflikt ist das Beschwerdeverfahren im Rahmen des Insolvenzverfahrens der *Suhrkamp-Verlagsgruppe GmbH & Co. KG*. Die zuständige Beschwerdekammer des LG Berlin hatte sich neben der sofortigen Beschwerde der Minderheitsgesellschafterin, deren Verwerfung bzw. Zurückweisung die schuldnerische Verlagsgruppe begehrte, zusätzlich mit einem Zurückweisungsantrag gemäß § 253 Abs. 4 InsO zu befassen.[709] Nachdem das LG Berlin sowohl über die „reguläre" Beschwerde[710] als auch über den Zurückweisungsantrag entschieden hatte,[711] der BGH diese Beschlüsse im anschließenden Rechtsbeschwerdeverfahren aufgehoben hatte,[712] beendete das LG Berlin den Streit um die Bestätigung des Insolvenzplans der *Suhrkamp*-Verlagsgruppe inzwischen mit rechtskräftigem Zurückweisungsbeschluss vom 20.10.2014 gemäß § 253 Abs. 4 InsO. Auf die Gründe des BGH, die neben der Aufhebung des Verwerfungsbeschlusses[713] auch zur Aufhebung des Zurückweisungsbeschlusses führte, wird an anderer Stelle zurückzukommen sein.

Im Zusammenhang mit der gerichtlichen Auseinandersetzung zwischen dem LG Berlin und dem BGH im Fall *Suhrkamp* liefert die Rechtspre-

708 Dazu siehe § 14, V., 1.
709 LG Berlin v. 21./24.2.2014 – 51 T 107/14 (*Suhrkamp*), ZInsO 2014, 962 f.
710 LG Berlin v. 21./24.2.2014 – 51 T 107/14 (*Suhrkamp*), ZInsO 2014, 962 f.
711 LG Berlin v. 14.4.2014 – 51 T 107/14 (*Suhrkamp*), ZInsO 2014, 963 ff.
712 BGH v. 17.7.2014 – IX ZB 13/14 (*Suhrkamp*), NZG 2014, 1309, 1312 Rn. 28 ff.
713 Dazu siehe bereits oben § 12, II, 2., b), aa), (1).

chung damit erste wichtige Erkenntnisse zu dem neuen Zurückweisungsverfahren, die auch für die im Folgenden zu behandelnde Thematik fruchtbar gemacht werden sollen.

III. Rechtsnatur des Zurückweisungsverfahrens gemäß § 253 Abs. 4 InsO

Soweit in § 253 Abs. 4 InsO erstmals seit dem Bestehen der InsO die Möglichkeit der Zurückweisung einer sofortigen Beschwerde vorgesehen ist, stellt sich die Frage nach der Rechtsnatur eines entsprechenden „Verfahrens". Aufgrund der gesetzlichen Verortung in § 253 Abs. 4 InsO erscheint die dogmatische Zugehörigkeit der Zurückweisungsmöglichkeit als Prüfungsbestandteil des Beschwerdeverfahrens gemäß § 253 InsO naheliegend. Gleichwohl lassen sich dem Wortlaut des § 253 Abs. 4 InsO sowie der Semantik innerhalb des § 253 InsO Indizien entnehmen, die für ein dogmatisch selbständiges Zurückweisungsverfahren sprechen, das neben und unabhängig von dem „regulären" Beschwerdeverfahren gemäß § 253 Abs. 1 bis 3 InsO seinen eigenständigen Anwendungsbereich hat. In diesem Zusammenhang sei etwa auf die Zuständigkeitsregelung des Landgerichts (vgl. § 253 Abs. 4 Satz 1 InsO) sowie auf die eigenständigen Zurückweisungsvoraussetzungen verwiesen.

Das Gesetz sowie die Gesetzesbegründung zum ESUG schweigen zur dogmatischen Einordnung des § 253 Abs. 4 InsO. Stattdessen beschränkt sich der Gesetzgeber auf die Erwähnung der „Patenschaft" des aktienrechtlichen Freigabeverfahrens gemäß § 246a AktG. Sofern sich vorliegend weder aus der Insolvenzordnung noch aus den Gesetzesmaterialien zum ESUG entsprechende Erkenntnisse hinsichtlich der dogmatischen Einordnung des § 253 Abs. 4 InsO gewinnen lassen, erscheint eine vergleichende Betrachtung mit dem aktienrechtlichen Freigabeverfahren gemäß § 246a AktG zunächst angezeigt.

1. Rechtsnatur der aktienrechtlichen Freigaberegelung gemäß § 246a AktG

a) Grundlegendes zum Freigabeverfahren gemäß § 246a AktG

Während die Möglichkeit zur unverzüglichen Beschwerdezurückweisung erstmals durch das ESUG in die Insolvenzordnung eingeführt wurde, bedienen sich andere Rechtsbereiche innerhalb der deutschen Rechtsordnung, namentlich das Aktien- und Umwandlungsrecht, schon seit längerer Zeit vergleichbarer Regelungen in Form von sog. Freigabeverfahren. Die Freigabeverfahren gemäß § 246a AktG, § 319 Abs. 6 AktG und § 16 Abs. 3 UmwG verfolgen ein gemeinsames Ziel: Die Bekämpfung rechtsmissbräuchlicher (räuberischer) Klagen gegen Hauptversammlungsbeschlüsse.[714]

Allen voran das aktienrechtliche Freigabeverfahren gemäß § 246a AktG erlangt seit der Einführung durch das Gesetz zur Unternehmensintegrität und Modernisierung des Anfechtungsrechts (UMAG) bei Aktiengesellschaften eine große Bedeutung, das seit dem Inkrafttreten des Gesetzes zur Umsetzung der Aktionärsrechterichtlinie (ARUG) im Jahre 2009 weiter an Attraktivität gewonnen hat.[715] Die Einführung des § 246a AktG beruht seinerseits auf den positiven Erfahrungen mit den bereits zuvor bekannten aktien- und umwandlungsrechtlichen Freigabeverfahren gemäß § 319 Abs. 6 AktG und § 16 Abs. 3 UmwG.[716]

Mit dem aktienrechtlichen Freigabeverfahren sollen wirtschaftliche Nachteile für die Gesellschaft und ihre Aktionäre vermieden werden, die diesen aus einer Durchsetzungsverzögerung von Hauptversammlungsbeschlüssen drohen, wenn Aktionäre Hauptversammlungsbeschlüsse über Maßnahmen der Kapitalbeschaffung, der Kapitalherabsetzung (§§ 182 bis 240) oder Unternehmensverträge (§§ 291 bis 307) mit Anfechtungs- oder Nich-

---

714 Dazu etwa *Stratz*, in: Schmitt/Hörtnagl/Stratz, UmwG, UmwStG, § 16 Rn. 28 m.w.N.; Begr. RegE UMAG, BT-Drucks. 15/5092, S. 28; *Koch*, in: Hüffer, AktG, § 246a Rn. 2 m.w.N.; *Dörr*, in: Spindler/Stilz, AktG, § 246a Rn. 3; *Verse*, NZG 2009, 1127.

715 Begr. RegE UMAG, BT-Drucks. 15/5092, S. 27. Das in § 246a AktG geregelte Freigabeverfahren ist durch Art. 1 Nr. 23 UMAG eingeführt worden (Gesetz vom 22.9.2005, BGBl. I S. 2802) und in der Folge durch Art. 1 Nr. 39 ARUG (Gesetz vom 30.7.2009, BGBl. I S. 2479) weiter modifiziert worden, *Hüffer*, in: MünchKomm AktG, § 246a Rn. 1.

716 Zur Vorbildfunktion *Schiffer/Müller*, in: Schwerdtfeger, Gesellschaftsrecht, § 246a Rn. 1; *Homeyer*, Der Missbrauch der Anfechtungsklage unter Einbeziehung des ARUG, 2013, S. 48.

tigkeitsklagen[717] anfechten.[718] In Anbetracht der für Aktiengesellschaften wirtschaftlich bedeutsamen unternehmerischen Maßnahmen, über die in Form von Hauptversammlungsbeschlüssen entschieden wird,[719] besteht für die Gesellschaft und ihre Aktionäre regelmäßig ein überragendes Interesse an deren zügigen Durchsetzung. Das Gesetz sieht für bestimmte unternehmerische Maßnahmen ein konstitutives Eintragungserfordernis in das Handelsregister vor. Ohne die Eintragung erlangen diese keine Wirkung. Eine schnelle Eintragung in das Handelsregister ist die Grundvoraussetzung für die Durchsetzung des Hauptversammlungsbeschlusses bzw. für die jeweils zugrunde liegende unternehmerische Maßnahme.

Die Einlegung von Anfechtungs- und Nichtigkeitsklagen durch Aktionäre gegen vermeintlich rechtswidrig zustande gekommene Hauptversammlungsbeschlüsse der in § 246a Abs. 1 Satz 1 AktG aufgelisteten Art können ihre Durchsetzung vereiteln. Denn obwohl § 246a AktG keine gesetzliche formelle Registersperre vorsieht, die dem Registergericht die Vornahme der Eintragung im Falle einer anhängigen Anfechtungs- oder Nichtigkeitsklagen verbieten würde, haben diese zumeist eine faktische Registersperre zur Folge. Insoweit sehen sich die Registergerichte für die Dauer eines schwebenden Anfechtungsprozesses an der Vornahme einer Eintragung gehindert (§ 127 FGG, §§ 21, 381 FamFG).[720]

Aktionäre haben damit die Möglichkeit, die Durchsetzung eintragungspflichtiger Maßnahmen zu gefährden bzw. zu vereiteln, indem sie die Eintragung durch die Erhebung von Anfechtungs- oder Nichtigkeitsklagen

---

717 *Schwab*, in: K. Schmidt/Lutter, AktG, § 246a Rn. 1; *Dörr*, in: Spindler/Stilz, AktG, § 249 Rn. 18.

718 Das Zustandekommen von Hauptversammlungsbeschlüssen unterliegt strengen gesetzlichen Regelungen. Beschlüsse können deshalb gegen Gesetz oder Satzung verstoßen oder leiden an anderen Verfahrensmängeln. Je nach Verstoß wird zwischen nichtigen und lediglich anfechtbaren Hauptversammlungsbeschlüssen unterschieden, die durch Aktionäre in Form von Nichtigkeits- bzw. Anfechtungsklagen angegriffen werden können (dazu *Würthwein*, in: Spindler/Stilz, AktG-Komm, § 241 Rn. 4 ff.) Während die Nichtigkeitsgründe abschließend in § 241 AktG geregelt sind, folgen die Anfechtungsgründe aus § 243 AktG.

719 *Windbichler*, Gesellschaftsrecht, § 29 Rn. 39.

720 *Emmerich*, in: Emmerich/Habersack, Aktien- und GmbH-Konzernrecht, § 293 Rn. 56; *Spindler*, NZG 2005, 825, 829; *Hüffer*, in: MünchKomm-AktG, § 243 Rn. 135; *Hirschberger/Weiler*, DB 2004, 1137 f.; *Holzborn/Bunnemann*, BKR 2005, 51, 58; *Pleister*, in: KPB, InsO, § 253 Rn. 24.

verzögern. In der jüngeren Vergangenheit nahmen vor allem „Berufskläger“ den Umstand der faktischen Registersperre vielfach als Motiv, durch missbräuchliche Klageerhebungen die Eintragung von Beschlüssen zu blockieren, um die Aktiengesellschaft einzig aus finanziellem Bereicherungsstreben heraus zu großzügigen Vergleichen zu bewegen.[721]

Die Einführung des Freigabeverfahrens gemäß § 246a AktG bezweckt die Bekämpfung der „Berufskläger“-Problematik, in dem das Prozessgericht unter bestimmten Freigabevoraussetzungen und auf Antrag der Gesellschaft feststellen kann, dass die Erhebung der Klage der Eintragung nicht entgegensteht und dass Mängel des Hauptversammlungsbeschlusses die Wirkung der Eintragung unberührt lassen (§ 246a Abs. 1 AktG). Der Verlauf des Klageverfahrens sowie ein möglicherweise späterer Klageerfolg haben keinen Einfluss auf eine erfolgte Freigabe. Denn obwohl die Anfechtungs- oder Nichtigkeitsklage gegen den Hauptversammlungsbeschluss im Hintergrund bzw. neben dem Freigabeverfahren weiterläuft, vermag sie eine Verzögerungswirkung nicht mehr zu erreichen, da das Registergericht gemäß § 246a Abs. 3 Satz 5 Hs. 1 AktG durch die Freigabeentscheidung des Prozessgerichts gebunden wird.[722] Damit bewirkt die Bindungswirkung eine Durchbrechung der faktischen Registersperre.

Zudem wird die Eintragung der unternehmerischen Maßnahme in das Handelsregister durch eine rechtskräftige Freigabeentscheidung gemäß § 246a Abs. 3 Satz 5 Hs. 2 AktG bestandskräftig. Auf die Wirksamkeit der Maßnahme hat es deshalb keinen Einfluss, wenn die Anfechtungs- oder Nichtigkeitsklage des Aktionärs im weiteren Verlauf Erfolg hat.[723] Erweist sich die Klage nachträglich als begründet, wird der Kläger lediglich auf

---

721 Dazu etwa BGH v. 22.4.1991 – II ZR 157/89, DStR 1991, 885 ff.; LG Frankfurt a. M. v. 2.10.2007 – 3-5 O 177/07, NZG 2007, 949 ff. mit Anm. *Peters*, NZG 2007, 935 ff.; siehe auch *Koch*, in: Hüffer, AktG, § 245 Rn. 23 ff.; *Goll/Schwörer*, ZRP 2008, 77 ff.; *Grunewald*, NZG 2009, 697 f.; *Verse*, NZG 2009, 1127; *Rothley*, GWR 2009, 312 f.; *Helm/Manthey*, NZG 2010, 415 ff.; *Ehmann/Walden*, NZG 2013, 806 f. Mit Gründen für missbräuchliche Anfechtungsklagen beschäftigt sich *Homeyer*, Der Missbrauch der Anfechtungsklage unter Einbeziehung des ARUG, 2013, S. 21 ff.

722 *Koch*, in: Hüffer, AktG, § 246a Rn. 11; *ders.*, in: MünchKomm-AktG, § 243 Rn. 135, § 246a Rn. 15; *Dörr*, in: Spindler/Stilz, AktG, § 246a Rn. 36.

723 Begr. RegE UMAG, BT-Drucks. 15/5092, S. 28; OLG Celle v. 27.11.2007 – 9 W 100/07, AG 2008, 217 f.; *Hüffer*, in: MünchKomm-AktG, § 246a Rn. 35; *Koch*, ZGR 2006, 769, 798.

einen Schadensersatzanspruch gegen die Gesellschaft verwiesen, der sich auf eine finanzielle Kompensation beschränkt. Eine Naturalrestitution als Schadensersatz in Form der Beseitigung der Wirkungen der Eintragung scheidet aus (vgl. § 246a Abs. 4 Satz 2 Hs. 2 AktG).[724]

b) Dogmatische Einordnung des Freigabeverfahrens gemäß § 246a AktG

Dass der Gesetzgeber speziell das aktienrechtliche Freigabeverfahren gemäß § 246a AktG als ein eigenständiges Verfahren verstanden wissen will, kommt in der Regierungsbegründung zum UMAG zum Ausdruck, in der die Konzeption des Freigabeverfahrens als spezielles, den Vorschriften der ZPO unterfallenes Eilverfahren ausdrücklich hervorgehoben wird.[725] Die konkrete prozessuale Einordnung des Freigabeverfahrens gemäß § 246a AktG, wie auch der Verfahren gemäß §§ 16 Abs. 3 UmwG, § 319 Abs. 6 AktG, ist darüber hinaus umstritten.[726] Eine Mindermeinung im Schrifttum sieht zumindest in dem umwandlungsrechtlichen Freigabeverfahren gemäß § 16 Abs. 3 UmwG einen Sonderfall des zivilprozessualen einstweiligen Rechtsschutzes.[727] Überwiegend werden die Freigabeverfahren der §§ 246a, 319 Abs. 6 AktG, 16 Abs. 3 UmwG aufgrund struktureller Abweichungen zu den gesetzlichen zivilprozessualen Eilverfahren als eigenständige Eilverfahren *sui generis* charakterisiert.[728]

---

724 Dazu *Hüffer*, in: MünchKomm-AktG, § 246a Rn. 36 ff.

725 Begr. RegE UMAG, BT-Drucks. 15/5092, S. 28.

726 Aufgrund der nahezu identischen Ausgestaltung des Verfahrensverlaufs sowie der Freigabevoraussetzungen in den Freigabeverfahren der §§ 16 Abs. 3 UmwG, §§ 319 Abs. 6, 246a AktG wird die Diskussion um die Frage der prozessualen Einordnung dieser Freigabeverfahren vielfach einheitlich für sämtliche Verfahren geführt, siehe etwa *Satzl*, Freigabe von Gesellschafterbeschlüssen im Kapitalgesellschaftsrecht, 2011, S. 52 ff.; *Nietsch*, Freigabeverfahren, 2013, S. 190 ff.

727 So für § 16 Abs. 3 UmwG etwa *Sosnitza*, NZG 1999, 965, 966 f.; *Schmid*, ZIP 1998, 1057, 1058.

728 BGH v. 29.5.2006 – II ZB 5/06, NJW 2006, 2924, 2925 (Rn. 8); *Dörr*, in: Spindler/Stilz, § 246a Rn. 10; *Koch*, in: Hüffer, AktG, § 246a Rn. 1, 23; *Stratz*, in: Schmitt/Hörtnagl/Stratz, UmwG, UmwStG, § 16 Rn. 3, 36; *Stefan Simon*, in: KölnerKomm-UmwG, § 16 Rn. 46; *Schäffler*, in: Maulbetsch, UmwG, § 16 Rn. 36; *Ding*, Missbräuchliche Anfechtungsklage im Aktienrecht, 2011, S. 90 f.; zu § 319 Abs. 6 AktG als Eilverfahren *sui generis Leuering/Goertz*, in: Hölters, AktG, § 319 AktG Rn. 51; *Rettmann*, Die Rechtmäßigkeitskontrolle von Verschmelzungsbeschlüssen, 1998, S. 98 ff., 100; *Göz/Holzborn*, WM 2006, 157, 161; *Heermann*, ZIP 1999, 1861, 1862 f.; *Satzl*, Freigabe von Gesellschafterbeschlüssen im Kapitalgesellschaftsrecht, 2011, S. 55 ff. siehe auch die Nachweise bei *Nietsch*, Freigabeverfahren, 2013, S. 191 Fn. 4.

2. Abweichender rechtlicher und wirtschaftlicher Kontext im Rahmen des § 253 Abs. 4 InsO

Die Vorbildfunktion des aktienrechtlichen Freigabeverfahrens für die Regelung des § 253 Abs. 4 InsO lässt zunächst vermuten, dass auch das Zurückweisungsverfahren – entsprechend der herrschenden Auffassung zu § 246a AktG – als ein eigenständiges Eilverfahren *sui generis* einzuordnen ist. Die in der Regierungsbegründung zum ESUG erwähnte Vorbildfunktion des § 246a AktG darf gleichwohl nicht vorschnell zu der Annahme verleiten, dass mit § 253 Abs. 4 InsO eine in jedweder Hinsicht identische verfahrensrechtliche Ausgestaltung erfolgt ist. Zwar beabsichtigt der Gesetzgeber auch mit § 253 Abs. 4 InsO eine Beschränkung von Rechtsschutzmöglichkeiten, sodass sich zumindest eine identische Zielrichtung der Verfahren aufdrängt.[729]

Insoweit ist jedoch zu berücksichtigen, dass eine Beschwerde- bzw. Zurückweisungskonstellation aufgrund der Insolvenz des Unternehmens in einem rechtlichen und wirtschaftlichen Kontext steht, der sich von einer aktienrechtlichen Freigabekonstellation unterscheidet.[730] Aus diesen Gründen ist zunächst ein Vergleich des Zurückweisungsverfahrens gemäß § 253 Abs. 4 InsO mit den wesentlichen Merkmalen des zivilprozessualen einstweiligen Rechtsschutzes angezeigt, da sich gewisse Parallelen zwischen dem Zurückweisungsinstrument und den zivilprozessualen Eilverfahren nicht leugnen lassen.[731] Das dogmatische Gerüst für die Zurückweisungsmöglichkeit gemäß § 253 Abs. 4 InsO könnte daher gegebenenfalls in dem zivilprozessualen einstweiligen Rechtsschutz gesehen werden,[732] wie

729 Vgl. *Pleister*, in: KPB, InsO, § 253 Rn. 26.

730 *Burmeister/Schmidt-Hern*, in: Kübler, HRI, § 43 Rn. 165; *Fischer*, NZI 2013, 513, 516.

731 *Brox/Walker*, Zwangsvollstreckungsrecht, 4. Teil, Rn. 1493. Die folgende Darstellung soll und kann sich auf die *zivilprozessualen* Eilverfahren beschränken. Denn ungeachtet zahlreicher weiterer Eilverfahren in anderen Verfahrensordnungen (siehe die Übersicht bei *Joksch*, Das Freigabeverfahren gem. § 246a AktG im System des einstweiligen Rechtsschutzes, 2012, S. 5 Fn. 8) folgt für das Insolvenzverfahren aus § 4 InsO die Anwendbarkeit der Vorschriften der ZPO und damit der gleiche Maßstab, der auch im Freigabeverfahren gemäß § 246a AktG Anwendung findet, so zu § 246a AktG *Joksch*, Das Freigabeverfahren gem. § 246a AktG im System des einstweiligen Rechtsschutzes, 2012, S. 5.

732 Mit der parallelen Fragestellung, ob es sich bei dem aktienrechtlichen Freigabeverfahren gemäß § 246a AktG um einen Fall des zivilprozessualen einstweiligen Rechtsschutzes handelt, beschäftigen sich *Joksch*, Das Freigabeverfahren gem.

dies vereinzelt auch für das umwandlungsrechtliche Freigabeverfahren gemäß § 16 Abs. 3 UmwG vertreten wird.[733]

3. Der zivilprozessuale einstweilige Rechtsschutz i. S. d. ZPO

a) Arrest (§§ 916 ff. ZPO) und einstweilige Verfügung (§§ 935 ff. ZPO)

Die ZPO kennt mit dem Arrest (§§ 916 ff. ZPO) und der einstweiligen Verfügung (§§ 935 ff. ZPO) zwei Instrumente des einstweiligen Rechtsschutzes, die sich in ihrem Sicherungszweck unterscheiden.[734] Der Arrest findet Anwendung für die Sicherung der Zwangsvollstreckung in das bewegliche oder unbewegliche Vermögen wegen einer Geldforderung oder wegen eines Anspruchs, der in eine Geldforderung übergehen kann (§ 916 Abs. 1 ZPO). In Abgrenzung dazu dient die einstweilige Verfügung der Sicherung aller Ansprüche, die nicht auf Geld gerichtet sind (§ 935 ZPO). Im Rahmen der einstweiligen Verfügung ist dabei weitergehend zu unterscheiden zwischen Sicherungsverfügungen (§ 935 ZPO), Regelungsverfügungen (§ 940 ZPO) und Befriedigungsverfügungen. Sicherungsverfügungen dienen der Sicherung von Individualansprüchen, die nicht auf Geld gerichtet sind. Dagegen übernehmen Regelungsverfügungen die einstweilige Feststellung streitiger Rechtsverhältnisse, aus denen Ansprüche entstehen können, sofern diese zur Abwendung wesentlicher Nachteile oder zur Verhinderung drohender Gewalt oder aus anderen Gründen nötig erscheinen (§ 940 ZPO);[735] an die Stelle der Sicherungsfunktion tritt bei der Regelungsverfügung die Regelungsfunktion.[736] Als dritte Verfügungsart ist schließlich die Befriedigungsverfügung anerkannt.[737] Mit der Befriedigungsverfügung kann im Wege einer einstweiligen Verfügung

---

§ 246a AktG im System des einstweiligen Rechtsschutzes, 2012, S. 72 ff. und *Satzl*, Freigabe von Gesellschafterbeschlüssen im Kapitelgesellschaftsrecht, 2011, S. 52 ff.

733 *Sosnitza*, NZG 1999, 965, 966 f.; *Schmid*, ZIP 1998, 1057, 1058.

734 *Huber*, in: Musielak, ZPO, § 916 Rn. 2; *Mayer*, in: Vorwerk/Wolf, BeckOK-ZPO, § 916 Einleitung; *Lutz/Haertlein*, in: Kindl/Meller-Hannich/Wolf, Gesamtes Recht der Zwangsvollstreckung, Vorbem. zu §§ 916 bis 945 Rn. 7 f.

735 *Gaul/Schilken/Becker-Eberhard*, Zwangsvollstreckungsrecht, § 76 Rn. 2, 10.

736 *Joksch*, Das Freigabeverfahren gem. § 246a AktG im System des einstweiligen Rechtsschutzes, 2012, S. 8.

737 OLG Düsseldorf v. 13.6.1995 – U (Kart) 15/95, NJW-RR 1996, 123, 124; *Vollkommer*, in: Zöller, ZPO, § 935 Rn. 2; *Lutz/Haertlein*, in: Kindl/Meller-Hannich/Wolf, Gesamtes Recht der Zwangsvollstreckung, Vorbem. zu §§ 916 bis 945 Rn. 12,

in Ausnahmefällen eine (zumindest teilweise) befriedigende Maßnahme zugunsten des Gläubigers angeordnet werden,[738] obwohl eine Vorausbefriedigung in diesem Sinne im Rahmen des zivilprozessualen einstweiligen Rechtsschutzes grundsätzlich unzulässig ist.[739]

b) Wesensmerkmale des einstweiligen Rechtsschutzes

Die Verfahren des zivilprozessualen einstweiligen Rechtsschutzes zeichnen gemeinsame Wesensmerkmale aus, die im Folgenden für die Untersuchung fruchtbar gemacht werden sollen, ob sich das Zurückweisungsverfahren des § 253 Abs. 4 InsO als ein (Sonder-)Fall des einstweiligen Rechtsschutzes einordnen lässt.

aa) Der Streitgegenstand im einstweiligen Rechtsschutz

Ein erstes Charakteristikum des einstweiligen Rechtsschutzes stellt der eigenständige Streitgegenstand dar. Dieser unterscheidet sich im einstweiligen Rechtsschutz von dem Streitgegenstand des Erkenntnisverfahrens in der Hauptsache. Die Aufgabe des einstweiligen Rechtsschutzes besteht nicht etwa darin, über den Streitgegenstand in der Hauptsache zu entscheiden, d.h. über den materiellen Anspruch, der dem Erkenntnisverfahren zugrunde liegt. Über Recht und Unrecht wird im einstweiligen Rechtsschutz nicht entschieden.[740] Arrest und einstweilige Verfügung dienen vielmehr dem Zweck, die Entscheidungsfähigkeit im Hauptsacheverfahren bis hin zur Rechtsdurchsetzung mittels Zwangsvollstreckung

§ 935 Rn. 34 ff.; *Kohler*, ZZP 1990, 184, 187; *Joksch*, Das Freigabeverfahren gem. § 246a AktG im System des einstweiligen Rechtsschutzes, 2012, S. 9.

738 *Vollkommer*, in: Zöller, ZPO, § 935 Rn. 2; *Joksch*, Das Freigabeverfahren gem. § 246a AktG im System des einstweiligen Rechtsschutzes, 2012, S. 9; *Berger*, ZZP 1997, 287. Handelt es sich um Befriedigungsverfügungen bei Gestaltungsklagen, bleibt es bei der Terminologie der *Befriedigungsverfügung*. Im Falle einer Befriedigungsverfügung durch Leistung des Verfügungsgegners ist die Rede von *Leistungsverfügung*, dazu *Gaul/Schilken/Becker-Eberhard*, Zwangsvollstreckungsrecht, § 76 Rn. 15. Im Folgenden wird lediglich der Begriff der Befriedigungsverfügung verwandt.

739 Dazu im Folgenden unter bb).

740 *Joksch*, Das Freigabeverfahren gem. § 246a AktG im System des einstweiligen Rechtsschutzes, 2012, S. 4.

weiterhin offenzuhalten.[741] Je nach Gegenstand in der Hauptsache geht es dabei um eine vorläufige Sicherung einer Geldforderung bzw. eines Individualanspruchs des Gläubigers, im Falle einer Befriedigungsverfügung in Ausnahmefällen sogar um eine provisorische Befriedigung eines Leistungsanspruchs. Zudem kann auch eine vorläufig gestaltende Zwischenregelung Gegenstand einstweiliger Verfahren sein, sofern die Hauptsache durch ein streitiges Rechtsverhältnis gekennzeichnet ist, aus dem ein Anspruch entstehen kann und deshalb durch eine einstweilige Maßnahme „gesichert" werden muss.[742]

Der *Streitgegenstand* im einstweiligen Rechtsschutzverfahren ist der prozessuale Anspruch auf Sicherung der Rechtsstellung im Hauptsacheverfahren und damit der Zwangsvollstreckung.[743] Die in diesem Rahmen angeordnete Sicherungsmaßnahme ist somit ein *aliud* zur Entscheidung in der Hauptsache, da der einstweilige Rechtsschutz nicht die Befriedigung des materiellen Rechts zum Gegenstand hat, um die es dem Kläger im Hauptsacheverfahren geht.[744]

bb) Das Gebot der Einstweiligkeit

Soweit der einstweilige Rechtsschutz ausschließlich eine Sicherungsfunktion für die Entscheidungsfähigkeit im Hauptsacheverfahren übernimmt,[745]

741 Zur Funktion des zivilprozessualen einstweiligen Rechtsschutzes ausführlich *Gaul/Schilken/Becker-Eberhard*, Zwangsvollstreckungsrecht, § 74 Rn. 1 ff.; *Dreschner*, in: MünchKomm-ZPO, Vorbem. zu §§ 916 ff. ZPO, Rn. 1 ff.; *Mayer*, in: Vorwerk/Wolf, BeckOK-ZPO, § 916 Rn. 1; *Lutz/Haertlein*, in: Kindl/Meller-Hannich/Wolf, Gesamtes Recht der Zwangsvollstreckung, Vorbem. zu §§ 916 bis 945 Rn. 3 m. w. N.; *Brox/Walker*, Zwangsvollstreckungsrecht, 4. Teil, Rn. 1429 ff.; *Berger*, ZZP 1997, 287, 292.

742 *Gaul/Schilken/Becker-Eberhard*, Zwangsvollstreckungsrecht, § 74 Rn. 2 ff.

743 OLG München v. 17.4.1986 – 6 U 6192/85, OLGZ 1988, 230; *Drescher*, in: MünchKomm-ZPO, Vorbem. zu §§ 916 ff. Rn. 13; *Baumbach/Lauterbach/Albers/Hartmann, ZPO*, Grundz. § 916 Rn. 11; *Grunsky*, in: Stein/Jonas, ZPO, vor § 916 Rn. 8; *Vollkommer*, in: Zöller, ZPO, Vor § 916 Rn. 1, 5; *Huber*, in: Musielak, ZPO, § 916 Rn. 3.

744 *Baumbach/Lauterbach/Albers/Hartmann*, ZPO, Grundz. § 916 Rn. 5.

745 Ausführlich *Gaul/Schilken/Becker-Eberhard*, Zwangsvollstreckungsrecht, § 74 Rn. 1 ff.; *Dreschner*, in: MünchKomm-ZPO, Vorbem. zu §§ 916 ff. ZPO, Rn. 1 ff.; *Mayer*, in: Vorwerk/Wolf, BeckOK-ZPO, § 916 Rn. 1; *Lutz/Haertlein*, in: Kindl/Meller-Hannich/Wolf, Gesamtes Recht der Zwangsvollstreckung, Vorbem. zu §§ 916 bis 945 Rn. 3 m. w. N.; *Berger*, ZZP 1997, 287, 292.

ist diese Funktion Ausdruck des Gebotes der Einstweiligkeit. Das Gebot der Einstweiligkeit ist ein prägendes Merkmal des zivilprozessualen einstweiligen Rechtsschutzes. Aus diesem folgen verschiedene Parameter, die es für die Zulässigkeit der Anordnung von Eilmaßnahmen stets zu beachten gilt.

Das Gebot der Einstweiligkeit besagt zunächst, dass die materiell-rechtliche Überprüfung des Streitgegenstandes der Hauptsache allein dem Erkenntnisverfahren vorbehalten bleiben muss.[746] Das bedeutet, dass die entsprechende Maßnahme im einstweiligen Rechtsschutz dem Gläubiger nicht mehr gewähren darf, als es das Hauptsacheverfahren zu tun vermag. Die angeordnete Maßnahme muss vielmehr in ihrem prozessualen- oder materiell-rechtlichen Gehalt hinter der Hauptsacheentscheidung zurückbleiben („minus").[747]

Das Gebot der Einstweiligkeit verbietet es darüber hinaus, die Hauptsache mit der Anordnung einstweiliger Maßnahmen vorwegzunehmen. Die Anordnung der einstweiligen Maßnahme darf dem Begehren in der Hauptsache nicht uneingeschränkt entsprechen, da dem einstweiligen Rechtsschutz aufgrund seiner Konzeption als „Eilverfahren" im Gegensatz zum Erkenntnisverfahren lediglich eine eingeschränkte Richtigkeitsgewähr zukommt.[748] Das Verbot der Vorwegnahme der Hauptsache soll insofern zugleich gewährleisten, dass die angeordneten Maßnahmen im einstweiligen Rechtsschutz nicht zu irreparablen Entscheidungen führen, die den Gläubiger bzw. dem einstweiligen Rechtsschutz Nachsuchenden im Falle einer in der Hauptsache abweichenden Entscheidung vor vollendete Tatsachen stellt.[749]

---

746 OLG Hamburg v. 14.6.2006 – 5 U 21/06, GRUR-RR 2007, 29; *Drescher*, in: MünchKomm-ZPO, Vorbem. zu §§ 916 ff. Rn. 12; *Baumbach/Lauterbach/Albers/Hartmann*, ZPO, Grundz. § 916 Rn. 5 m. w. N.

747 *Baumbach/Lauterbach/Albers/Hartmann*, ZPO, Grundz. § 916 Rn. 5; *Roderich C. Thümmel*, in: GroßKomm-ZPO, Bd. 5, Vor § 916 Rn. 2; *Drescher*, in: MünchKomm-ZPO, § 938 Rn. 12; *Grunsky*, JuS 1976, 277, 282.

748 *Drescher*, in: MünchKomm-ZPO, Vorbem. zu §§ 916 ff. Rn. 7 m. w. N.; dazu siehe auch *Roderich C. Thümmel*, in: GroßKomm-ZPO, Bd. 5, Vor § 916 Rn. 1.

749 *Lutz/Haertlein*, in: Kindl/Meller-Hannich/Wolf, Gesamtes Recht der Zwangsvollstreckung, § 935 Rn. 33.

Das inhaltliche Zurückbleiben der einstweiligen Maßnahme hinter dem Hauptsachebegehren ist gleichwohl nicht die einzige Möglichkeit, um das Gebot der Einstweiligkeit zu wahren, wenngleich dieser Fall der kraft Gesetzes vorrangige ist.[750] Anderenfalls wäre die nicht gesetzlich geregelte,[751] gleichwohl anerkannte *Befriedigungsverfügung*[752] keine zulässige Anordnung im Rahmen des zivilprozessualen einstweiligen Rechtsschutzes. Denn der Inhalt einer Befriedigungsverfügung bleibt nicht hinter dem Hauptsachebegehren zurück, da diese eine zumindest teilweise Befriedigung des Gläubigers anordnet.[753] Sie ist damit auf die Verwirklichung des Rechts in der Hauptsache gerichtet.[754] Um auch in diesen Fällen das Gebot der Einstweiligkeit zu wahren, bedarf es zumindest einer zeitlichen Beschränkung der angeordneten Maßnahme dergestalt, dass die Maßnahme automatisch mit einer später ergehenden Entscheidung in der Hauptsache endet, ohne dass es eines weiteren Aufhebungsaktes bedarf.[755]

cc) Verfahrensrechtliche Ausgestaltung des einstweiligen Rechtsschutzes

Der einstweilige Rechtsschutz erhält weiteres Gepräge durch seine verfahrensrechtliche Ausgestaltung innerhalb der ZPO, die aufgrund des Eilcharakters des einstweiligen Rechtsschutzes von den anwendbaren Regelungen des Erkenntnisverfahrens in der Hauptsache abweicht. Um im Zusammenhang mit der vorliegenden Fragestellung nach der Rechtsnatur der Zurückweisungsmöglichkeit auch eine verfahrensrechtliche Gegenüberstellung des § 253 Abs. 4 InsO mit dem einstweiligen Rechtsschutz zu ermöglichen, sollen im Folgenden die typischen verfahrensrechtlichen

---

750 *Drescher*, in: MünchKomm-ZPO, § 938 Rn. 12 f.

751 Zur Rechtsgrundlage etwa *Drescher*, in: MünchKomm-ZPO, § 938 Rn. 11; *Joksch*, Das Freigabeverfahren gem. § 246a AktG im System des einstweiligen Rechtsschutzes, 2012, S. 9.

752 OLG Düsseldorf v. 13.6.1995 – U (Kart) 15/95, NJW-RR 1996, 123, 124.

753 Siehe bereits § 14, III., 3., a).

754 *Joksch*, Das Freigabeverfahren gem. § 246a AktG im System des einstweiligen Rechtsschutzes, 2012, S. 9.

755 *Drescher*, in: MünchKomm-ZPO, § 938 Rn. 13; *Heinze* ZGR 1979, 293, 317; zur provisorischen Natur der Befriedigungsverfügung siehe auch OLG Rostock v. 26.6.1996 – 6 U 395/96, LVK 1997, 231, 232; *Lutz/Haertlein*, in: Kindl/Meller-Hannich/Wolf, Gesamtes Recht der Zwangsvollstreckung, Vorbem. zu §§ 916 bis 945 Rn. 68 m. w. N.

Merkmale des Arrest- und des einstweiligen Verfügungsverfahrens kurz skizziert werden.

Das für die Anordnung einstweiliger Maßnahmen zuständige Gericht ist sowohl im Arrest- als auch im einstweiligen Verfügungsverfahren grundsätzlich das Gericht der Hauptsache (§§ 919, 937 Abs. 1 ZPO), in dem über den zu sichernden Anspruch bzw. im Falle eines streitigen Rechtsverhältnisses (§ 940 ZPO) über das zu regelnde Rechtsverhältnis entschieden wird.[756] Das Gericht setzt ein Verfahren des einstweiligen Rechtsschutzes nicht von Amts wegen in Gang. Sofern der Gläubiger eine einstweilige Maßnahme im Arrest- oder einstweiligen Verfügungsverfahren ersucht, muss er diese beantragen (§§ 920, 936 ZPO).[757] Die Darlegungslast im Hinblick auf die Tatsachen, auf deren Grundlage über die Zulässigkeit und Begründetheit des Antrags auf Erlass einer einstweiligen Maßnahme entschieden wird, liegt bei dem Antragsteller; die Tatsachen sind von ihm glaubhaft zu machen. (vgl. § 920 Abs. 2 ZPO; § 936 ZPO i. V. m. § 920 Abs. 2 ZPO). Insoweit ist das Beweismaß des Gerichts gegenüber dem im Erkenntnisverfahren der Hauptsache geltenden Vollbeweis i. S. v. § 286 ZPO herabgesetzt. Gemäß § 294 ZPO genügt ein überwiegendes „Für-Wahrscheinlich-Halten" der vorgetragenen Tatsachen.[758] Das Erfordernis der Glaubhaftmachung und die damit verbundene Herabsetzung des gerichtlichen Überzeugungsmaßstabs sind erforderlich, da dem Gericht in dem kurzfristigen Entscheidungszeitraum im Rahmen eines Eilverfahrens regelmäßig nur Erkenntnisquellen von beschränktem Umfang zur Verfügung stehen.[759] Das Erfordernis der Glaubhaftmachung gemäß § 920 Abs. 1, 2 i. V. m. § 294 ZPO bezieht sich hingegen nur auf tatsächliche Behauptungen, nicht auch auf die rechtliche Überprüfung.[760] Diese hat das Gericht umfänglich durchzuführen. Der in diesem Zusammenhang erforderliche Prüfungsaufwand wird daher nicht etwa dadurch relativiert, dass es sich bei dem einstweiligen Rechtsschutz konzeptionell um ein Eilver-

756 *Baumbach/Lauterbach/Albers/Hartmann*, ZPO, § 919 Rn. 4.

757 *Gaul/Schilken/Becker-Eberhard*, Zwangsvollstreckungsrecht, § 77 Rn. 11 ff., § 79 Rn. 9 ff., *Roderich C. Thümmel*, in: GroßKomm-ZPO, Bd. 5, Vor § 916 Rn. 10; *Lutz/Haertlein*, in: Kindl/Meller-Hannich/Wolf, Gesamtes Recht der Zwangsvollstreckung, Vorbem. zu §§ 916 bis 945 Rn. 30.

758 Dazu § 12, III., 4., a).

759 *Roderich C. Thümmel*, in: GroßKomm-ZPO, Bd. 5, Vor § 916 Rn. 3.

760 *Gaul/Schilken/Becker-Eberhard*, Zwangsvollstreckungsrecht, § 74 Rn. 9.

fahren handelt.[761] Gleichwohl ist der einstweilige Rechtsschutz aufgrund der Eilbedürftigkeit entsprechender Sicherungsmaßnahmen summarisch ausgestaltet. Nach der herrschenden Auffassung im Schrifttum nimmt das Gericht aber dennoch eine vollständige Schlüssigkeitsprüfung der Hauptsache vor (sog. strenge materielle Akzessorietät[762]).[763] Sofern das Gericht eine einstweilige Anordnung trifft, erfolgt dies in formeller Hinsicht durch einen Beschluss, es sei denn, die Entscheidung ergeht aufgrund einer mündlichen Verhandlung gemäß §§ 128 ff. ZPO; in dem Falle ergeht ein Urteil (§ 922 Abs. 1 ZPO bzw. § 936 i. V. m. 922 Abs. 1 ZPO). Die Durchführung einer mündlichen Verhandlung ist der Regelfall, in dringenden Fällen kann auf sie verzichtet werden (§§ 922 Abs. 1 Satz 1, 937 Abs. 2 ZPO).[764]

4. Strukturelle Abweichung des Zurückweisungsverfahrens ggü. einstweiligem Rechtschutz

Gegenüber den Wesensmerkmalen des einstweiligen Rechtsschutzes ergeben sich im Hinblick auf das Zurückweisungsverfahren gemäß § 253 Abs. 4 InsO zum Teil erhebliche strukturelle Unterschiede, die eine Einordnung als (Sonder-)Fall des zivilprozessualen einstweiligen Rechtsschutzes im Ergebnis nicht zulassen.

a) Eilcharakter des Zurückweisungsverfahrens

Ein wesentlicher Gleichlauf zwischen dem einstweiligen Rechtsschutz und dem Zurückweisungsverfahren besteht zwar zunächst in dem identischen Verfahrensziel. Trotz ihrer unterschiedlichen rechtlichen Ausgangssituationen zielen beide Instrumente darauf ab, im Vorfeld einer Entscheidung im gesetzlich vorgesehenen „regulären“ Verfahren eine Eilentscheidung zu erwirken, um verzögerungsbedingte Nachteile oder Gefahren für den

---

761 *Gaul/Schilken/Becker-Eberhard*, Zwangsvollstreckungsrecht, 12. Aufl. 2010, § 74 Rn. 9.

762 *Joksch*, Das Freigabeverfahren gem. § 246a AktG im System des einstweiligen Rechtsschutzes, 2012, S. 17 f. m. w. N.

763 *Lutz/Haertlein*, in: Kindl/Meller-Hannich/Wolf, Gesamtes Recht der Zwangsvollstreckung, § 920 Rn. 12; *Gaul/Schilken/Becker-Eberhard*, Zwangsvollstreckungsrecht, § 74 Rn. 9.

764 *Huber*, in: Musielak, ZPO, § 937 Rn. 4; *Kemper*, in: Saenger, ZPO, § 937 Rn. 4 f.; *Drescher*, in: MünchKomm-ZPO, § 937 Rn. 5.

Rechtsschutzsuchenden zu vermeiden. So geht es auch im Rahmen einer Zurückweisungskonstellation gemäß § 253 Abs. 4 InsO darum, durch eine zügige Entscheidung Nachteile von dem Unternehmen und den Planbefürworter abzuwenden, die infolge einer beschwerdebedingten Verzögerung für den Eintritt der Wirkungen eines Plans drohen (vgl. § 254 Abs. 1 InsO).

b) Streitgegenstand und Gebot der Einstweiligkeit

Abgesehen von dem vergleichbaren Verfahrensziel ergeben sich im Rahmen des § 253 Abs. 4 InsO gleichwohl wesentliche strukturelle Abweichungen gegenüber dem zivilprozessualen einstweiligen Rechtsschutz. Den Anknüpfungspunkt dieser Abweichungen bilden die den zivilprozessualen Eilrechtsschutz charakterisierenden Merkmale: Der Streitgegenstand sowie das Gebot der Einstweiligkeit.

Während sich der Streitgegenstand im zivilprozessualen Arrest- und einstweiligen Verfügungsverfahren von dem Streitgegenstand in der Hauptsache unterscheidet, lässt sich eine entsprechende Unterscheidung im Rahmen der beschwerderechtlichen Zurückweisungskonstellation nicht verzeichnen. Denn die Zurückweisung gemäß § 253 Abs. 4 InsO zielt unmittelbar auf das Rechtsmittel der sofortigen Beschwerde ab, über die auch im „regulären" Beschwerdeverfahren nach Maßgabe des § 253 Abs. 1 bis 3 InsO entschieden wird. Somit kann im Rahmen einer Zurückweisungskonstellation von einem eigenständigen Streitgegenstand neben dem des „regulären" Beschwerdeverfahrens keine Rede sein.[765] Im Anschluss an eine Beschwerdezurückweisung ist eine Entscheidung im „regulären" Beschwerdeverfahren mangels verbliebenen Rechtsmittels nicht mehr möglich. Unabhängig davon, ob die Erfolglosigkeit der sofortigen Beschwerde auf Zulässigkeitserwägungen (§ 253 Abs. 2 InsO) oder auf eine Zurückweisungsprüfung fußt (§ 253 Abs. 4 InsO), handelt es sich um eine Entscheidung in derselben Sache.[766]

765 Zutreffend *Brünkmans*, ZInsO 2014, 993, 997; *Lehmann/Rühle*, NZI 2014, 889, 890; i. E. auch BGH v. 17.7.2014 – IX ZB 13/14 (*Suhrkamp*), NZG 2014, 1309, 1312 Rn. 28.

766 So zutreffend *Lehmann/Rühle*, NZI 2014, 889, 891.

Soweit das LG Berlin im Rahmen des Insolvenzverfahrens der *Suhrkamp-Verlagsgruppe GmbH & Co. KG* in seinem Beschluss vom 14.4.2014[767] eine gegenteilige Auffassung vertritt, vermag die Begründung der zuständigen Beschwerdekammer nicht zu überzeugen. In dem zugrunde liegenden Sachverhalt hat die Beschwerdekammer die sofortige Beschwerde der Minderheitsgesellschafterin gegen den Insolvenzplanbestätigungsbeschluss des AG Berlin Charlottenburg[768] gemäß § 253 Abs. 4 InsO zurückgewiesen, nachdem sie die identische Beschwerde bereits mit Beschluss vom 21./24.2.2014[769] als unzulässig verworfen hatte. In den Entscheidungsgründen beruft sich die Beschwerdekammer darauf, dass der Zurückweisungsantrag des Schuldners über den Antrag der schuldnerischen *Suhrkamp*-Verlagsgruppe, die sofortige Beschwerde als unzulässig zu verwerfen oder als unbegründet zurückzuweisen, hinausgehe, weshalb dieser noch zu bescheiden sei. Das Beschwerdeverfahren sei mit dem Verwerfungsbeschluss vom 21./24.2.2014 noch nicht abgeschlossen.[770]

Mit Blick auf die identischen Zielrichtungen der Verwerfung einer sofortigen Beschwerde sowie einer Zurückweisung nach Abs. 4 lässt sich die Annahme von zwei unterschiedlichen Streitgegenständen nicht begründen. Sowohl die Verwerfung als auch die Zurückweisung haben zur Folge, dass das Rechtsmittel im Ergebnis erfolglos ist. Demnach stützen sich auch der Abweisungsantrag sowie der Zurückweisungsantrag auf das einheitliche Begehren, die Erfolglosigkeit der sofortigen Beschwerde durch das Beschwerdegericht feststellen zu lassen. Sofern die sofortige Beschwerde aufgrund von Zulässigkeitsmängeln bereits verworfen wurde, ist der Streitgegenstand insoweit bereits „verbraucht".[771] Eine nochmalige Zurückweisung gemäß § 253 Abs. 4 InsO ist demnach unzulässig, weil sie unmöglich ist.[772] Folgerichtig hat auch der BGH im Zuge des anschließenden Rechtsbeschwerdeverfahrens mit Beschluss vom 17.7.2014 im Ergebnis dahingehend erkannt, dass die sofortige Beschwerde der Minderheitsgesellschafterin nicht mehr durch das LG Berlin hätte zurückgewiesen wer-

767 LG Berlin v. 14.4.2014 – 51 T 107/14 (*Suhrkamp*), ZInsO 2014, 963 ff.
768 AG Charlottenburg v. 15.1.2014 – 36s IN 2196/13 (*Suhrkamp*), BeckRS 2014, 14998.
769 LG Berlin v. 21./24.2.2014 – 51 T 107/14 (*Suhrkamp*), ZInsO 2014, 962 f.
770 LG Berlin v. 14.4.2014 – 51 T 107/14 (*Suhrkamp*), ZInsO 2014, 963 ff.
771 *Lehmann/Rühle*, NZI 2014, 889, 891.
772 *Lehmann/Rühle*, NZI 2014, 889, 891.

den dürfen, nachdem es die Beschwerde bereits als unzulässig verworfen hatte.[773]

Sofern das Beschwerdegericht die Beschwerde gemäß § 253 Abs. 4 InsO zurückweist, stellt diese Entscheidung auch kein *aliud* gegenüber einer weiteren – potenziellen – Entscheidung in einem etwaigen Hauptsacheverfahren dar.[774] Auch insoweit ist die beschwerderechtliche Zurückweisungskonstellation gemäß § 253 Abs. 4 InsO nicht mit dem zivilprozessualen einstweiligen Rechtsschutz vergleichbar. Auch mit der Zurückweisung endet das – insoweit – einzige (Hauptsache-)Verfahren in Form des Beschwerdeverfahrens gemäß § 253 InsO. Im Falle einer rechtskräftigen Zurückweisung einer sofortigen Beschwerde erwächst der Planbestätigungsbeschluss gemäß §§ 248, 252 InsO zugleich in Rechtkraft (§ 254 Abs. 1 InsO), sofern keine weiteren Beschwerdeverfahren schweben und die Beschwerdefrist abgelaufen ist. Der mit einer Zurückweisung unterlegene Beschwerdeführer wird gemäß § 253 Abs. 4 Satz 3 Hs. 1 InsO lediglich auf Sekundärrechte verwiesen, da ihm im Falle einer Zurückweisung ausschließlich ein Schadensersatzanspruch zusteht. Mit dem Schadensersatzanspruch kann jedoch die Rückgängigmachung der Wirkungen des Insolvenzplans nicht erreicht werden (vgl. § 253 Abs. 4 Satz 3 Hs. 2 InsO). Damit ermöglicht die Zurückweisung, entgegen dem Gebot der Einstweiligkeit als Merkmal des zivilprozessualen einstweiligen Rechtsschutzes, eine frühzeitige und endgültige „Befriedigung“ zugunsten der Beteiligten in Gestalt eines rechtskräftigen Bestätigungsbeschlusses.

Eine Konformität mit dem Gebot der Einstweiligkeit lässt sich im Hinblick auf diese endgültige Wirkung einer Zurückweisung auch nicht nach Maßgabe der im einstweiligen Rechtsschutz anerkannten Befriedigungsverfügung herstellen. Zwar ist eine frühzeitige Befriedigung des Gläubi-

773 BGH v. 17.7.2014 – IX ZB 13/14 (*Suhrkamp*), NZG 2014, 1309, 1312 Rn. 28 ff, der in dem Zurückweisungsbeschluss des LG Berlin eine Abänderung des Verwerfungsbeschlusses erblickt und sich im Rahmen seiner Begründung demnach im Wesentlichen auf die im Rahmen des Rechtsbeschwerdeverfahrens nicht bestehende Abhilfebefugnis des Beschwerdegerichts stützt; dazu kritisch *Lehmann/Rühle*, NZI 2014, 889, 891.

774 Vgl. auch *Lehmann/Rühle*, NZI 2014, 889, 891; a. A. *Skauradszun*, DZWIR 2014, 338, 344.

gers für die Befriedigungsverfügung charakteristisch.[775] Das Gebot der Einstweiligkeit muss dagegen auch durch eine Befriedigungsverfügung gewahrt werden, indem es sich bei der jeweiligen Anordnung in dem Falle zumindest um eine zeitlich begrenzte Maßnahme handeln muss, die ihre Wirkung mit einer abweichenden Entscheidung in der Hauptsache automatisch, d. h. ohne das Erfordernis einer weiteren Maßnahme, wieder verliert.[776] Die Zurückweisung gemäß § 253 Abs. 4 InsO erfüllt diese Voraussetzung jedoch nicht. Sofern sie erfolgt, existiert kein parallel weiterlaufendes Beschwerdeverfahren als potenzielles „Hauptsacheverfahren", in dem eine spätere Entscheidung ergehen könnte, die eine zwischenzeitlich ergangene und bestehende einstweilige Maßnahme abändern geschweige denn dieser die Wirkung nehmen könnte. Die rechtskräftige Zurückweisung der Beschwerde gemäß § 253 Abs. 4 InsO hat vielmehr einen endgültigen Zustand zur Folge, weil der Planbestätigungsbeschluss in Rechtskraft erwächst (§§ 248, 254 Abs. 1 InsO). Die Zurückweisung gemäß § 253 Abs. 4 InsO lässt sich daher unter keinem Gesichtspunkt mit dem Gebot der Einstweiligkeit in Einklang bringen.

c) Verfahrensrechtliche Ausgestaltung innerhalb des § 253 Abs. 4 InsO

Schließlich lässt sich das Zurückweisungsverfahren gemäß § 253 Abs. 4 InsO auch unter verfahrensrechtlichen Gesichtspunkten nicht als ein Instrument des zivilprozessualen einstweiligen Rechtsschutzes einordnen. Verfahrensrechtliche Parallelen bestehen zwar dahingehend, dass sowohl für die Zurückweisung im Insolvenzplanverfahren als auch für den Erlass einstweiliger Anordnungen im einstweiligen Rechtsschutz jeweils das Gericht der Hauptsache bzw. im Kontext des § 253 Abs. 4 InsO mangels Hauptsacheverfahrens[777] das Gericht zuständig ist, das auch im regulären Beschwerdeverfahren über den Beschwerdeerfolg entscheidet. Denn das für die Zurückweisung gemäß § 253 Abs. 4 Satz 1 InsO ausschließlich zuständige Landgericht ist funktional zugleich das Beschwerdegericht

775 Dazu oben unter § 14, III., 3., a).

776 OLG Rostock v. 26.6.1996 – 6 U 395/96, LVK 1997, 231, 232; *Drescher*, in: MünchKomm-ZPO, § 938 Rn. 13; *Heinze* ZGR 1979, 293, 317; *Lutz/Haertlein*, in: Kindl/Meller-Hannich/Wolf, Gesamtes Recht der Zwangsvollstreckung, Vorbem. zu §§ 916 bis 945 Rn. 68 m. w. N.

777 Dazu oben unter § 14, III., 4., b).

(§ 72 GVG).[778] Darüber hinaus finden sich jedoch weder im Wortlaut des § 253 Abs. 4 InsO noch in den entsprechenden Gesetzesmaterialien zum ESUG Ausführungen, die trotz des Eilcharakters der Zurückweisungsmöglichkeit auf weitere Parallelen zu den zivilrechtlichen Eilverfahren schließen lassen. Überraschend erscheint in diesem Zusammenhang, dass sich der Gesetzgeber im Rahmen der Erwägungen zu dem Zurückweisungsinstrument nicht zu der Frage des anzuwendenden verfahrensrechtlichen Vorschriftenkatalogs geäußert hat, der in den Vorschriften der zivilprozessualen Eilverfahren eine umfangreiche Ausgestaltung erfahren hat.[779]

5. Zwischenergebnis

Das in § 253 Abs. 4 InsO geregelte insolvenzrechtliche Zurückweisungsverfahren weist gegenüber dem zivilprozessualen einstweiligen Rechtsschutz erhebliche strukturelle Unterschiede auf, die einer Qualifikation als einen Sonderfall des einstweiligen Rechtsschutz entgegenstehen.

6. Das Zurückweisungsverfahren als Eilverfahren *sui generis*

Obgleich die Einordnung des Zurückweisungsverfahrens gemäß § 253 Abs. 4 InsO als ein Sonderfall des zivilprozessualen einstweiligen Rechtsschutzes vorliegend ausscheidet, kann der verfahrensrechtliche Eilcharakter des Verfahrens nicht in Zweifel gezogen werden. Die Zurückweisung bezweckt die zügige Beendigung eines Beschwerdeverfahrens, damit die im Plan vorgesehenen Sanierungsmaßnahmen auf der Grundlage eines rechtskräftigen Planbestätigungsbeschlusses zügig umgesetzt werden können.[780] Insoweit stellt sich die Frage, ob es sich bei dem Verfahren gemäß § 253 Abs. 4 InsO gegebenenfalls um ein eigenständiges Eilverfahren *sui generis* handelt.[781] Mit dieser Überlegung rückt auch die Vorbild-

778 *Pleister*, in: KPB, InsO, § 253 Rn. 28; *Burmeister/Schmidt-Hern*, in: Kübler, HRI, § 43 Rn. 166.

779 Dazu siehe die Übersicht unter § 14, III., 3., b), cc).

780 Beschlussempfehlung u. Bericht zum ESUG, BT-Drucks. 17/7511, S. 36; siehe auch § 14, I., S. 186 f.

781 So offenbar BGH v. 17.9.2014 – IX ZB 26/14 (*Suhrkamp*), NZG 2014, 1351, 1352 Rn. 11 ff.; LG Berlin v. 14.4.2014 – 51 T 107/14 (*Suhrkamp*), ZInsO 2014, 963, 964.

funktion des aktienrechtlichen Freigabeverfahrens gemäß § 246a AktG in den Fokus der Betrachtung.

a) Die Vorbildregelung des § 246a AktG

Das Schrifttum erblickt in dem aktienrechtlichen Freigabeverfahren des § 246a AktG ein besonderes Eilverfahren *sui generis*.[782] Das ist darauf zurückzuführen, dass eine dogmatische Einordnung des Freigabeverfahrens als eine direkte Form des zivilprozessualen einstweiligen Rechtsschutzes ebenfalls ausscheidet. Auch das Freigabeverfahren weist in seiner rechtlichen Struktur wesentliche Unterschiede gegenüber den Wesensmerkmalen des zivilprozessualen einstweiligen Rechtsschutzes auf,[783] die ihre Anknüpfungspunkte gleichermaßen in dem Gebot der Einstweiligkeit haben.[784]

Insoweit ist auch eine Freigabeentscheidung gemäß § 246a AktG nicht bloß vorläufiger Natur. Zudem bleibt die Freigabeentscheidung auch in ihrem materiellen Gehalt nicht hinter der Hauptsacheentscheidung – Entscheidung über die Anfechtungsklage – zurück.[785] Denn sowohl eine rechtskräftige Klageabweisung als auch der auf Grundlage einer rechtskräftigen Freigabeentscheidung gemäß § 246a AktG eingetragene Beschluss führen zur dauerhaften Bestandskraft der Eintragung, unabhängig davon, ob der angefochtene Hauptversammlungsbeschluss im Anschluss an eine erfolgte Freigabeentscheidung für rechtswidrig befunden wird.[786] Dadurch kann die im Hauptversammlungsbeschluss vorgesehene unternehmerische Maßnahme durchgesetzt werden, die auch im Falle eines Erfolges der Anfechtungsklage wirksam bleibt.[787] Auch der gemäß § 246a Abs. 4

---

782 *Dörr*, in: Spindler/Stilz, § 246a Rn. 10; *Koch*, in: Hüffer, AktG, § 246a Rn. 23; *Fischer*, NZI 2013, 513, 516 ff.; *Satzl*, Freigabe von Gesellschafterbeschlüssen im Kapitalgesellschaftsrecht, 2011, S. 55 ff.; *Joksch*, Das Freigabeverfahren gemäß § 246a AktG im System des einstweiligen Rechtsschutzes, 2012, S. 81 ff.

783 Dazu siehe die ausführliche Darstellung bei *Joksch*, Das Freigabeverfahren gemäß § 246a AktG im System des einstweiligen Rechtsschutzes, 2012, S. 4 ff., 72 ff. m. w. N.

784 Zum Gebot der Einstweiligkeit siehe § 14, III., 3., b), bb).

785 Siehe § 14, III., 3., b), bb).

786 *Joksch*, Das Freigabeverfahren gemäß § 246a AktG im System des einstweiligen Rechtsschutzes, 2012, S. 76.

787 Zu der Funktion des Freigabeverfahrens gemäß § 246a AktG siehe oben § 14, I.

Satz 1 AktG vorgesehene Schadensersatzanspruch für den Fall, dass sich die Klage des Aktionärs später als begründet erweist, vermag die Wirkung einer freigegebenen Registereintragung nicht mehr zu beseitigen, da der Schadensersatzanspruch ausschließlich auf Geldersatz gerichtet ist.[788] Die Rechtsfolge der dauerhaften Bestandskraft widerspricht somit dem Gebot der Einstweiligkeit, womit das Freigabeverfahren gemäß § 246a AktG dem zivilprozessualen einstweiligen Rechtsschutz wesensfremd ist.

Der Fall des § 246a AktG zeigt jedoch zugleich, dass wesentliche strukturelle Unterschiede gegenüber den Wesensmerkmalen des einstweiligen Rechtsschutzes zumindest einer Einordnung als eigenständiges Eilverfahren *sui generis* nicht notwendigerweise entgegenstehen. Damit wird überwiegend auch die (teilweise) analoge Anwendung der für die zivilprozessualen Eilverfahren geltenden Vorschriften der ZPO (§§ 936 ff. ZPO)[789] innerhalb des § 246a AktG für zulässig gehalten.[790]

Abgesehen von den strukturellen Abweichungen des Freigabeverfahrens gegenüber dem zivilprozessualen einstweiligen Rechtsschutz lassen sich weitreichende verfahrensrechtliche Parallelen zwischen den beiden Verfahren durchaus verzeichnen. So sind sowohl das Klageverfahren gegen den Hauptversammlungsbeschluss als auch das Freigabeverfahren gemäß § 246a AktG jeweils eigenständige Verfahren mit eigenständigen und voneinander unterschiedlichen Streitgegenständen, wie es für den rechtlichen Kontext der zivilprozessualen Eilverfahren charakteristisch ist. Weitere verfahrensrechtliche Parallelen kommen unmittelbar im Wortlaut des § 246a AktG zum Ausdruck, wie etwa das Glaubhaftmachungserfordernis des Antragstellers (§ 246a Abs. 3 Satz 3 AktG),[791] die Entbehrlichkeit einer mündlichen Verhandlung in dringenden Fällen (§ 246a Abs. 3 Satz 2 AktG)[792] oder der verschuldensunabhängige Schadensersatzanspruch

788 *Joksch*, Das Freigabeverfahren gemäß § 246a AktG im System des einstweiligen Rechtsschutzes, 2012, S. 72.

789 BGH v. 29.5.2006 – II ZB 5/06, NJW 2006, 2924, 2925 f. (Rn. 8, 15); *Schwab*, in: K. Schmidt/Lutter, AktG, § 246a Rn 24; *Fischer*, NZI 2013, 513, 516.

790 So etwa *Schwab*, in: K. Schmidt/Lutter, AktG, § 246a Rn 24; *Ehmann*, in: Grigoleit, AktG, § 246a Rn. 10.

791 Vgl. § 936 i. V. m. § 920 Abs. 2 ZPO für die einstweilige Verfügung.

792 Vgl. § 937 Abs. 2 ZPO für die einstweilige Verfügung.

(§ 246a Abs. 4 Satz 1 AktG).[793] Zudem kommt die Rechtsnatur des Freigabeverfahrens als besonderes, den Vorschriften der ZPO unterfallendes Eilverfahren, bereits in der Regierungsbegründung zum UMAG zum Ausdruck.[794] Unter Berücksichtigung des Eilcharakters des Freigabeverfahrens sowie der weitreichenden verfahrensrechtlichen Parallelen gegenüber den Verfahren der zivilprozessualen Eilverfahren sprechen insoweit keine Gründe gegen die Zulässigkeit der analogen Anwendung der §§ 936 ff. ZPO für die Fälle, in denen § 246a AktG keine entsprechende Regelung vorsieht.[795]

b) Abweichungen im Rahmen des § 253 Abs. 4 InsO

aa) Eigenständiger Verfahrenscharakter zweifelhaft

Gemessen an dem Merkmal der Einstweiligkeit unterscheidet sich eine Zurückweisung einer sofortigen Beschwerde gemäß § 253 Abs. 4 InsO in ihrer Wirkung zunächst nicht von einer Freigabe gemäß § 246a AktG. Beide Entscheidungen rufen einen endgültigen und irreparablen Zustand für den Beschwerdeführer bzw. Kläger hervor und verstoßen damit gegen das Gebot der Einstweiligkeit. Letzteres vermag auch nicht gemäß der anerkannten Maßstäbe einer Befriedigungsverfügung gewahrt werden. Das ist darauf zurückzuführen, dass sowohl die Zurückweisung als auch die Freigabe einen endgültigen Zustand zur Folge haben, dessen Wirkungen nicht mit einer Entscheidung in einer Hauptsache wieder aufgehoben werden können.[796] Da jedoch die Endgültigkeit der Freigabewirkung einer

793 Vgl. § 945 ZPO für die einstweilige Verfügung. Zu den Gemeinsamkeiten mit dem Verfahren der einstweiligen Verfügung siehe *Joksch*, Das Freigabeverfahren gemäß § 246a AktG im System des einstweiligen Rechtsschutzes, 2012, S. 74 f.

794 Begr. RegE UMAG, BT-Drucks. 15/5092, S. 28.

795 So etwa *Schwab*, in: K. Schmidt/Lutter, AktG, § 246a Rn 24; *Ehmann*, in: Grigoleit, AktG, § 246a Rn. 10. Die entsprechende Anwendung der Arrestvorschriften gemäß §§ 916 ff. ZPO scheidet im Rahmen des § 246a AktG aus, da es im Rahmen des Freigabeverfahrens nicht um eine Geldforderung bzw. um einen Anspruch geht, der in eine Geldforderung übergehen kann (vgl. § 916 Abs. 1 ZPO), so überzeugend *Satzl*, Freigabe von Gesellschafterbeschlüssen im Kapitalgesellschaftsrecht, 2011, S. 53; siehe auch *Joksch*, Das Freigabeverfahren gemäß § 246a AktG im System des einstweiligen Rechtsschutzes, 2012, S. 8.

796 Zur Wahrung des Gebots der Einstweiligkeit im Falle einer Befriedigungsverfügung siehe § 14, III., 3., b), bb).

Charakterisierung des § 246a AktG als besonderes Eilverfahren *sui generis* nach herrschender Auffassung nicht entgegensteht,[797] scheinen zumindest insoweit keine Gründe dagegen zu sprechen, auch das Zurückweisungsverfahren gemäß § 253 Abs. 4 InsO als besonderes Eilverfahren *sui generis* zu qualifizieren.

Im Kontext des § 253 Abs. 4 InsO lassen sich gegenüber den Erwägungsgründen, auf deren Grundlage in dem aktienrechtlichen Freigabeverfahren ein Eilverfahren *sui generis* erblickt wird, gleichwohl Abweichungen erkennen, die an einem gleichbedeutenden dogmatischen Verständnis zweifeln lassen. Dabei ist als Vorstufe bereits fraglich, ob es sich bei der Zurückweisungsmöglichkeit überhaupt um einen eigenständigen Verfahrenscharakter handelt. Dagegen sprechen bereits systematische Erwägungen dergestalt, dass die Ausgestaltung des Zurückweisungsverfahrens nicht in einer separaten Norm erfolgt ist, wie es für die Freigabeverfahren gemäß §§ 246a, 319 AktG, 16 Abs. 3 UmwG der Fall ist. Da es sich bei den erwähnten Freigabeverfahren gegenüber den Klageverfahren der Hauptsache um verschiedene Streitgegenstände handelt, ist eine getrennte Regelung dieser eigenständigen Verfahren insoweit konsequent. Darin unterscheidet sich eine Zurückweisungskonstellation i. S. v. § 253 Abs. 4 InsO jedoch von dem aktienrechtlichen Freigabeverfahren gemäß § 246a AktG. Sowohl im „regulären" Beschwerdeverfahren gemäß § 253 Abs. 1 bis 3 InsO als auch in einer Zurückweisungskonstellation gemäß § 253 Abs. 4 InsO geht es stets um den Streitgegenstand der sofortigen Beschwerde.[798]

Darüber hinaus erscheint bereits fraglich, ob der Gesetzgeber das Zurückweisungsverfahren als ein eigenständiges Eilverfahren *(sui generis)* verstanden wissen will. Denn insoweit müsste er sich den Vorwurf gefallen lassen, das Zurückweisungsverfahren unzureichend ausgestaltet zu haben,[799] da er es offenbar nicht für erforderlich hielt, wesentliche verfah-

797 *Dörr*, in: Spindler/Stilz, § 246a Rn. 10; *Koch*, in: Hüffer, AktG, § 246a Rn. 23; *Fischer*, NZI 2013, 513, 516 ff.; *Satzl*, Freigabe von Gesellschafterbeschlüssen im Kapitalgesellschaftsrecht, 2011, S. 55 ff.; *Joksch*, Das Freigabeverfahren gemäß § 246a AktG im System des einstweiligen Rechtsschutzes, 2012, S. 81 ff.

798 Dazu siehe bereits oben § 14, III., 4., b).

799 Zur Aufgabe des Gesetzgebers, konsistente Regelungen zu schaffen, BGH v. 29.5.2006 – II ZB 5/06, NZG 2006, 553, 555 (Rn. 15).

rensrechtliche Regelungen, etwa zum Verfahrensablauf oder zur Art der Beweisführung, in der Vorschrift des § 253 Abs. 4 InsO zu regeln.

bb) Lückenschließung analog § 246a AktG

Selbst wenn dem Zurückweisungsverfahren gemäß § 253 Abs. 4 InsO ein eigenständiger Verfahrenscharakter zugestanden wird, bestünde insbesondere im Hinblick auf den anzuwendenden verfahrensrechtlichen Vorschriftenkatalog eine gesetzliche Lücke. Von einer Lücke ist die Rede, wenn ein bestimmter Sachverhalt nicht unter eine Vorschrift subsumierbar ist und der Gesetzgeber die Regelung dieser oder ähnlicher Sachverhalte im Rahmen seiner gesetzlichen Ausgestaltung übersehen hat.[800] Da der Wortlaut des § 253 Abs. 4 InsO insbesondere verfahrensrechtliche Fragen Art offen lässt, erscheint die Annahme einer gesetzlichen Lücke insoweit naheliegend. Die Schließung einer solchen verfahrensrechtlichen Lücke könnte vorliegend in Form einer Analogie erfolgen, indem gesetzliche Komponenten des aktienrechtlichen Freigabeverfahrens gemäß § 246a AktG – hilfsweise die Vorschriften des zivilprozessualen Eilverfahrens gemäß §§ 936 ff. ZPO – auf das Zurückweisungsverfahren übertragen werden.[801] Eine analoge Anwendung erscheint insbesondere auch deshalb denkbar, weil sowohl das Freigabeverfahren als auch das Zurückweisungsverfahren im Hinblick auf ihre endgültigen Rechtsfolgen – Durchsetzbarkeit der Maßnahmen – strukturelle Parallelen aufweisen.

cc) Keine Regelungslücke innerhalb des § 253 Abs. 4 InsO

Ob eine (teilweise) analoge Anwendung des § 246a AktG – hilfsweise der Vorschriften der §§ 936 ff. ZPO – auf das Zurückweisungsverfahren gemäß § 253 Abs. 4 InsO in Betracht kommt, bemisst sich insoweit anhand der anerkannten Voraussetzungen der Analogie. Dabei muss im Hinblick auf § 253 Abs. 4 InsO nach näherer Betrachtung bereits das Vorliegen einer

800 Zum Begriff der Lücke und zur Analogie insgesamt *Rüthers/Fischer/Birk*, Rechtstheorie, Rn. 822 ff., 889 ff.; *Röhl/Röhl*, Allgemeine Rechtslehre, § 80, S. 633.

801 Dies entspricht auch dem Prozedere im Rahmen des aktienrechtlichen Freigabeverfahrens gemäß § 246a AktG, vgl. *Schwab*, in: K. Schmidt/Lutter, AktG, § 246a Rn. 24; *Englisch*, in: Hölters, AktG, § 246a Rn. 47; a. A. *Hüffer*, in: MünchKomm-AktG, § 246a Rn. 4, 30; *Joksch*, Das Freigabeverfahren gem. § 246a AktG im System des einstweiligen Rechtsschutzes, 2013, S. 81 ff., 83.

planwidrigen Regelungslücke bezweifelt werden. Dies folgt abermals aus einer vergleichenden Betrachtung des Zurückweisungsinstruments gemäß § 253 Abs. 4 InsO mit dem aktienrechtlichen Freigabeverfahren gemäß § 246a AktG.

Anders als es im Freigabeverfahren gemäß § 246a AktG sowie in der entsprechenden Gesetzesbegründung zum UMAG geschehen ist, finden sich im Wortlaut des § 253 Abs. 4 InsO keine Hinweise darauf, dass der Gesetzgeber die Anwendung zivilprozessualer Vorschriften geschweige denn der Vorschrift des § 246a AktG vorsieht. Damit ließe sich die dogmatische Einordnung des § 253 Abs. 4 InsO als Eilverfahren *sui generis* sowie eine darauf basierende Annahme einer Analogie ausschließlich auf die in der Gesetzesbegründung zum Ausdruck kommende Vorbildfunktion des § 246a AktG stützen.[802] Dabei ist jedoch fraglich, ob allein einer Begründungserwägung eine derart weitreichende Bedeutung zukommen kann, die über wesentliche dogmatische- und verfahrensrechtliche Fragestellungen entscheiden soll.

Die Annahme einer analogen Anwendbarkeit des § 246a AktG bzw. der §§ 936 ff. ZPO auf das Zurückweisungsverfahren gemäß § 253 Abs. 4 InsO kann insbesondere nicht damit begründet werden, dass der Gesetzgeber die Zurückweisungsmöglichkeit i. S. v. § 253 Abs. 4 InsO sprichwörtlich erst in „letzter Minute" in das Gesetz aufgenommen hat.[803] Zeitdruck des Gesetzgebers kann keine Legitimationsgrundlage dafür sein, auf eine wesentliche verfahrensrechtliche Ausgestaltung zu verzichten. Zudem kann weder dem Wortlaut des § 253 Abs. 4 InsO noch den Ausführungen in der Gesetzesbegründung – abgesehen von dem pauschalen Verweis auf eine Vorbildregelung – ein entsprechender Wille des Gesetzgebers entnommen werden, sich im Rahmen des § 253 Abs. 4 InsO mit Vorschriften des § 246a AktG oder der ZPO zu behelfen. Insbesondere der – unzureichende – Verweis auf die Vorbildregelung des § 246a AktG vermag keine ausreichende Legitimationsgrundlage für eine entsprechende Anwendung des § 246a AktG oder vergleichbarer Vorschriften der ZPO darzustellen. Dies ergibt sich nicht zuletzt aus einem Vergleich mit der Ausgestaltung

802 So *Fischer*, NZI 2013, 513, 516.
803 So aber *Fischer*, NZI 2013, 513, 517.

des Freigabeverfahrens im Schuldverschreibungsgesetz (SchVG) gemäß § 20 Abs. 3 Satz 4 SchVG, dem das aktienrechtliche Freigabeverfahren offensichtlich ebenfalls als Vorbildregelung diente. In der Vorschrift wurde die entsprechende Anwendung der § 246a Abs. 1 Satz 1 und 2, Abs. 2 und 3 Satz 1 bis 4 und 6 und Abs. 4 AktG unmittelbar in § 20 Abs. 3 Satz 4 Hs. 2 SchVG normiert. Diese unmittelbare und ausführliche parallele Ausgestaltung zu § 246a AktG hätte der Gesetzgeber auch innerhalb des § 253 Abs. 4 InsO vornehmen können, wollte er das Zurückweisungsverfahren als ein eigenständiges und an § 246a AktG angelehntes Eilverfahren *sui generis* verstanden wissen.

c) Zwischenergebnis: Kein eigenständiger Verfahrenscharakter

Im Ergebnis ist ein eigenständiger Verfahrenscharakter der Zurückweisungsmöglichkeit gemäß § 253 Abs. 4 InsO als Eilverfahren *sui generis* abzulehnen.[804] Damit scheidet zugleich eine partielle analoge Anwendbarkeit des § 246a AktG sowie der Vorschriften der §§ 936 ff. ZPO innerhalb des § 253 Abs. 4 InsO aus, da bereits keine planwidrige Regelungslücke erkennbar ist. Mangels eigenständigen Verfahrenscharakters handelt es sich bei § 253 Abs. 4 InsO damit dogmatisch um einen integralen Bestandteil des Beschwerdeverfahrens, dessen systematisches Verhältnis zu den „regulären" Beschwerdevoraussetzungen gemäß § 253 Abs. 1 bis 3 InsO im Folgenden zu klären sein wird. Sofern in Bezug auf § 253 Abs. 4 InsO von einem „Zurückweisungsverfahren" die Rede ist, liegt dem Verfahrensaspekt insoweit ein untechnisches Verständnis zugrunde.

7. Systematische Stellung des § 253 Abs. 4 InsO innerhalb des § 253 InsO

Die Verneinung eines eigenständigen Verfahrenscharakters einer Zurückweisungskonstellation wirft die Folgefrage auf, in welchem Verhältnis die Zurückweisungsvoraussetzungen des Abs. 4 zu den „regulären" Beschwerdevoraussetzungen der § 253 Abs. 1 bis 3 InsO stehen. Für das Beschwerdegericht bestünden in einem Beschwerdeverfahren unter Stellung eines Zurückweisungsantrags im Grundsatz zunächst zwei Möglichkeiten: Entweder das Gericht prüft die Beschwerde ausschließlich nach Maßgabe

804 A. A. BGH v. 17.9.2014 – IX ZB 26/14 (*Suhrkamp*), NZG 2014, 1351, 1352 Rn. 11 ff.; LG Berlin v. 14.4.2014 – 51 T 107/14 (*Suhrkamp*), ZInsO 2014, 963, 964.

der Zurückweisungsvoraussetzungen oder es erfolgt eine kombinatorischen Prüfung dergestalt, dass es zunächst die Zulässigkeitsvoraussetzungen des § 253 Abs. 2 InsO prüft und lediglich für den Fall der Zulässigkeit der Beschwerde auf die Voraussetzungen des § 253 Abs. 4 Satz 1, 2 InsO zurückgreift. Ein kombinatorisches Prüfungsprogramm im zuletzt genannten Sinne ließe sich jedoch nur begründen, sofern in der Zurückweisungskonstellation – entgegen der Rechtsprechung[805] und Teilen im Schrifttum[806] – kein eigenständiger Verfahrenscharakter erblickt wird, da sich das Prüfungsprogramm des Beschwerdeverfahrens bzw. des Zurückweisungsverfahrens anderenfalls nach ihren jeweiligen selbständigen Voraussetzungen richten würde.

Ausgelöst durch die Entscheidungen des LG Berlin v. 21./24.2.2014[807] und 14.4.2014[808] im Rahmen der Insolvenz der *Suhrkamp-Verlagsgruppe GmbH & Co. KG* greift auch das Schrifttum vermehrt die Thematik des Verhältnisses zwischen § 253 Abs. 1 bis 3 und Abs. 4 InsO auf. Der Beschwerdekammer lag die sofortige Beschwerde der Minderheitsgesellschafterin der Verlagsgruppe zur Entscheidung vor. Obwohl die *Suhrkamp*-Verlagsgruppe im Vorfeld der Entscheidung über die Beschwerde bereits einen Zurückweisungsantrag gemäß § 253 Abs. 4 Satz 1 InsO gestellt hatte,[809] hat die Beschwerdekammer die sofortige Beschwerde zunächst als unzulässig verworfen.[810] Anschließend hat das LG Berlin die sofortige Beschwerde unter Zulassung der Rechtsbeschwerde zusätzlich zurückgewiesen.[811] Nachdem der BGH die Beschlüsse des LG Berlin im Rechtsbeschwerdeverfahren mit Beschluss vom 17.7.2014[812] aufgehoben und die Sache an das LG Berlin zurückverwiesen hatte, stellte sich die Frage eines etwaigen

805 Vgl. BGH v. 17.9.2014 – IX ZB 26/14 (*Suhrkamp*), NZG 2014, 1351, 1352 Rn. 11 ff.; LG Berlin v. 14.4.2014 – 51 T 107/14 (*Suhrkamp*), ZInsO 2014, 963, 964.

806 Vgl. etwa *Sinz*, in: MünchKomm-InsO, § 253 Rn. 72, 87; *Fischer*, NZI 2013, 513, 515 f.

807 LG Berlin v. 21./24.2.2014 – 51 T 107/14 (*Suhrkamp*), ZInsO 2014, 962 f.

808 LG Berlin v. 14.4.2014 – 51 T 107/14 (*Suhrkamp*), ZInsO 2014, 963 ff.

809 Im Rahmen der Eigenverwaltung, die im Rahmen der *Suhrkamp*-Insolvenz angeordnet war, besteht ein Antragsrecht gemäß § 253 Abs. 4 InsO auch für einen Schuldner, LG Berlin v. 20.10.2014 – 51 T 696/14 (*Suhrkamp*), NZI 2015, 66, 67 Ziff. 5.

810 LG Berlin v. 21./24.2.2014 – 51 T 107/14 (*Suhrkamp*), ZInsO 2014, 962 f.

811 LG Berlin v. 14.4.2014 – 51 T 107/14 (*Suhrkamp*), ZInsO 2014, 963 ff.

812 BGH v. 17.7.2014 – IX ZB 13/14 (*Suhrkamp*), NZG 2014, 1309 ff.

(Rang-)Verhältnisses erneut. Die Beschwerdekammer prüfte die sofortige Beschwerde der Minderheitsgesellschafterin nunmehr nach Maßgabe der Zurückweisungsvoraussetzungen und wies diese wegen einem vorrangigen Planvollzugsinteresse gemäß § 253 Abs. 4 InsO mit Beschluss vom 20.10.2014 rechtskräftig zurück, [813] wodurch das LG Berlin den Rechtsstreit um die Rechtmäßigkeit des Planbestätigungsbeschlusses des AG Berlin Charlottenburg im *Suhrkamp*-Verfahren beendete.[814]

Dass das LG Berlin über die sofortige Beschwerde ausschließlich auf der Grundlage des § 253 Abs. 4 entschieden hat, ist in Anbetracht des in dem Zurückweisungsinstrument zum Ausdruck kommenden Eilcharakters nicht überraschend. Denn soweit im Wortlaut von einer „Unverzüglichkeit" die Rede ist, scheint der Zurückweisungsantrag sämtliche „regulären" Verfahrensabläufe außer Kraft zu setzen und insbesondere gegenüber der Prüfung der Zulässigkeitsvoraussetzungen gemäß § 253 Abs. 2 InsO schnellere Entscheidungen herbeiführen zu können.[815] So bejahen auch Teile im Schrifttum einen Vorrang der Zurückweisungsprüfung, die der Prüfung einer „regulären" Beschwerde stets vorauszugehen hat.[816]

Insoweit ist dem Schrifttum zunächst dahingehend zuzustimmen, dass im Falle einer Antragstellung nach § 253 Abs. 4 InsO aufgrund des Eilcharakters der Zurückweisungskonstellation durchaus vorrangig über den Zurückweisungsantrag zu entscheiden ist.[817] Es stellt sich jedoch die Frage, ob dies ausschließlich auf der Grundlage der Zurückweisungsvoraussetzungen geschehen sollte oder nicht vielmehr eine Integration der beschwerderechtlichen Zulässigkeitsvoraussetzungen in das Prüfungsprogramm der Zurückweisung sinnvoll erscheint.

---

813 LG Berlin v. 20.10.2014 – 51 T 696/14 (*Suhrkamp*), NZI 2015, 66 ff.

814 Die Statthaftigkeit der Rechtsbeschwerde gegen den Zurückweisungsbeschluss gemäß § 253 Abs. 4 InsO verneinte der BGH mit Beschl. v. 17.9.2014 – IX ZB 26/14 (*Suhrkamp*), NZG 2014, 1351 ff.; zur Statthaftigkeit der Rechtsbeschwerden siehe im Folgenden § 14, V., 5.

815 Vgl. auch Beschlussempfehlung u. Bericht zum ESUG, BT-Drucks. 17/7511, S. 36.

816 *Lehmann/Rühle*, NZI 2014, 889, 890; *Brünkmans*, ZInsO 2014, 993, 998; *Kessler/Rühle*, GWR 2014, 267; *Skauradszun*, DZWIR 2014, 338, 343; a. A. *Sinz*, in: MünchKomm-InsO, § 253 Rn. 84.

817 A. A. *Sinz*, in: MünchKomm-InsO, § 253 Rn. 84.

Weder dem Wortlaut des § 253 InsO noch den Gesetzesmaterialien zum ESUG lassen sich Aussagen entnehmen, in welchem Verfahrensstadium der Gesetzgeber das Zurückweisungsverfahren zum Einsatz bringen möchte. Insbesondere sofern man einen eigenständigen Verfahrenscharakter des „Zurückweisungsverfahrens" gemäß § 253 Abs. 4 InsO ablehnt, scheint die Betrachtung lohnend, ob das Beschwerdegericht im Rahmen seiner Prüfung nicht vielmehr im Wege einer kombinatorischen Anwendung vorgehen sollte. Danach würde das Gericht zunächst stets die Zulässigkeitsvoraussetzungen gemäß § 253 Abs. 2 InsO prüfen. Lediglich für den Fall, dass bereits die Zulässigkeitsvoraussetzungen erfüllt sind, würde das Gericht – hilfsweise – die Zurückweisungsvoraussetzungen gemäß § 253 Abs. 4 InsO prüfen. Wie im Folgenden zu sehen sein wird, dürften sich durch eine kombinatorische Beschwerdeprüfung in zeitlicher Hinsicht gegenüber einer „reinen" Zurückweisungsprüfung keine nennenswerten Verfahrensverzögerungen ergeben. Zudem ließe sich auch der anzuwendende verfahrensrechtliche Vorschriftenkatalog aufgrund der einheitlichen Beschwerdesystematik des § 253 InsO ermitteln.

a) Unverzüglichkeit i. S. v. § 253 Abs. 4 InsO als gesetzlicher Anknüpfungspunkt

Als gesetzlicher Anknüpfungspunkt für die Klärung der Frage nach dem Verhältnis zwischen den Zurückweisungsvoraussetzungen und den „regulären" Beschwerdevoraussetzungen kann vorliegend auf das Merkmal der *Unverzüglichkeit* zurückgegriffen werden.[818] Die „unverzügliche" Zurückweisung könnte in Anknüpfung an die vorstehenden systematischen Überlegungen zu § 253 Abs. 4 InsO einerseits bedeuten, dass im Falle eines Antrags gemäß § 253 Abs. 4 Satz 1 InsO unverzüglich, d. h. ohne eine vorherige Zulässigkeitsprüfung der Beschwerde das Verfahren nach Maßgabe des Abs. 4 eingeleitet und geprüft wird, wodurch sich ein von dem „regulären" Beschwerdeverfahren abweichender Prüfungsverlauf ergäbe. Andererseits könnte das Merkmal der Unverzüglichkeit auch erst für das verfahrensrechtliche Stadium im Anschluss an eine erfolgreiche Zulässigkeit der Beschwerde eine eigenständige Bedeutung erlangen. Danach wäre eine Prüfung anhand der Zurückweisungsvoraussetzungen als eine Möglichkeit zu verstehen, mit der eine möglicherweise langwierige und

818 Zum Begriff der Unverzüglichkeit vgl. auch *Böcker*, DZWIR 2015, 10, 17 f.

sanierungsfeindliche Begründetheitsprüfung der Beschwerde vermieden werden kann, diese jedoch nicht dazu führen würde, dass auf die Prüfung der übrigen Zulässigkeitsvoraussetzungen gemäß § 253 Abs. 2 InsO verzichtet würde.

b) Ausschließliche Prüfung der Zurückweisungsvoraussetzungen

Die Abspaltung des § 253 Abs. 4 InsO von den regulären Beschwerdevoraussetzungen gemäß § 253 Abs. 1 bis 3 InsO hätte zur Folge, dass das Beschwerdegericht im Falle einer Antragstellung ausschließlich die Zurückweisungsvoraussetzungen gemäß § 253 Abs. 4 Satz 1, 2 InsO prüfen würde. Damit wären die Zulässigkeitsvoraussetzungen der Beschwerde kein Prüfungsbestandteil, sofern ein Zurückweisungsantrag gemäß § 253 Abs. 4 Satz 1 InsO nur rechtzeitig, d. h. vor der Durchführung der Zulässigkeitsprüfung, gestellt wird.[819]

Von diesem selbständigen Prüfungsprogramm des § 253 Abs. 4 InsO scheint zunächst der Gesetzgeber auszugehen. Demnach sei das Landgericht im Falle des Eingangs eines Zurückweisungsantrags gehalten, das Vollzugsinteresse gegen das Aufschubinteresse abzuwägen.[820]

Diesem Verständnis schließen sich auch das LG Berlin[821] sowie Teile im Schrifttum an. Insoweit wird ausgeführt, dass eine Beschwerdezurückweisung gemäß § 253 Abs. 4 InsO auch möglich sein muss, wenn wegen Unzulässigkeit oder offensichtlicher Unbegründetheit der sofortigen Beschwerde feststeht, dass diese keinen Erfolg haben kann.[822] Das bedeutet nicht, dass im Rahmen des Abs. 4 stets eine Zulässigkeitsprüfung gemäß § 253 Abs. 2 InsO vorzunehmen wäre. Es handelt sich dabei vielmehr um eine innerhalb des § 253 Abs. 4 InsO vorzunehmende Evidenzkontrolle, die im Ergebnis – abweichend von der hier vertretenen Auffassung – im Wesentlichen auf eine dogmatische Einordnung des Zurückweisungsverfahrens als besonderes Eilverfahren sowie auf einen Vergleich mit der ent-

819 Zum Zeitpunkt der Antragstellung § 14, V, 1., a).
820 Beschlussempfehlung u. Bericht zum ESUG, BT-Drucks. 17/7511, S. 36.
821 LG Berlin v. 14.4.2014 – 51 T 107/14 (*Suhrkamp*), ZInsO 2014, 963, 964.
822 *Fischer*, NZI 2013, 513, 517 ff.; *Böcker*, DZWIR 2015, 10, 14.

sprechenden Regelung des § 246a Abs. 2 Nr. 1 AktG (Unzulässigkeit oder offensichtliche Unbegründetheit)[823] zurückgeführt wird.[824]

c) Zurückweisungsvoraussetzungen als „integraler Prüfungsbestandteil"

Sieht man in den Zurückweisungsvoraussetzungen der § 253 Abs. 4 Satz 1, 2 InsO dagegen ein zusätzliches Prüfungsmerkmal, dass gegebenenfalls neben den „regulären" Beschwerdevoraussetzungen – kumulativ – zur Anwendung gelangt, wäre die „reguläre" Prüfung des § 253 InsO, insbesondere die Zulässigkeitsprüfung gemäß § 253 Abs. 2 InsO, nicht schon deshalb entbehrlich, weil eine unverzügliche Zurückweisung gemäß § 253 Abs. 4 Satz 1 InsO beantragt wurde. In dem Falle würde die Prüfung der Zurückweisungsvoraussetzungen gemäß § 253 Abs. 4 InsO vielmehr erst zur Anwendung gelangen, sofern der Beschwerdeführer die Prozessvoraussetzungen erfüllt hat und auch im Übrigen die Hürde der Zulässigkeit gemäß § 253 Abs. 2 InsO erfolgreich überwunden hat. Ist dies schon nicht der Fall, könnte eine unverzügliche Zurückweisung schnellstmöglich erfolgen, ohne dass das Gericht eine möglicherweise umfängliche Interessenabwägung vornehmen müsste (§ 253 Abs. 4 Satz 1 InsO).[825]

d) Stellungnahme

Für eine Verknüpfung der in Abs. 4 normierten Zurückweisungsvoraussetzungen mit den übrigen „regulären" (Zulässigkeits-)Voraussetzungen der sofortigen Beschwerde spricht zunächst das gesetzgeberische Ziel, das mit dem Zurückweisungsinstrument verfolgt wird. Der Rechtsausschuss begründet seinen Vorschlag zur Einführung einer Zurückweisungsmöglichkeit mit dem Bedürfnis, die Verzögerungsgefahren für die Rechtskrafterlangung eines Insolvenzplans zu bekämpfen, die aus der Einlegung von Rechtsmitteln und des damit verursachten Suspensiveffekts für die Wirkungen des Plans entstehen.[826] § 253 Abs. 4 InsO soll dazu beitragen, eine frühzeitige und zeitsparende Plandurchsetzung zu erreichen, damit die

823 *Fischer*, NZI 2013, 513, 517.

824 Vgl. *Fischer*, NZI 2013, 513, 517.

825 Ausführlich dazu sogleich unter § 14, VI, 3.

826 Beschlussempfehlung u. Bericht zum ESUG, BT-Drucks. 17/7511, S. 36.

im Plan vorgesehenen Sanierungsmaßnahmen zügig umgesetzt werden können.

Der insoweit hervortretende Eilcharakter des Abs. 4 kommt jedoch nur in den Fällen optimal zur Geltung, in denen eine Planzurückweisung auf schnellstmöglichem Wege realisiert werden kann. Die Ausblendung der Prüfung der übrigen Zulässigkeitskriterien im Verfahren des Abs. 4 stünde diesem Regelungszweck in den Fällen entgegen, in denen bereits das Fehlen einer formellen Beschwer gemäß § 253 Abs. 2 Nr. 1, 2 InsO zur Erfolglosigkeit der Beschwerde führen würde. Eine Interessenabwägung oder die Prüfung eines besonders schweren Rechtsverstoßes gemäß § 253 Abs. 4 Satz 1, 2 InsO wäre insoweit obsolet.

Zudem wären die Zulässigkeitsvoraussetzungen des § 253 Abs. 2 InsO, die seit dem ESUG insgesamt zu einer Einschränkung der Beschwerdemöglichkeiten im Planverfahren führen sollen, kein regulärer Prüfungsbestandteil innerhalb des § 253 Abs. 4 InsO. Es überzeugt wenig, weshalb sich das Landgericht nach Maßgabe des § 253 Abs. 4 Satz 1, 2 InsO mit einer Interessenabwägung und der Prüfung eines besonders schweren Rechtsverstoßes befassen sollte, wenn der Beschwerdeführer im konkreten Fall gemäß § 253 Abs. 2 InsO gegebenenfalls schon nicht formell und/oder materiell beschwert ist.

Sofern man in dem Zurückweisungsverfahren gemäß § 253 Abs. 4 InsO einen integralen Prüfungsbestandteil[827] der Beschwerde gemäß § 253 InsO sieht, ergeben sich zudem rechtsanwendungsspezifische Vorteile, durch die vermeintliche Unklarheiten vermieden werden, die im insolvenzrechtlichen Schrifttum zu § 253 Abs. 4 InsO diskutiert werden. So ist etwa die Frage nach der Zulässigkeit einer teilweisen analogen Anwendung des § 246a AktG oder einschlägiger Vorschriften der ZPO obsolet, da sich der anzuwendende verfahrensrechtliche Vorschriftenkatalog innerhalb des § 253 InsO einheitlich dem dogmatisch – einheitlichen – Beschwerdeverfahren gemäß § 253 InsO entnehmen ließe, d.h. den Vorschriften der §§ 6, 253 InsO sowie der §§ 4, 567 ff. ZPO.

827 Diesen Begriff verwendet auch *Brünkmans*, ZInsO 2014, 993, 997, der jedoch entgegen der hier vertretenen Auffassung eine vorausgehende Zulässigkeitsprüfung der Beschwerde ablehnt.

Die dogmatische Unselbständigkeit des § 253 Abs. 4 InsO mit der Folge eines kombinatorischen Prüfungsprogramms bestehend aus Zulässigkeits- und Zurückweisungsvoraussetzungen lässt sich schließlich auch mit den Erwägungen des Gesetzgebers zur Vorschrift des § 253 Abs. 4 InsO begründen. Danach soll die Möglichkeit zur unverzüglichen Zurückweisung einer sofortigen Beschwerde zu einer Einschränkung der Beschwerdemöglichkeiten führen, damit Zeitverzögerungen zugunsten einer zügigen Durchsetzung eines Plankonzepts vermieden werden.[828] Wörtlich heißt es dazu:

„Zu diesem Zweck hat der Regierungsentwurf die Beschwerdemöglichkeit bereits für den besonderen Fall eingeschränkt, dass der Beschwerdeführer ausschließlich finanzielle Nachteile geltend macht, sofern diese durch Mittel kompensiert werden können, welche der Plan für diesen Zweck bereit stellt. Um einen beschleunigten Planvollzug auch in anderen Fällen erwirken zu können, wird mit Abs. 4 die Möglichkeit geschaffen, dass das Landgericht die Beschwerde auf Antrag des Insolvenzverwalters zurückweist, sofern das Vollzugsinteresse der Beteiligten das Aufschubinteresse des Beschwerdeführers überwiegt.“[829]

Insoweit ergänzt die Zurückweisungsmöglichkeit gemäß § 253 Abs. 4 InsO das Instrument der salvatorischen Klausel i. S. v. § 251 Abs. 3 InsO, auf deren Grundlage finanzielle Mittel im Plan vorgesehen werden können, um voraussichtliche (wesentliche) Schlechterstellungen ausgleichen zu können.[830]

Der Fall der salvatorischen Klausel verdeutlicht, dass es dem gesetzgeberischen Ziel nicht entgegensteht, wenn das Beschwerdegericht zunächst die Zulässigkeitsvoraussetzungen gemäß § 253 Abs. 2 InsO prüft. Denn auch sofern Ausgleichsmittel in ausreichendem Umfang im Plan gemäß § 251 Abs. 2 Nr. 3 InsO vorgesehen sind, erlangt die salvatorische Klausel ihre beschleunigende Wirkung erst auf der Ebene der Zulässigkeit, da erst die Ablehnung einer materiellen Beschwer gemäß § 253 Abs. 2 Nr. 3 InsO

828 Beschlussempfehlung u. Bericht zum ESUG, BT-Drucks. 17/7511, S. 36.
829 Beschlussempfehlung u. Bericht zum ESUG, BT-Drucks. 17/7511, S. 36.
830 Zur salvatorischen Klausel siehe § 9, V., 2., c), bb), (4).

den gewünschten Beschleunigungseffekt in Form der Erfolglosigkeit der sofortigen Beschwerde herbeiführt.

Laut der Aussage des Rechtsausschusses soll die Zurückweisungsmöglichkeit gemäß § 253 Abs. 4 InsO „*… auch in anderen Fällen …*“ zu einer gleichbedeutenden Beschwerdeeinschränkung beitragen. Damit sind folglich die Fälle gemeint, in denen nicht bereits im Plan vorgesehene Ausgleichsmittel i. S. v. § 251 Abs. 3 InsO zu einer Einschränkung der Beschwerdemöglichkeit bzw. zu einem zügigeren Planvollzug führen.[831] Diesen Erwägungen kann im Hinblick auf § 253 Abs. 4 InsO somit das Verständnis entnommen werden, dass es einer Beschwerdezurückweisung auf der Grundlage der Zurückweisungsvoraussetzungen nur in diesen „*anderen Fällen*“ bedarf, in denen die Zurückweisung der Beschwerde nicht schon mangels vorliegender Zulässigkeitsvoraussetzungen unverzüglich erfolgen kann.

In Anbetracht des gesetzgeberischen Ziels, Planverfahren zu beschleunigen, erscheint es zudem wenig überzeugend, weshalb im Falle einer Zurückweisungskonstellation gemäß § 253 Abs. 4 InsO von der Überprüfung der Zulässigkeitsvoraussetzungen gemäß § 253 Abs. 2 InsO abgesehen werden sollte. Eine sofortige Beschwerde kann gegebenenfalls bereits im Anschluss an eine kurzweilige Zulässigkeitsprüfung unverzüglich zurückgewiesen werden, ohne dass sich das Beschwerdegericht in den Fällen mit den prüfungstechnisch aufwändigeren Zurückweisungsvoraussetzungen des § 253 Abs. 4 InsO befassen muss.[832]

Auf der Grundlage der vorstehenden Erwägungen sprechen somit die überzeugenderen Gründe dafür, das Zurückweisungsinstrument gemäß § 253 Abs. 4 InsO als dogmatisch unselbständigen Bestandteil der sofortigen Beschwerde gemäß § 253 InsO zu qualifizieren. Das hat zur Folge, dass die Prüfung der Zurückweisungsvoraussetzungen gemäß § 253 Abs. 4 Satz 1, 2 InsO der Zulässigkeitsprüfung nach Maßgabe der § 253 Abs. 1 bis 3 InsO zeitlich nachfolgen sollte, sofern die sofortige Beschwerde nicht

831 Beschlussempfehlung u. Bericht zum ESUG, BT-Drucks. 17/7511, S. 36.

832 Dazu vgl. auch *Smid*, Handbuch Insolvenzrecht, § 40 Rn. 46, nach dem sich viele Probleme mühelos ausräumen ließen, sofern einer sofortigen Beschwerde bereits aus allgemeinen Gründen die Zulässigkeit abgesprochen werden könnte.

schon mangels vorliegender Zulässigkeitsvoraussetzungen unverzüglich zurückgewiesen werden kann. Den Zurückweisungsvoraussetzungen kommt nach dem vorliegend vertretenem Verständnis insoweit lediglich eine sog. „*Back-up*"- Funktion für die Fälle zu, in denen eine sofortige Beschwerde gemäß § 253 Abs. 2 InsO zulässig ist. Dadurch können gegebenenfalls langwierige Prüfungen auf der Ebene der Begründetheit vermieden werden, die mit den Unwägbarkeiten und Schwierigkeiten der Feststellung einer wesentlichen Schlechterstellung einhergehen. Ein derartiges kombinatorisches Verständnis der Beschwerde- bzw. Zurückweisungsvoraussetzungen gewährleistet zügige Plandurchsetzungen, indem sämtliche durch das ESUG eingeführte Reformmaßnahmen in jeder Beschwerdekonstellation optimal ausgeschöpft werden können. Zudem erlaubt die Einordnung eine „saubere" systematische Einordnung des Zurückweisungsinstruments in die vorhandene Verfahrensstruktur und vermeidet verfahrensrechtliche Unklarheiten.[833]

IV. Terminologie: „Zurückweisung" statt „Freigabe"

Im Schrifttum wird die Zurückweisungsmöglichkeit gemäß § 253 Abs. 4 InsO ohne nähere Begründung und unter Bezugnahme auf die Vorbildfunktion des § 246a AktG teilweise als insolvenzrechtliches „Freigabeverfahren" bezeichnet.[834] Ein Vergleich der unmittelbaren Wirkung einer erfolgreichen Zurückweisung gemäß § 253 Abs. 4 InsO mit der Wirkung einer erfolgreichen Freigabe gemäß §§ 246a, 319 Abs. 6 AktG und § 16 Abs. 3 UmwG verdeutlicht jedoch, dass im Rahmen des § 253 Abs. 4 InsO von „Freigabe" keine Rede sein kann.

Sowohl das aktienrechtliche- als auch das umwandlungsrechtliche Freigabeverfahren bezwecken die frühzeitige Eintragung der im Hauptversammlungsbeschluss vorgesehenen unternehmerischen Maßnahmen,[835] damit diese zügig durchgesetzt und vollzogen werden können. Gegenstand des Verfahrens und damit korrekte Terminologie ist im Hinblick auf §§ 246a, 319 Abs. 6 AktG und § 16 Abs. 3 UmwG daher die frühzeitige

833 Dazu sogleich § 14, VI., 4.

834 *Madaus*, NZI 2012, 597, 599; *Rattunde*, GmbHR 2012, 455, 459; *Römermann*, GmbHR 2012, 421, 423; *Spliedt*, GmbHR 2012, 462, 469.

835 §§ 246a Abs. 1 Satz 1, 319 Abs. 6 Satz 1 AktG, § 16 Abs. 3 Satz 1 UmwG.

„Freigabe" zur Eintragung des Hauptversammlungsbeschlusses bzw. der entsprechenden unternehmerischen Maßnahme.

Demgegenüber ist das Ziel des § 253 Abs. 4 InsO die „Zurückweisung" der sofortigen Beschwerde, damit ein Insolvenzplan zügiger durchgesetzt werden kann und das Planverfahren von dem Suspensiveffekt gemäß § 254 Abs. 1 InsO durch die Einlegung einer Beschwerde entlastet wird. Diese Wirkung tritt jedoch automatisch ein, sofern die sofortige Beschwerde als Verfahrensgegenstand i. S. v. § 253 Abs. 4 InsO rechtskräftig zurückgewiesen wird, weil der Suspensiveffekt für die Wirkungen eines Insolvenzplans in dem Falle endet und der Planbestätigungsbeschluss gemäß § 254 Abs. 1 InsO rechtskräftig wird.

Die Freigabeverfahren der §§ 246a, 319 Abs. 6 AktG und § 16 Abs. 3 UmwG unterscheiden sich damit im Hinblick auf ihre jeweiligen Regelungsziele von dem Zurückweisungsverfahren gemäß § 253 Abs. 4 InsO. Während mit den Freigabeverfahren eine frühzeitige „Freigabe" für eine Registereintragung eines Hauptversammlungsbeschlusses erzielt werden soll, zielt § 253 Abs. 4 InsO auf die „Zurückweisung" des Rechtsmittels einer Beschwerde ab. Aus Klarstellungsgründen und anknüpfend an das Verfahrensziel sollte für das Instrument des § 253 Abs. 4 InsO daher die Terminologie „Zurückweisung" gewählt werden. Zudem verleitet eine entsprechende terminologische Unterscheidung nicht vorschnell dazu, im Hinblick auf das Zurückweisungsinstrument von einer strukturell und verfahrensrechtlich (nahezu) identischen gesetzlichen Ausgestaltung gegenüber dem aktienrechtlichen Freigabeverfahren auszugehen.

V. Der Ablauf des Zurückweisungsverfahrens gemäß § 253 Abs. 4 InsO

1. Antragserfordernis

Ausgangspunkt des Zurückweisungsverfahrens ist ein *Antrag* auf Zurückweisung gemäß § 253 Abs. 4 Satz 1 InsO.[836] Eine Prüfung von Amts wegen erfolgt nicht. Antragsberechtigt ist ausschließlich der Insolvenz-

836 Zur Form des Antrags vgl. die Ausführungen bei *Burmeister/Schmidt-Hern*, in: Kübler, HRI, § 43 Rn. 172.

verwalter.[837] Hinsichtlich der im Einzelfall erforderlichen Überlegungen, ob ein beschleunigter Planvollzug schneller und wirtschaftlicher mit der Durchführung eines regulären Beschwerdeverfahrens gemäß § 253 Abs. 1 bis 3 InsO realisiert werden kann oder dieser mit Hilfe einer Zurückweisungsprüfung erfolgversprechender erscheint, ist die Beschränkung der Antragsberechtigung auf den Insolvenzverwalter zu begrüßen. Das hängt einerseits mit der Expertise und der Beurteilungsfähigkeit des Insolvenzverwalters zusammen, der es bedarf, um im Einzelfall die bestmögliche Strategie zur Abwehr von Rechtsmitteln zu erkennen. Zudem muss bereits der Zurückweisungsantrag Angaben enthalten, die ein Zurückweisungsbegehren in tatsächlicher- und rechtlicher Hinsicht stützen.[838] Allein der Insolvenzverwalter vermag dem Gericht die umfassenden Unterlagen darzulegen.

a) Zeitpunkt der Antragstellung

Zu welchem Zeitpunkt ein Antrag gemäß § 253 Abs. 4 Satz 1 InsO gestellt werden kann, folgt weder aus dem Wortlaut des Abs. 4 noch aus den Erwägungen des Rechtsausschusses zu § 253 Abs. 4 InsO. Da der Antrag auf Zurückweisung einer sofortigen Beschwerde gerichtet ist, kann dieser frühestens mit Einreichung der Beschwerdeschrift bzw. mit der Einlegung der sofortigen Beschwerde beim Insolvenzgericht (§ 6 Abs. 1 Satz 2 InsO) gestellt werden.[839] Für den spätest möglichen Zeitpunkt der Antragstellung ist dagegen maßgeblich, ob die sofortige Beschwerde noch zurückgewiesen werden kann. Dies ist nicht der Fall, sofern das Insolvenzgericht der Beschwerde gemäß §§ 4, 6 Abs. 1 Satz 2 InsO, 572 Hs. 1 ZPO abgeholfen hat oder das Beschwerdegericht über die sofortige Beschwerde nach Maßgabe

837 Im Rahmen einer angeordneten Eigenverwaltung ist darüber hinaus auch der Schuldner antragsberechtigt, LG Berlin v. 20.10.2014 – 51 T 696/14 (*Suhrkamp*), NZI 2015, 66, 67 Ziff. 5.; *Sinz*, in: MünchKomm-InsO, § 253 Rn. 60; *Fischer*, NZI 2013, 513, 516 f.; *Lehmann/Rühle*, NZI 2014, 889, 891.

838 *Fischer*, NZI 2013, 513, 519.

839 *Burmeister/Schmidt-Hern*, in: Kübler, HRI, § 43 Rn. 168; *Pleister*, in: KPB, InsO, § 253 Rn. 29; *Sinz*, in: MünchKomm-InsO, § 253 Rn. 61; *Fischer*, NZI 2013, 513, 517; *Lehmann/Rühle*, NZI 2014, 889, 891 f. Teile im Schrifttum gestatten die Einreichung eines Zurückweisungsantrags bereits im Vorfeld der Einlegung einer sofortigen Beschwerde in Form einer Hinterlegung als Schutzschrift beim Beschwerdegericht, vgl. *Burmeister/Schmidt-Hern*, in: Kübler, HRI, § 43 Rn. 168; *Thies*, in: HambKomm-InsO, § 253 Rn. 25; *Lehmann/Rühle*, NZI 2014, 889, 891.

der Voraussetzungen in § 253 Abs. 1 bis 3 InsO entschieden hat. Bis zu diesem Zeitpunkt kann der Antrag noch gestellt werden,[840] wenngleich der Insolvenzverwalter im Falle einer späten Antragstellung gegebenenfalls das Risiko eines Abhilfebeschlusses in Kauf nimmt (vgl. § 253 Abs. 4 Satz 1 Hs. 2 InsO). In diesem Punkt unterscheidet sich das Zurückweisungsverfahren des § 253 Abs. 4 InsO von dem aktienrechtlichen Freigabeverfahren gemäß § 246a AktG, in dessen Rahmen ein Antrag auf Freigabe von Seiten der Gesellschaft (§ 246a Abs. 1 Satz 1 AktG) noch bis zur Rechtskraft eines Urteils über die Anfechtungsklage gestellt werden kann.[841]

b) Antragstellung vor dem Insolvenz- und/oder Landgericht?

Vor welchem Gericht der Zurückweisungsantrag zu stellen ist, ergibt sich weder aus der Vorschrift des § 253 Abs. 4 InsO noch aus der Regierungsbegründung zum ESUG. Eine ausschließliche Zuständigkeit des Landgerichts, welches gemäß § 72 GVG funktional das Beschwerdegericht ist,[842] ist gemäß § 253 Abs. 4 Satz 1 InsO zwar für die Prüfung der Zurückweisungsvoraussetzungen vorgesehen. Daraus geht jedoch nicht zugleich hervor, dass auch der Antrag ausschließlich bei dem Beschwerdegericht zu stellen ist. In der Gesetzesbegründung finden sich im Zusammenhang mit der Vorschrift des § 253 Abs. 4 InsO Ausführungen für den Fall, dass der Zurückweisungsantrag „beim Beschwerdegericht“ eingeht.[843] Dass alternativ nicht auch eine Antragstellung bei dem Insolvenzgericht erfolgen kann, ist den Erwägungen jedoch nicht zu entnehmen. So wird auch im Schrifttum eine Antragstellung teilweise alternativ bei dem Insolvenz- oder dem Landgericht für zulässig gehalten.[844]

Der Regelungszusammenhang spricht insbesondere unter Berücksichtigung der Vorschrift des § 6 InsO gleichwohl für eine ausschließliche Zulässigkeit der Antragstellung bei dem Landgericht. Gemäß § 6 Abs. 1

840 *Burmeister/Schmidt-Hern*, in: Kübler, HRI, § 43 Rn. 169; *Sinz*, in: MünchKomm-InsO, § 253 Rn. 62; *Fischer*, NZI 2013, 513, 517.

841 *Schwab*, in: K. Schmidt/Lutter, AktG, § 246a Rn. 27.

842 *Burmeister/Schmidt-Hern*, in: Kübler, HRI, § 43 Rn. 166.

843 Beschlussempfehlung u. Bericht zum ESUG, BT-Drucks. 17/7511, S. 36.

844 So etwa *Sinz*, in: MünchKomm-InsO, § 253 Rn. 63 ff.; *Thies*, in: HambKomm-InsO, § 253 Rn. 25.

Satz 2 InsO ist die Einlegung einer sofortigen Beschwerde ausschließlich bei dem Insolvenzgericht möglich. Damit normiert § 6 Abs. 1 Satz 2 InsO eine Ausnahme von dem Grundsatz des § 569 Abs. 1 ZPO, wonach der Beschwerdeführer wählen kann, ob er seine Beschwerde bei dem Gericht einreicht, welches die angefochtene Entscheidung erlassen hat *(iudex a quo)*, oder bei dem im Rechtszug nächsthöheren Gericht *(iudex ad quem)*.[845] Die Regelung des § 6 Abs. 1 Satz 2 InsO soll dem Insolvenzgericht die Möglichkeit zur Abhilfe geben (vgl. § 572 Abs. 1 Hs. 1 ZPO) und durch eine Entlastung der Beschwerdegerichte insoweit zu zügigen Verfahrensabläufen beitragen.[846]

Im Falle eines Zurückweisungsverfahrens sieht § 253 Abs. 4 Satz 1 Hs. 2 InsO eine Abhilfemöglichkeit gemäß § 572 Abs. 1 Hs. 1 ZPO des Insolvenzgerichts abweichend von § 6 Abs. 1 Satz 2 InsO explizit nicht vor.[847] § 253 Abs. 1 Satz 1 InsO normiert vielmehr eine ausschließliche Zuständigkeit des Landgerichts für die Prüfung der Zurückweisungsvoraussetzungen. Das Insolvenzgericht wird mit dem Verfahren des Abs. 4 in keinem Verfahrenszeitpunkt befasst, weshalb auch der entsprechende Zurückweisungsantrag als „Sachantrag" im Rahmen des Beschwerdeverfahrens bei dem funktional zuständigen Landgericht zu stellen ist.[848] Eine alternative Antragstellung bei dem Insolvenzgericht scheidet folglich aus.

2. Ausschluss des Abhilfeverfahrens i. S. v. § 572 Abs. 1 Hs. 1 ZPO

Sobald ein Zurückweisungsantrag gemäß § 253 Abs. 4 Satz 1 InsO bei dem Landgericht gestellt wird, ist dieses ausschließlich zuständig. Das Insolvenzgericht wird in diesem Falle von seiner grundsätzlich gemäß §§ 4, 6 Abs. 1 Satz 2 InsO i. V. m. § 572 Abs. 1 Hs. 2 ZPO bestehenden Abhilfebefugnis ausgeschlossen (§ 253 Abs. 4 Satz 1 Hs. 2 InsO).

---

845 *Musielak/Voit*, Grundkurs ZPO, § 7 Rn. 562.

846 Beschlussempfehlung u. Bericht zum ESUG, BT-Drucks. 17/7511, S. 33.

847 Nicht überzeugen kann daher die Auffassung von *Wenzel*, in: Haarmeyer/Wutzke/Förster, InsO-Komm, § 253 Rn. 24, der eine Antragstellung erst im Anschluss an eine Nichtabhilfeentscheidung zulassen will.

848 I. E. auch *Jaffé*, in: Wimmer, FK-InsO, § 253 Rn. 22; *Haas*, in: HK-InsO, § 253 Rn. 25; *Burmeister/Schmidt-Hern*, in: Kübler, HRI, § 43 Rn. 166; *Fischer*, NZI 2013, 513, 517; *Spliedt*, in: K. Schmidt, InsO, § 253 Rn. 16; *Wenzel*, in: Haarmeyer/Wutzke/Förster, InsO-Komm, § 253 Rn. 24.

Im Schrifttum wird vereinzelt vertreten, dass eine Zurückweisung erst im Anschluss an eine Nichtabhilfeentscheidung des Insolvenzgerichts beantragt werden könne, da das insoweit zuständige Landgericht erst nach erfolgter Nichtabhilfeentscheidung mit der sofortigen Beschwerde befasst sei.[849] Wenngleich die Annahme eines solchen Verfahrensprozederes mit dem üblichen Beschwerdeverlauf gemäß § 572 Abs. 1 ZPO übereinstimmt, so widerspricht sie dennoch dem ausdrücklichen Wortlaut des § 253 Abs. 4 Abs. 1 Satz 2 InsO sowie der Gesetzesbegründung. Denn der Ausschluss der Abhilfebefugnis für das Insolvenzgericht soll ausweislich der Gesetzesbegründung zum ESUG eine weitere Beschleunigung des Planvollzugs gewährleisten.[850] Zudem impliziert die Aussage, dass im Vorfeld der Zurückweisungsprüfung ein Abhilfeverfahren durchzuführen wäre, welches dem Insolvenzgericht zugleich die Möglichkeit zur Abhilfe gäbe. Dies will § 253 Abs. 4 InsO im Interesse zügiger Verfahrensabläufe aber gerade verhindern.[851]

Da ein Zurückweisungsantrag gemäß § 253 Abs. 4 Satz 1 InsO gestellt werden kann, solange eine Zurückweisung der Beschwerde noch möglich ist, sind Fälle denkbar, in denen das Insolvenzgericht gemäß §§ 4, 6 Abs. 1 Satz 2 InsO i. V. m. § 572 Abs. 1 Hs. 1 ZPO bereits mit der Abhilfeprüfung befasst ist, wenn der Zurückweisungsantrag bei dem Landgericht eingeht. Eine Verzögerung der Antragstellung birgt damit das Risiko, dass das Insolvenzgericht der Beschwerde abhilft, bevor das Landgericht im Rahmen des Zurückweisungsverfahrens zuständig wird. Daher sollte ein Antrag auf Zurückweisung einer sofortigen Beschwerde frühzeitig in Erwägung gezogen werden, sofern ein Zurückweisungsverfahren gemäß § 253 Abs. 4 InsO im Hinblick auf einen beschleunigten Planvollzug erfolgversprechender scheint als ein reguläres Beschwerdeverfahren nach Maßgabe des § 253 Abs. 1 bis 3 InsO.

849 Vgl. *Wenzel*, in: Haarmeyer/Wutzke/Förster, InsO-Komm, § 253 Rn. 24.

850 Beschlussempfehlung u. Bericht zum ESUG, BT-Drucks. 17/7511, S. 36.

851 Beschlussempfehlung u. Bericht zum ESUG, BT-Drucks. 17/7511, S. 36.

3. Prüfung durch das Landgericht

a) Zulässigkeitsprüfung der sofortigen Beschwerde

Sofern ein Zurückweisungsantrag gestellt wird, ergeben sich gegenüber dem „regulären" Beschwerdeverlauf nach vorliegend bevorzugtem Verständnis zunächst keine wesentlichen Abweichungen. Als Besonderheit ist insoweit lediglich der Ausschluss des Abhilfeverfahrens vor dem Insolvenzgericht zu erwähnen (§ 253 Abs. 4 Satz 1 Hs. 2 InsO). Das Land- bzw. Beschwerdegericht prüft damit, wie auch im „regulären" Beschwerdeverfahren, zunächst die allgemeinen Prozess- und Zulässigkeitsvoraussetzungen der sofortigen Beschwerde gemäß § 253 Abs. 2 Nr. 1 bis 3 InsO.[852]

b) Prüfung der Zurückweisungsvoraussetzungen gemäß § 253 Abs. 4 Satz 1, 2 InsO

Wird die sofortige Beschwerde nicht schon mangels Vorliegen der Zulässigkeitsvoraussetzungen unverzüglich gemäß § 253 Abs. 4 InsO zurückgewiesen, prüft das Gericht in einem nächsten Schritt die Zurückweisungsvoraussetzungen gemäß § 253 Abs. 4 Satz 1, 2 InsO.[853] Insoweit ist zunächst eine Abwägungsprüfung vorgesehen. Eine Zurückweisung ist demnach nur möglich, wenn das alsbaldige Wirksamwerden des Insolvenzplans vorrangig erscheint, weil die Nachteile einer Verzögerung des Planvollzugs nach freier Überzeugung des Gerichts die Nachteile für den Beschwerdeführer überwiegen.[854] Liegt ein besonders schwerer Rechtsverstoß vor, muss die Abwägung gemäß § 253 Abs. 4 Satz 2 InsO zwingend zugunsten des Beschwerdeführers ausfallen.[855] Damit ergibt sich mit der Nachteilsabwägung und der Prüfung eines besonders schweren Rechtsverstoßes eine zweistufige Prüfung.

4. Zurückweisungsentscheidung durch Beschluss

Sofern die Zulässigkeitsvoraussetzungen der „regulären" Beschwerde nicht erfüllt sind oder die Zurückweisungsvoraussetzungen gemäß § 253 Abs. 4 Satz 1, 2 InsO vorliegen, weist das Beschwerdegericht die

852 Vgl. oben § 14, III., 7.

853 A. A. *Merten*, Die neue Insolvenzrechtsreform, S. 116, der die Aufgabe der Nachteilsabwägung dem Insolvenzgericht aufträgt.

854 Zum Begriff der „Nachteile" siehe § 14, VI., 3.

855 Beschlussempfehlung u. Bericht zum ESUG, BT-Drucks. 17/7511, S. 36.

sofortige Beschwerde zurück. Die Zurückweisung erfolgt durch Beschluss (§ 4 InsO i. V. m. § 572 Abs. 4 ZPO). Dies folgt daraus, dass es sich bei dem Zurückweisungsverfahren gemäß § 253 Abs. 4 InsO nach dem hier vertretenen Verständnis dogmatisch um das – einheitliche – Beschwerdeverfahren i. S. v. § 253 InsO handelt. Die sofortige Beschwerde gemäß § 253 InsO ist eine sofortige Beschwerde im Sinne der ZPO. Die Vorschriften der §§ 567 ff. ZPO sind gemäß § 4 InsO entsprechend auf die Beschwerde gemäß § 253 InsO anzuwenden, sofern die Insolvenzordnung keine abweichenden Reglungen trifft. Da eine spezielle Regelung über die Entscheidungsform der sofortigen Beschwerde in der InsO fehlt, gilt gemäß § 4 InsO i. V. m. § 572 Abs. 4 ZPO die Beschlussform.

Verneint das Land- bzw. Beschwerdegericht die Zurückweisungsvoraussetzungen gemäß § 253 Abs. 4 Satz 1 InsO, weil entweder ein besonders schwerer Rechtsverstoß vorliegt oder eine Nachteilsabwägung ein überwiegendes Aufschubinteresse des Beschwerdeführers ergibt, prüft es die Begründetheit der sofortigen Beschwerde.

5. Rechtsmittel gegen den Zurückweisungsbeschluss

Mangels anderslautender gesetzlicher Regelung scheint gegen einen Zurückweisungsbeschluss gemäß § 253 Abs. 4 InsO das Rechtsmittel der Rechtsbeschwerde zum BGH statthaft zu sein (§ 4 InsO i. V. m. § 572 ZPO, § 133 GVG).[856] Die Statthaftigkeit der Rechtsbeschwerde richtet sich seit der Aufhebung des § 7 InsO[857] nach der Vorschrift des § 574 Abs. 1 Satz 1 Nr. 2 ZPO. Danach muss das Beschwerdegericht die Rechtsbeschwerde zulassen (vgl. § 574 Abs. 3 Satz 1 i. V. m. Abs. 2 ZPO).[858] Lässt das Beschwerdegericht die Rechtsbeschwerde zu, tritt die Rechtskraft des Insolvenzplans erst mit

856 Bejahend *Pleister*, in: KPB, InsO, § 253 Rn. 42 f.; *Spliedt*, in: K. Schmidt, InsO, § 253 Rn. 26; *Flöther/Wehner*, in: Blersch/Goetsch/Haas, InsO, § 253 Rn. 22; *Burmeister/Schmidt-Hern*, in: Kübler, HRI, § 43 Rn. 187.

857 *Backes*, in: Pape/Uhländer, NWB Komm-InsO, § 253 Rn. 50. § 7 InsO wurde durch das Gesetz zur Änderung des § 522 ZPO vom 21.10.2011, BGBl. I, 2082 aufgehoben. Zur zeitlichen Geltung der Neuerungen siehe *Zimmer*, ZInsO 2011, 1689, 1695, mit Erwiderung *Wenz*, ZInsO 2011, 2120.

858 Zu den Voraussetzungen der Rechtsbeschwerde gemäß § 4 InsO i. V. m. § 574 ZPO siehe die Ausführungen bei *Burmeister/Schmidt-Hern*, in: Kübler, HRI, § 43 Rn. 208 ff.; ausführlich zur Rechtsbeschwerde auch *Becker*, in: Nerlich/Römermann, InsO, Anhang § 6 Rn. 1 ff.; *Stephan*, in: K. Schmidt, InsO, § 6 Rn. 24, 29 ff.

Ablauf der einmonatigen Rechtsbeschwerdefrist (§ 575 Abs. 1 Satz 1 ZPO) oder mit der Entscheidung über die Rechtsbeschwerde ein.[859]

a) Statthaftigkeit der Rechtsbeschwerde – *Suhrkamp*

Aufgrund der aus einem Rechtsbeschwerdeverfahren resultierenden Verfahrensverzögerung wird die Statthaftigkeit der Rechtsbeschwerde gegen einen Zurückweisungsbeschluss teilweise verneint.[860] Sie widerspreche der Zielsetzung des Gesetzgebers, sanierungsgefährdende Verfahrensverzögerungen zu beschränken. Dem schloss sich auch der BGH im Rahmen des Insolvenzverfahrens der *Suhrkamp-Verlagsgruppe GmbH & Co. KG* an. Im Vorfeld hatte die Beschwerdekammer des LG Berlin die sofortige Beschwerde der Minderheitsgesellschafterin der Verlagsgruppe mit Beschluss vom 21./24.2.2014[861] als unzulässig verworfen und mit Beschluss vom 14.4.2014[862] zusätzlich gemäß § 253 Abs. 4 InsO zurückgewiesen, in beiden Fällen unter Zulassung der Rechtsbeschwerde. Die durch die Minderheitsgesellschafterin eingelegte Rechtsbeschwerde gegen den Zurückweisungsbeschluss vom 14.4.2014 hat der BGH mit Beschluss vom 17.9.2014 als unzulässig verworfen, da die Rechtsbeschwerde ungeachtet der Zulassung durch das Beschwerdegericht bereits unstatthaft sei.[863]

Der Senat stützt seine Begründung im Wesentlichen auf die folgenden Erwägungen: Der Ausschluss der Rechtsbeschwerde ergebe sich ungeachtet einer fehlenden ausdrücklichen gesetzlichen Regelung aufgrund der Auslegung des § 253 Abs. 4 InsO aus der Natur der Sache. Insoweit sei für eine Rechtsbeschwerde aufgrund des mit § 253 Abs. 4 InsO eingeführten summarischen Eilverfahrens kein Raum. Dass der Gesetzgeber im Rahmen der Zurückweisungskonstellation ein Abhilfeverfahren vor

859 *Huber*, in: MünchKomm-InsO, § 254 Rn. 16.

860 *Jaffé*, in: Wimmer, FK-InsO, § 253 Rn. 23; *Sinz*, in: MünchKomm-InsO, § 253 Rn. 86 f.; *Fischer*, NZI 2013, 513 ff.; i. E. auch *Brünkmans*, ZInsO 2014, 993, 999. Gegen einen Verwerfungs- oder Zurückweisungsbeschluss wegen Unzulässigkeit oder Unbegründetheit der Beschwerde im „regulären“ Beschwerdeverfahren ist die Rechtsbeschwerde nach den allgemeinen Vorschriften der § 4 InsO i. V. m. § 574 ZPO statthaft, *Skauradszun*, DZWIR 2014, 338, 341.

861 LG Berlin v. 21./24.2.2014 – 51 T 107/14 (*Suhrkamp*), ZInsO 2014, 962 f.

862 LG Berlin v. 14.4.2014 – 51 T 107/14 (*Suhrkamp*), ZInsO 2014, 963 ff.

863 BGH v. 17.9.2014 – IX ZB 26/14 (*Suhrkamp*), NZG 2014, 1351.

dem Insolvenzgericht nicht vorsehe (vgl. § 253 Abs. 4 Satz 1, Hs. 1 InsO), spreche im Umkehrschluss erst recht für den Ausschluss der Rechtbeschwerde, deren Überprüfung im Vergleich zu einem Abhilfeverfahren wesentlich mehr Zeit in Anspruch nehme.[864] Zudem folge der Ausschluss aus einem Verweis des Gesetzgebers auf die Vorbildregelung des aktienrechtlichen Freigabeverfahrens gemäß § 246a AktG, in welchem die Statthaftigkeit der Rechtsbeschwerde ausdrücklich ausgeschlossen sei (vgl. § 246a Abs. 3 Satz 4 AktG). Das Fehlen einer ausdrücklichen Regelung im Wortlaut des § 253 Abs. 4 InsO rechtfertige nicht die Statthaftigkeit der Rechtsbeschwerde,[865] sondern sei mit Rücksicht auf die Einführung des § 253 Abs. 4 InsO erst am Ende des Gesetzgebungsverfahrens vielmehr als ein redaktionelles Versehen zu werten. Schließlich unterstreiche der ausschließlich auf finanzielle Kompensation gerichtete Schadenersatzanspruch gemäß § 253 Abs. 4 Satz 3, 4 InsO den Ausschluss der Statthaftigkeit der Rechtsbeschwerde.[866]

b) Stellungnahme

Ausgehend von dem gesetzgeberischen Ziel, mit den Reformmaßnahmen des ESUG durch eine Vermeidung rechtsmittelbedingter Verfahrensverzögerungen zu zügigeren Planverfahren beizutragen, ist die Entscheidung des BGH im *Suhrkamp*-Verfahren uneingeschränkt zu begrüßen. Die Statthaftigkeit einer Rechtsbeschwerde gegen einen Zurückweisungsbeschluss gemäß § 253 Abs. 4 InsO droht die mit den Reformmaßnahmen der § 253 Abs. 2 und 4 InsO erlangten Zeitvorteile für das Insolvenzplanverfahren zu konterkarieren.

Der Senat weist im Rahmen seiner Entscheidungsgründe in diesem Zusammenhang zu Recht auf die Vorschriften der § 253 Abs. 4 Satz 1, Hs. 1 und Satz 3 InsO hin, mit denen der Eilcharakter des Beschwerdeverfahrens in der Zurückweisungskonstellation zum Ausdruck kommt. Ferner lässt sich insbesondere der Schadensersatzregelung der Wille des Gesetzgebers entnehmen, dass eine im Wege der Zurückweisung erfolgte Rechts-

864 Vgl. *Skauradszun*, DZWIR 2014, 338, 343.
865 Dazu siehe LG Berlin v. 14.4.2014 – 51 T 107/14 (*Suhrkamp*), ZinsO 2014, 963, 964 f.
866 BGH v. 17.9.2014 – IX ZB 26/14 (*Suhrkamp*), NZG 2014, 1351 Rn. 6 ff.

krafterlangung des Bestätigungsbeschlusses nicht mehr durch Rechtsmittel verhindert werden können soll.

Soweit jedoch die fehlende Klarstellung eines Rechtsbeschwerdeausschlusses im Wortlaut des § 253 Abs. 4 InsO auf ein redaktionelles Versehen des Gesetzgebers zurückgeführt wird,[867] erscheint die Überzeugungskraft einer entsprechenden Begründung nicht durchschlagend. Dass der Gesetzgeber die Einführung einer klarstellenden Regelung trotz Kenntnis sowohl der Rechtsprechung des BGH zum Ausschluss der Rechtsbeschwerde im Freigabeverfahren[868] als auch der ausdrücklichen Ausschlussregelungen in den umwandlungs- und aktienrechtlichen Vorschriften (vgl. § 16 Abs. 3 Satz 9 UmwG, § 246a Abs. 3 Satz 4, § 319 Abs. 6 Satz 9 AktG) schlichtweg nicht bedacht habe, erscheint auch unter Berücksichtigung der „kurzfristigen" Aufnahme der Zurückweisungsmöglichkeit zweifelhaft.

Schließlich kann auch der pauschale Verweis des Gesetzgebers auf die Vorbildregelung des aktienrechtlichen Freigabeverfahrens keine derart weitreichende Überzeugungskraft entfalten,[869] dass der Ausschluss der Statthaftigkeit der Rechtsbeschwerde gegen einen Zurückweisungsbeschluss darauf gestützt werden könnte. So ist die fehlende Tauglichkeit des Verweises in der Gesetzesbegründung als Begründungsansatz für ungeklärte Fragestellungen im Rahmen des § 253 Abs. 4 InsO bereits mehrfach zum Ausdruck gekommen. Sie ist darauf zurückzuführen, dass sich das Zurückweisungsverfahren dogmatisch und strukturell in wesentlichen Punkten von einem aktienrechtlichen Freigabeverfahren unterscheidet. Insoweit kann in dem „Zurückweisungsverfahren", entgegen der Auffassung in der Rechtsprechung,[870] schon kein eigenständiger (Eil-)Verfahrenscharakter erblickt werden, wie es für das Freigabeverfahren der Fall ist, bei dem es sich um ein eigenständiges Eilverfahren *sui generis* handelt.[871] Damit tritt auch die in der Gesetzesbegründung zum Ausdruck kom-

867 BGH v. 17.9.2014 – IX ZB 26/14 (*Suhrkamp*), NZG 2014, 1351, 1353 Rn. 18.

868 Vgl. BGH v. 29.5.2006 – II ZB 5/06, NJW 2006, 2924 zu den Freigabeverfahren der §§ 16 Abs. 3 UmwG, 319 Abs. 6 AktG; vgl. auch *Fischer*, NZI 2013, 513, 520.

869 BGH v. 17.9.2014 – IX ZB 26/14 (*Suhrkamp*), NZG 2014, 1351, 1352 Rn. 16.

870 BGH v. 17.9.2014 – IX ZB 26/14 (*Suhrkamp*), NZG 2014, 1351, 1352 Rn. 11 ff.; LG Berlin v. 14.4.2014 – 51 T 107/14 (*Suhrkamp*), ZInsO 2014, 963, 964.

871 Dazu bereits ausführlich § 14, III.

mende Vorbildfunktion des aktienrechtlichen Freigabeverfahrens in den Hintergrund.

Im Lichte der lediglich bedingten Vergleichbarkeit des § 253 Abs. 4 InsO mit § 246a AktG beschränken sich die Erwägungen des BGH im *Suhrkamp*-Fall aus dieser Perspektive somit im Kern auf eine ergebnisorientierte Argumentation. Gleichwohl ist dieser uneingeschränkt zu folgen, da der durch das ESUG geschaffene Attraktivitätsgewinn für das Sanierungsinstrument des Insolvenzplanverfahrens nicht durch die Durchführung eines Rechtsbeschwerdeverfahrens zunichte gemacht werden darf. Den neuartigen Reformmaßnahmen innerhalb des § 253 InsO lässt sich insoweit der einheitliche Wille entnehmen, Verfahrenshemmnisse abzubauen, die durch die Einlegung von Rechtsmitteln entstehen. Die Statthaftigkeit der Rechtsbeschwerde gegen einen Zurückweisungsbeschluss ist daher zu verneinen. Aufgrund der strukturellen Unterschiede zu dem aktienrechtlichen Freigabeverfahren empfiehlt sich jedoch eine ausdrückliche Klarstellung in der Vorschrift des § 253 Abs. 4 InsO, da die Begründung eines Ausschlusses der Rechtsbeschwerde „kraft Natur der Sache" nicht uneingeschränkt überzeugt.

VI. Zurückweisungsvoraussetzungen (§ 253 Abs. 4 Satz 1, 2 InsO)

Sofern die Zurückweisungsvoraussetzungen gemäß § 253 Abs. 4 Satz 1, 2 InsO vorliegen, weist das Landgericht eine sofortige Beschwerde unverzüglich zurück. Das ist der Fall, wenn kein besonders schwerer Rechtsverstoß festgestellt wird und eine Nachteilsabwägung ergibt, dass das alsbaldige Wirksamwerden des Insolvenzplans vorrangig erscheint, weil die Nachteile einer Verzögerung des Planvollzugs die Nachteile für den Beschwerdeführer überwiegen.

1. (Teilweise) parallele Ausgestaltung zu § 246a AktG

Die Zurückweisungsvoraussetzungen in § 253 Abs. 4 Satz 1, 2 InsO ähneln in ihrer gesetzlichen Ausgestaltung dem aktienrechtlichen Freigabegrund des § 246a Abs. 2 Nr. 3 AktG. Danach kann ein Freigabebeschluss ergehen, wenn das alsbaldige Wirksamwerden des Hauptversammlungsbeschlusses vorrangig erscheint, weil die vom Antragsteller dargelegten wesentlichen

Nachteile für die Gesellschaft und ihre Aktionäre nach freier Überzeugung des Gerichts die Nachteile für den Antragsgegner überwiegen, es sei denn, es liegt ein besonders schwerer Rechtsverstoß vor. Dabei kommt es im Hinblick auf die Nachteile der Gesellschaft und ihrer Aktionäre ausschließlich auf *wesentliche* Nachteile an (vgl. § 246a Abs. 2 Nr. 3 AktG), denen insoweit einiges Gewicht zukommen muss und nicht von vornherein vernachlässigbar sein dürfen.[872]

Abgesehen von den Merkmalen des besonders schweren Rechtsverstoßes und der Nachteilsabwägung ist eine Freigabe im aktienrechtlichen Verfahren im Vergleich zu § 253 Abs. 4 InsO darüber hinaus möglich, wenn eine Anfechtungs- oder Nichtigkeitsklage unzulässig oder offensichtlich unbegründet ist (§ 246a Abs. 2 Nr. 1 AktG) oder der Kläger nicht binnen einer Woche nach Zustellung des Antrags durch Urkunden nachweist, dass er seit Bekanntmachung der Einberufung einen anteiligen Betrag von mindestens 1.000 Euro hält (§ 246a Abs. 2 Nr. 2 AktG, sog. Bagatellquorum[873]).

Die Freigabevoraussetzungen der *Unzulässigkeit oder offensichtlichen Unbegründetheit* sowie das *Bagatellquorum* finden im Wortlaut des § 253 Abs. 4 InsO als potenzielle Zurückweisungsvoraussetzungen keine Erwähnung. Gleichwohl enthalten bereits die regulären Beschwerdevoraussetzungen in § 253 Abs. 2 InsO vergleichbare Kriterien. Denn soweit das Zurückweisungsverfahren vorliegend als ein Prüfungsbestandteil des „regulären" Beschwerdeverfahrens angesehen wird, prüft das Beschwerdegericht im Vorfeld der Zurückweisungsvoraussetzungen zunächst die Zulässigkeitsvoraussetzungen der sofortigen Beschwerde.[874] Diese Prüfung entspricht dem Freigabegrund des § 246a Abs. 2 Nr. 1 AktG, die insoweit die Überprüfung der Unzulässigkeit oder offensichtlichen Unbegründetheit beinhaltet. Mit der Voraussetzung der Glaubhaftmachung einer *wesentlichen* Schlechterstellung gemäß § 253 Abs. 2 Nr. 3 InsO zeichnet

872 Beschlussempfehlung u. Bericht zum ARUG, BT-Drucks. 16/13098, S. 42; *Dörr*, in: Spindler/Stilz, AktG, § 246a Rn. 31; *Englisch*, in: Hölters, AktG, § 246a Rn. 38.

873 Das Hauptziel des Bagatellquorums besteht darin, Rechtsmittel allgemein einzudämmen und insbesondere missbräuchliche Aktionärsklagen zu vermeiden; siehe etwa *Englisch*, in: Hölters, AktG-Komm, § 246a Rn. 25 ff.

874 Siehe oben § 14, III., 7.

sich im Grundsatz zudem eine gewisse Parallele zum Bagatellquorum ab (§ 246a Abs. 2 Nr. 2 AktG).

2. Der besonders schwere Rechtsverstoß (§ 253 Abs. 4 Satz 2 InsO)

a) Rechtlicher Bezugspunkt für den Rechtsverstoß, §§ 248 bis 252 InsO

Ein besonders schwerer Rechtsverstoß i. S. v. § 253 Abs. 4 Satz 2 InsO kann sich grundsätzlich aus einer Verletzung des gesamten planrechtlichen Vorschriftenkatalogs ergeben, den das Insolvenzgericht im Bestätigungsverfahren überprüft hat (§§ 248 bis 252 InsO). Denn mit der sofortigen Beschwerde, die nach Maßgabe des § 253 Abs. 4 InsO zurückgewiesen werden soll, wird der gerichtliche Planbestätigungsbeschluss angefochten und damit die rechtliche Grundlage, auf die sich der insolvenzgerichtliche Bestätigungsbeschluss stützt. Dieser Rechtskatalog umfasst die Regelungen über den Inhalt des Plans (§§ 219 bis 230 InsO), die verfahrensmäßige Behandlung des Plans (§ 218, §§ 231 bis 243 InsO), die Annahme des Plans durch die Beteiligten (§§ 244 bis 246 InsO) sowie die Zustimmung des Schuldners (§ 247 InsO) zum Plan.[875]

b) Die besonderen Schwere i. S. v. § 253 Abs. 4 Satz 2 InsO

Der Gesetzgeber unterließ es im Rahmen der gesetzlichen Ausgestaltung des Zurückweisungsverfahrens, den Begriff der besonderen Schwere i. S. v. § 253 Abs. 4 Satz 2 InsO mit Leben zu füllen. Im Schrifttum haben sich differenzierte Auffassungen in Bezug auf die Reichweite des besonders schweren Rechtsverstoßes herausgebildet, auf die im weiteren Verlauf der Untersuchung zurückzukommen sein wird. Inzwischen äußerte sich auch das LG Berlin[876] in seinem Beschluss vom 20.10.2014 im Rahmen des Insolvenzverfahrens der *Suhrkamp-Verlagsgruppe GmbH & Co. KG* zum Merkmal des besonders schweren Rechtsverstoßes. Dieser erfordere schon begrifflich, „dass dem Plan der Makel der Unwirksamkeit durch diesen Verstoß quasi auf der Stirn geschrieben steht.“[877]

875 BGH v. 23.10.2008 – IX ZB 235/06, NZI 2009, 106, 107 (Rn. 10); *Braun/Frank*, in: Braun, InsO, § 253 Rn. 1.

876 LG Berlin v. 20.10.2014 – 51 T 696/14 (*Suhrkamp*), NZI 2015, 66 ff.

877 LG Berlin v. 20.10.2014 – 51 T 696/14 (*Suhrkamp*), NZI 2015, 66, 71 Ziff. 7.

Bevor anhand einer näheren Betrachtung der Vorschriften der §§ 248 bis 252 InsO der Versuch unternommen werden soll, Kriterien für das Merkmal der besonderen Schwere herauszuarbeiten, soll zunächst auf die entsprechenden Erwägungen des Gesetzgebers, der Rechtsprechung und des Schrifttums zur besonderen Schwere des insoweit parallel ausgestalteten aktienrechtlichen Freigabegrundes gemäß § 246a Abs. 2 Nr. 3 AktG eingegangen werden.

aa) Besondere Schwere i. S. v. § 246a Abs. 2 Nr. 3 AktG als Orientierungshilfe

Wie im Falle des § 253 Abs. 4 Satz 2 InsO lässt auch der Wortlaut des § 246a AktG für den aktienrechtlichen Freigabegrund gemäß § 246a Abs. 2 Nr. 3 AktG Konkretisierungen zum Merkmal der „besonderen Schwere" vermissen. Orientierungshilfe bieten die Gesetzesbegründungen zum Gesetz für Unternehmensintegrität und Modernisierung des Anfechtungsrechts (UMAG) und zum Gesetz zur Umsetzung der Aktionärsrechterichtlinie (ARUG), durch die das Freigabeverfahren gemäß § 246a AktG in das Gesetz eingeführt bzw. reformiert wurde. Laut UMAG erfordert eine besondere Schwere des behaupteten Rechtsverstoßes eine massive Verletzung elementarer Aktionärsrechte; die Bestandskraft des durch den Kläger angegriffenen Beschlusses muss in Folge des behaupteten Rechtsverstoßes schlichtweg unerträglich sein.[878]

Modifiziert und abgeschwächt hat der Gesetzgeber die bisherige Formel der besonderen Schwere durch das ARUG. Danach ist eine besondere Schwere nicht nur im Falle einer *„massiven Verletzung elementarer Aktionärsrechte"* zu bejahen.[879] Vielmehr seien für das Merkmal der besonderen Schwere die Bedeutung der verletzten Norm sowie das Ausmaß der Rechtsverletzung maßgeblich. Für die Bedeutung der Norm gelte es dabei zu berücksichtigen, ob es sich um nichtige, anfechtbare, durch Eintragung heilbare und bestätigungsfähige Beschlüsse handele (§§ 241, 242 Abs. 1, §§ 243, 244 AktG).[880] Gleichwohl könne aus dem Vorliegen eines Nichtigkeitsgrundes i. S. v. § 241 AktG nicht stets auf eine besondere Schwere i. S. v. § 246a Abs. 2 Nr. 3 AktG geschlossen werden, etwa dann nicht, wenn

878 Begr. RegE UMAG, BT-Drucks. 15/5092, S. 29.

879 Begr. RegE UMAG, BT-Drucks. 15/5092, S. 29.

880 Begr. RegE ARUG, BT-Drucks. 16/11642, S. 41.

lediglich ein kleiner formaler Rechtsverstoß vorliege.[881] Im Rahmen des § 246a AktG kann der Unterscheidung zwischen Nichtigkeit, Anfechtbar- und Heilbarkeit von Beschlüssen daher ohne die Zugrundelegung der Bedeutung und des Ausmaßes des Rechtsverstoßes im Einzelfall kein allgemeingültiges Abstufungskonzept entnommen werden, auf welches für die Ermittlung einer besonderen Schwere zurückgegriffen werden kann. Nichtigkeit, Anfechtbarkeit und Heilbarkeit eines Rechtsverstoßes haben insoweit lediglich eine indizielle Bedeutung. Für die Beurteilung der besonderen Schwere soll ebenfalls bedeutsam sein, ob es sich um gezielte Verstöße handelt, die den Kläger gegenüber der Mehrheit ungleich behandelt. Schließlich ist maßgeblich, ob der Kläger schwerwiegende Nachteile erleidet, die nicht auf andere Weise ausgeglichen werden können.[882]

Anknüpfend an die Erwägungen des Gesetzgebers finden sich in den Gesetzesbegründungen des UMAG und ARUG zu § 246a AktG sowie im aktienrechtlichen Schrifttum beispielhafte Aufzählungen zur Frage der besonderen Schwere. Beispielhaft genannt sind: *„die absichtlich nicht ordnungsgemäße Einberufung der Hauptversammlung; absichtliche Verstöße gegen das Gleichbehandlungsgebot oder die Treuepflicht mit schweren Folgen; das vollständige Fehlen einer notariellen Beurkundung bei der börsennotierten Gesellschaft; die Unvereinbarkeit mit grundlegenden Strukturprinzipien oder auch die Nichtveröffentlichung der Einberufung und das völlige Fehlen eines nach § 8 UmwG gebotenen Verschmelzungsberichts.“*[883]

Trotz der einzelfallspezifischen Rechtsverstöße lässt sich der beispielhaften Darstellung entnehmen, dass die Hürden für ein Scheitern der Freigabe gemäß § 246a AktG aufgrund eines besonders schweren Rechtsverstoßes im Interesse einer zügigen Durchsetzung wichtiger Hauptversammlungsbeschlüsse äußerst hoch anzusetzen sind.[884]

881 Begr. RegE ARUG, BT-Drucks. 16/11642, S. 41; eine besondere Schwere wird insbesondere bei formellen Fehlern verneint, die von Berufsklägern provoziert wurden, dazu etwa *Bosse*, NZG 2009, 807, 812; *Florstedt*, AG 2009, 465, 471; *Hollstein*, jurisPR-HaGesR 8/2009 Anm. 4 (B. 2. d)); *Schwab*, in: K. Schmidt/Lutter, AktG, § 246a Rn. 13.

882 Begr. RegE ARUG, BT-Drucks. 16/11642, S. 41.

883 *Schwab*, in: K. Schmidt/Lutter, AktG, § 246a Rn. 13 m. w. N.

884 Für einen erweiterten Anwendungsbereich spricht sich *Schwab* aus, der eine besondere Schwere des Rechtsverstoßes immer dann bejahen möchte, wenn die An-

bb) Differenzierte Auffassungen im Schrifttum zu § 253 Abs. 4 Satz 2 InsO

In Anknüpfung an die im Bestätigungsverfahren zu prüfenden und insoweit als potenzielle Rechtsverstöße in Betracht kommenden Vorschriften der §§ 248 bis 252 InsO wird im Schrifttum teilweise angenommen, dass sich die *besondere Schwere* an der Vorschrift des § 250 InsO zu orientieren habe, da die Bestätigung des Insolvenzplans im Falle eines Verstoßes gegen § 250 InsO zu versagen sei.[885] Verfechter eines restriktiveren Verständnisses sprechen sich unter Berücksichtigung des Zurückweisungsziels dafür aus, eine besondere Schwere ausschließlich in den Fällen anzunehmen, in denen die Annahme des Plans wegen unlauteren Verhaltens i. S. v. § 250 Nr. 2 InsO erfolgt ist.[886] Nach einer dritten Auffassung soll es – unabhängig von einem näher zu bestimmenden konkreten und abstrakten Rechtsverstoß gemäß §§ 248 bis 252 InsO – für eine besondere Schwere jedenfalls darauf ankommen, dass der Beschwerdeführer zumindest auch erhebliche Nachteile erleidet, d. h. wesentlich schlechtergestellt wird i. S. v. § 253 Abs. 2 Nr. 3 InsO.[887] Ein Rechtsverstoß gemäß §§ 248 bis 252 InsO könne im Umkehrschluss daher niemals besonders schwer wiegen, wenn mit diesem nicht auch zugleich eine wesentliche Schlechterstellung für den Beschwerdeführer einhergehe.

cc) Besondere Schwere nur im Falle wesentlicher Nachteile für Beschwerdeführer

Bevor im Folgenden auf eine nähere Konkretisierung des Begriffs der „besonderen Schwere“ eingegangen wird, soll zunächst der Gedanke aus dem Schrifttum aufgegriffen werden. Danach sei die Feststellung eines besonders schweren Rechtsverstoßes gemäß § 253 Abs. 4 Satz 2 InsO zumindest auch davon abhängig, dass es auf Seiten des Beschwerdeführers um erhebliche wirtschaftliche Nachteile, d. h. um seine wesentliche Schlechterstellung gehen müsse.[888]

---

fechtungsklage offensichtlich begründet ist, unabhängig davon, wie schwer der Mangel wiegt. Dies folge aus dem Rechtsstaatsprinzip, da das Gericht nicht sehenden Auges einer Maßnahme zum Erfolg verhelfen dürfe, die es in der Hauptsache kassieren müsste, *Schwab*, in: K. Schmidt/Lutter, AktG, § 246a Rn. 14.

885 *Pleister*, in: KPB, InsO, § 253 Rn. 35; *Thies*, in: HambKomm-InsO, § 253 Rn. 27.

886 *Madaus*, NZI 2012, 597, 599; *Smid/Rattunde/Martini*, Der Insolvenzplan, Rn. 18.36h; *Sinz*, in: MünchKomm-InsO, § 253 Rn. 67.

887 *Fischer*, NZI 2013, 513, 516.

888 Vgl. *Fischer*, NZI 2013, 513, 516.

Dieser Ansatz erscheint in Anbetracht der ESUG-Reformmaßnahmen überzeugend. Denn aus § 253 Abs. 2 Nr. 3 InsO folgt, dass eine sofortige Beschwerde nur noch in den Fällen einen Planbestätigungsbeschluss erfolgreich anfechten können soll, in denen der Beschwerdeführer wesentlich schlechtergestellt wird (vgl. § 253 Abs. 2 Nr. 3 InsO). Bedenkt man, dass die Feststellung einer besonderen Schwere eine Beschwerdezurückweisung unmöglich machen würde, erscheint eine derart folgenreiche Wirkung nur gerechtfertigt, sofern auf Seiten des Beschwerdeführers schützenswerte rechtliche- und wirtschaftliche Interessen auf dem Spiel stehen. Dem Ziel des § 253 Abs. 4 nach unverzüglichen Beschwerdezurückweisungen würde es widersprechen, wenn eine Zurückweisung infolge der Feststellung eines besonders schweren Rechtsverstoßes unabhängig von den wirtschaftlichen Auswirkungen für den Beschwerdeführer ausscheiden müsste, obwohl dieser durch den Plan möglicherweise überhaupt nicht (wesentlich) schlechtergestellt wird. Rückblickend hätte es in derartigen Fällen einer Fortführung des Beschwerdeverfahrens aufgrund der Unbegründetheit der Beschwerde nicht bedurft.

Damit gilt es die in § 253 Abs. 2 InsO zum Ausdruck kommenden Wertungen auch auf die Zurückweisungsvoraussetzungen gemäß § 253 Abs. 4 Satz 1, 2 InsO zu übertragen, um innerhalb des einheitlichen Beschwerdeverfahrens gemäß § 253 InsO zügige Plandurchsetzungen effektiv zu fördern.

Eine *besondere Schwere* kann deshalb nicht schon in den Fällen bejaht werden, in denen zwar ein Rechtsverstoß gemäß §§ 248 bis 252 InsO festgestellt wird, in diesem Zusammenhang aber nicht auch zugleich feststeht, dass dem Beschwerdeführer im Falle einer rechtskräftigen Planbestätigung eine wesentliche Schlechterstellung ohne finanzielle Ausgleichsmöglichkeit droht (vgl. § 253 Abs. 2 Nr. 2 InsO).

dd) Umsetzung im Rahmen des § 253 Abs. 4 InsO

Anknüpfend an die vorstehenden Erwägungen stellt sich somit die Frage nach dem Prüfungsprogramm des besonders schweren Rechtsverstoßes i. S. v. § 253 Abs. 4 Satz 2 InsO, in dessen Rahmen zumindest eine potenzielle wesentliche Schlechterstellung des Beschwerdeführers Berücksichtigung finden muss. Die Antwort auf diese Frage hängt einmal mehr von dem verfahrenrechtlichen Verständnis des Zurückweisungsinstruments und dessen Einordnung in das Beschwerderecht des § 253 InsO ab.

(1) Wesentliche Schlechterstellung als Mindestbestandteil eines besonders schweren Rechtsverstoßes

Überwiegend wird das Zurückweisungsverfahren des § 253 Abs. 4 InsO als ein besonderes Eilverfahren *sui generis* qualifiziert, in dessen Rahmen eine Überprüfung der Zulässigkeitsvoraussetzungen der sofortigen Beschwerde nicht vorgesehen ist.[889] Damit stünde im Rahmen einer Zurückweisungsprüfung nach Maßgabe der Voraussetzungen des Abs. 4 noch nicht fest, ob der Beschwerdeführer eine materielle Beschwer gemäß § 253 Abs. 2 Nr. 3 InsO erfolgreich glaubhaft gemacht hat. Für die Prüfung eines besonders schweren Rechtsverstoßes hätte das zur Folge, dass diese nicht abstrakt anhand der §§ 248 bis 252 InsO erfolgen könnte. Vielmehr müsste die Prüfung der wesentlichen Schlechterstellung sowie einer gegebenenfalls fehlenden Ausgleichsmöglichkeit in das Prüfungsmerkmal des besonders schweren Rechtsverstoßes transferiert, d. h. inzident mitgeprüft werden. Dafür müsste der Beschwerdeführer im Rahmen der Prüfung des besonders schweren Rechtsverstoßes, entsprechend der Voraussetzung des § 253 Abs. 2 Nr. 3 InsO, seine materielle Beschwer glaubhaft machen, da dem Landgericht im Rahmen einer eilbedürftigen Zurückweisungskonstellation nicht die Aufgabe zukommen kann, eine mögliche materielle Beschwer von Amts wegen zu ermitteln.

Aus dem Wortlaut ergibt sich das Erfordernis einer inzidenten Prüfung nicht. § 253 Abs. 4 Satz 2 InsO spricht ausschließlich von einem „Rechtsverstoß". Die Prüfungsvoraussetzung ist zudem semantisch von den Nachteilen des Beschwerdeführers getrennt, die erst im Rahmen der Interessenabwägung gemäß § 253 Abs. 4 Satz 1 InsO Berücksichtigung finden.

889 Vgl. LG Berlin v. 20.10.2014 – 51 T 696/14 (*Suhrkamp*), NZI 2015, 66 ff., das ausschließlich die Zurückweisungsvoraussetzungen geprüft hat; vgl. auch *Sinz*, in: MünchKomm-InsO, § 253 Rn. 84; *Skauradszun*, DZWIR 2014, 338, 344; *Fischer*, NZI 2013, 513, 516.

Von dieser Überlegung ausgehend ergäben sich zudem gewisse systematische Unwägbarkeiten, die darauf zurückzuführen wären, dass innerhalb desselben Prüfungskriteriums, d. h. dem des besonders schweren Rechtsverstoßes, unterschiedliche Formen der Beweisführung Anwendung fänden. Denn zumindest für die Frage des Rechtsverstoßes steht insoweit fest, dass dieser durch das Landgericht vollumfänglich und zur vollen richterlichen Überzeugung geprüft werden muss.[890] Ein Rechtsverstoß muss aus Gründen der Rechtssicherheit objektiv vorliegen, wofür der Beschwerdeführer darlegungs- und beweispflichtig ist.[891] Die wesentlichen Nachteile des Beschwerdeführers wären dagegen lediglich glaubhaft zu machen, d. h. das Gericht müsste die insoweit vorgetragenen Tatsachen lediglich für überwiegend wahrscheinlich halten.

(2) § 253 Abs. 4 InsO als integraler Bestandteil des Beschwerdeverfahrens

Zur Vermeidung der erwähnten Unwägbarkeiten sollte die Frage nach der wesentlichen Schlechterstellung des Beschwerdeführers sowie gegebenenfalls fehlender Ausgleichsmittel vollständig aus der Prüfung des besonders schweren Rechtsverstoßes gemäß § 253 Abs. 4 Satz 2 InsO ausgegliedert werden. Zugleich muss jedoch gewährleistet werden, dass zügige Prüfungen und schnelle Plandurchsetzungen möglich bleiben.

Widerspruchsfrei kann dieses Ergebnis dadurch erreicht werden, indem die Prüfung der beschwerderechtlichen Zulässigkeitsvoraussetzungen der Überprüfung der Zurückweisungsvoraussetzungen vorgelagert wird und § 253 Abs. 4 InsO insoweit als ein integraler Bestandteil des Beschwerdeverfahrens aufgefasst wird. Der Vorteil bestünde darin, dass der Beschwerdeführer seine materielle Beschwer gemäß § 253 Abs. 2 Nr. 3 InsO erfolgreich glaubhaft gemacht haben müsste,[892] bevor sich die Frage eines besonders schweren Rechtsverstoßes i. S. v. § 253 Abs. 4 Satz 2 InsO stellt. Im Zurückweisungsverfahren stünde damit fest, dass es zumindest um wesentliche

890 Zur Darlegungs- und Beweislast in Bezug auf § 253 Abs. 4 Satz 1, 2 InsO siehe sogleich in § 14, VI., 4.

891 So auch im Rahmen des § 246a Abs. 2 Nr. 3 AktG *Schwab*, in: K. Schmidt/Lutter, AktG, § 246a Rn. 12; siehe auch *Englisch*, in: Hölters, AktG, § 246a Rn. 41; *Koch/Wakkerbeck*, ZIP 2009, 1603, 1607; *Paschos/Goslar*, AG 2009, 14, 20.

892 So wohl auch *Spliedt*, in: K. Schmidt, InsO, § 253 Rn. 17.

finanzielle Nachteile bzw. um eine wesentliche Schlechterstellung des Beschwerdeführers ginge. Das Landgericht könnte sich im Rahmen des § 253 Abs. 4 Satz 2 InsO auf die umfängliche Prüfung eines – abstrakten – Rechtsverstoßes beschränken und dabei die wesentliche Schlechterstellung des Beschwerdeführers unberücksichtigt lassen. Dies hätte nicht nur einen übersichtlichen und strukturierten Prüfungsablauf zur Folge, sondern würde zugleich eine Überdehnung des Wortlauts sowie eine Vermischung der in § 253 Abs. 4 InsO genannten Prüfungskriterien vermeiden.

c) Kategorisierung potenzieller Rechtsverstöße

Soweit die Gesetzesmaterialien klarstellende Kriterien zum Begriff der „besonderen Schwere" vermissen lassen, erscheint eine nähere Betrachtung des Vorschriftenkatalogs gemäß §§ 248 bis 252 InsO lohnenswert, der als Anknüpfungspunkt für einen Verstoß i. S. v. § 253 Abs. 4 Satz 2 InsO in Betracht kommt. Auf diesem Wege lässt sich gegebenenfalls eine eigenständige Kategorisierung verschiedener Schweregrade herausarbeiten. Dabei gilt es jedoch bereits vorab zu berücksichtigen, dass die besondere Schwere eines Rechtsverstoßes – wie auch im Rahmen des § 246a AktG – nicht stets allein anhand der (abstrakten) Bedeutung der verletzten Norm bejaht werden kann, sondern gegebenenfalls eine Beurteilung im konkreten Einzelfall erfordert.

aa) Rechtsverstöße gemäß §§ 248 bis 252 InsO

Ein besonders schwerer Rechtsverstoß kann sich aus einer Verletzung der §§ 248, 249, 250, 251, 252 InsO ergeben. Der Vorschriftenkatalog deckt sich insoweit im Wesentlichen mit den Vorschriften, die der Rechtmäßigkeitsprüfung des Insolvenzgerichts im Bestätigungsverfahren (§ 248 InsO) zugrunde liegt.

(1) § 248 InsO

§ 248 Abs. 1 InsO dient als „Einstiegsnorm" des Bestätigungsverfahrens in erster Linie der Klarstellung, dass einer gerichtlichen Planbestätigung eine gerichtliche Kontrolle vorauszugehen hat, in der geprüft wird, ob der Insolvenzplan in dem gesetzlich vorgeschriebenen Verfahren und unter

Einhaltung der wesentlichen Rechte der Beteiligten zustande gekommen ist.[893] Eine eigenständige Bedeutung als Anknüpfungspunkt eines möglichen Rechtsverstoßes kommt § 248 Abs. 1 InsO nicht zu, da sämtliche zu prüfende Rechtsvorschriften in Bezug auf das gesetzlich vorgeschriebene Verfahren sowie der Beteiligtenrechte in den Folgenormen gemäß §§ 249 ff. InsO niedergelegt sind.[894]

Dagegen normiert § 248 Abs. 2 InsO, dass das Insolvenzgericht vor der Entscheidung über die Bestätigung den Insolvenzverwalter, den Gläubigerausschuss, sofern ein solcher bestellt ist, und den Schuldner hören soll, womit die Vorschrift den Beteiligten rechtliches Gehör gewährt (Art. 103 GG).[895] Allerdings verdeutlicht die gesetzliche Ausgestaltung des § 248 Abs. 2 InsO als „Soll-Vorschrift", dass einem Verstoß gegen die lediglich fakultative[896] Anhörungsanordnung kein großes Gewicht beizumessen ist. Denn die in § 248 Abs. 2 InsO genannten Beteiligten wurden in der Regel bereits im Vorfeld des Bestätigungsverfahrens im Vorprüfungsverfahren (§ 232 InsO) angehört, in welchem sie Gelegenheit zur Stellungnahme haben. Damit ist dem Gebot rechtlichen Gehörs nach Maßgabe des Art. 103 GG Genüge getan. Aus diesem Grund wird ein Verstoß gegen § 248 Abs. 2 InsO regelmäßig nicht zu einer Aufhebung einer Planbestätigung im Beschwerdeverfahren des § 253 InsO führen.[897] Sollte der Fall eintreten, dass sich Umstände in Bezug auf den Insolvenzplan geändert haben, auf deren Grundlage die Anhörung im Vorfeld stattgefunden hat, oder das Insolvenzgericht von seiner ursprünglich geäußerten Auffassung abweichen, kann die Unterlassung einer in dem Falle erforderlichen Anhörung vor der Entscheidung gemäß § 248 Abs. 2 InsO ausnahmsweise

893 *Braun/Frank*, in: Braun, InsO, § 248 Rn. 1; *Braun*, in: Nerlich/Römermann, InsO, § 248 Rn. 1; *Sinz*, in: MünchKomm-InsO, § 248 Rn. 1.

894 Die in Abs. 1 InsO erwähnten Annahmevorschriften der §§ 244 bis 246a sowie die Vorschriften zur Zustimmung des Schuldners als auch das Erfordernis einer Bestätigung werden vollständig von den ebenfalls zu prüfenden §§ 250 bzw. 252 InsO erfasst.

895 Näher zu § 248 Abs. 2 InsO siehe *Sinz*, in: MünchKomm-InsO, § 248 Rn. 10 ff.; *Braun*, in: Nerlich/Römermann, InsO, § 248 Rn. 8 ff.; *Braun/Frank*, in: Braun, InsO, § 248 Rn. 1, 7 f.

896 *Sinz*, in: MünchKomm-InsO, § 248 Rn. 13; *Lüer*, in: Uhlenbruck, InsO § 248 Rn. 4; *Jaffé* in: Wimmer, InsO, § 248 Rn. 8; *Westpfahl*, in: Kübler, HRI, § 42 Rn. 17.

897 *Sinz*, in: MünchKomm-InsO, § 248 Rn. 13; *Lüer*, in: Uhlenbruck, § 248 Rn. 4; *Westpfahl*, in: Kübler, HRI, § 42 Rn. 17.

einen relevanten Rechtsverstoß begründen und damit grundsätzlich zu einer Aufhebung eines Planbestätigungsbeschlusses führen.[898] Damit dieser Rechtsverstoß allerdings auch zu einer Aufhebung des Planbestätigungsbeschlusses führt, bedarf es einer Gehörsverletzung, die für die Planbestätigung kausal gewesen ist.[899]

(2) § 249 InsO

Weitere Rechtsverstöße können aus einer Verletzung des § 249 InsO folgen. Dort ist geregelt, dass eine Planbestätigung durch das Insolvenzgericht nicht erfolgen darf, bevor nicht bestimmte Leistungen erbracht oder andere Maßnahmen verwirklicht worden sind, die im Insolvenzplan vorgesehen sind.[900] Gemäß § 249 Satz 2 InsO müssen diese Leistungen bzw. Maßnahmen innerhalb einer von dem Insolvenzgericht festgelegten angemessenen Frist verwirklicht worden sein. Sofern dies nicht innerhalb der – gegebenenfalls nochmals verlängerten[901] – Frist rechtzeitig geschieht, liegt ein Rechtsverstoß vor, auf dessen Grundlage die Bestätigung des Insolvenzplans zwingend von Amts wegen zu versagen ist, wodurch eine gewisse Schwere des Rechtsverstoßes indiziert ist.

(3) § 250 InsO

Der Großteil potenzieller Rechtsverstöße wird regelmäßig aus der Vorschrift des § 250 Nr. 1 InsO folgen. Das hängt damit zusammen, dass § 250 InsO die überwiegende Anzahl an Rechtsvorschriften enthält, die es im Bestätigungsverfahren gemäß § 248 InsO zu prüfen gilt. Nach § 250 Nr. 1 InsO sind sämtliche Vorschriften über den Inhalt des Insolvenzplans (§§ 219 bis 230 InsO), über die verfahrensmäßige Behandlung des

898 Dazu *Sinz*, in: MünchKomm-InsO, § 248 Rn. 15.

899 BGH v. 23.7.2004 – IX ZB 276/03, BeckRS 2004, 07656 Ziff. 2; *Sinz*, in: MünchKomm-InsO, § 248 Rn. 13; *Westpfahl*, in: Kübler, HRI, § 42 Rn. 17.

900 In Betracht kommen insoweit etwa die Bestellung neuer Sicherheiten, die Gewährung von Sanierungskrediten, die Ausführung von Arbeiten, die Gewinnung von staatlichen Beihilfen sowie als „andere Maßnahmen" gesellschaftsrechtliche Beschlüsse, so die Auflistung bei *Braun/Frank*, in: Braun, InsO, § 249 Rn. 2 f. Zum Bedeutungsverlust des § 249 InsO im Zusammenhang mit gesellschaftsrechtlichen Maßnahmen seit dem Inkrafttreten des ESUG siehe *Westpfahl*, in: Kübler, HRI, § 42 Rn. 53 f.

901 *Sinz*, in: MünchKomm-InsO, § 249 Rn. 28 f.

Insolvenzplans (§ 218, §§ 231 bis 243 InsO), über die Annahme durch die Beteiligten (§§ 244 bis 246 InsO) sowie die Zustimmung des Schuldners (§ 247 InsO) zu überprüfen. Ist ein Rechtsverstoß anhand dieses umfänglichen Vorschriftenkatalogs zu verzeichnen, kommt es für die Rechtsfolge zudem darauf an, ob der Mangel „wesentlich" i. S. v. § 250 Nr. 1 InsO ist und ob dieser Mangel behoben werden kann. Das Erfordernis eines wesentlichen Verstoßes ist deshalb von Bedeutung, da ein Verstoß gegen eine der in § 250 Nr. 1 InsO enthaltenen Vorschriften einen zwingenden Versagungsgrund darstellt, d. h. eine Planbestätigung von Amts wegen zu unterbleiben hat. Da eine Versagung einer Planbestätigung im Interesse aller Beteiligten jedoch nicht in Fällen geboten ist, in denen der Verstoß keine Auswirkungen auf den Plan gehabt haben konnte,[902] wie dies etwa bei kleineren formalen Verstößen der Fall ist, stellt das Kriterium der „Wesentlichkeit" i. S. v. § 250 Nr. 1 InsO ein bedeutendes Korrektiv dar. Zudem wird die Rechtsfolge der von Amts wegen zu versagenden Planbestätigung dadurch relativiert, dass Mängel gemäß § 250 Nr. 1 InsO grundsätzlich behebbar sind, wenn eine entsprechende Nachholung bis zur Verkündung des Bestätigungsbeschlusses möglich ist, d. h. sofern nicht ein kompletter Abschnitt des Planverfahrens wiederholt werden muss.[903]

§ 250 Nr. 2 InsO stellt neben §§ 249, 250 Nr. 1 InsO einen weiteren zwingenden und von Amts wegen zu berücksichtigenden Versagungsgrund dar. Dieser liegt vor, wenn die Annahme des Insolvenzplans unlauter, insbesondere durch Begünstigung eines Beteiligten herbeigeführt worden ist.[904] Als unlauter bezeichnet man ein Verhalten, dass gegen den Grundsatz von Treu und Glauben verstößt.[905] Eine Wesentlichkeitsschwelle, wie

---

902 Zum Merkmal der „Wesentlichkeit" i. S. v. § 250 Nr. 1 InsO vgl. BGH v. 3.12.2009 – IX ZB 30/09, NZI 1010, 101; LG Berlin v. 20.10.2014 – 51 T 696/14 (*Suhrkamp*), NZI 2015, 66, 71 Ziff. 7; LG Berlin v. 20.10.2004 – 86 T 578/04, NZI 2005, 335, 337; *Braun*, in: Nerlich/Römermann, InsO, § 250 Rn. 5; *Sinz*, in: MünchKomm-InsO, § 250 Rn. 11; *Lüer*, in: Uhlenbruck, InsO, § 250 Rn. 5.

903 *Haas*, in: HK-InsO, § 250 Rn. 5; *Sinz*, in: MünchKomm-InsO, § 250 Rn. 39; *Braun*, in: Nerlich/Römermann, InsO, § 250 Rn. 4.

904 § 250 Nr. 2 InsO ist den Vorschriften der § 79 Nr. 3 VglO, § 188 Abs. 1 Nr. 1 KO nachgebildet, *Lüer*, in: Uhlenbruck, InsO, § 250 Rn. 30.

905 So bereits zu Zeiten der Konkursordnung *Hess*, KO, § 188 Rn. 3; mit Bezug zur InsO: *Andres*, in: Andres/Leithaus, InsO, § 250 Rn. 8; *Braun/Frank*, in: Braun, InsO, § 250 Rn. 8; *Braun*, in: Nerlich/Römermann, InsO, § 250 Rn. 11; *Lüer*, in: Uhlenbruck, InsO, § 250 Rn. 30; *Jaffé*, in: Wimmer, InsO, § 250 Rn. 11.

sie in § 250 Nr. 1 InsO normiert ist, enthält § 250 Nr. 2 InsO nicht. Allein ein für das Abstimmungsergebnis kausaler Verstoß[906] i. S. v. § 250 Nr. 2 InsO genügt, damit eine Planbestätigung scheitert.

Ein unlauteres Verhalten i. S. v. § 250 Nr. 2 InsO wird in der Rechtsprechung und im Schrifttum in folgenden Fällen bejaht: der Ankauf von Forderungen zu einem die Planquote übersteigenden Betrag;[907] das Anerkennen einer fiktiven Forderung; die Manipulation des Abstimmungsergebnisses durch sittenwidrige Einflussnahme, etwa in Form von Täuschung oder Drohung gegenüber einzelnen Beteiligten;[908] das Verheimlichen von Vermögen oder einseitig bevorzugende Nebenabreden[909] sowie das manipulative Teilen einer Forderung zur Erzielung der Kopfmehrheit.[910] Kurz gesagt haftet einem Verhalten, welches einen Verstoß i. S. v. § 250 Nr. 2 InsO begründet, eine gewisse „kriminelle Energie" an. Schließlich sind Gläubigerbegünstigungen nur als unlauteres Verhalten i. S. v. § 250 Nr. 2 InsO zu qualifizieren, sofern die Beteiligten die Umstände kannten oder kennen mussten, aus denen sich die Gläubigerbegünstigung ergibt;[911] ein unbewusster Verstoß scheidet folglich aus.

(4) § 251 InsO

Zur Versagung einer Planbestätigung führt letztlich auch ein erfolgreiches Minderheitenschutzverfahren eines Beteiligten gemäß § 251 InsO, wenngleich § 251 InsO im Vergleich zu den von Amts wegen zu berücksichtigenden Versagungsgründen der §§ 249 und 250 InsO einen Antrag des Beteiligten voraussetzt. Im Rahmen der Prüfung des besonders schweren Rechtsverstoßes gemäß § 253 Abs. 4 Satz 2 InsO kann ein Rechtsverstoß gegen § 251 InsO aber letztlich nie eine Rolle spielen und demnach nie zu einer besonderen Schwere im Sinne der Norm führen. Das ist darauf zurückzuführen, dass ein entsprechender Verstoß erst durch eine im

906 *Jaffé*, in: Wimmer, InsO, § 250 Rn. 12.

907 Dazu BGH v. 3.3.2005 – IX ZB 153/04, NZI, 2005, 325 ff.; *Jaffé*, in: Wimmer, InsO, § 250 Rn. 12.

908 *Jaffé*, in: Wimmer, InsO, § 250 Rn. 12.

909 *Lüer*, in: Uhlenbruck, InsO, § 250 Rn. 30.

910 *Schiessler*, Der Insolvenzplan, S. 181; *Sinz*, in: MünchKomm-InsO, § 250 Rn. 47; *Braun*, in: Nerlich Römermann, InsO, § 250 Rn. 13.

911 Dazu LG Berlin v. 8.2.2005 – 86 T 5/05, ZInsO 2005, 609, 613.

Bestätigungsverfahren verkannte voraussichtliche Schlechterstellung und damit durch die wirtschaftlichen Nachteile des Beteiligten begründet wird (vgl. § 251 Abs. 1 Nr. 2 InsO), die im Rahmen des § 253 Abs. 4 InsO jedoch ausschließlich in der Nachteilsabwägung berücksichtigt werden.[912]

(5) § 252 InsO

Als potenzieller (besonders schwerer) Rechtsverstoß kommt im Rahmen der Prüfung des § 253 Abs. 4 Satz 2 InsO schließlich die Verletzung des § 252 InsO in Betracht. Danach ist der Beschluss über die Planbestätigung oder dessen Versagung in einem alsbald zu bestimmenden besonderen Termin zu verkünden (§ 252 Abs. 1 Satz 1 InsO). Zudem ist für den Fall der Planbestätigung ein Abdruck des Plans oder eine Zusammenfassung seines wesentlichen Inhalts den in § 252 Abs. 2 Satz 1 InsO genannten Beteiligten zu übersenden. Da diese Vorschrift erst das unmittelbare (verfahrensrechtliche) Stadium der insolvenzgerichtlichen Entscheidung über den Plan betrifft und nicht an den Planverfasser, sondern ausschließlich an das Insolvenzgericht gerichtet ist, findet die Überprüfung der Einhaltung des § 252 InsO gegebenenfalls erst im Beschwerdeverfahren des § 253 InsO statt. Die Vorschrift des § 252 Abs. 1 InsO hat im Hinblick auf § 253 Abs. 4 Satz 2 InsO keine eigenständige Bedeutung, da der alleinige Zweck des Verkündungserfordernisses darin besteht, Klarheit über den Beginn der Rechtsmittelfrist gemäß § 253 InsO zu schaffen.[913] Ohne

912 Da ein Verstoß gemäß § 251 InsO erst durch die voraussichtliche Schlechterstellung des Beschwerdeführers begründet wird, die der Beschwerdeführer im Beschwerdeverfahren gemäß § 253 Abs. 2 Nr. 3 InsO zunächst unter Beachtung der Wesentlichkeitsgrenze als Grundvoraussetzung für die Durchführung eines Zurückweisungsverfahrens gemäß § 253 Abs. 4 InsO glaubhaft gemacht haben muss, ist dieser potenzielle Rechtsverstoß nach vorliegend vertretenem Verständnis vollständig von der Prüfung des besonders schweren Rechtsverstoßes auszunehmen. Die mit dem Verstoß gemäß § 251 InsO einhergehende und gemäß § 253 Abs. 2 Nr. 3 InsO glaubhaft gemachte wesentliche Schlechterstellung ist ausschließlich Gegenstand der Interessenabwägung auf zweiter Stufe. Gleiches gilt für den potenziellen Rechtsverstoß gemäß § 250 Nr. 1 InsO in Form der Verletzung der Vorschriften über die „Annahme durch die Beteiligten", aus denen eine potenzielle voraussichtliche Schlechterstellung von Beschwerdeführern aufgrund einer fehlerhaften Prüfung der Obstruktionsvoraussetzung gemäß § 245 Abs. 1 Nr. 1 InsO folgt; sie sind kein Prüfungsbestandteil im Rahmen des § 253 Abs. 4 Satz 2 InsO, dazu vgl. oben § 14, III., 7. und im Folgenden unter VI., 2.

913 *Sinz*, in: MünchKomm-InsO, § 252 Rn. 1.

Verkündung i. S. v. § 252 Abs. 1 InsO kann daher schon keine sofortige Beschwerde gemäß § 253 InsO eingelegt werden. Auch ein Rechtsverstoß gegen § 252 Abs. 2 InsO führt nach überzeugender Auffassung von *Sinz* im Beschwerdeverfahren nicht zu einer Aufhebung des Planbestätigungsbeschlusses, da gegen diese Vorschrift erst im Anschluss an eine Bestätigungsentscheidung verstoßen werden kann und dies die Wirksamkeit des Plans insoweit nicht beeinflusst.[914] Zudem schweigt das Gesetz zu der Frage, in welchem Zeitpunkt die Übersendung der Dokumente zu erfolgen hat, sodass auch eine Wiederholung der Übersendung in Betracht kommt.[915]

(6) Sonderfall des Berichtigungsverfahrens, § 248a InsO

Der Katalog der maßgeblichen Rechtsvorschriften gemäß §§ 248 bis 252 InsO umfasst ferner die Vorschrift des § 248a InsO. Sie wurde im Rahmen des ESUG auf Grundlage des Beschlusses des Rechtsausschusses[916] neu in das Gesetz eingeführt und ist im Zusammenhang mit der ebenfalls neuen Vorschrift des § 221 Satz 2 InsO zu lesen, auf deren Grundlage der Insolvenzverwalter durch einen Insolvenzplan bevollmächtigt werden kann, zur Planumsetzung notwendige Maßnahmen zu ergreifen und offensichtliche Fehler des Plans zu berichtigen. Dadurch sollen etwaige Unzulänglichkeiten im Plan zügig korrigiert werden können, ohne zuvor eine Gläubigerversammlung einberufen zu müssen.[917] § 248a InsO sieht für eine gemäß § 221 Satz 2 InsO erfolgte Berichtigung ein eigenes Bestätigungsverfahren vor, in dem die Grenzen der Befugnis des Insolvenzverwalters einer gerichtlichen Kontrolle unterzogen werden.

Rechtsverstöße sind daher auch im Rahmen des § 248a InsO denkbar. Insbesondere gilt es zu beachten, dass kein Beteiligter durch die mit der Berichtigung einhergehende Planänderung voraussichtlich schlechter-

---

914 *Sinz*, in: MünchKomm-InsO, § 252 Rn. 28; *Braun*, in: Nerlich/Römermann, InsO, § 252 Rn. 4.

915 *Sinz*, in: MünchKomm-InsO, § 252 Rn. 28.

916 Beschlussempfehlung u. Bericht zum ESUG, BT-Drucks. 17/7511, S. 35 f.

917 Beschlussempfehlung u. Bericht zum ESUG, BT-Drucks. 17/7511, S. 35 f.; *Sinz*, in: MünchKomm-InsO, § 248a Rn. 1.

gestellt wird,[918] als er nach den mit dem Plan beabsichtigten Wirkungen stünde. Allerdings wird dem Beteiligten dieser Schutz lediglich auf Antrag gewährt (vgl. § 248a Abs. 3 InsO). Zudem soll das Insolvenzgericht auch im Rahmen des Bestätigungsverfahrens die in § 248a Abs. 2 InsO genannten Beteiligten hören, wobei ein Verstoß mangels Kausalität regelmäßig nicht zu einer Aufhebung des Berichtigungsbeschlusses führen wird.[919]

Von der Prüfung eines Rechtsverstoßes im Rahmen des § 253 Abs. 4 Satz 2 InsO ist die Vorschrift des § 248a InsO gleichwohl ausgenommen, da der Gesetzgeber für § 248a InsO einen eigenständigen, im Insolvenzplanverfahren integrierten „Verfahrensablauf" vorgesehen hat. Um potenzielle Rechtsverstöße im Zusammenhang mit einem Planberichtigungsbeschluss gemäß § 248a InsO rügen zu können, erklärt § 248a Abs. 4 InsO insoweit die sofortige Beschwerde für statthaft (§ 6 InsO). Das Berichtigungsverfahren gemäß § 248a InsO folgt somit einer eigenständigen gesetzlichen Ausgestaltung und Kontrolle durch das Beschwerdegericht jenseits des Beschwerderechts gemäß § 253 InsO.[920]

bb) Fehlende Anknüpfungspunkte für „Schweregrad"

Unternimmt man den Versuch, die potenziellen Rechtsverstöße i. S. v. § 253 Abs. 4 Satz 2 InsO unabhängig von dem konkreten Einzelfall in Schwerekategorien einzuordnen, bleibt als Anknüpfungspunkt zunächst die Rechtsfolge, die das Gesetz an einen entsprechenden Rechtsverstoß knüpft. Im vorliegenden Kontext ist damit allerdings nicht viel geholfen, da Rechtsverstöße gegen §§ 249, 250 InsO allesamt Versagungsgründe darstellen, bei deren Vorliegen eine Planbestätigung durch das Insolvenzgericht nicht hätte erfolgen dürfen. Insofern kann für entsprechende Verstöße eine gewisse „Schwere" zunächst nicht geleugnet werden, hindert diese doch die Bestätigung und Durchsetzung eines Insolvenzplans. Bedenkt man jedoch, dass die Feststellung eines besonders schweren

918 Hierbei gilt der identische Maßstab, wie er bereits § 251 Abs. 1 Nr. 2 InsO zugrunde liegt, siehe Beschlussempfehlung u. Bericht zum ESUG, BT-Drucks. 17/7511, S. 36; *Braun/Frank*, in: Braun, InsO, § 248a Rn. 6.

919 Dazu *Westpfahl*, in: Kübler, HRI, § 42 Rn. 15 ff.; *Sinz*, in: MünchKomm-InsO, § 248a Rn. 7.

920 Vgl. *Sinz*, in: MünchKomm-InsO, § 248 Rn. 6 a. E.

Rechtsverstoßes unabhängig von dem Ergebnis einer Nachteilsabwägung zur Versagung einer beantragten Beschwerdezurückweisung führt (§ 253 Abs. 4 Satz 2 InsO), sollte der Begriff der *besonderen Schwere* im Interesse zügiger Plandurchsetzungen möglichst restriktiv ausgelegt werden, um die Möglichkeit einer Zurückweisung nicht von vornherein auszuschließen.[921]

Die Annahme einer besonderen Schwere im Falle eines Verstoßes gegen die Vorschriften der §§ 249, 250 InsO hätte schließlich eine faktische Bedeutungslosigkeit des Zurückweisungsmöglichkeit zur Folge. Denn soweit in den §§ 249, 250 InsO nahezu sämtliche Verfahrensvorschriften inzident enthalten sind, die als Anknüpfungspunkte für einen entsprechenden Rechtsverstoß in Betracht kommen, käme es in der Merhzahl der Fälle auf die Interessenabwägung gemäß § 253 Abs. 4 Satz 1 InsO nicht mehr an.

d) Stellungnahme

Im Ergebnis kann die Beurteilung der „besonderen Schwere" eines Rechtsverstoßes ausschließlich einer Einzelfallbeurteilung vorbehalten bleiben, wie dies auch im Rahmen des § 246a Abs. 2 Nr. 3 AktG der Fall ist.[922] Anknüpfungspunkte sind die Bedeutung der verletzten Norm sowie die Auswirkungen des Rechtsverstoßes im konkreten Einzelfall. Insbesondere in Bezug auf die Bedeutung der verletzen Norm lässt sich ein Rechtsverstoß gemäß § 250 Nr. 2 InsO in Form eines unlauter zustande gekommenen Abstimmungsergebnisses nahezu in jedem Falle als besonders schwer kategorisieren. Verstöße gegen Inhalts- oder Verfahrensvorschriften i. S. v. § 250 Nr. 1 InsO wiegen dagegen grundsätzlich weniger schwer. Gleichwohl kann sich dieses grundsätzliche Verhältnis im Einzelfall umkehren. So sind Fälle denkbar, in denen eine Vielzahl kleinerer Rechtsverstöße gegen Inhalts- oder Verfahrensvorschriften § 250 Nr. 1 InsO in ihrer Summe besonders schwer wiegen. Damit kann es im Rahmen des § 253 Abs. 4 Satz 2 InsO nicht überzeugen, eine besondere Schwere lediglich in Fällen des § 250 Nr. 2 InsO anzunehmen. Eine Einordnung als

921 So auch *Madaus*, NZI 2012, 597, 599.

922 Vgl. auch *Jaffé*, in: Wimmer, FK-InsO, § 253 Rn. 21.

„besonders schwer" kann in Anbetracht des Ziels gemäß § 253 Abs. 4 InsO dagegen auch nicht pauschal für alle Rechtsverstöße gemäß §§ 249, 250 InsO überzeugen. Vielmehr kann grundsätzlich jeder potenzielle Rechtsverstoß besonders schwer wiegen i. S. v. § 253 Abs. 4 Satz 2 InsO, nämlich wenn es unerträglich erscheint, den entsprechenden Insolvenzplan durchzusetzen. So führt jüngst auch das LG Berlin im Rahmen des Insolvenzverfahrens der *Suhrkamp*-Verlagsgruppe aus, dass es sich „um Fälle greifbarer Gesetzeswidrigkeit" handeln müsse, „bei denen Verfahrensvorschriften offensichtlich und in unerträglicher Weise verletzt wurden."[923]

Insoweit vermag zumindest ein Rechtsverstoß gemäß §§ 250 Nr. 2, 226 Abs. 3 InsO keinen Beurteilungsspielraum zu belassen, da die unlauter zustande gekommene Annahme eines Plans bereits objektiv besonders schwer wiegt und eine Zurückweisungsmöglichkeit zwingend ausscheiden muss.[924] Gleichermaßen wird ein entsprechender Rechtsverstoß bejaht werden können, sofern Gläubiger vorsätzlich nicht am Planverfahren beteiligt werden, kompensationslos in die Absonderungsrechte von absonderungsberechtigten Gläubigern eingegriffen wird oder eine Umwandlung von Gläubigerforderungen in Anteilsrechte am Schuldner (*Debt-to-Equity-Swap*) erfolgt, ohne dass diese gemäß § 225a Abs. 2 Satz 2 InsO einer Umwandlung zugestimmt haben.[925]

3. Nachteilsabwägung (§ 253 Abs. 4 Satz 1 InsO)

Scheitert die Zurückweisung einer Beschwerde nicht bereits an einem besonders schweren Rechtsverstoß, muss eine Interessenabwägung ergeben, ob eine Zurückweisung möglich ist. Dafür müssen die Nachteile einer Verzögerung des Planvollzugs die Nachteile für den Beschwerdeführer im Falle einer Durchsetzung des Plans überwiegen (§ 253 Abs. 4 Satz 1 Hs. 1 InsO). Der Wortlaut und die Gesetzesbegründung schweigen zu dem Begriff der „Nachteile". Mangels näherer Ausführungen scheint aufgrund der nahezu parallelen Ausgestaltung der Zurückweisungsvoraussetzungen mit dem aktienrechtlichen Freigabegrund des § 246a Abs. 2 Nr. 3 AktG

923 LG Berlin v. 20.10.2014 – 51 T 696/14 (*Suhrkamp*), NZI 2015, 66, 71 Ziff. 7.
924 So auch LG Berlin v. 20.10.2014 – 51 T 696/14 (*Suhrkamp*), NZI 2015, 66, 71 Ziff. 7.
925 So die Beispiele bei *Spliedt*, in: K. Schmidt, InsO, § 253 Rn. 18.

zunächst ein Blick auf die wesentlichen Parameter der aktienrechtlichen Interessenabwägung als Orientierungsmaßstab angezeigt.

a) Abwägung des aktienrechtlichen Freigabeverfahrens

Die Prüfung des Freigabegrundes gemäß § 246a Abs. 2 Nr. 3 AktG erfordert eine Abwägung der wesentlichen Nachteile der Gesellschaft und ihrer Aktionäre, die aus der Verzögerung der Eintragung des Hauptversammlungsbeschlusses resultieren, mit den Nachteilen des klagenden Aktionärs, die diesem im Falle einer Eintragung des Beschlusses entstehen würden.[926] Seit dem Inkrafttreten des ARUG besteht Einigkeit darüber, dass es sich dabei in Bezug auf die Nachteile des Klägers ausschließlich um wirtschaftliche Nachteile handeln kann und die Frage des besonders schweren Rechtsverstoßes aus diesem Prüfungspunkt ausgegliedert ist.[927] Aus dem früheren Wortlaut des § 246a AktG a. F. sowie der entsprechenden Gesetzesbegründung zum UMAG folgte dies nicht.[928] Die Prüfung eines Rechtsverstoßes war vielmehr Bestandteil der Interessenabwägung. Danach waren im Rahmen der Abwägung alle der Gesellschaft im Falle der Nichteintragung drohenden Schäden und Nachteile zu berücksichtigen und gegen die Schwere der vom Kläger behaupteten Rechtsverletzung und seiner denkbaren Schäden abzuwägen.[929] Zudem wurden dem Gesetzesanwender keine Abwägungskriterien an die Hand gegeben, anhand derer die Interessenabwägung zu erfolgen hatte. Das ARUG trug in diesem Punkt zur Klarheit bei. Die Prüfung eines besonders schweren Rechtsverstoßes ist demnach vollständig aus dem Abwägungsprozess ausgegliedert („…, *es*

926 *Schwab*, in: K. Schmidt/Lutter, AktG, § 246a Rn. 10.

927 Beschlussempfehlung u. Bericht zum ARUG, BT Drucks. 16/13098, S. 42; *Schwab*, in: K. Schmidt/Lutter, AktG, § 246a Rn. 10 a. E.; *Englisch*, in: Hölters, AktG, § 246a Rn. 34, 37; *Verse*, NZG 2009, 1127, 1130; *Florstedt*, AG 2009, 467, 470 f.; a. A. ohne nähere Begründung *Drinhausen/Keinath*, BB 2008, 2078, 2082; *Rubel*, DB 2009, 2027, 2029.

928 § 246a Satz 2 AktG in der Fassung des UMAG lautete: …„*Ein Beschluss nach Satz 1 darf nur ergehen, wenn die Klage unzulässig oder offensichtlich unbegründet ist oder wenn das alsbaldige Wirksamwerden des Hauptversammlungsbeschlusses nach freier Überzeugung des Gerichts unter Berücksichtigung der Schwere der mit der Klage geltend gemachten Rechtsverletzungen zur Abwendung der vom Antragsteller dargelegten wesentlichen Nachteile für die Gesellschaft und ihre Aktionäre vorrangig erscheint.*“, Begr. RegE UMAG, BT-Drucks. 15/5092, S. 8.

929 Begr. RegE UMAG, BT-Drucks. 15/5092, S. 29.

sei denn, ..."), wodurch sich seit dem Inkrafttreten des ARUG neben der Nachteilsabwägung eine zweistufige Prüfung innerhalb des § 246a Abs. 2 Nr. 3 AktG ergibt.[930]

aa) *Wesentliche* Nachteile der Gesellschaft und ihrer Aktionäre

Bei den wesentlichen Nachteilen der Gesellschaft und der Aktionäre handelt es sich um solche Nachteile, die aus der klagebedingten Verzögerungswirkung für die Eintragung des Beschlusses sowie aus einer erfolgreichen Anfechtungs- oder Nichtigkeitsklage resultieren würden.[931] In Betracht kommen grundsätzlich rechtliche und wirtschaftliche, insbesondere finanzielle Nachteile, wenngleich rechtliche Nachteile im Rahmen der Interessenabwägung nur Berücksichtigung finden können, sofern sich diese zugleich wirtschaftlich messbar auswirken würden. Anderenfalls ist eine Gegenüberstellung und Abwägung mit den wirtschaftlichen Nachteilen des Aktionärs nicht möglich.[932] Unerheblich ist, ob wesentliche Nachteile ausschließlich für die Gesellschaft drohen, nicht aber für ihre Aktionäre, *et vice versa*. Demnach genügt es, wenn lediglich für eine Seite entsprechende Nachteile geltend gemacht werden können. Sowohl die Nachteile der Gesellschaft als auch die ihrer Aktionäre sind dagegen kumulativ zu berücksichtigen.[933]

Soweit im Rahmen des § 246a Abs. 2 Nr. 3 AktG ausschließlich *wesentliche* Nachteile Berücksichtigung finden, sucht man eine allgemeingültige Definition für die Wesentlichkeitsgrenze in den Gesetzesmaterialien vergebens. Es bedarf einer Prüfung im Einzelfall. Wesentlich ist ein Nachteil aber nicht nur in Extremszenarien wie einer drohenden Insolvenz oder ähnlich einschneidender Umstände. Es handelt sich allgemein um *„alle nicht vernachlässigbaren rechtlichen und wirtschaftlichen Nachteile*

930 Ziel der Neufassung des § 246a AktG durch das ARUG war es, eine in Bezug auf die Interessenabwägungsklausel seit Einführung des § 246a AktG bestehende gewisse Unsicherheit über das Verständnis dieser Klausel abzubauen, Begr. RegE ARUG, BT-Drucks. 16/11642, S. 41.

931 So schon Begr. RegE UMAG, BT-Drucks. 15/5092, S. 29; unter dem ARUG auch *Dörr*, in: Spindler/Stilz, AktG, § 246a Rn. 31; *Englisch*, in: Hölters, AktG, § 246a Rn. 40; *Drinhausen/Keinath*, BB 2008, 2078, 2082.

932 *Englisch*, in: Hölters, AktG, § 246a Rn. 37.

933 *Drescher*, in: Henssler/Strohn, Gesellschaftsrecht, § 246a Rn. 8.

für die Gesellschaft".[934] Wenn auch nicht ausschließlich, so ist in diesem Zusammenhang insbesondere die Rede von quantifizierbaren finanziellen Belastungen. Beispielhaft genannt sind an dieser Stelle: Kosten für die Wiederholung einer Hauptversammlung,[935] entgehende Kosteneinsparungen, Synergieeffekte, Zinsverluste[936] oder steuerliche Nachteile der Gesellschaft.[937]

bb) Wirtschaftliche Nachteile des klagenden Aktionärs

Auf Seiten des klagenden Aktionärs sind ausschließlich dessen individuellen wirtschaftlichen Nachteile zu berücksichtigen, die diesem durch die Eintragung des möglicherweise rechtswidrigen Hauptversammlungsbeschlusses entstehen würden.[938] Diese beziehen sich regelmäßig ausschließlich auf seinen Anteil an der Gesellschaft sowie seinen maximalen Gewinnaussichten.[939] Handelt es sich um mehrere Kläger, sind die geltend gemachten wirtschaftlichen Nachteile sämtlicher Kläger, die das „Bagatellquorum" gemäß § 246a Abs. 2 Nr. 2 AktG überwunden haben, kumulativ zu berücksichtigen. Denn es erscheint kein Grund ersichtlich, weshalb eine gesonderte Abwägung zwischen den der Gesellschaft und ihren Aktionären drohenden Nachteilen und denen jeweils nur eines Klägers der Gesellschaft zum Vorteil gereichen soll.[940]

b) Nachteilsabwägung gemäß § 253 Abs. 4 Satz 1 InsO

Der Gesetzgeber unterließ es sowohl im Wortlaut als auch in seiner Begründung zum ESUG, das Prüfungsmerkmal der Interessenabwägung gemäß § 253 Abs. 4 Satz 1, 2 InsO näher auszufüllen. Zumindest aus der

934 Beschlussempfehlung u. Bericht zum ARUG, BT Drucks. 16/13098, S. 42.

935 Begr. RegE ARUG, BT-Drucks. 16/13098, S. 42; a. A. *Schwab*, in: K. Schmidt/Lutter, AktG, § 246a Rn. 19.

936 OLG Jena v. 12.10.2006 – 6 W 452/06, NZG 2007, 147, 152.

937 OLG München v. 19.5.2006 – 23 W 1411/06, DB 2006, 1608, 1609; siehe die umfassende Rechtsprechungsübersicht bei *Satzl*, Freigabe von Gesellschafterbeschlüssen im Kapitalgesellschaftsrecht, 2011, S. 212 f.

938 Beschlussempfehlung u. Bericht zum ARUG, BT Drucks. 16/13098, S. 42; *Martens/Martens*, in: FS Karsten Schmidt, 2009, S. 1129, 1144.

939 *Englisch*, in: Hölters, AktG, § 246a Rn. 38.

940 So überzeugend *Englisch*, in: Hölters, AktG, § 246a Rn. 39; *Ehmann*, in: Grigoleit, AktG, § 246a Rn. 8; *Verse*, NZG 2009, 1127, 1130.

Semantik des § 253 Abs. 4 Satz 1, 2 InsO ergibt sich bereits unmittelbar, dass die Frage des besonders schweren Rechtsverstoßes vollständig aus der Interessenabwägung gemäß § 253 Abs. 4 Satz 1 InsO ausgegliedert ist.

aa) Nachteile aus einer Verzögerung des Planvollzugs

Das Gesetz spricht im Hinblick auf die erste Abwägungsgruppe lediglich allgemein von Nachteilen, die durch eine „Verzögerung des Planvollzugs" drohen. Damit sind alle Nachteile zu berücksichtigen, die dem Unternehmen und sämtlichen Planbefürwortern entstehen würden, sofern der Plan nicht wie vorgesehen vollzogen werden kann. Wie auch auf Seiten der Aktiengesellschaft und ihrer Aktionäre können Nachteile der Gesellschaft sowie der Planbefürworter i. S. v. § 253 Abs. 4 Satz 1 InsO rechtlicher- und wirtschaftlicher Art sein. Aufgrund der erforderlichen Vergleichbarkeit müssen sich rechtliche Nachteile jedoch stets wirtschaftlich auswirken.[941] Um „wesentliche" Nachteile muss es sich bei den berücksichtigungsfähigen Nachteilen auf Seiten der Gesellschaft und der Planbefürworter entgegen § 246a Abs. 2 Nr. 3 AktG aber nicht handeln.

Ob lediglich Nachteile der Gesellschaft dargelegt werden oder ausschließlich Nachteile der planbefürwortenden Beteiligten, ist unerheblich. Sind dagegen drohende Nachteile sowohl der Gesellschaft als auch der planbefürwortenden Beteiligten dargelegt, gilt es diese kumulativ zu berücksichtigen. Geht man von einem Sanierungskonzept des Insolvenzplans aus, kommt auf Seiten der Gesellschaft und damit zugleich für die planbefürwortenden Beteiligten eine Vielzahl möglicher wirtschaftlicher Nachteile in Betracht. Diese können etwa daraus folgen, dass der Abbruch bedeutender Lieferanten- und Kundebeziehungen droht.[942] Denkbar ist darüber hinaus eine im Insolvenzplan vorgesehene Befreiung von Gläubigerforderungen sowie eine – aus gesellschaftlichen Umstrukturierungsmaßnahmen resultierende – Zurückerlangung operativen Handlungsspielraums innerhalb der Gesellschaft, durch die leistungswirtschaftliche Sanierungsmaßnahmen umgesetzt werden können.[943] Schließlich droht auf Seiten der

941 *Pleister*, in: KPB, InsO, § 253 Rn. 33.

942 *Hölzle*, in: Praxisleitfaden ESUG, 2012, §§ 251, 253 InsO Rn. 23.

943 Dazu LG Berlin v. 20.10.2014 – 51 T 696/14 (*Suhrkamp*), NZI 2015, 66, 68 f. Ziff. 5; *Böcker*, DZWIR 2015, 10, 19.

Arbeitnehmer als Beteiligtengruppe im Falle des Scheiterns eines Sanierungskonzepts der Wegfall von Arbeitsplätzen.[944]

bb) Nachteile des Beschwerdeführers aus einem Planvollzug

(1) Wesentliche wirtschaftliche Schlechterstellung

Die berücksichtigungsfähigen drohenden Nachteile des Beschwerdeführers für den Fall eines Planvollzugs beschränken sich ebenfalls ausschließlich auf wirtschaftliche Nachteile.[945] Genau genommen können auf Seiten des Beschwerdeführers ausschließlich solche wirtschaftlichen Nachteile Gegenstand der Abwägung sein, die in Form einer wesentlichen Schlechterstellung i. S. v. § 253 Abs. 2 Nr. 3 InsO zum Ausdruck kommen.[946] Wirtschaftliche Nachteile, die die Grenze der Wesentlichkeit nicht erreichen, können niemals zu einem überwiegenden Vollzugsinteresse führen. Dies ergibt sich nicht nur aus dem erforderlichen Wertungsgleichlauf zwischen den Zurückweisungsvoraussetzungen des Abs. 4 und dem Willen des Gesetzgebers, nur Beschwerden zum Erfolg zu verhelfen, die den Beschwerdeführer zumindest voraussichtlich wesentlich schlechter stellen (vgl. § 253 Abs. 2 Nr. 3 InsO).[947] Nach vorliegendem Verständnis können unwesentliche Schlechterstellungen des Beschwerdeführers schon nicht Teil der Abwägung sein, da im Vorfeld der Zurückweisungsprüfung der Beschwerdeführer eine materielle Beschwer gemäß § 253 Abs. 2 Nr. 3 InsO erfolgreich glaubhaft gemacht haben muss.[948]

---

944 LG Berlin v. 20.10.2014 – 51 T 696/14 *(Suhrkamp)*, NZI 2015, 66, 67 Ziff. 2; *Braun/Frank*, in: Braun, InsO, § 253 Rn. 16; *Böcker*, DZWIR 2015, 10, 19.

945 *Pleister*, in: KPB, InsO, § 253 Rn. 33; *Burmeister/Schmidt-Hern*, in: Kübler, HRI, § 43 Rn. 173; *Fischer*, NZI 2013, 513, 518 f.

946 Dazu siehe LG Berlin v. 20.10.2014 – 51 T 696/14 (*Suhrkamp*), NZI 2015, 66, 70 Ziff. 6 c), 19886, das im Rahmen seiner Interessenabwägung gemäß § 253 Abs. 4 Satz 1 InsO darauf hinweist, dass die beschwerdeführende Minderheitsgesellschafterin in Bezug auf eine vorgesehene Kapitalerhöhung mit anschließendem Bezugsrechteausschluss eine wesentliche Schlechterstellung i. S. v. § 253 Abs. 2 Nr. 3 InsO nicht dargelegt und glaubhaft gemacht hat; vgl. auch *Böcker*, DZWIR 2015, 10, 19.

947 Vgl. dazu auch *Thies*, in: HambKomm-InsO, § 253 Rn. 26: Erfolgsaussichten der Beschwerde als Mindestvoraussetzung für ein überwiegendes Aufschubinteresse.

948 Dazu siehe § 14, III., 7., c).

Je nach Anzahl der geführten Beschwerdeverfahren gegen den Planbestätigungsbeschluss sind sämtliche glaubhaft gemachten wesentlichen Nachteile aller Beschwerdeführer in der Abwägung zu berücksichtigen, die die Zulässigkeitshürden des § 253 Abs. 2 InsO erfolgreich überwunden haben. Parallel zur Interessenabwägung im aktienrechtlichen Freigabeverfahren gemäß § 246a Abs. 2 Nr. 3 AktG dürfen die Gesellschaft sowie die planbefürwortenden Beteiligten auch im Rahmen des § 253 Abs. 4 Satz 1 InsO nicht von einer gesonderten Abwägung der ihr insgesamt drohenden Nachteile mit den Nachteilen jeweils nur eines Beschwerdeführers profitieren.[949]

(2) Berücksichtigungsfähigkeit des Schadensersatzanspruchs

Da die abwägungsrelevanten Nachteile auf Seiten des Beschwerdeführers im Rahmen des § 253 Abs. 4 Satz 1 InsO ausschließlich wirtschaftlicher Art sein können, stellt sich die Frage, wie sich eine etwaige in Aussicht gestellte finanzielle Kompensation der Nachteile auf den Abwägungsposten des Beschwerdeführers auswirkt. Eine finanzielle Kompensation könnte in Form einer Schadensersatzzahlung gemäß § 253 Abs. 4 Satz 3 InsO erfolgen, die dem Beschwerdeführer im Falle einer Zurückweisung seiner Beschwerde gegebenenfalls zustünde. Ob der Schadensersatzanspruch im Rahmen der Interessenabwägung berücksichtigungsfähig ist, lässt sich im vorliegenden Kontext wesentlich eindeutiger beurteilen, als es für die parallele Fragestellung im Rahmen des aktienrechtlichen Freigabegrundes gemäß § 246a Abs. 2 Nr. 3 AktG der Fall ist.[950]

Aus der materiellen Zulässigkeitsvoraussetzung gemäß § 253 Abs. 2 Nr. 3 InsO folgt seit dem Inkrafttreten des ESUG, dass eine sofortige Beschwerde trotz einer erfolgreich glaubhaft gemachten wesentlichen Schlechterstellung nicht zum Erfolg führt, sofern der Plan gemäß § 251 Abs. 3 InsO Ausgleichsmittel bereitstellt, die diese Schlechterstellung ausgleichen. Im wirtschaftlichen Ergebnis macht es jedoch keinen Unterschied, ob die im Beschwerdeverfahren erfolgreich glaubhaft

949 So i. R. d. § 246a AktG *Englisch*, in: Hölters, AktG, § 246a Rn. 39; i. R. d. § 253 Abs. 4 Satz 1 InsO *Fischer*, NZI 2013, 513, 518.

950 Dazu siehe nur *Schwab*, in: K. Schmidt/Lutter, AktG, § 246a Rn. 21, der dies i. E. verneint.

gemachte wesentliche Schlechterstellung durch Ausgleichsmittel gemäß § 251 Abs. 3 InsO kompensiert wird oder diese durch einen Schadensersatzanspruch gemäß § 253 Abs. 4 Satz 3 InsO im Falle einer Zurückweisung der Beschwerde erfolgt. Die Möglichkeit zur wirtschaftlichen Kompensation schließt wirtschaftliche Nachteile des Beschwerdeführers konsequenterweise aus, zumal die berücksichtigungsfähigen Nachteile im Rahmen des § 253 Abs. 4 InsO ausschließlich die wesentliche *wirtschaftliche* Schlechterstellung des Beschwerdeführers zum Gegenstand hat. Ein möglicher Schadensersatzanspruch ist daher – entsprechend der Wertung des § 253 Abs. 2 Nr. 3 InsO – auch im Rahmen der Interessenabwägung gemäß § 253 Abs. 4 Satz 1 InsO vollends berücksichtigungsfähig.[951]

In diesem Zusammenhang gilt es in Anbetracht der oben bereits getroffenen Differenzierung jedoch zu beachten, dass das soeben angeführte Vergleichsargument des § 251 Abs. 3 InsO lediglich für Beschwerdekonstellationen greifen kann, in denen die Beschwerde durch einen Beteiligten eingelegt wird, der innerhalb seiner Gruppe gemäß §§ 243, 244 InsO überstimmt wurde. Denn die Möglichkeit zum Ausgleich einer voraussichtlichen Schlechterstellung mit Mitteln i.S.v. § 251 Abs. 3 InsO steht nicht für Fälle bereit, in denen die Zustimmungsfiktion einer den Plan ablehnenden Gruppe nach Maßgabe des § 245 InsO geprüft und hierbei eine voraussichtliche Schlechterstellung der Angehörigen dieser Gruppe(n) festgestellt wurde.[952] Legen die betroffenen Angehörigen dieser Gruppe(n) eine sofortige Beschwerde gegen einen Planbestätigungsbeschluss ein, ist die Möglichkeit einer finanziellen Kompensation mit Mitteln aus § 251 Abs. 3 InsO ausgeschlossen.

Für den Schadensersatzanspruch verhält sich dies jedoch anders. Einer Berücksichtigungsfähigkeit des Schadensersatzanspruchs auch für die zuletzt genannten Beschwerdekonstellationen steht innerhalb des Zurückweisungsverfahrens § 253 Abs. 4 InsO nichts entgegen. Vorbehaltlich der Prüfung eines besonders schweren Rechtsverstoßes erhebt der Gesetzgeber für die Zurückweisungsprüfung allein die Abwägung jener Interessen zum Gegenstand der Prüfung, die in Form von wirtschaftlichen Nachtei-

951 I. E. auch *Sinz*, in: MünchKomm-InsO, § 253 Rn. 68; *Burmeister/Schmidt-Hern*, in: Kübler, HRI, § 43 Rn. 176; *Fischer*, NZI 2013, 513, 518.

952 Dazu siehe § 9, V., 2., c), bb), (4).

len zum Ausdruck kommen. Auf Seiten eines Beschwerdeführers sollen entsprechende Nachteile im Interesse einer zügigen Plandurchsetzung jedoch dadurch an Erheblichkeit verlieren, dass diese Nachteile durch einen in Aussicht gestellten Schadensersatzanspruch kompensiert werden können. Diese Wertung folgt aus der gesetzlichen Ausgestaltung des Zurückweisungsverfahrens, ergibt sich darüber hinaus aus dem Zweck des § 253 Abs. 4 InsO als ein finales Planerfolgsinstrument für die Fälle, in denen die sofortige Beschwerde zulässig ist und eine möglicherweise langewierige Begründetheitsprüfung droht. Als Sonderfall des Beschwerdeverfahrens kommt es aufgrund der Abwägung der widerstreitenden Interessen innehrhalb des § 253 Abs. 4 InsO nicht mehr auf die stringente und zwingende Einhaltung der Wertungen des Planverfahrens an. Während der eingeschränkte Anwendungsbereich der Ausgleichsmöglichkeit i. S. v. § 251 Abs. 3 InsO bereits aus der Systematik der Vorschriften des Planverfahrens folgt, ergibt sich eine entsprechende eingeschränkte Berücksichtigungsfähigkeit des Schadensersatzanspruchs nicht aus § 253 Abs. 4 InsO.

Die Möglichkeit zur Berücksichtigung eines möglichen Schadensersatzanspruchs im Rahmen der Nachteilsabwägung ist folglich auch gegeben, sofern die sofortige Beschwerde von einem Beteiligten eingelegt wird, dessen gesamte Gruppe dem Plan im Abstimmungstermin die Zustimmung verweigerte, ein Planbestätigungsbeschluss dennoch auf der Grundlage des § 245 InsO bestätigt worden ist.

4. Darlegungs- und Beweislast i. R. d. § 253 Abs. 4 InsO

a) Beibringungsgrundsatz

Sowohl der Insolvenzverwalter als auch der Beschwerdeführer haben die für sie jeweils vorteilhaften Tatsachen darzulegen, auf die der Erfolg bzw. die Abweisung des Zurückweisungsantrags gestützt werden soll. Das Darlegungserfordernis der Parteien folgt aus dem Umstand, dass im Rahmen des Insolvenzplanverfahrens entgegen § 5 Abs. 1 InsO der zivilprozessuale Beibringungsgrundsatz Anwendung findet.[953] Darlegung in diesem Sinne bedeutet einen substantiierten Vortrag konkreter Tatsachen, aus denen

953 *Baumert*, in: Braun, InsO, § 5 Rn. 9.

sich ein überwiegendes Planvollzugs- bzw. Aufschubinteresse sowie ein etwaiger besonders schwerer Rechtsverstoß ergeben. Insoweit dürfen die Anforderungen an einen substantiierten Vortrag nicht zu hoch angesetzt werden, da dieser aufgrund des hypothetischen Szenarios der Planverzögerung bzw. des Planvollzugs lediglich auf Prognosen beruht.

Der Beschwerdeführer trägt die Darlegungslast für die Erfolglosigkeit des Zurückweisungsantrags nach Maßgabe des § 253 Abs. 4 Satz 2, 1 InsO. Dafür muss er Tatsachen vorbringen, auf die sich ein besonders schwerer Rechtsverstoß i. S. v. § 253 Abs. 4 Satz 2 InsO stützen lässt oder auf deren Grundlage ein überwiegendes Interesse des Beschwerdeführers an einem Aufschub der Planwirkungen gemäß § 253 Abs. 4 Satz 1 InsO bejaht werden kann.[954]

Dagegen trägt der Insolvenzverwalter als Antragsteller zunächst die Darlegungslast für die Tatsachen, mit denen ein überwiegendes Planvollzugsinteresse und damit der Erfolg des Zurückweisungsantrags begründet werden soll.[955] Die drohenden Nachteile für das Unternehmen sowie der planbefürwortenden Beteiligten sind anhand von konkreten Tatsachen darzulegen, die diesen entstehen würden, sofern ein Planvollzug in Folge der Durchführung eines Beschwerdeverfahrens verzögert oder gegebenenfalls scheitern würde.

b) Glaubhaftmachung wirtschaftlicher Nachteile analog § 294 ZPO

Fraglich ist, ob die streitigen Tatsachen gemäß § 294 ZPO glaubhaft zu machen sind, wie es § 246a Abs. 3 Satz 3 AktG ausdrücklich für die Vorbildregelung des aktienrechtlichen Freigabeverfahrens vorschreibt. Identische Regelungen finden sich in den Freigabeverfahren gemäß §§ 319 Abs. 6 Satz 6 AktG, 16 Abs. 3 Satz 6 UmwG. Schließlich erlangt das Glaubhaftmachungserfordernis auch im Rahmen der Verfahren des zivilprozessualen einstweiligen Rechtsschutzes Anwendung (vgl. § 920 Abs. 2 ZPO).

954 Auch im Rahmen des aktienrechtlichen Freigabeverfahrens liegt die Darlegungslast für eine besondere Schwere des Rechtsverstoßes i. S. v. § 246a Abs. 2 Nr. 3 AktG bei dem klagenden Aktionär als Antragsgegner, Begr. RegE ARUG, BT-Drucks. 16/11642, S. 41; *Bosse*, NZG 2009, 807, 811; *Satzl*, Freigabe von Gesellschafterbeschlüssen im Kapitalgesellschaftsrecht, 2011, 128.

955 *Thies*, in: HambKomm-InsO, § 253 Rn. 26.

Im Wortlaut des § 253 Abs. 4 InsO findet die Anwendbarkeit des Glaubhaftmachungserfordernisses keine Stütze. Auch sofern man die Gesetzesbegründung zum ESUG als Begründung aktivieren wollte, bliebe als Anknüpfungspunkt nur der Verweis auf die Vorbildfunktion des aktienrechtlichen Freigabeverfahrens.

Da es sich bei der vorliegenden Frage nach der anzuwendenden Form der Beweisführung um eine wesentliche verfahrensrechtliche Frage handelt, erscheint ein Verweis auf die Gesetzesbegründung als Begründungsansatz unzureichend, zumal sich keine näheren Ausführungen dazu finden, wie weit die Vorbildfunktion des § 246a AktG innerhalb des § 253 Abs. 4 InsO reichen soll.

Teile im Schrifttum sprechen sich für eine Anwendung des Glaubhaftmachungsmaßstabs innerhalb des § 253 Abs. 4 InsO aus.[956] Dabei stützen sie sich auf eine dogmatische Einordnung des Zurückweisungsverfahrens als ein besonderes Eilverfahren,[957] weshalb die entsprechende Anwendung der für die Eilverfahren geltenden besonderen Vorschriften in Betracht komme.[958] Da sowohl der Antrag gemäß § 253 Abs. 4 Satz 1 InsO als auch die Freigabeanträge gemäß §§ 246a AktG, 16 Abs. 3 UmwG besondere Eilverfahren einleiten, genüge die Glaubhaftmachung der entscheidungserheblichen Tatsachen insoweit auch innerhalb des § 253 Abs. 4 InsO. Unter Verweis auf eine Entscheidung des BGH sei insbesondere die ausdrückliche Anordnung der Glaubhaftmachung im Gesetz entbehrlich, sofern die entsprechende Anwendbarkeit – wie im Falle des § 253 Abs. 4 InsO – schon aus der Rechtsnatur des Verfahrens folge.[959]

c) Kein Bedarf für eine Analogie

Soweit die Anwendbarkeit des § 294 ZPO innerhalb des § 253 Abs. 4 InsO insoweit auf das dogmatische Verständnis eines besonderen Eilverfahrens fußt, kann dieser Rückschluss in Anbetracht der vorliegend vertretenen Einordnung des Abs. 4 nicht überzeugen. Dass sich das Zurückweisungs-

956 *Fischer*, NZI 2013, 513, 517; *Sinz*, in: MünchKomm-InsO, § 253 Rn. 72.
957 *Fischer*, NZI 2013, 513, 517; *Sinz*, in: MünchKomm-InsO, § 253 Rn. 72.
958 *Fischer*, NZI 2013, 513, 516; *Sinz*, in: MünchKomm-InsO, § 253 Rn. 72.
959 *Fischer*, NZI 2013, 513, 517; *Sinz*, in: MünchKomm-InsO, § 253 Rn. 72.

verfahren schon nicht als ein besonderes Eilverfahren *sui generis* einordnen lässt, es sich vielmehr um einen integralen Bestandteil des Beschwerdeverfahrens handelt, wurde bereits ausführlich erläutert.[960]

aa) Erwägungen des BGH vom 29.5.2006

Auch die zugrunde gelegte Entscheidung des BGH vom 29.5.2006[961] bedarf in diesem Kontext einer näheren Erläuterung. Zum Hintergrund:

Der Entscheidung des BGH lag als Sachverhalt nicht etwa die Frage einer Anwendbarkeit der Glaubhaftmachung gemäß § 294 ZPO zugrunde. Der BGH befasste sich vielmehr mit der Frage, ob eine Rechtsbeschwerde gegen eine Freigabeentscheidung gemäß § 16 Abs. 3 UmwG statthaft ist, die nach vorheriger Zulassung durch das OLG von einem Beteiligten eingelegt worden war.[962] Das OLG berief sich auf die Statthaftigkeit der Rechtsbeschwerde, weil ein Ausschluss der Rechtsbeschwerde nicht ausdrücklich in § 16 Abs. 3 UmwG normiert sei. Dabei wies das OLG zwar richtigerweise darauf hin, dass es die Rechtsbeschwerde als Rechtsmittel bei der Einführung der § 16 Abs. 3 UmwG im Jahre 1994 noch nicht gegeben habe, folglich im Wortlaut keine Berücksichtigung finden konnte. Das Gericht stellte insofern jedoch zugleich eine Parallele zu der Vorschrift des § 246a AktG her, in der der Gesetzgeber – in Kenntnis der Rechtsbeschwerde – im Rahmen der Einführung des § 246a AktG durch das UMAG bewusst von einem gesetzlichen Ausschluss einer Rechtsbeschwerde in der Vorschrift abgesehen habe. Weil der Gesetzgeber in diesem Kontext den Beschleunigungsgedanken des § 246a AktG – unter Bezugnahme auf § 16 Abs. 3 UmwG – betonte und § 16 Abs. 3 UmwG auch nach dem Inkrafttreten der ZPO-Reform mit der Möglichkeit zur Zulassung einer Rechtsbeschwerde (§ 574 ZPO) in diesem Punkt unverändert geblieben ist, spreche dies gegen einen Ausschluss der Rechtsbeschwerde in den genannten Freigabeverfahren.

Flankierend führte das OLG an, dass der Gesetzgeber in der Vorschrift des § 148 Abs. 2 Satz 6 AktG einen Ausschluss der Rechtsbeschwerde aus-

960 Ausführlich oben unter § 14, III.
961 BGH v. 29.5.2006 – II ZB 5/06, NZG 2006, 553 ff.
962 OLG Frankfurt a. M. v. 8.2.2006 – 12 W 185/05, NJOZ 2006, 870 ff.

drücklich vorgesehen habe. Das spreche im Umkehrschluss dafür, dass in den Freigabeverfahren der §§ 246a AktG, § 16 Abs. 3 UmwG auf einen entsprechenden Ausschluss bewusst verzichtet wurde,[963] eine Rechtsbeschwerde folglich statthaft sei.

Der BGH folgte diesen Ausführungen nicht, erklärte eine Rechtsbeschwerde gegen eine Entscheidung gemäß § 16 Abs. 3 UmwG im Ergebnis vielmehr für unstatthaft. Dabei führte das Gericht zwar aus, ... *dass im Falle einer fehlenden gesetzlichen Ausgestaltung eine entsprechende Anwendbarkeit von Regelungen grundsätzlich nicht entgegenstehe, sofern diese aus der Natur der Sache folge. ...*

Diese Erwägungen möchten offenbar auch die erwähnten Vertreter im Schrifttum für ihre Annahme in Anspruch nehmen, sofern sie sich trotz einer fehlenden ausdrücklichen Regelung in § 253 Abs. 4 InsO auf die Anwendbarkeit des Glaubhaftmachungsmaßstabs innerhalb des Zurückweisungsverfahrens berufen.

Zugleich führte der BGH allerdings weiter aus, dass man „... *von einem die Gesamtrechtsordnung in den Blick nehmenden Gesetzgeber erwarten sollte, dass er schon im Interesse der Gesetzesklarheit konsistente und konsequente Regelungen trifft ...*“.[964] Besonders auf der Grundlage dieser Erwägung muss eine analoge Anwendung des Glaubhaftmachungserfordernisses innerhalb des Zurückweisungsverfahrens in Frage gestellt werden, da es sich insoweit um eine wesentliche Verfahrensfrage handelt.

bb) § 294 ZPO nicht analogiefähig

Speziell im Rahmen der Fragestellung einer analogen Anwendbarkeit des § 294 ZPO lässt sich den zitierten Auffassungen im Schrifttum[965] eine weitere Entscheidung des BGH[966] entgegenhalten, in dem sich das Gericht mit der konkreten Frage der entsprechenden Anwendbarkeit der Glaubhaftmachung auseinandersetzte. Der BGH lehnte diese in der besagten

963 OLG Frankfurt a. M. v. 8.2.2006 – 12 W 185/05, NJOZ 2006, 870, 894.

964 BGH v. 29.5.2006 – II ZB 5/06, NZG 2006, 553, 555.

965 *Fischer*, NZI 2013, 513, 516; *Sinz*, in: MünchKomm-InsO, § 253 Rn. 72.

966 BGH v. 29.11.1972 – VIII ZB 56/72, VersR 1973, 186 ff.

Entscheidung ab, da es sich in Bezug auf § 294 ZPO um eine Ausnahmevorschrift handele, die im Allgemeinen zu einer rechtsähnlichen Anwendung nicht geeignet sei.[967]

Korrespondierend dazu steht auch das Schrifttum einer analogen Anwendbarkeit des § 294 ZPO äußerst zurückhaltend gegenüber. Die herrschende Meinung lehnt eine analoge Anwendbarkeit des Glaubhaftmachungserfordernisses sogar vollständig ab, da der Vorschrift des § 294 ZPO Ausnahmecharakter zukomme und die gesetzlichen Vorschriften, in denen eine Glaubhaftmachung ausdrücklich angeordnet sei, abschließend seien.[968] Einzelne Vertreter schließen die Möglichkeit einer Analogie dagegen nicht von vornherein aus, wollen diese jedoch nur in Ausnahmefällen und unter sehr strengen Voraussetzungen zulassen.[969]

cc) Anzuwendender Maßstab innerhalb des § 253 Abs. 4 InsO

(1) Interessenabwägung gemäß § 253 Abs. 4 Satz 1 InsO

Ob eine analoge Anwendung des § 294 ZPO innerhalb des Zurückweisungsverfahrens möglich ist, kann nach vorliegend vertretenem dogmatischem Verständnis dahinstehen. Da es sich im Hinblick auf § 253 Abs. 4 InsO um ein zusätzliches Beschleunigungsinstrument handelt, dessen Voraussetzungen nur im Falle einer zulässigen sofortigen Beschwerde geprüft werden,[970] folgt die Anwendbarkeit des § 294 ZPO unmittelbar aus der Integration des § 253 Abs. 4 InsO in das Beschwerdeverfahren.

Denn soweit die Zulässigkeitsprüfung der Beschwerde stets der Prüfung der Zurückweisungsvoraussetzungen vorgelagert ist, wird der Beschwerdeführer seine materielle Beschwer gemäß § 253 Abs. 2 Nr. 3 InsO in Form seiner wesentlichen Schlechterstellung erfolgreich glaubhaft gemacht

967 BGH v. 29.11.1972 – VIII ZB 56/72, VersR 1973, 186, 187.

968 *Prütting*, in: MünchKomm-ZPO, § 294 Rn. 4; *Huber*, in: Musielak, ZPO, § 294 Rn. 2; *Saenger*, in: Saenger, ZPO, § 294 Rn. 5; *Laumen*, in: Prütting/Gehrlein, ZPO, § 294 Rn. 1.

969 *Leipold*, in: Stein/Jonas, ZPO, § 294 Rn. 4; *Baumbach/Lauterbach/Albers/Hartmann*, ZPO, § 294 Rn. 2; *Assmann*, in: GroßKomm-ZPO, Bd. 4, § 294 Rn. 7.

970 Dazu siehe oben, § 14, III., 7.

haben müssen und damit zugleich die für ihn vorteilhaften Tatsachen, auf die ein überwiegendes Planverzögerungsinteresse gestützt wird. Der Wortlaut des § 253 Abs. 4 Satz 1 InsO spricht zwar lediglich von „Nachteilen" für den Beschwerdeführer. Damit können jedoch einzig die Nachteile gemeint sein, die auf Seiten des Beschwerdeführers in Form einer wesentlichen Schlechterstellung zum Ausdruck kommen. Handelt es sich um wirtschaftliche Nachteile, die die Grenze der Wesentlichkeit i. S. v. § 253 Abs. 2 Nr. 3 InsO nicht erreichen, scheidet eine Abwägung zugunsten des Beschwerdeführers von vornherein aus. Insoweit gilt auch hier, dass sich die Reichweite der Zurückweisungsvoraussetzungen wertungsrechtlich an den Parametern auszurichten hat, die das Gesetz mit § 253 Abs. 2 Nr. 3 InsO zum Ausdruck bringt.

Durch die erforderliche Glaubhaftmachung der materiellen Beschwer gemäß § 253 Abs. 2 Nr. 3 InsO liegen dem Landgericht die auf Seiten des Beschwerdeführers berücksichtigungsfähigen Nachteile somit vor. Daher ist die explizite Anordnung des Glaubhaftmachungsmaßstabs im Wortlaut des § 253 Abs. 4 InsO entbehrlich und die Frage der analogen Anwendbarkeit des § 294 ZPO damit obsolet.

Gleiches gilt im Ergebnis für die darzulegenden Nachteile der Gesellschaft und der Planbefürworter. Zwar ist die Glaubhaftmachung entsprechender Nachteile nicht bereits Gegenstand der Zulässigkeitsprüfung, da § 253 InsO diese im Vorfeld der Zurückweisungsprüfung nicht vorsieht. Korrespondierend zu den erfolgreich glaubhaft gemachten Nachteilen des Beschwerdeführers im Rahmen des § 253 Abs. 2 Nr. 3 InsO muss jedoch auch der Insolvenzverwalter im Gegenzug die Gelegenheit erhalten, die glaubhaft gemachten Tatsachen des Beschwerdeführers durch eine eigenständige Darlegung von Tatsachen zu entkräften, um ein höherwertiges Planvollzugsinteresse begründen zu können. In Bezug auf die dafür anzuwendende Form der Beweisführung muss aus Gründen der *prozessualen Waffengleichheit* die Form Anwendung finden, die bereits für den Beschwerdeführer gegolten hat.[971] Sofern die Glaubhaftmachung als Form

971 *Walker*, Der einstweilige Rechtsschutz im Zivilprozeß und im arbeitsgerichtlichen Verfahren, 1993, Rn. 428, allgemein zur *prozessualen Waffengleichheit* Rn. 420 ff.

der Beweisführung für den Beschwerdeführer ausdrücklich zugelassen ist, kann sich auch der Insolvenzverwalter auf diese berufen.[972]

(2) Maßstab bzgl. des besonders schweren Rechtsverstoßes

Keine Anwendung erlangt der Maßstab der Glaubhaftmachung dagegen innerhalb des Prüfungsmerkmals des besonders schweren Rechtsverstoßes (§ 253 Abs. 4 Satz 2 InsO). Das Landgericht muss einen potenziellen Rechtsverstoß ungeachtet der Eilbedürftigkeit einer Zurückweisung aus Gründen der Rechtssicherheit stets vollumfänglich prüfen,[973] geht es hierbei doch immerhin um die Frage, ob die Zurückweisung einer Beschwerde von vornherein ausgeschlossen ist. Bevor ein Rechtsverstoß bejaht werden kann, muss dieser folglich umfassend geprüft werden; der Rechtsverstoß muss objektiv vorliegen.[974] Damit genügt es im Rahmen des § 253 Abs. 4 Satz 2 InsO gerade nicht, einen besonders schweren Rechtsverstoß nur aufgrund eines überwiegenden Wahrscheinlichkeitsurteils zu bejahen oder zu verneinen. Darlegungs- und beweispflichtig für den besonders schweren Rechtsverstoß ist insoweit der Beschwerdeführer.[975]

5. Abwägungsentscheidung: „Freie Überzeugung" des Gerichts

Sofern kein besonders schwerer Rechtsverstoß festgestellt wird, erfolgt die Interessenabwägung anhand der vorgetragenen und glaubhaft gemachten Tatsachen. Allein auf diese Interessenabwägung bezieht sich die in § 253 Abs. 4 Satz 1 InsO erwähnte „freie Überzeugung" des Gerichts.[976] Insoweit besteht ein Beurteilungsspielraum sowohl in Bezug auf die Frage,

---

972 OLG Köln v. 29.2.1988 – 2 W 9/88, KTS 1988, 553, 554; *Baumbach/Lauterbach/Albers/Hartmann*, ZPO, § 294 Rn. 3; *Leipold*, in: Stein/Jonas, ZPO, § 294 Rn. 22; *Greger*, in: Zöller, ZPO, § 294 Rn. 2; *Prütting*, in: MünchKomm-ZPO, § 294 Rn. 23; zum Arrest im Rahmen des zivilprozessualen einstweiligen Rechtsschutzes siehe auch *Mayer*, in: Vorwerk/Wolf, BeckOK-ZPO, § 920 Rn. 11.

973 So auch *Thies*, in: HambKomm-InsO, § 253 Rn. 27.

974 So auch im Rahmen des § 246a Abs. 2 Nr. 3 AktG *Schwab*, in: K. Schmidt/Lutter, AktG, § 246a Rn. 12; *Englisch*, in: Hölters, AktG, § 246a Rn. 41; *Koch/Wackerbeck*, ZIP 2009, 1603, 1607; *Paschos/Goslar*, AG 2009, 14, 20.

975 So auch im Rahmen des § 246a Abs. 2 Nr. 3 AktG *Schwab*, in: K. Schmidt/Lutter, AktG, § 246a Rn. 12.

976 Zur Parallelreglung des § 246a Abs. 2 Nr. 3 AktG *Englisch*, in: Hölters, AktG, § 246a Rn. 41 f. m.w.N.

welches Gewicht den glaubhaft gemachten Tatsachen im jeweiligen Abwägungsposten zukommen soll, als auch im Hinblick auf die Abwägung der Nachteile als solche.[977] Erscheint nach Abschluss der Interessenabwägung das alsbaldige Wirksamwerden des Insolvenzplans vorrangig, weil die Nachteile einer Verzögerung des Plans die Nachteile für den Beschwerdeführer überwiegen, weist das Beschwerdegericht die sofortige Beschwerde zurück.[978] Anderenfalls prüft es die Begründetheit der Beschwerde.

VII. Anspruch auf Geldersatz (§ 253 Abs. 4 Satz 3 InsO)

1. Überblick

Im Falle einer Beschwerdezurückweisung ist dem Beschwerdeführer aus der Masse der Schaden zu ersetzen,[979] der diesem durch den Planvollzug entsteht. Damit gewährt § 253 Abs. 4 Satz 3 InsO dem von einer Zurückweisung betroffenen Beschwerdeführer einen verschuldensunabhängigen Schadensersatzanspruch.[980] Für Klagen, mit denen enstprechende Ansprüche geltend gemacht werden, ist das Landgericht ausschließlich zuständig, das die sofortige Beschwerde zurückgewiesen hat. Anspruchsgegner ist insoweit die über die Masse verfügungsbefugte Person. Wird der Schadensersatzanspruch jedoch erst nach der Aufhebung des Insolvenzverfahrens geltend gemacht, wovon im Regelfall auszugehen sein wird, ist der Klagegegner regelmäßig der Schuldner, da dieser nach der Aufhebung des Insolvenzverfahrens die Verwaltungs- und Verfügungsbefugnis über die Insolvenzmasse bzw. über sein Vermögen zurückerlangt

977 Dazu *Englisch*, in: Hölters, AktG, § 246a Rn. 42 zu der insoweit identisch ausgestalteten Vorschrift des Freigabegrundes gemäß § 246a Abs. 2 Nr. 3 AktG.

978 Ob das Beschwerdegericht zuerst die Interessenabwägung gemäß § 253 Abs. 4 Satz 1 InsO durchführt, oder zunächst das Vorliegen eines besonders schweren Rechtsverstoßes gemäß § 253 Abs. 4 Satz 2 InsO prüft, liegt im Ermessen des Gerichts. Sinnvoll erscheint zunächst die Prüfung eines besonders schweren Rechtsverstoßes, da im Falle eines solchen Rechtsverstoßes die Zurückweisung unmittelbar ausgeschlossen ist; auf die Interessenabwägung kommt es dann nicht mehr an.

979 Dazu *Thies*, in: HambKomm-InsO, § 253 Rn. 28; *Burmeister/Schmidt-Hern*, in: Kübler, HRI, § 43 Rn. 192; kritisch *Landfermann*, WM 2012, 821, 827, der für problematisch hält, einer durch einen Insolvenzplan sanierten Gesellschaft Schadensersatzforderungen in ungewisser Höhe auszusetzen.

980 A. A. *Spliedt*, in: K. Schmidt, InsO, § 253 Rn. 19: kein Schadensersatzanspruch, sondern ein Aufopferungsanspruch.

(vgl. § 259 Abs. 1 Satz 2 InsO).[981] Die Rückgängigmachung der Wirkungen des Insolvenzplans kann nicht als Schadensersatz verlangt werden (vgl. § 253 Abs. 4 Satz 3 InsO).

Mangels abweichender Regelungen gelten für die Art und die Höhe des zu ersetzenden Schadens die allgemeinen Vorschriften gemäß §§ 249 ff. InsO[982] mit der Besonderheit, dass ein begründeter Schadensersatzanspruch keinen Einfluss auf die Planwirkungen hat. Insoweit deckt sich die Ausgestaltung des Schadenersatzanspruchs mit dem Ersatzanspruch der aktienrechtlichen (Vorbild-)Regelung des § 246a Abs. 4 Satz 1 AktG.[983] Diese sind in beiden Fällen ausschließlich auf Geldersatz gerichtet; eine Naturalrestitution scheidet aus.[984]

Der Wortlaut des § 253 Abs. 4 Satz 3 InsO erwähnt im Vergleich zur aktienrechtlichen Vorschrift nicht, welche Voraussetzungen für die Gewährung eines Schadensersatzanspruchs erfüllt sein müssen. Im Rahmen eines aktienrechtlichen Freigabeverfahrens besteht ein Schadensersatzanspruch gemäß § 246a Abs. 4 Satz 1 AktG nur, sofern sich die Klage des Aktionärs im Nachhinein als begründet erweist. Das hängt damit zusammen, dass im Rahmen des aktienrechtlichen Freigabeverfahrens aufgrund des eigenständigen (Eil-)Verfahrenscharakters nicht über den Streitgegenstand der Hauptsache, d. h. nicht über die Klage des Aktionärs entschieden wird. Diese läuft unabhängig von dem Verlauf des Freigabeverfahrens im Hintergrund weiter. Die Klage verliert gemäß § 246a Abs. 4 Satz 2 AktG im Falle einer erfolgten Freigabe lediglich ihre Kassationsmacht und beschränkt sich auf einen Ersatzanspruch.

Für die Schadensersatzvoraussetzungen gemäß § 253 Abs. 4 Satz 3, 4 InsO trägt die Gesetzesbegründung zum ESUG zur Klarheit bei. Danach kann der Beschwerdeführer im Falle der Zurückweisung seiner Beschwerde

981 *Sinz*, in: MünchKomm-InsO, § 253 Rn. 81.

982 *Burmeister/Schmidt-Hern*, in: Kübler, HRI, § 43 Rn. 190.

983 Nach der Eintragung lassen Mängel des Beschlusses seine Durchführung unberührt; die Beseitigung dieser Wirkung der Eintragung kann auch nicht als Schadensersatz verlangt werden (§ 246a Abs. 4 Satz 2 AktG).

984 *Pleister*, in: KPB, InsO, § 253 Rn. 36; *Backes*, in: Pape/Uhländer, NWBKomm-InsO, § 253 Rn. 47; *Kebekus/Wehler*, in: Graf-Schlicker, InsO, § 253 Rn. 4; *Fischer*, NZI 2013, 513, 520.

nur Ersatz des ihm durch den Planvollzug entstandenen Schadens verlangen, sofern die Beschwerde Aussicht auf Erfolg gehabt hätte, d. h. zulässig und begründet gewesen wäre.[985] Das hat zur Folge, dass das zuständige Landgericht im Rahmen der Prüfung des Ersatzanspruchs die Begründetheit der sofortigen Beschwerde prüft,[986] in der es festzustellen gilt, ob der Beschwerdeführer wesentlich schlechtergestellt ist, als er ohne einen Plan stünde, und dieser Nachteil durch Ausgleichsmittel i. S. v. § 251 Abs. 3 InsO kompensiert werden kann (vgl. § 253 Abs. 2 Nr. 3 InsO). Die Darlegungs- und Beweislast für das Vorliegen der Voraussetzungen trägt insoweit der Beschwerdeführer.[987]

Sollte sich im Rahmen der Prüfung des Schadensersatzanspruchs ergeben, dass der Beschwerdeführer trotz erfolgreicher Glaubhaftmachung seiner materiellen Beschwer gemäß § 253 Abs. 2 Nr. 3 InsO im Ergebnis nicht wesentlich schlechtergestellt ist, oder ausreichende Ausgleichsmittel gemäß § 251 Abs. 3 InsO zur Verfügung stehen, geht er leer aus.[988] Erweist sich der Schadensersatzanspruch dagegen wegen der wesentlichen Schlechterstellung und einer fehlenden Ausgleichsmöglichkeit als begründet, ist dem Beschwerdeführer seine durch den Planvollzug erleidende *wesentliche* Schlechterstellung auszugleichen, die das Beschwerdegericht durch eine Vergleichsrechnung entsprechend zu ermitteln hat.[989]

---

985 Beschlussempfehlung u. Bericht zum ESUG, BT-Drucks. 17/7511, S. 36; BGH v. 17.9.2014 – IX ZB 26/14 (*Suhrkamp*), NZG 2014, 1351, 1353 Rn. 20; *Pleister*, in: KPB, InsO, § 253 Rn. 37; *Burmeister/Schmidt-Hern*, in: Kübler, HRI, § 43 Rn. 189.

986 Die Prüfung der Zulässigkeit der sofortigen Beschwerde erübrigt sich, da das Zurückweisungsverfahren gemäß § 253 Abs. 4 InsO nach hier vertretener Auffassung erst in Betracht kommt, sofern die Zulässigkeit der sofortigen Beschwerde gemäß § 253 Abs. 2 InsO bereits durch das Beschwerdegericht geprüft und bejaht wurde, dazu ausführlich § 14, III., 7., c).

987 *Sinz*, in: MünchKomm-InsO, § 253 Rn. 76; *Burmeister/Schmidt-Hern*, in: Kübler, HRI, § 43 Rn. 193.

988 *Thies*, in: HambKomm-InsO, § 253 Rn. 28.

989 *Thies*, in: HambKomm-InsO, § 253 Rn. 28; *Braun/Frank*, in: Braun, InsO, § 253 Rn. 16; *Burmeister/Schmidt-Hern*, in: Kübler, HRI, § 43 Rn. 191.

2. Verhältnis von Ausgleichs- und Schadensersatzklage

In der Praxis sind Fallgestaltungen denkbar, in denen Beteiligte sowohl Ausgleichsklagen gemäß § 251 Abs. 3 Satz 2 InsO als auch Schadensersatzklagen gemäß § 253 Abs. 4 Satz 3 InsO nebeneinander geltend machen.

Sofern im Plan vorgesehene Ausgleichsmittel i. S. v. § 251 Abs. 3 InsO zu einer Abweisung eines Minderheitenschutzantrags führen, gewährt § 251 Abs. 3 Satz 2 InsO dem betroffenen Beteiligten einen Ausgleichsanspruch in Höhe seiner voraussichtlichen Schlechterstellung (sog. Mindestliquidationswert). Der Beteiligte wird darauf verwiesen, seinen Anspruch auf Ausgleichszahlung in einem gesonderten Rechtsstreit vor den ordentlichen Gerichten klageweise geltend zu machen.

Daneben wird der Beteiligte nicht daran gehindert, zugleich auch eine sofortige Beschwerde gegen den Planbestätigungsbeschluss gemäß § 253 InsO einzulegen, mit der er den Planbestätigungsbeschluss – insbesondere wegen einer fehlerhaften Prüfung des § 251 InsO – anfechten kann. Gelingt dem Beschwerdeführer die Glaubhaftmachung einer materiellen Beschwer gemäß § 253 Abs. 2 Nr. 3 InsO, verbleibt für die Vermeidung einer langwierigen Begründetheitsprüfung und damit für eine zügige Durchsetzung des Plans die Möglichkeit der Zurückweisung gemäß § 253 Abs. 4 InsO. Wird die Beschwerde zurückgewiesen, steht dem von der Zurückweisung betroffenen Beschwerdeführer der Schadensersatzanspruch aus § 253 Abs. 4 Satz 3 InsO zu.

Im Ergebnis hat der Beschwerdeführer damit die Möglichkeit, sowohl eine Ausgleichs- als auch eine Schadensersatzklage zu erheben. Damit der Beteiligte im Ergebnis nicht über seinen wesentlichen Schlechterstellungswert hinaus Ersatz erlangt, muss ein potenzieller finanzieller Ausgleich aus den im Plan vorgesehenen Ausgleichsmitteln gemäß § 251 Abs. 3 InsO auf die Schadenshöhe des Ersatzanspruchs gemäß § 253 Abs. 4 Satz 3 InsO angerechnet werden, *et vice versa*.[990]

990 *Madaus*, NZI 2012, 597, 599.

VIII. Beurteilung des Zurückweisungsverfahrens gemäß § 253 Abs. 4 InsO

1. Zurückweisung gemäß § 253 Abs. 4 InsO als Regelfall

Soweit bereits die beschwerderechtlichen Zulässigkeitsvoraussetzungen im Hinblick auf ihre Geeignetheit zur Beschränkung von Rechtsschutzmöglichkeiten eine positive Bewertung erfahren haben, setzt sich diese Erkenntnis in Bezug auf das Zurückweisungsinstrument fort.

Das ist in erster Linie auf die Tatbestandsvoraussetzungen gemäß § 253 Abs. 4 Satz 1, 2 InsO zurückzuführen, speziell auf die vorgesehene Interessenabwägung. Danach scheitert die Zurückweisung, sofern die aus einer Plandurchsetzung resultierenden Nachteile für den Beschwerdeführer die Nachteile des Unternehmens sowie der planbefürwortenden Beteiligten überwiegen, die diesen aus einer Planverzögerung entstehen würden. Unter Berücksichtigung der überragenden wirtschaftlichen Bedeutung für das Unternehmen an einer zügigen Plandurchsetzung muss insoweit bereits bezweifelt werden, ob eine Nachteilsabwägung jemals zugunsten eines Beschwerdeführers ausfallen wird.

Besonders begrüßenswert ist dies in Fällen, in denen Kleingläubiger eine wesentliche Schlechterstellung erfolgreich glaubhaft gemacht haben, der insoweit drohende Schlechterstellungsumfang absolut betrachtet jedoch gering ausfällt.[991] Das Zurückweisungsverfahren übernimmt in derartigen Fallkonstellationen eine gewisse Ausgleichsfunktion für die Schwächen der – relativ wirkenden – Wesentlichkeitsschwelle i. S. v. § 253 Abs. 2 Nr. 3 InsO, indem sofortige Beschwerden von Kleingläubigern mit geringwertigen monetären Interessen zugunsten einer zügigen Plandurchsetzung zurückgewiesen werden können. Gleichwohl werden auch die Nachteile von Großgläubigern trotz drohender beträchtlicher Schlechterstellungsumfänge regelmäßig nicht die dem Unternehmen und den Planbefürwortern drohenden erheblichen wirtschaftlichen Nachteile überwiegen, die aus einer Verzögerung der Plandurchsetzung für die ungewisse Dauer des Beschwerdeverfahrens verursacht würden.

991 Vgl. dazu § 12, IV., 2.

Da die Nachteilsabwägung insoweit regelmäßig nicht zugunsten der Beschwerdeführer ausfallen wird, vermag lediglich noch das Vorliegen eines besonders schweren Rechtsverstoßes gemäß § 253 Abs. 4 Satz 2 InsO eine unverzügliche Zurückweisung zu verhindern. Jedoch sind an die *besondere Schwere* eines Rechtsverstoßes erhebliche Anforderungen zu stellen. Insbesondere genügt hierfür nicht jeder abstrakte Verstoß gegen eine Vorschrift der §§ 248 bis 252 InsO, der im Bestätigungsverfahren zu einer Versagung der Planbestätigung hätte führen müssen. Es bedarf vielmehr eines massiven Rechtsverstoßes. Dieser ist zu bejahen, wenn die Annahme des Plans unlauter, etwa durch die Begünstigung eines Beteiligten herbeigeführt worden ist (vgl. § 250 Nr. 2 InsO).[992] Anderenfalls bedarf es einer gewissen Summe an Rechtsverstößen, die es in der Gesamtbetrachtung im Einzelfall nicht gerechtfertigt erscheinen lassen, einen Planbestätigungsbeschluss durch die Zurückweisung einer sofortigen Beschwerde in Rechtskraft erwachsen zu lassen.

2. Zeitersparnis durch Zurückweisungsprüfung

Wenngleich die gesetzliche Ausgestaltung der Zurückweisungsvoraussetzungen eine eindeutige Tendenz für die zügige Durchsetzung von Insolvenzplänen erkennen lässt, darf nicht das primäre Ziel des Gesetzgebers aus dem Blick verloren werden.

Dieses besteht nicht etwa ausschließlich darin, den Erfolg einer sofortigen Beschwerde gegen einen Planbestätigungsbeschluss nur im Ergebnis einzuschränken bzw. zu vermeiden. In Anknüpfung an die Kritik der alten Rechtslage muss eine effektive Bekämpfung der Rechtsmittelproblematik fernab einer rein ergebnisorientierten Betrachtung vielmehr bereits im Vorfeld ansetzen. So gilt es bereits unabhängig von den Erfolgsaussichten einer sofortigen Beschwerde die mit dieser einhergehenden Verfahrensverzögerung zu vermeiden. Insoweit ist allein mit der Effektivität der Zurückweisungsvoraussetzungen nicht viel gewonnen, wenn durch ihre gerichtliche Prüfung erneute Verzögerungen verursacht werden. Kurz gesagt: Das Ziel des Gesetzgebers nach zügigen Plandurchsetzungen wird

992 Zum besonders schweren Rechtsverstoß gemäß § 253 Abs. 4 Satz 2 InsO siehe § 14, VI., 2.

nur erreicht, wenn nicht die Zurückweisung überhaupt erfolgt, sondern diese auch schnellstmöglich geschieht.

In der Gesamtbetrachtung ist jedoch auch eine sanierungsgefährdende Zeitverzögerung innerhalb des § 253 Abs. 4 InsO nicht zu befürchten, die einer insgesamt positiven Beurteilung entgegenstehen könnte. Soweit es den Prüfungsaufwand im Rahmen der Nachteilsabwägung betrifft (§ 253 Abs. 4 Satz 1 InsO), werden dem Beschwerdegericht die in der Abwägung beachtlichen wirtschaftlichen Nachteile des Beschwerdeführers bereits vorliegen, die dieser im Vorfeld dargelegt und glaubhaft gemacht haben muss (§ 253 Abs. 2 Nr. 3 InsO).[993] Auch der Insolvenzverwalter muss die eine Zurückweisung stützenden Tatsachen lediglich glaubhaft machen, das Beschwerdegericht sie folglich nur für überwiegend wahrscheinlich halten,[994] sodass auch insoweit keine nennenswerten Verfahrensverzögerungen im Rahmen der „Ermittlung“ der jeweiligen Abwägungsposten zu erwarten sind.

Dagegen ist das Vorliegen eines besonders schweren Rechtsverstoßes zwar durchaus umfänglich zu prüfen. Da es sich hierbei jedoch um abstrakte, massive und damit offensichtliche Rechtsverstöße handeln muss, die unabhängig von den drohenden wirtschaftlichen Nachteilen des Beschwerdeführers zu beurteilen sind,[995] wird auch diese Feststellung regelmäßig in einem Zeitraum gelingen, der sanierungsgefährdende geschweige denn -vereitelnde Verfahrensverzögerungen regelmäßig nicht erwarten lässt.

Schließlich gilt es zu beachten, dass die Zulässigkeit der sofortigen Beschwerde, die es nach vorliegend vertretenem Verständnis im Vorfeld der Prüfung der Zurückweisungsvoraussetzungen festzustellen gilt,[996] ohne die Einleitung eines Zurückweisungsverfahrens unmittelbar in eine Begründetheitsprüfung münden würde. In dem Fall müsste sich das Beschwerdegericht zwingend mit den Unwägbarkeiten einer Schlechterstellungsprüfung auseinandersetzen und über diese Beweis erheben. Dies erfordert einen weitaus größeren Zeit- und Prüfungsaufwand als die

993 Vgl. oben § 14, III., 7.
994 Dazu siehe § 14, VI., 4.
995 Ausführlich dazu § 14, VI., 2.
996 Vgl. § 14, III., 7.

Durchführung einer Interessenabwägung, welche lediglich auf der Grundlage von glaubhaft gemachten Tatsachen erfolgt. Zudem werden die Nachteile einer Planverzögerung regelmäßig die Nachteile der Beschwerdeführer überwiegen und dadurch eine Zurückweisung ermöglichen, während im Falle einer „regulären" Begründetheitsprüfung stets die Gefahr besteht, dass die bereits erfolgreich glaubhaft gemachte materielle Beschwer des Beschwerdeführers (§ 253 Abs. 2 Nr. 3 InsO) tatsächlich festgestellt wird und die Beschwerde damit Erfolg hat.

3. Faktische Beschränkung auf Schadensersatzanspruch

Aufgrund der hohen Anforderungen an die Feststellung eines besonders schweren Rechtsverstoßes sowie des regelmäßig überwiegenden Planvollzugsinteresses scheint das Zurückweisungsverfahren ausschließlich den Interessen des Unternehmens und der Planbefürworter zu dienen. Die rechtzeitige Beantragung des Insolvenzverwalters vorausgesetzt, wird die Zurückweisung der sofortigen Beschwerde insoweit den Regelfall darstellen. Der Beschwerdeführer ist damit bereits mit der Einleitung eines Zurückweisungsverfahrens faktisch auf seinen potenziellen Schadensersatzanspruch verwiesen (§ 253 Abs. 4 Satz 3 InsO). Seit dem Inkrafttreten des ESUG ist eine erfolgreiche Anfechtung des Planbestätigungsbeschlusses im Wege der sofortigen Beschwerde gemäß § 253 InsO für Gläubiger und Anteilsinhaber dadurch praktisch aussichtslos.

Wenngleich insoweit der Einwand berechtigt sein mag, dass das Beschwerderecht ausschließlich die Interessen des Unternehmens und der Planbefürworter zu wahren scheint, ist dem aus einer interessengeleiteten Betrachtungsweise heraus entgegenzuhalten, dass sowohl die „regulären" Beschwerdevoraussetzungen als auch die Zurückweisungsvoraussetzungen die monetären Interessen der Beschwerdeführer hinreichend berücksichtigen. Die Umsetzung erfolgt dabei in Form des wesentlichen Schlechterstellungsverbotes (§ 253 Abs. 2 Nr. 3 InsO) sowie durch einen Schadensersatzanspruch des Beschwerdeführers im Falle einer Beschwerdezurückweisung (§ 253 Abs. 4 Satz 3 InsO).

Unter diesen Gesichtspunkten ist auch das Zurückweisungsverfahren im Hinblick auf die mit dem ESUG verfolgten Ziele als ein effektives und begrüßenswertes Instrument zu bewerten. Beschwerdebedingte und sanierungsgefährdende Verfahrensverzögerungen können durch eine unverzügliche Zurückweisung zugunsten einer zügigen Durchsetzung des Insolvenzplans vermieden werden. Mit der Einführung der Zurückweisungsmöglichkeit gemäß § 253 Abs. 4 InsO ist damit ein weiterer erheblicher Attraktivitätsgewinn für das Insolvenzplanverfahren zu verzeichnen.

Kapitel 5: Sofortige Beschwerde *de lege ferenda*

Mit den vorangegangenen Ausführungen haben die beschwerdebedingten Reformmaßnahmen des ESUG eine positive Beurteilung erfahren. Gleichwohl sind sie nicht vollständig von Kritik verschont geblieben. Dies zeigt vor allem die erfolgte Beanstandung der Wesentlichkeitsschwelle i. S. v. § 253 Abs. 2 Nr. 3 InsO im Hinblick auf ihre *relative* Wirkungsweise.[997] Zudem beruht die positive Bewertung in erster Linie auf einer vergleichenden Betrachtung der aktuellen Rechtslage mit der Situation vor dem Inkrafttreten des ESUG.

Geht es jedoch um die Erfüllung des gesetzgeberischen Ziels, „*Rechtsschutzmöglichkeiten moderat zu beschränken, ohne berechtigten Anliegen den gebotenen Rechtsschutz zu verwehren*",[998] scheinen weitere Reformmaßnahmen im Interesse einer Optimierung des Planverfahrens diskussionswürdig. Die mit dem ESUG erfolgte Verschärfung der Zulässigkeitsvoraussetzungen sowie die Einführung einer Zurückweisungsmöglichkeit müssen nicht zugleich bedeuten, dass der Gesetzgeber mit diesen Maßnahmen einen „Idealweg" beschritten hat, um das Planverfahren von einer beschwerdebedingten Rechtsmittellast zu befreien. Zwar scheinen die früheren Missstände des Beschwerderechts seit dem Inkrafttreten des ESUG zum Großteil abgebaut. Dennoch soll der bisher erlangte Erkenntnisgewinn im vorliegenden Schlusskapitel dazu genutzt werden, den Fokus auf mögliche Reformmaßnahmen zu richten, die eine weitere Beschränkung von Rechtsschutzmöglichkeiten zur Folge haben.

997 Dazu siehe oben § 12, IV., 2., b).

998 Begr. RegE ESUG, BT-Drucks. 17/7512, S. 35.

Entsprechende Maßnahmen sind sowohl innerhalb des bestehenden Rechtsmittellsystems denkbar, in dem mit § 253 InsO eine Rechtsmittelinstanz gegen einen Bestätigungsbeschluss weiterhin vorgesehen ist. Mögliche Anknüpfungspunkte bilden insoweit die Zulässigkeitsvoraussetzungen der Beschwerde gemäß § 253 Abs. 2 InsO. Darüber hinaus erscheint auch der in § 254 Abs. 1 InsO normierte Suspensiveffekt für den Eintritt der Wirkungen eines Insolvenzplans als Reformobjekt in Betracht zu kommen.

Im Interesse zügiger Planverfahren sind daneben weitere Reformoptionen zu überlegen. Dabei geht es insbesondere um die Frage, ob für eine Rechtsmittelinstanz in Form der Beschwerdemöglichkeit überhaupt ein Bedürfnis besteht oder gegebenenfalls ihre vollständige Abschaffung zu erwägen ist. Wäre die Abschaffung auch die radikalste Option in der Klaviatur möglicher beschwerderechtlicher Reformmaßnahmen,[999] ist sie im Interesse zügiger Planverfahren doch zumindest anzudenken.

§ 15 Reformaspekte im bestehenden Rechtsschutzsystem

Wählt man als Ausgangspunkt der Reformüberlegungen zunächst die Aufrechterhaltung der Statthaftigkeit der sofortigen Beschwerde gegen einen Planbestätigungsbeschluss, kommt für die (weitere) Beschwerdebeschränkung zunächst eine erneute Reform der Zulässigkeitsvoraussetzungen in Betracht. Durch die Ausgestaltung beschwerderechtlicher Zulässigkeitsvoraussetzungen werden dem Gesetzgeber insoweit Möglichkeiten an die Hand gegeben, „unberechtigten" Rechtsschutz im Interesse zügiger Planverfahren herauszufiltern.

I. Die Zulässigkeitsvoraussetzungen

1. Modifizierung der materiellen Zulässigkeitsvoraussetzung

Mit dem ESUG ist dem Gesetzgeber in Gestalt der formellen- und materiellen Zulässigkeitsvoraussetzungen gemäß § 253 Abs. 2 InsO bereits

999 Vgl. auch *Madaus*, NZI 2010, 430, 433.

ein bedeutender und effektiver Schritt hin zu zügigeren Planverfahren gelungen. Das Erfordernis einer formellen- und konkreten materiellen Beschwer hat zur Folge, dass rechtsmittelbedingte Verfahrensverzögerungen effektiv reduziert werden. Dennoch ist ein erneuter Blick auf die materielle Zulässigkeitsvoraussetzung des § 253 Abs. 2 Nr. 3 InsO lohnend, die ein weiteres Verbesserungspotenzial bereithält.[1000] So ist bereits im Rahmen der Bewertung der neuartigen Zulässigkeitsvoraussetzungen an der Wesentlichkeitsschwelle i. S. v. § 253 Abs. 2 Nr. 3 InsO kritisiert worden, dass diese aufgrund ihrer bloß *relativen* Wirkung keine interessengerechte Trennlinie zwischen beachtlichen monetären Rechtsschutzinteressen von Großgläubigern und minderwertigen monetären Rechtsschutzinteressen von Kleingläubigern bereitzustellen vermag.[1001]

Ausgangspunkt der Kritik ist die erforderliche *wesentliche* Schlechterstellung eines Beschwerdeführers gemäß § 253 Abs. 2 Nr. 3 InsO. Diese besteht in einer zehnprozentigen negativen Abweichung der vorgesehenen Planquote gegenüber dem hypothetischen Regelwert. Im Falle eines geringen Forderungswertes kann dieser einen – absolut betrachtet – geringen (Schlechterstellungs-)Wert ausmachen, während dieser im Falle einer höherwertigen Forderung beträchtlich sein kann. Je nach drohendem Schlechterstellungsumfang können Gläubiger mit hohen Forderungswerten aufgrund eines beträchtlichen drohenden Nachteils ein berechtigtes Interesse an einer Überprüfung des Bestätigungsbeschlusses in der Beschwerdeinstanz haben. Die Glaubhaftmachungshürde werden sie trotz des hohen Schlechterstellungswertes aber gegebenenfalls nicht überwinden, weil sie an der Zehn-Prozent-Schwelle i. S. v. § 253 Abs. 2 Nr. 3 InsO scheitern. In Anbetracht der Zielsetzung des ESUG, Beschwerden von Kleingläubigern aufgrund ihres erheblichen Obstruktionspotenzials bei zugleich geringem Rechtsschutzinteresse einzudämmen, vermag die

1000 Nicht zu bemängeln sind die formellen Zulässigkeitsvoraussetzungen, da der Gesetzgeber mit § 253 Abs. 2 Nr. 1, 2 InsO seine Möglichkeiten ausgeschöpft hat, die ihm das Planverfahren als verfahrensrechtliche Anknüpfungspunkte für die Ausgestaltung einer formellen Beschwer innerhalb der §§ 217 ff. InsO bieten. Zudem tragen diese vollständig zur Zielerfüllung bei, die der Gesetzgeber mit den formellen Zulässigkeitsvoraussetzungen bzw. dem Erfordernis einer formellen Beschwer bezweckt, dazu bereits oben § 14, IV., 1.

1001 Vgl. § 12, IV., 2., b).

Wesentlichkeitsschwelle in ihrer aktuellen Form dieses Ziel nicht optimal zu erreichen.[1002]

Durch die materielle Zulässigkeitsvoraussetzung gemäß § 253 Abs. 2 Nr. 3 InsO mag zwar gewährleistet sein, dass Verfahrensverzögerungen durch rein missbräuchlich motivierte Beschwerden ohne drohenden wirtschaftlichen Nachteil nicht mehr zulässig verfolgt werden können.[1003] Sieht man jedoch weiterhin ein gewisses beschwerdebedingtes Obstruktionspotenzial innerhalb des § 253 InsO, ist dieses weiterhin auf Seiten der *Klein*gläubiger zu verorten, obwohl diese mit – absolut betrachtet – geringwertigen monetären Interessen von der Insolvenz betroffen sind. Denn ein Kleingläubiger wird zur Überwindung der relativen Grenze der Wesentlichkeitsschwelle i. S. v. § 253 Abs. 2 Nr. 3 InsO in absoluter Hinsicht lediglich einen geringen Schlechterstellungswert glaubhaft machen müssen.[1004] Im Falle der erfolgreichen Glaubhaftmachung einer materiellen Beschwer i. S. v. § 253 Abs. 2 Nr. 3 InsO können die Kleingläubiger den Eintritt der Wirkungen eines Plans somit auf unbestimmte Zeit verzögern. Gemessen am Maßstab der gegenwärtigen Wesentlichkeitsschwelle handelt es sich dabei zwar durchaus um ein berechtigtes Rechtsschutzinteresse, sofern nur die Zehn-Prozent-Hürde überwunden ist. Es ist jedoch zu fragen, ob ein i. S. v. § 253 Abs. 2 Nr. 3 InsO *wesentliches*, zugleich aber – absolut betrachtet – geringwertiges monetäres Interesse, die Macht zukommen soll, eine aussichtsreiche und wirtschaftlich sinnvolle Sanierung zu Lasten der planbefürwortenden Mehrheit zu gefährden. Unter Berücksichtigung der besonderen wirtschaftlichen Bedeutung einer erfolgreichen Sanierung sowohl für Unternehmen und Planbefürworter als auch für die Volkswirtschaft insgesamt muss diese Frage verneint werden. Die Vermeidung derartiger Unwägbarkeiten erfordert insoweit eine weitergehende Reform der materiellen Zulässigkeitsvoraussetzung.

1002 Begr. RegE ESUG, BT-Drucks. 17/5712, S. 35 f. Zur Kritik siehe bereits oben § 12, IV., 2., b).

1003 Zu der Missbrauchsproblematik vor dem Inkrafttreten des ESUG § 11, III., 2.

1004 Siehe dazu bereits § 12, IV., 2., b).

2. Einführung absoluter (Grenz-)Werte entsprechend § 511 Abs. 2 Nr. 1 ZPO

In Anbetracht der vorstehenden Erwägungen überrascht es wenig, dass im Schrifttum im Hinblick auf die gesetzliche Ausgestaltung der Wesentlichkeitsschwelle die Aufnahme von absoluten Kriterien gefordert wird.[1005] Je nach Art und Umfang entsprechender Kriterien vermögen diese dazu beitragen, Obstruktionspotenzial von Kleingläubigern fernzuhalten, was zweifellos einen weiteren Attraktivitätsgewinn für das Planverfahren zur Folge hätte.

Einen im Schrifttum mehrfach gewählten Anknüpfungspunkt für absolute Wesentlichkeitskriterien bildet der Umfang des drohenden Nachteils des Beschwerdeführers. Danach müsse der Beschwerdeführer auf erster Stufe einen Mindestumfang seiner voraussichtlichen Schlechterstellung glaubhaft machen.[1006] Dabei wird als Orientierungswert auf den in § 511 Abs. 2 Nr. 1 ZPO enthaltenen Rechtsgedanken abgestellt, der die Zulässigkeit einer Berufung gegen Endurteile des ersten Rechtszuges daran knüpft, dass der Wert des Beschwerdegegenstandes 600 Euro übersteigt.[1007]

Überträgt man diesen Gedanken auf die vorliegende beschwerderechtliche Konstellation, wäre eine materielle Beschwer des Beschwerdeführers demnach unabhängig von dem prozentualen Wert der drohenden Schlechterstellung gegenüber der Situation ohne Plan stets zu verneinen, wenn dieser durch eine Planbestätigung nicht mindestens einen wirtschaftlichen Nachteil in Höhe von 600 Euro erleiden würde. Wird diese Grenze erreicht bzw. überschritten, verbliebe auf zweiter Stufe schließlich noch die gegenwärtige Zehn-Prozent-Hürde im Sinne § 253 Abs. 2 Nr. 3 InsO.

1005 *Sinz*, in: MünchKomm-InsO, § 253 Rn. 31; *Thies*, in: HambKomm-InsO, § 253 Rn. 19; *Burmeister/Schmidt-Hern*, in: Kübler, HRI, § 43 Rn. 137; siehe auch *Hirte/Knof/Mock*, DB 2011, 693; *Braun/Heinrich*, NZI 2011, 505, 510; mit konkretem Vorschlag *Fischer*, NZI 2013, 513, 514. Vor dem Inkrafttreten des ESUG bereits *Westpfahl/Janjuah*, Beilage zu ZIP 3/2008, 1, 22; vgl. auch *Willemsen/Rechel*, BB 2010, 2059, 2066.

1006 So etwa *Fischer*, NZI 2013, 513, 514; *Sinz*, in: MünchKomm-InsO, § 253 Rn. 31 und wohl auch *Westpfahl/Janjuah*, Beilage zu ZIP 3/2008, 1, 22 Fn. 227.

1007 So *Fischer*, NZI 2013, 513, 514; *Flöther/Wehner*, in: Blersch/Goetsch/Haas, InsO, § 253 Rn. 9; vor dem Inkrafttreten des ESUG bereits *Westpfahl/Janjuah*, Beilage zu ZIP 3/2008, 1, 22 Fn. 227. Ausführlich zur „Wertberufung" gemäß § 511 Abs. 2 Nr. 1 ZPO *Wöstmann*, in: Saenger, ZPO, § 511 Rn. 14 ff.; *Rimmelspacher*, in: MünchKomm-ZPO, § 511 Rn. 44 ff.

Die Etablierung eines absoluten Schwellenwertes entsprechend des in § 511 Abs. 2 Nr. 1 ZPO enthaltenen Rechtsgedankens ist im Hinblick auf das Primärziel, Obstruktionspotenzial von Kleingläubigern bzw. Anteilsinhabern auszuschalten, uneingeschränkt zu begrüßen.

Setzt man mit dem Vorschlag des Schrifttums beispielsweise einen Mindestschlechterstellungswert von 600 Euro an, bedürfte es auf Seiten des Beschwerdeführers bereits eines gewissen Forderungsumfangs bzw. Anteilswerts, damit eine negative Diskrepanz von 600 Euro zwischen Planwert und Regelwert überhaupt möglich ist. Anknüpfend an das bereits oben dargestellte Beispiel[1008] hätte die absolute Mindestgrenze von 600 Euro für einen Kleingläubiger mit einer Forderung in Höhe von 1.000 Euro, dem der Plan eine Befriedigung von 40 % (400 Euro) in Aussicht stellt, zur Folge, dass dieser die erste Wesentlichkeitsstufe nur dann überwindet, wenn er erfolgreich glaubhaft macht, dass er im Regelverfahren 600 Euro mehr bekäme. Dieses Szenario käme in dem vorliegenden Beispiel dem unwahrscheinlichen Fall einer vollständigen Forderungsbefriedigung im Regelverfahren gleich.

Der (faktische) Ausschluss eines Gläubigers bzw. Anteilsinhabers von der Beschwerdemöglichkeit in den Fällen, in denen diesem kein wirtschaftlicher Nachteil von mindestens 600 Euro droht, ist gegenüber den drohenden Nachteilen für das Unternehmen sowie der Planbefürworter nicht unverhältnismäßig. Denn insoweit sind ihre wirtschaftlichen Interessen gegenüber dem geringwertigen Interesse des Beschwerdeführers, einen Insolvenzplan aufgrund einer wirtschaftlichen Schlechterstellung in einer Höhe von unter 600 Euro zu Fall zu bringen, in aller Regel höherwertig. Auf der Grundlage entsprechender Verhältnismäßigkeitserwägungen stellt sich die Einführung eines absoluten Mindestwertes in Höhe von 600 Euro unter Berücksichtigung der verfassungsrechtlichen Rechtsschutzgarantie deshalb als unproblematisch dar, weil das Rechtsschutzinteresse des Beschwerdeführers zurücktreten muss.[1009]

1008 Dazu siehe oben unter § 12, IV., 2., b).

1009 Dazu bereits ausführlich § 12, III., 2., e).

Andererseits vermag allein die Einführung einer entsprechenden – zweistufigen – Kombinationsmöglichkeit in Form eines absoluten Schwellenwertes sowie einer Zehn-Prozent-Hürde, wie sie gegenwärtig bereits vorgesehen ist, die Interessen von Großgläubigern noch nicht angemessen zu würdigen. Zwar würden Großgläubiger mit gegebenenfalls drohenden beträchtlichen Schlechterstellungswerten kaum jemals an der ersten Stufe eines absoluten Schwellenwertes scheitern. Auf zweiter Stufe hingegen hätten sie erneut die Wesentlichkeitsschwelle von zehn Prozent zu überwinden, mit den unverändert beanstandeten Folgewirkungen.[1010]

Als Konsequenz müsste eine weitere Reform der Zulässigkeitsvoraussetzungen der sofortigen Beschwerde an dem relativen Schlechterstellungswert der materiellen Zulässigkeitsvoraussetzung gemäß § 253 Abs. 2 Nr. 3 InsO ansetzten. Sie müssten zusätzlich die Flexibilität bieten, in Einzelfällen von einer stringenten Anwendung der Zehn-Prozent-Hürde abzuweichen.[1011] Je nach glaubhaft gemachtem Schlechterstellungswert durch einen Beschwerdeführer muss etwa im Einzelfall die Möglichkeit bestehen, eine materielle Beschwer auch zu bejahen, wenn eine zehnprozentige negative Abweichung des Planwerts gegenüber dem hypothetischen Regelwert nicht besteht. Dies muss dann der Fall sein, wenn dem Beschwerdeführer trotz *Unwesentlichkeit* i. S. v. § 253 Abs. 2 Nr. 3 InsO ein erheblicher Nachteil drohen würde, der einen (faktischen) Beschwerdeausschluss zugunsten einer Plandurchsetzung nur schwerlich rechtfertigen könnte.

In welchen Konstellationen dies der Fall sein soll, bleibt dabei dem Einzelfall vorbehalten. Die Festlegung bestimmter (Richt-)Werte verbietet sich. Faktoren wie der Gesamtumfang der Insolvenz, die Anzahl der Beteiligten sowie die Umfänge der einzelnen Forderungen bzw. Anteilswerte im Verhältnis zueinander wären in diesem Zusammenhang entsprechend zu berücksichtigen. Insoweit wäre die Rechtsprechung gefordert. Als Orientierungsmaßstab könnte sich in diesem Zusammenhang etwa anbieten, den Forderungswert des Gläubigers bzw. das Anteilsrecht der am Schuldner beteiligten Person ins Verhältnis zu dem Gesamtwert der im Übri-

1010 Siehe oben § 12, IV., 2., b).

1011 Dazu siehe auch *Pleister*, in: KPB, InsO, § 253 Rn. 17: „Trotz der relativ genauen Vorgabe einer 10 %-Hürde sollte an dieser Grenzziehung nicht ausnahmslos festgehalten werden."

gen festgestellten Forderungen zu setzen. Auf dieser Grundlage bestünde die Möglichkeit, gegebenenfalls unter Zuhilfenahme weiterer absoluter Richtwerte,[1012] Ausnahmen zuzulassen oder es bei der strikten Anwendbarkeit der Zehn-Prozent-Hürde zu belassen.

II. Grundsatz des sofortigen Vollzuges eines Insolvenzplans

Der Gesetzgeber konzentrierte sich im Rahmen der Reform des Beschwerderechts primär auf eine Neugestaltung der Zulässigkeitsvoraussetzungen. Wie jedoch eingangs der Darstellung gesehen, resultierte die frühere Rechtsmittellastigkeit im Insolvenzplanverfahren nicht allein aus den anforderungsschwachen Einlegungsvoraussetzungen. Die sanierungsfeindlichen Verfahrensverzögerungen traten vielmehr erst in Kombination mit der – durch das ESUG unverändert gebliebenen – Suspensivregelung gemäß § 254 Abs. 1 InsO ein. Diese knüpft die Wirkungen eines Insolvenzplans an die Rechtskraft des Bestätigungsbeschlusses.

In Anbetracht der gegenwärtig noch immer bestehenden Verzögerungsgefahren für Insolvenzplanverfahren, hervorgerufen durch die Schwächen der materiellen Zulässigkeitsvoraussetzung (§ 253 Abs. 2 Nr. 3 InsO), erscheint als weiteres Reformobjekt auch die Vorschrift des § 254 Abs. 1 InsO in Betracht zu kommen. Sie legt fest, dass der Planbestätigungsbeschluss erst mit seiner Rechtskrafterlangung Wirkungen entfaltet, die voraussetzt, dass rechtskräftig über eine sofortige Beschwerde gegen einen Planbestätigungsbeschluss entschieden worden ist. Je nach gesetzlicher Ausgestaltung könnte eine Umgestaltung nicht nur die Schwächen der materiellen Zulässigkeitsvoraussetzung gemäß § 253 Abs. 2 Nr. 3 InsO vermeiden, sondern insgesamt zu einer erheblichen Verbesserung des Planverfahrens beitragen. Wie eine entsprechende Regelung aussehen könnte, soll im Folgenden skizziert werden.

1012 Auch hierbei könnte mit Prozentwerten gearbeitet werden, etwa indem der Forderungswert des Beschwerdeführers mindestens „*x*" % vom Gesamtforderungswert ausmachen muss, damit eine Ausnahme von der Zehn-Prozent-Hürde überhaupt in Betracht kommt.

1. Abschaffung der aufschiebenden Wirkung entsprechend § 570 Abs. 1 ZPO

Im Hinblick auf das erwünschte Ziel nach zügigen Plandurchsetzungen könnte zunächst in Erwägung gezogen werden, die aufschiebende Wirkung für den Eintritt der Wirkungen eines Plans vollständig abzuschaffen. Danach wäre ein Insolvenzplan im Falle seiner Bestätigung sofort vollziehbar. Eine Aufhebung des Suspensiveffekts würde auch der Regelung des § 570 Abs. 1 ZPO entsprechen. Diese sieht für eine zivilprozessuale Beschwerde vor, dass ihr nur in den Fällen eine aufschiebende Wirkung zukommt, in denen sie die Festsetzung eines Ordnungs- oder Zwangsmittels zum Gegenstand hat. In allen anderen Fällen ist eine aufschiebende Wirkung einer zivilprozessualen Beschwerde i. S. v. §§ 567 ff. ZPO nicht vorgesehen. Lediglich in Einzelfällen kann der Richter nach freiem Ermessen die sofortige Vollziehung aussetzen (§ 570 Abs. 2 ZPO).

Weil es sich bei der sofortigen Beschwerde gegen einen Planbestätigungsbeschluss gemäß §§ 253, 4 InsO um eine Beschwerde i. S. v. §§ 567 ff. ZPO handelt, für die § 6 InsO lediglich gewisse Modifikationen vorsieht,[1013] erscheint die Aufhebung dieses zwingenden „Suspensiveffekts" i. S. v. § 254 Abs. 1 InsO nicht fernliegend.

Im Schrifttum findet der Ansatz einer Aufhebung der Verzögerungswirkungen gemäß § 254 Abs. 1 InsO prominente Unterstützung, wird zumindest als Möglichkeit in Erwägung gezogen.[1014] Entsprechendes wurde insbesondere bereits vor dem Inkrafttreten des ESUG propagiert, weshalb sich in diesem Zusammenhang auch die Bundesregierung in ihrer Gesetzesbegründung zum ESUG zu einer Stellungnahme veranlasst sah. Von einer Aufhebung des Suspensiveffekts sei jedoch deshalb abgesehen worden, weil sie der Rechtsnatur des Insolvenzplans widerspreche. Dieser entfalte mit seiner Bestätigung materiell gestaltende Wirkung. Auf diese Wirkung müsse im Interesse einer Fortführung des Unternehmens vertraut werden können, weshalb nichts gewonnen wäre, „... *wenn der Plan*

1013 Keine Anwendung erlangt dagegen § 6 Abs. 3 Satz 2 InsO, wonach das Beschwerdegericht die sofortige Wirksamkeit der Entscheidung über die Beschwerde anordnen kann; § 254 Abs. 1 InsO ist insoweit *lex specialis, Braun*, in Nerlich/Römermann, InsO, § 254 Rn. 5; *Huber*, in: MünchKomm-InsO, § 254 Rn. 16.

1014 *Madaus*, NZI 2010, 430, 434; *Frind*, ZInsO 2010, 1426, 1431; siehe auch *Willemsen/Rechel*, BB 2010, 2059, 2066.

zunächst wirksam würde, dann aber durch eine Beschwerdeentscheidung wieder beseitigt wird.“[1015]

Dabei stellt der Gesetzgeber in diesem Zusammenhang völlig zu Recht darauf ab, dass eine Beschwerdeentscheidung einen einmal wirksam gewordenen Plan nicht wieder beseitigen können darf. Ist eine sofortige Beschwerde begründet und im Ergebnis erfolgreich, hätte der Insolvenzplan nicht bestätigt geschweige denn vollzogen werden dürfen. Eine in dem Falle grundsätzlich erforderliche Rückabwicklung von gegebenenfalls bereits durchgeführten Plan- bzw. Reorganisationsmaßnahmen, bedingt durch die Kassationswirkung einer erfolgreichen Beschwerde,[1016] sind in aller Regel mit einem erheblichen Aufwand verbunden. In der Mehrzahl der Fälle ist eine Rückabwicklung schlichtweg nicht mehr möglich.[1017]

Fraglich ist jedoch, ob die mit einer erfolgreichen Beschwerde gegenwärtig noch einhergehende Kassationswirkung für den Planbestätigungsbeschluss weiterhin Bestand haben muss. Der Aufhebung des Suspensiveffekts stünde zumindest der durch den Gesetzgeber angeführte Schutz des Vertrauens auf die Wirksamkeit des Plans nicht entgegen. Der Plan könnte unmittelbar im Anschluss an seine Bestätigung gemäß § 248 InsO vollzogen werden, ungeachtet eines etwaigen Beschwerdeerfolgs. Denn auch eine erfolgreiche sofortige Beschwerde ließe die Wirkungen des Planbestätigungsbeschlusses wie auch die bereits erfolgten Vollzugsmaßnahmen unberührt. Stattdessen könnte der Beschwerdeführer zur Wahrung seines Rechtsschutzinteresses allein auf eine Zahlungsklage verwiesen werden. Sein Rechtsschutzinteresse würde sich in diesen Fällen einzig auf einen Schadensersatzanspruch gegen das reorganisierte Unternehmen beschränken, gerichtet auf finanziellen Ausgleich seiner wesentlichen Schlechterstellung.[1018]

1015 Begr. RegE ESUG, BT-Drucks. 17/5712, S. 35.

1016 Näher zu den Rechtsfolgen einer erfolgreichen Beschwerde und dessen Auswirkungen auf den Insolvenzplan *Sinz*, in: MünchKomm-InsO, § 253 Rn. 94 ff. m. w. N.

1017 So auch *Madaus*, Der Insolvenzplan, 2011, Kap. 5, S. 617 f.

1018 Eine solche Lösung würde Parallelen zum gesellschaftsrechtlichen Spruchverfahren aufweisen, mit der Besonderheit, dass ausschließlich die Frage geklärt würde, ob und gegebenenfalls in welcher Höhe eine Ausgleichszahlung zu leisten wäre, *Jaffé*, ZGR 2010, 248, 259; *ders.*, in: KSI, Kap. 23 Rn. 65 ff., 69 f.; *Madaus*, Der Insolvenzplan, 2011, Kap. 5, S. 619 f. m. w. N. in Fn. 637.

Ausgehend von Interessengesichtspunkten entspräche diese Lösung letztlich auch der in § 253 Abs. 4 InsO etablierten Rechtsfolge im Falle einer erfolgreichen Beschwerdezurückweisung. Auch wenn eine Beschwerde aufgrund eines wesentlichen Nachteils des Beschwerdeführers Erfolg gehabt hätte, seine wirtschaftlichen Nachteile aber hinter denen der Planbefürworter und des Unternehmens, die diesen bei einer Verzögerung bzw. einem Scheitern der Sanierung entstehen würden, zurückstehen musste (§ 253 Abs. 4 Satz 1 InsO), ist der Beschwerdeführer allein auf den gemäß § 253 Abs. 4 Satz 3 InsO dafür vorgesehenen Schadensersatzanspruch verwiesen. Wie oben gesehen, wird eine Beschwerdezurückweisung im Falle der Antragstellung durch den Insolvenzverwalter den Regelfall darstellen.[1019] Faktisch ist der Beschwerdeführer im Rahmen eines Zurückweisungsverfahrens damit stets auf einen Schadensersatzanspruch verwiesen, vorbehaltlich eines besonders schweren Rechtsverstoßes.

Im Falle einer Abschaffung der Verzögerungswirkungen gemäß § 254 Abs. 1 InsO bestünde für eine Zurückweisungsmöglichkeit gemäß § 253 Abs. 4 InsO zwar kein Bedarf mehr, sofern an die Stelle einer Kassationswirkung allein ein gerichtlich geltend zu machender Anspruch auf Ausgleichszahlung tritt.[1020] Der in § 253 Abs. 4 InsO enthaltene Rechtsgedanke zeigt jedoch, dass der Gesetzgeber eine (faktische) Verweisung des Beschwerdeführers auf einen Ausgleichszahlungsanspruch für möglich hält, ohne die Planwirkungen bzw. dessen Vollzug zu Lasten des Unternehmens und der Planbefürworter zu beeinflussen. Gleiches kommt letztlich auch durch die nunmehr in § 251 Abs. 3 InsO legitimierte Möglichkeit zum Ausdruck, Ausgleichsmittel für nachgewiesene Schlechterstellungen vorsehen zu können.[1021] Danach kann eine nachgewiesene Schlechterstellung eines Beteiligten mit dafür vorgesehenen finanziellen Mitteln ausgeglichen werden und dadurch ein an sich begründeter Minderheitenschutzantrag zugunsten einer Planbestätigung abgewehrt werden.

Soweit sich die Rechtfertigung für eine entsprechende Lösung im Rahmen des Abs. 4 aus einer Interessenabwägung ableitet, die in aller Regel

1019 Vgl. § 14, VIII.

1020 Zum Sinn und Zweck des Zurückweisungsinstruments gemäß § 253 Abs. 4 InsO siehe bereits oben unter § 14, I.

1021 Siehe aber sogleich die Einschränkung in § 17, S. 272 ff.

ein überwiegendes Planvollzugsinteresse hervorbringen wird, könnte dieses Interessenverhältnis gegebenenfalls auch als Rechtfertigung für eine Beschränkung des Rechtsschutzes auf ein Ausgleichszahlungsverfahren herangezogen werden. Mit anderen Worten würde die Zulässigkeit eines Verweises des Beschwerdeführers auf ein Ausgleichszahlungsverfahren im Falle einer nachgewiesenen wesentlichen Schlechterstellung darauf fußen, dass ein Planvollzugsinteresse in aller Regel überwiegt. Zugleich wären die Interessen des Beschwerdeführers hinreichend gewahrt,[1022] soweit es ausschließlich um die Sicherstellung eines finanziellen Ausgleichs der wirtschaftlichen Nachteile geht.

2. Sofortiger Vollzug als gesetzlicher Regelfall

Neben der ausnahmslosen Aufhebung des Verzögerungseffekts gemäß § 254 Abs. 1 InsO wäre es zudem denkbar, den sofortigen Vollzug des Insolvenzplans lediglich im Grundsatz, mithin als gesetzlichen Regelfall vorzusehen, wie es gemäß § 570 Abs. 1 ZPO im Rahmen der zivilprozessualen sofortige Beschwerde i. S. v. §§ 567 ff. ZPO der Fall ist. Daneben könnte entsprechend § 570 Abs. 2 ZPO die Möglichkeit geschaffen werden, die Vollziehung der Entscheidung in Einzelfällen durch das Insolvenzgericht auszusetzen.[1023]

Ein vergleichbares Modell wählte der U.S.-amerikanische Gesetzgeber im Rahmen der Ausgestaltung des *Chapter 11*- Verfahrens. Einem gegen einen Bestätigungsbeschluss eingelegten Rechtsmittel fehlt dort die aufschiebende Wirkung. Vielmehr ist der *Chapter 11*-Plan grundsätzlich spätestens nach einem Ablauf von vierzehn Tagen vollstreckbar.[1024] Abweichendes gilt nur, sofern der Rechtsmittelführer rechtzeitig die aufschiebende Wirkung bei dem Gericht beantragt und bestimmte Voraussetzungen erfolgreich glaubhaft macht.[1025] Diese sind die überwiegenden Erfolgsaussichten des Rechtsmittels (1), der Eintritt irreparabler Schäden für den Beschwer-

1022 Vgl. *Madaus*, Der Insolvenzplan, 2011, Kap. 5, S. 619 f. m. w. N.

1023 Für ein entsprechendes Modell tritt etwa die Gesellschaft für Restrukturierung in ihrer Stellungnahme zum ESUG ein, *Gesellschaft für Restrukturierung – TMA Deutschland e. V.*, Stellungnahme zum ESUG v. 15. Oktober 2010, Ziff. 6, S. 8 f., dort auch mit konkreten Änderungsvorschlägen zu §§ 253, 254 InsO.

1024 Vgl. *Rule 3020e* der *Federal Rules of Bancruptcy Procedure.*

1025 Vgl. *Rule 8005* der *Federal Rules of Bancruptcy Procedure.*

deführer im Falle eines Planvollzugs (2), die geringe Wahrscheinlichkeit einer Schädigung Dritter im Falle eines Aufschubs des Planvollzugs (3) sowie die Beachtung der Interessen des Gemeinwohls im Falle eines Aufschubs (4).[1026] Die Anordnung des Vollzugsstopps ist aufgrund derartiger hoher Anforderungen in der Praxis die Ausnahme.[1027] Dennoch besteht in jedem Einzelfall die Möglichkeit eines Aufschubs des Planvollzugs, sofern die Anforderungen erfolgreich glaubhaft gemacht werden und der Plan an erheblichen Mängeln leidet, die einen Planvollzug nur schwerlich rechtfertigen würden.

Eine entsprechende „Hintertür" zur Erreichung eines Aufschubs ließe sich auch im Insolvenzplanverfahren etablieren. Damit würde in jedem Einzelfall und im Falle der Erfüllung noch weiter festzulegender, durch den Beschwerdeführer glaubhaft zu machender Anforderungen, die Möglichkeit bestehen, einen Planbestätigungsbeschluss im Rahmen eines Beschwerdeverfahrens zu überprüfen und den Beschluss im Falle eines Beschwerdeerfolgs gegebenenfalls zu kassieren. Gelingt dem Beschwerdeführer die Glaubhaftmachung nicht, wird der Planvollzug also nicht aufgeschoben, kann dieser zügig umgesetzt werden. Damit jedoch der Beschwerdeführer nicht gänzlich rechtlos gestellt wird, sofern sein Antrag auf Aufschub erfolglos bleibt, könnte ihm für diese Fälle ein Anspruch auf finanziellen Ausgleich seiner nachzuweisenden wesentlichen Schlechterstellung zugestanden werden, die er klageweise gegen das reorganisierte Unternehmen geltend machen müsste.[1028]

Entsprechend der U.S.-amerikanischen Regelung bedürfte es hierbei lediglich eines gewissen Zeitraums, in dessen Rahmen der Antrag auf Aufschub des Vollzugs gestellt und durch das Insolvenzgericht überprüft werden kann. Eine sofortige Wirksamkeit und Vollziehbarkeit des Plans unmittelbar im Anschluss an einen Bestätigungsbeschluss gemäß §§ 248, 252 InsO würde deshalb ausscheiden; wesentliche und sanierungsgefährdende Verfahrensverzögerungen wären gleichwohl ebenfalls nicht zu

---

1026 Dazu siehe *Madaus*, Der Insolvenzplan, 2011, Kap. 5, S. 616 m. w. N.; *ders.*, NZI 2010, 430, 433.

1027 *Madaus*, Der Insolvenzplan, 2011, Kap. 5, S. 617 m. w. N.; *ders.*, NZI 2010, 430, 433.

1028 Das *Chapter 11*-Verfahren sieht einen solchen Anspruch nicht vor, *Madaus*, Der Insolvenzplan, 2011, Kap. 5, S. 617 f. m. w. N.

befürchten, sofern man diesen Zeitraum auf ca. zwei Wochen begrenzt, wie es im *Chapter 11*-Verfahren der Fall ist.[1029]

Durch ein solches Modell nach dem Vorbild des *Chapter 11*-Verfahrens behielte man sich einerseits eine verfahrensrechtliche Flexibilität bei, da jedem Einzelfall Rechnung getragen werden könnte. Zugleich hätte eine entsprechende Regelung die weitere positive Folge, dass ein zügiger Planvollzug, wie er in Folge der hohen Anforderungen für den Beschwerdeführer auch durch die neuartigen Voraussetzungen des § 253 InsO gegenwärtig regelmäßig die Folge sein wird, zum gesetzlichen Regelfall gemacht wird.[1030] Andererseits bliebe das Insolvenzgericht im Rahmen der Prüfung eines Antrags auf Aufschub des Planvollzugs – wie auch im Rahmen der Zulässigkeitsprüfung einer sofortigen Beschwerde – nicht von einem gewissen Prüfungsumfang verschont. Wesentliche Zeitvorteile wären gegenüber dem aktuellen Modell in Form der verschärften Zulässigkeitsvoraussetzungen gemäß § 253 Abs. 2 InsO insoweit nicht zu erwarten.

§ 16 Abschaffung der sofortigen Beschwerde gegen einen Bestätigungsbeschluss

I. Beschränkung von Rechtsschutz auf das Planbestätigungsverfahren (§ 248 InsO)

Im Hinblick auf potenzielle Reformen im Rechtsmittelrecht des Insolvenzplanverfahrens soll sich die Diskussion vorliegend nicht einzig auf eine weitere Umgestaltung der Einlegungsvoraussetzungen der Beschwerde bzw. ihrer Suspensivregelung gemäß § 254 Abs. 1 InsO beschränken, wie sie die vorstehenden Erwägungen zum Untersuchungsgegenstand hat. Soweit sämtliche der in diesem Zusammenhang diskutierten Reformmaßnahmen die Statthaftigkeit einer sofortigen Beschwerde gegen einen Planbestätigungsbeschluss gemäß § 253 InsO voraussetzen, scheint mit Blick

1029 *Madaus*, Der Insolvenzplan, 2011, Kap. 5, S. 616 m. w. N.; *ders.*, NZI 2010, 430, 433.

1030 Für eine Aufhebung des Suspensiveffekts und einer Entscheidungskompetenz des Richters über einen Aufschub des Planvollzugs auch *Madaus*, Der Insolvenzplan, 2011, Kap. 5, S. 615 ff.; *Gesellschaft für Restrukturierung – TMA Deutschland e. V.*, Stellungnahme zum EUSG v. 15. Oktober 2010, Ziff. 6, S. 8 f.; *Frind*, ZInsO, 1426, 1431.

auf das Ziel nach zügigen Planverfahren auch die vollständige Abschaffung der Beschwerde ein gangbarer Weg.[1031]

Der Vorteil für Unternehmen und Planbefürworter und damit für aussichtsreiche Sanierungsvorhaben läge auf der Hand. Beschwerdebedingte Verfahrensverzögerungen wären nicht mehr zu befürchten. Zugleich wäre eine Abschaffung allerdings mit einem radikalen Einschnitt für Beteiligte verbunden, die sich durch einen durch das Insolvenzgericht bestätigten Insolvenzplan ungewollt schlechtergestellt fühlen. Eine tatsächlich erleidende Schlechterstellung hätten diese im Falle einer Planbestätigung gemäß § 248 InsO endgültig hinzunehmen.

II. Verfassungsrecht als Legitimationsgrenze für eine Abschaffung der Beschwerde

Mehr noch als es bereits für die gegenwärtige Wesentlichkeitsschwelle gemäß § 253 Abs. 2 Nr. 3 InsO der Fall ist, drängt sich im Zusammenhang mit der Überlegung nach einer vollständigen Beschwerdeabschaffung die Frage nach der rechtlichen Legitimation einer entsprechenden Maßnahme auf.[1032] Auch hier ist die Antwort erneut im Verfassungsrecht zu suchen. Insoweit ist die Abschaffung der Beschwerde im Lichte des allgemeinen verfassungsrechtlichen Justizgewähranspruchs (Art. 2 Abs. 1 GG i.V.m. Art. 20 Abs. 3 GG), der Garantie effektiven Rechtsschutzes (Art. 19 Abs. 4 GG) sowie dem Grundrecht aus Art. 14 Abs. 1 GG zu betrachten, die einen effektiven Rechtsschutz gegen hoheitliche Entscheidungen gewähren.[1033]

1031 Auch der Bundesrat erwägt in seinen Empfehlungen zum ESUG v. 5.4.2011 (BR-Drucks. 127/1/11, S. 21) eine gleichnamige Option, siehe BRat ESUG, BT-Drucks. 17/5712, Anlage 3, S. 58; sowie im Schrifttum *Bork*, ZIP 2010, 397, 412; *Madaus*, NZI 2010, 430, 432 ff.; *Frind*, ZInsO 2010, 1426, 1432. Speziell für Anteilseigener vgl. BAKinso e.V. v. 25.2.2011, Stellungnahme zum zweiten Teil des Referentenentwurfes v. 25.1.2011/Regierungsentwurfes v. 23.2.2011 „ESUG", S. 4, abrufbar unter: http://bak-inso.de/index.php?option=com_phocadownload&view=category&id=12&Itemid=95, [zuletzt abgerufen Februar 2015].

1032 Zur Verfassungsmäßigkeit der Wesentlichkeitsschwelle bereits ausführlich § 12, III., 2.

1033 Siehe ausführlich § 12, III., 2., a).

Soweit in früheren Ausführungen bereits ausführlich auf den Gewährleistungsgehalt der Justizgewähransprüche eingegangen wurde, ist dabei zum Ausdruck gekommen, dass zwar durchaus ein effektiver Rechtsschutz, d.h. ein Zugang zu einer gerichtlichen Entscheidung gewährleistet wird. Ein Anspruch auf einen gesetzlich garantierten Instanzenzug garantieren diese jedoch nicht.[1034] Für eine verfassungsrechtliche Zulässigkeit eines vollständigen Beschwerdeausschlusses wäre insofern allein ausschlaggebend, ob den Beteiligten im Verlaufe des Insolvenzplanverfahrens ein – zumindest einmaliger – Zugang zu einer gerichtlichen Entscheidung gewährt würde, der eine mit der Statthaftigkeit einer sofortigen Beschwerde – zweite – (Rechtsmittel-)Instanz entbehrlich machen würde.

Wie bereits im Rahmen der obigen Darstellung herausgearbeitet wurde, gewährleistet das Bestätigungsverfahren gemäß § 248 InsO einen entsprechenden Zugang zum Gericht. Dabei stellt der Planbestätigungsbeschluss insbesondere auch einen Akt der Rechtsprechung i.S.v. Art. 92 GG dar, ist das Planverfahren gemäß § 18 Abs. 1 Nr. 2 RPflG doch insgesamt ausschließlich dem Richter vorbehalten. Auch haben Beteiligte bereits im Verfahren die Möglichkeit, sich mittels eines Minderheitenschutzantrags gemäß § 251 Abs. 1 InsO gegen eine voraussichtliche Schlechterstellung durch die Regelungen im Plan zu wehren, sofern eine entsprechende Prüfung in Abhängigkeit von dem jeweiligen Abstimmungsergebnis nicht bereits gemäß § 245 InsO von Amts wegen geprüft wird. Ihre Minderheitenschutzrechte unterliegen damit bereits im Planbestätigungsverfahren der – wenn auch einmaligen – gerichtlichen Kontrolle.

Aus diesem Grunde bietet das Bestätigungsverfahren gemäß § 248 InsO einem jeden vom Insolvenzplan Betroffenen einen vollständigen „integrierten Rechtsschutz",[1035] wie ihn die Verfassung garantiert. Das Verfassungsrecht als rechtlicher Legitimationsmaßstab stünde einer vollständigen Abschaffung der sofortigen Beschwerde insoweit nicht entgegen.[1036]

1034 § 12, III., 2., a).

1035 Dazu schon ausführlich § 12, III., 2., c).

1036 Der Gesetzgeber scheint dies offenbar anders zu sehen, wenn in der Gegenäußerung der BReg. auf den Vorschlag des Bundesrates nach einer Abschaffung der Beschwerde (Stellungnahme v. 5.4.2011, BR-Drucks. 127/1/11, S. 21 bzw. BRat ESUG, BT-Drucks. 17/5712, Anlage 3, S. 58) ohne nähere Begründung erwidert wird, dass der Regierungsentwurf ESUG bereits mit den Beschleunigungsvorschlägen das

§ 17 Stellungnahme und Ergebnis

Sämtlichen Reformansätzen ist zunächst gemeinsam, dass sie gegenüber der aktuellen Rechtslage eine weitere Optimierung des Insolvenzplanverfahrens zur Folge hätten, indem beschwerdebedingte Verfahrensverzögerungen nochmals eingeschränkt würden. Dies gilt auch für jene Reformansätze, die keine vollständige Abschaffung der sofortigen Beschwerde erwägen, sich vielmehr auf eine (nochmalige) Änderung der Zulässigkeitsvoraussetzungen beschränken oder auf eine Umgestaltung des gemäß § 254 Abs. 1 InsO vorgesehenen Suspensiveffekts für den Eintritt der Wirkungen eines Insolvenzplans.[1037] Insoweit steht zumindest fest, dass eine weitere Umgestaltung des aktuellen Beschwerderechts gemäß § 253 InsO möglich und sinnvoll ist, sich in diesem Zusammenhang jedoch die Frage stellt, welche der diskutierten Reformoptionen vorzugswürdiger ist.

Ausgehend von dem Reformziel des ESUG, durch einen Abbau von Rechtsmittellast zu zügigeren Verfahrensabläufen beizutragen,[1038] scheint die vollständige Abschaffung des Rechtsmittels der sofortigen Beschwerde zweifelsohne die vorzugswürdigste aller Reformoptionen darzustellen. Die Wahrung der Rechtsschutzinteressen von Beteiligten in Form der Überprüfung ihrer Minderheitenschutzrechte würde in dem Falle ausschließlich noch im Rahmen des Bestätigungsverfahrens gemäß § 248 InsO erfolgen. Hat das Insolvenzgericht den Plan einmal bestätigt, stünde einem zügigen Vollzug des Sanierungskonzepts damit nichts mehr im Wege. Ein Insolvenzplan könnte im Anschluss an eine Planbestätigung folglich nicht mehr scheitern, trotz gegebenenfalls erheblicher Rechtsverstöße, die im Rahmen des zuvor durchgeführten Bestätigungsverfahrens gemäß § 248 InsO unberücksichtigt geblieben sind.

---

ausschöpfe, was verfassungsrechtlich noch als zulässig angesehen werden könne, GÄ BReg. v. 21.4.2011 zu BRat ESUG, S. 8 f., abrufbar unter: http://www.bmj.de/SharedDocs/Downloads/DE/pdfs/ESUG_Gegenaeusserung_Bundesregierung.pdf?__blob=publicationFile, [zuletzt abgerufen Februar 2015].

1037 Dazu siehe § 15, I. und II.

1038 Begr. RegE ESUG, BT-Drucks. 17/5712, S. 1 f.

Der Gesetzgeber entschied sich trotz der Kenntnis eines entsprechenden Vorschlags seitens des Bundesrates zu einer Abschaffung der Beschwerde[1039] gleichwohl lediglich für eine Reform der Erfolgsvoraussetzungen. In der Gesetzesbegründung zum ESUG heißt es in diesem Zusammenhang ausdrücklich, dass das Ziel der Reform darin bestehe, Rechtsschutzmöglichkeiten moderat zu beschränken, ohne berechtigten Anliegen den gebotenen Rechtsschutz zu verwehren,[1040] d. h. ohne das Rechtsmittel vollständig abzuschaffen. Trotz der Eilbedürftigkeit eines Insolvenzplanverfahrens sowie der Rechtsmittelproblematik der alten Rechtslage[1041] bringt der Gesetzgeber damit zum Ausdruck, dass ein Insolvenzplan wegen eines erfolgreichen Rechtsmittels – unter den verschärften Voraussetzungen des § 253 InsO – durchaus noch scheitern können soll. Soweit demnach ein Beteiligter durch den Plan im Ergebnis ungewollt *wesentlich* wirtschaftlich schlechtergestellt wird, der Plan ihn folglich massiv in seinen Minderheitenschutzrechten verletzt und das Planvollzugsinteresse – im Falle des § 253 Abs. 4 InsO – nicht überwiegt, mangelt es dem Plan insofern an einer rechtlichen Legitimation, mit der Folge, dass ein Bestätigungsbeschluss nicht in Rechtskraft erwächst. Trotz der regelmäßig überragenden Interessen an einem zügigen Planvollzug gilt es somit zugleich auch das Ziel nach marktkonformen Verwertungsergebnissen weiterhin zu berücksichtigen, welches *jedwede* ungewollte Schlechterstellung eines Beteiligten verbietet.[1042] Mit der Wesentlichkeitsschwelle i. S. v. § 253 Abs. 2 Nr. 3 InsO weicht der Gesetzgeber bereits zu Lasten der Beteiligten von dem Maßstab des planrechtlichen Minderheitenschutzes ab, wonach ungewollte Schlechterstellungen von Beteiligten grundsätzlich nicht zu einer Bestätigung eines Insolvenzplans führen dürfen (§§ 245, 251 InsO).[1043] Sollten die wirtschaftlichen und rechtlichen Interessen der Beteiligten an einem ordnungsgemäß zustande gekommenen Insolvenzplan durch die Abschaffung einer Rechtmittelmöglichkeit nunmehr vollständig in den Hintergrund treten, vermag auch ein massiv rechtswidrig zustande gekommener (Insolvenzplan-)Bestätigungsbeschluss nicht mehr verhindert zu werden. Insoweit

1039 Stellungnahme v. 5.4.2011, BR-Drucks. 127/1/11, S. 21 bzw. BRat ESUG, BT-Drucks. 17/5712, Anlage 3, S. 58.

1040 Begr. RegE ESUG, BT-Drucks. 17/5712, S. 35.

1041 Dazu § 11, III.

1042 § 9, III.

1043 § 9, III.

gilt es jedoch auch fernab etwaiger Vollzugsinteressen das Vertrauen in die Rechtsordnung zu schützen, indem Insolvenzpläne in den Fällen nicht durchgesetzt werden, in denen sie massiv Rechte von Beteiligten oder das Vertrauen in die Rechtsordnung verletzen. Allein das Bestätigungsverfahren gemäß § 248 InsO erscheint für die Wahrung eines umfangreichen Rechtsschutzes im Insolvenzplanverfahren in Anbetracht dieser bedeutenden Interessen nicht auszureichen,[1044] weshalb ein Bedürfnis für eine (zweite) Rechtsschutzinstanz in Form der sofortigen Beschwerde gemäß § 253 InsO weiterhin bejaht werden muss. Die Abschaffung der sofortigen Beschwerde als denkbare Reformoption ist daher abzulehnen.

Soweit folglich auch weiterhin das Vertrauen in die Rechtsordnung dahingehend zu schützen ist, dass rechtswidrige Bestätigungsbeschlüsse nicht „um jeden Preis“ in Rechtskraft erwachsen, scheiden als potenzielle Reformoptionen auch jene Modelle aus, die den Beteiligten von vornherein auf Ausgleichs- bzw. Schadensersatzverfahren verweisen wollen.[1045] Denn eine Kassation eines Bestätigungsbeschlusses vermag auch hierdurch nicht mehr erreicht zu werden.[1046] Der Beteiligte wäre vielmehr lediglich auf einen Geldersatz verwiesen, sofern er eine Verletzung des Plans in seinen Minderheitenschutzrechten nachweist. Der Vertrauensschutz in die Rechtsordnung im Hinblick auf ordnungsgemäß zustande gekommene Insolvenzpläne würde auch in diesen Fällen verwässert. Einem sanierten Unternehmen wäre in den Fällen zudem wenig geholfen, wenn zwar der Insolvenzplan vollzogen werden könnte, das reorganisierte Unternehmen im Nachhinein jedoch Ausgleichszahlungen in unbestimmter Höhe zu leisten hätte. Eine erneute wirtschaftliche Schieflage des Unternehmens könnte die Folge sein.

1044 So offensichtlich der Gedanke des Gesetzgebers, wenn das Bestätigungsverfahren nunmehr einerseits dem Richter vorbehalten ist (§ 248 InsO i. V. m. § 18 Abs. 1 Nr. 2 RPflG), andererseits eine Beschwerdeinstanz aber noch vorgesehen ist, siehe auch GÄ BReg. v. 21.4.2011 zu BRat ESUG, S. 8 f., abrufbar unter: http://www.bmj.de/SharedDocs/Downloads/DE/pdfs/ESUG_Gegenaeusserung_Bundesregierung.pdf?__blob=publicationFile, [zuletzt abgerufen Februar 2015].

1045 So etwa im Falle der Abschaffung der gemäß § 254 Abs. 1 InsO vorgesehenen Verzögerungswirkung, dazu siehe § 15, II., 1.

1046 Dazu bereits oben § 15, II.

Möchte man folglich auch künftig sowohl an der Statthaftigkeit der sofortigen Beschwerde gemäß § 253 InsO als auch an einer aufschiebenden Wirkung gemäß § 254 Abs. 1 InsO festhalten, ließe sich ein weiterer Attraktivitätsgewinn einzig mit einer Änderung der materiellen Zulässigkeitsvoraussetzung gemäß § 253 Abs. 2 Nr. 3 InsO erreichen. In diesem Zusammenhang empfiehlt es sich, absolute Kriterien in das Gesetz aufzunehmen. Das könnte dergestalt geschehen, dass der Beschwerdeführer zunächst einen Mindestschlechterstellungswert, entsprechend der 600-Euro-Grenze gemäß § 511 Abs. 2 Nr. 1 ZPO, glaubhaft machen muss.[1047] Sodann müsste der Beschwerdeführer glaubhaft machen, dass ihm im Falle der Durchsetzung des Plans auch eine *wesentliche* Schlechterstellung droht, wobei in diesem Zusammenhang auf die aktuelle Zehn-Prozent-Hürde i. S. v. § 253 Abs. 2 Nr. 3 InsO zurückgegriffen werden sollte. Um jedoch auch in Einzelfällen eine Kassation eines Planbestätigungsbeschlusses zu ermöglichen, in denen ein Großgläubiger *unwesentlich* schlechtergestellt ist, absolut betrachtet hingegen erhebliche wirtschaftliche Nachteile zu befürchten hätte, sollte von einer starren Anwendung der Zehn-Prozent-Hürde abgesehen werden.[1048]

Die Aufrechterhaltung des Beschwerderechts einschließlich des propagierten Reformvorschlags zur Etablierung absoluter Schlechterstellungskriterien würde sich schließlich nicht dem Vorwurf aussetzen, ausschließlich und einseitig den Interessen eines zügigen Planvollzugs zu dienen. Denn insoweit wäre auch das Scheitern eines Insolvenzplans durchaus noch möglich, wenn der Beschwerdeführer einen erheblichen Rechtsverstoß des Plans in Form seiner *wesentlichen* Schlechterstellung nachweist. Entsprechendes würde in einer Zurückweisungskonstellation i. S. v. § 253 Abs. 4 InsO gelten, sofern die Rechtsschutzinteressen der Beschwerdeführer die Interessen an einem zügigen Planvollzug überwiegen sollten und/oder ein besonders schwerer Rechtsverstoß festgestellt wird (§ 253 Abs. 4 Satz 2 InsO).[1049] Im Ergebnis würde damit auch ein nochmals verschärftes Beschwerderecht unverändert die *wesentlichen* monetären Interessen der Beschwerdeführer sowie das Vertrauen in die Rechtsordnung schützen. Es würde im Ergebnis zudem weiterhin uneingeschränkt

1047 § 15, I., 2.
1048 Dazu siehe bereits oben § 12, IV, 2., b) sowie § 15, I., 2.
1049 Dazu ausführlich § 14, VI., 2.

der Zielsetzung des Gesetzgebers gerecht.[1050] Denn im Interesse zügiger Planverfahren hätte eine entsprechende Reformmaßnahme die moderate Beschränkung der Rechtsschutzmöglichkeiten zur Folge, ohne berechtigten Anliegen den gebotenen Rechtsschutz zu verwehren.

1050 Vgl. Begr. RegE ESUG, BT-Drucks. 17/5712, S. 35.

Zusammenfassung

1.

Das Gesetz zur weiteren Erleichterung der Sanierung von Unternehmen (ESUG) führte zu einer umfassenden Reform des Beschwerderechts gegen einen Planbestätigungsbeschluss. Neuartige Zulässigkeitsvoraussetzungen (§ 253 Abs. 2 InsO) sowie die Möglichkeit, eine sofortige Beschwerde unter bestimmten Voraussetzungen und auf Antrag des Insolvenzverwalters durch das Landgericht unverzüglich zurückzuweisen (§ 253 Abs. 4 InsO), begründen für einen Beschwerdeführer verschärfte Hindernisse auf dem Weg zu einer erfolgreichen Anfechtung eines Planbestätigungsbeschlusses.

2.

Mit der Einführung der neuartigen Zulässigkeitsvoraussetzungen erfolgte in Gestalt der erforderlichen formellen- und materiellen *Beschwer* eine Verknüpfung mit verfahrensmäßigen Elementen des Insolvenzplanverfahrens. Der Beschwerdeführer muss seit dem Inkrafttreten des ESUG zunächst formell beschwert sein, was in der Vorschrift des § 253 Abs. 2 Nr. 1, 2 InsO zum Ausdruck kommt. Insoweit muss er seine ihm im Verfahren zu Gebote stehenden Möglichkeiten ausgeschöpft haben, um einen Insolvenzplan im Vorfeld des Planbestätigungsbeschlusses zu verhindern. Gemäß § 253 Abs. 2 Nr. 3 InsO muss der Beschwerdeführer darüber hinaus konkret materiell beschwert sein, d. h. der Plan muss ihn gegenüber der Situation ohne Plan *wesentlich* schlechter stellen. Zudem darf keine finanzielle Kompensation einer festgestellten wesentlichen Schlechterstellung mit Mitteln i. S. v. § 251 Abs. 3 InsO möglich sein. Damit geht es im Beschwerdeverfahren kategorisch ausschließlich noch um die Frage, ob der Beschwerdeführer in seinen Minderheitenschutzrechten verletzt ist, da die Voraussetzung des § 253 Abs. 2 Nr. 3 InsO zugleich auf das Prüfungsprogramm der Begründetheit ausstrahlt. Gegenüber dem minderheitenschutzrechtlichen Maßstab des Planverfahrens (vgl. §§ 245, 251 InsO) ergeben sich im Beschwerdeverfahren gleichwohl Abweichungen dahingehend, dass lediglich eine *wesentliche* Schlechterstellung berücksichtigt wird und der Beschwerdeführer diese zudem glaubhaft machen muss.

3.

Obwohl der Wortlaut des § 253 Abs. 2 Nr. 1, 2 InsO einen Planwiderspruch sowie eine Abstimmung gegen den Plan verlangt, finden diese Zulässigkeitshürden nicht ausnahmslos für jeden Beschwerdeführer Anwendung. Vielmehr gilt es im Hinblick auf den Anwendungsbereich der formellen Zulässigkeitsvoraussetzungen auf der Grundlage systematischer- und teleologischer Erwägungen sowohl zwischen der Beteiligteneigenschaft des jeweiligen Beschwerdeführers als auch zwischen verschiedenen verfahrensrechtlichen Abstimmungskonstellationen zu differenzieren. Insoweit ergibt sich je nach zugrunde liegender Konstellation ein unterschiedlicher Anforderungsgehalt hinsichtlich der auszuschöpfenden verfahrensmäßigen Maßnahmen.

4.

Für die erforderliche formelle Beschwer von Beschwerdeführern gilt seit dem ESUG Folgendes: Der Schuldner muss dem Plan lediglich gemäß § 247 Abs. 1 InsO widersprochen haben (§ 253 Abs. 2 Nr. 1 InsO). Gläubiger und Anteilsinhaber müssen stets gegen den Plan gestimmt haben (§ 253 Abs. 2 Nr. 2 InsO), es sei denn, sie waren im Abstimmungstermin nicht stimmberechtigt, was jedoch ausschließlich für Gläubiger zutreffen kann. Ein Planwiderspruch i. S. v. § 253 Abs. 2 Nr. 1 InsO hat für Gläubiger bzw. Anteilsinhaber keine eigenständige Bedeutung; das Ausbleiben eines Widerspruchs führt nicht zur Unzulässigkeit der Beschwerde. Für Gläubiger und Anteilsinhaber, die im Abstimmungstermin innerhalb ihrer Gruppe überstimmt wurden, folgt die Unbeachtlichkeit des Widerspruchs aus der ungeschriebenen Zulässigkeitsvoraussetzung eines Minderheitenschutzantrags gemäß § 251 Abs. 1 InsO. Anderenfalls können sie ihre Beschwerde schon nicht auf die Erfolgsvoraussetzung der materiellen Beschwer i. S. v. § 253 Abs. 2 Nr. 3 InsO stützen, da die Frage einer wesentlichen Schlechterstellung in dem Falle kein Gegenstand des Beschwerdeverfahrens ist. Wurde dagegen in der Abstimmungsgruppe des Beschwerdeführers der Plan nicht mit der erforderlichen Mehrheit gemäß §§ 243, 244 InsO angenommen, genügt für die formelle Beschwer dieser – gruppenangehörigen – Beschwerdeführer die Abstimmung gegen den Plan (§ 253 Abs. 2 Nr. 2 InsO), sofern sie stimmberechtigt waren. Ein Widerspruchserfordernis geschweige denn ein Minderheitenschutzverfahren gemäß § 251 Abs. 1 InsO sieht das Gesetz in dieser Abstimmungskonstellation nicht vor, da bereits das Scheitern der Annahme des Plans die Überprüfung einer voraussichtlichen Schlechterstellung *aller* Angehörigen dieser Gruppe von Amts wegen zur Folge hat (vgl. § 245 InsO).

5.

Die materielle Zulässigkeitsvoraussetzung des § 253 Abs. 2 Nr. 3 InsO gilt ausschließlich für Beschwerden von Gläubigern und Anteilsinhabern. Diese müssen ihre wesentliche Schlechterstellung durch den Insolvenzplan glaubhaft machen. Unzureichende Ausgleichsmittel i. S. v. § 251 Abs. 3 InsO müssen jedoch nur von Gläubigern bzw. Anteilsinhabern glaubhaft gemacht werden, die im Abstimmungstermin innerhalb ihrer Gruppe überstimmt worden sind. Denn die Möglichkeit zur finanziellen Kompensation nachgewiesener Schlechterstellungen auf der Grundlage einer salvatorischen Klausel (vgl. § 251 Abs. 3 InsO) ist ausschließlich für Fälle gruppeninterner Majorisierungen vorgesehen. Sie besteht nicht in Fällen nachgewiesener Schlechterstellungen von Angehörigen einer Gruppe gemäß § 245 Abs. 1 Nr. 1 InsO, in welcher der Plan schon nicht mit der erforderlichen Mehrheit angenommen wurde. Für den Schuldner genügt dagegen weiterhin eine (einfache) materielle Beschwer, die zu bejahen ist, wenn der Plan in seine Rechte eingreift.

6.

Trotz der unterschiedlichen Anforderungen an die formelle Beschwer gemäß § 253 Abs. 2 Nr. 1, 2 InsO werden alle Beteiligten – entsprechend der gesetzgeberischen Zielsetzung – stets frühzeitig darüber in Kenntnis gesetzt, dass ein Plan noch scheitern kann. Zugleich wird seit dem Inkrafttreten des ESUG ein widersprüchliches Verhalten eines Beteiligten dergestalt vermieden, dass dieser eine sofortige Beschwerde gegen einen Planbestätigungsbeschluss zulässig einlegen kann, obwohl er im Abstimmungstermin für den Plan gestimmt hatte.

7.

Die Einführung der materiellen Zulässigkeitsvoraussetzung gemäß § 253 Abs. 2 Nr. 3 InsO führt zu einem erheblichen Attraktivitätsgewinn für das Insolvenzplanverfahren. Sie bewirkt, dass beschwerdebedingte Verfahrensverzögerungen erheblich eingeschränkt werden. So wird es Beschwerdeführern aufgrund des erforderlichen Tatsachenvortrags regelmäßig nicht gelingen, eine materielle Beschwer vorzutragen und glaubhaft zu machen, sodass Insolvenzpläne infolge der Erfolglosigkeit des Rechtsmittels zügig vollzogen werden können. Zudem werden Beteiligte die Einleitung eines Beschwerdeverfahrens aufgrund der hohen Darlegungsanforderungen gegebenenfalls von vornherein schon nicht in Betracht ziehen. Speziell missbräuchlich motivierte und von vornherein aussichtlos eingelegte Beschwerden, allen voran von Kleingläubigern, die eine kleine Forderung lediglich erworben haben, um sich ihr Verzögerungspotenzial abkaufen zu lassen, werden dadurch vermieden. Die Entartung einer sofortigen Beschwerde in ein reines Fehlerüberprüfungsverfahren mit Obstruktionscharakter gehört insoweit der Rechtsgeschichte an.

8.

Die Wesentlichkeitsgrenze i. S. v. § 253 Abs. 2 Nr. 3 InsO begründet eine zusätzliche Zulässigkeitshürde für einen Beschwerdeführer. Ihre Einführung ist im Hinblick auf den faktischen Beschwerdeausschluss *unwesent-*

lich schlechtergestellter Beteiligter verfassungsrechtlich unbedenklich. Diese erlangen einen umfassenden – integrierten – Rechtsschutz bereits im Rahmen der Planbestätigungsprüfung des Insolvenzgerichts (§ 248 InsO), welche insbesondere den Minderheitenschutz zum Prüfungsgegenstand hat. Der Bestätigungsbeschluss i. S. v. §§ 248, 252 InsO ist insoweit als ein Akt der Rechtsprechung i. S. v. Art. 92 GG zu qualifizieren, wodurch der verfassungsrechtlichen Garantie eines *einmaligen* Rechtsschutzes Genüge getan ist.

9.

Aufgrund der bloß *relativen* Wirkung vermag die Wesentlichkeitsschwelle i. S. v. § 253 Abs. 2 Nr. 3 InsO im Beschwerdeverfahren nicht interessengerecht zwischen beachtlichen monetären Rechtsschutzinteressen von Großgläubigern und minderwertigen monetären Rechtsschutzinteressen von Kleingläubigern zu unterscheiden. Eine effektive Beschwerdeeinschränkung von Kleingläubigern, die lediglich mit einem geringen Forderungswert von der Insolvenz betroffen sind, wird durch die Zehn-Prozent-Grenze nicht notwendigerweise erreicht, da sich der insoweit glaubhaft zu machende – absolute – Schlechterstellungswert in gleichem Maße mit der Abnahme des Forderungswertes verringert.

10.

Als weitere Maßnahme zur Beschränkung von Rechtsschutzmöglichkeiten knüpft das Zurückweisungsinstrument gemäß § 253 Abs. 4 InsO an die positiven Wirkungen der Zulässigkeitsvoraussetzungen an. Sie bietet dem Landgericht die Möglichkeit, auf Antrag des Insolvenzverwalters eine zulässige sofortige Beschwerde unverzüglich zurückzuweisen, wenn das Planvollzugsinteresse das Aufschubinteresse des Beschwerdeführers überwiegt und kein besonders schwerer Rechtsverstoß vorliegt.

11.

Bei dem Zurückweisungsverfahren gemäß § 253 Abs. 4 InsO handelt es sich um einen integralen Bestandteil des Beschwerdeverfahrens gemäß § 253 InsO. Die Prüfung der Zurückweisungsvoraussetzungen sollte sich im Falle einer Antragstellung stets an die Zulässigkeitsprüfung der Beschwerde anschließen. Im Falle einer zulässigen Beschwerde kann das Zurückweisungsverfahren eine langwierige Begründetheitsprüfung vermeiden und zu einer frühzeitigen Rechtskrafterlangung des Bestätigungsbeschlusses beitragen. Das setzt voraus, dass das Rechtsschutzinteresse des Beschwerdeführers hinter dem Planvollzugsinteresse zurücksteht. Durch die kombinatorische Anwendbarkeit der Zulässigkeitsvoraussetzungen und der sich gegebenenfalls anschließenden Prüfung der Zurückweisungsvoraussetzungen ist gewährleistet, dass in einer Beschwerdekonstellation das gesamte „Arsenal" an rechtsschutzeinschränkenden Maßnahmen des Gesetzes genutzt werden kann, um einen Insolvenzplan ohne sanierungsgefährdende Zeitverzögerungen zügig durchzusetzen. Für den Ausgleich der durch die Zurückweisung gegebenenfalls erleidenden wesentlichen finanziellen Nachteile dient dem Beschwerdeführer der Schadensersatzanspruch gemäß § 253 Abs. 4 Satz 3 InsO.

12.

Sowohl die konkrete Ausgestaltung der Zurückweisungsvoraussetzungen als auch die verfahrensrechtliche Einbettung der Zurückweisungskonstellation in das Beschwerdeverfahren lassen eine eindeutige Tendenz für das Gelingen zügiger Plandurchsetzungen erkennen. Vorbehaltlich eines besonders schweren Rechtsverstoßes, der nur bei einem massiven Verstoß gemäß § 250 Nr. 2 InsO oder aufgrund einer Vielzahl weniger schwerer Rechtsverstöße zu bejahen ist, wird der Beschwerdeführer mit seinem Aufschubinteresse in aller Regel hinter dem Planvollzugsinteresse zurückstehen. Weil zudem die der Abwägung zugrunde liegenden Nachteile im Wesentlichen im Rahmen der Zulässigkeitsprüfung „ermittelt" werden können, für die insoweit lediglich der Glaubhaftmachungsmaßstab gilt, drohen im Rahmen des § 253 Abs. 4 InsO keine nennenswerten sanierungsgefährdenden Zeitverzögerungen.

13.

Zur weiteren Optimierung des Insolvenzplanverfahrens empfiehlt sich künftig die Erweiterung der beschwerderechtlichen Zulässigkeitsvoraussetzungen durch die Aufnahme *absoluter* Kriterien. Entsprechend dem Rechtsgedanken in § 511 Abs. 2 Nr. 1 ZPO bietet sich insoweit die Festlegung einer 600-Euro-Grenze an. Dadurch müsste ein Beschwerdeführer zunächst mit mindestens 600 Euro gegenüber einem alternativen Regelinsolvenzverfahren schlechter stehen. Erst auf zweiter Stufe käme es auf die Glaubhaftmachung einer *wesentlichen* Schlechterstellung an.

Literaturverzeichnis

Ahrens, Martin; Gehrlein, Markus; Ringstmeier, Andreas
Fachanwaltskommentar Insolvenzrecht: [InsO, EuInsVO, EGInsO, InsVV, AnfG, StGB (Auszug), SGB III (Auszug), KredReorgG, InsStatG], 2. Auflage, Köln 2014, (zit.: *Autor*, in: Ahrens/Gehrlein/Ringstmeier, InsO).

Altmeppen, Holger
Zur Rechtsstellung der Gläubiger im Konkurs gestern und heute, in: Festschrift für Peter Hommelhoff zum 70. Geburtstag, 2012, S. 1 ff., (zit.: *Altmeppen*, in: FS Hommelhoff, 2012).

Andres, Dirk; Leithaus, Rolf
Insolvenzordnung (InsO), Kommentar, 3. Auflage, München 2014, (zit.: *Autor*, in: Andres/Leithaus, InsO).

dies.
Insolvenzordnung (InsO), Kommentar, 2. Auflage, München 2011, (zit.: *Autor*, in: Andres/Leithaus, InsO, 2. Aufl. 2011).

Arbeitskreis für Insolvenzwesen Köln e. V.
Kölner Schrift zur Insolvenzordnung, 3. Auflage, Münster 2009, (zit.: *Autor*, in: KSI).

Arbeitskreis für Insolvenz- und Schiedsgerichtswesen
Kölner Schrift zur Insolvenzordnung: das neue Insolvenzrecht in der Praxis, 2. Auflage, Herne, Berlin 2000, (zit.: *Autor*, in: KSI, 2. Aufl. 2000).

Bauer, Andreas F.; Dimmling, Andreas
Endlich im Gesetz(entwurf): Der Debt-Equity-Swap, NZI 2011, S. 517 ff.

Baumbach, Adolf; Lauterbach, Wolfgang; Albers, Jan; Hartmann, Peter
Zivilprozessordnung: mit FamFG, GVG und anderen Nebengesetzen, 73. Auflage, München 2015, (zit.: *Baumbach/Lauterbach/Albers/Hartmann*, ZPO).

Baums, Theodor; Drinhausen, Florian; Keinath, Astrid
Anfechtungsklagen und Freigabeverfahren. Eine empirische Studie, ZIP 2011, S. 2329 ff.

Bea, Franz X; Kötzle, Alfred
Ursachen von Unternehmenskrisen und Maßnahmen zur Krisenvermeidung, DB 1983, S. 565 ff.

Beck, Siegfried; Depré, Peter
Praxis der Insolvenz, Ein Handbuch für die Beteiligten und ihre Berater, 2. Auflage, München 2010, (zit.: *Autor*, in: Beck/Depré, Praxis der Insolvenz).

Becker, Florian
Umwandlungsmaßnahmen im Insolvenzplan und die Grenzen einer Überlagerung des Gesellschaftsrechts durch das Insolvenzrecht, ZInsO 2013, S. 1885 ff.

Berger, Christian
Zur Statthaftigkeit der auf Feststellung gerichteten einstweiligen Verfügung, ZZP 1997, S. 287 ff.

Beisel, Wilhelm; Klumpp, Hans-Hermann
Der Unternehmenskauf: Gesamtdarstellung der zivil- und steuerrechtlichen Vorgänge einschließlich gesellschafts-, arbeits- und kartellrechtlicher Fragen bei der Übertragung eines Unternehmens, 6. Auflage, München 2009, (zit.: *Autor*, in: Beisel/Klumpp, Der Unternehmenskauf).

Bichlmeier, Wilhelm; Engberding, Antonius; Oberhofer, Hermann
Insolvenzhandbuch – Ein rechtlicher und betriebswirtschaftlicher Leitfaden, 2. Auflage, Frankfurt 2003, (zit.: *Bichlmeier/Engberding/Oberhofer*, Insolvenzhandbuch).

Bitter, Georg

Sanierung in der Insolvenz – Der Beitrag von Treue- und Aufopferungspflichten zum Sanierungserfolg, ZGR 2010, S. 147 ff.

Blersch, Jürgen; Goetsch, Hans-W.; Haas, Ulrich

Berliner Kommentar Insolvenzrecht, Loseblatt, Köln, Stand: November 2014, (zit.: *Autor*, in: Blersch/Goetsch/Haas, InsO).

Böcker, Philipp

Gesellschaftsrecht versus Insolvenzrecht oder Suhrkamp: Verfall eines Verlages (Fortsetzung I) – Zugleich Besprechung des Beschlusses des BGH vom 17.7.2014 – IX ZB 13/14 (DZWIR 2014, 462), DZWIR 2014, S. 440 ff.

ders.

Gesellschaftsrecht versus Insolvenzrecht oder Suhrkamp: Verfall eines Verlages (Fortsetzung II) – Zugleich Besprechung des Beschlusses des BGH vom 17.9.2014 – IX ZB 26/14 (DZWIR 2014, 604), DZWIR 2014, S. 577 ff.

ders.

Gesellschaftsrecht versus Insolvenzrecht oder Suhrkamp: Verfall eines Verlages (Fortsetzung III) – Zugleich eine Besprechung des Beschlusses des LG Berlin vom 20.10.2014 – 51 T 696/14 (DZWIR 2015, 14), DZWIR 2015, S. 10 ff.

Borchardt, Peter-Alexander; Frind, Frank

Die Betriebsfortführung im Insolvenzverfahren – Von der Betriebserhaltung zur Transaktion, Münster 2011, (zit.: *Autor*, in: Borchardt/Frind, Die Betriebsfortführung im Insolvenzverfahren).

Bork, Reinhard

Sanierungsrecht in Deutschland und England, 1. Auflage, Köln 2011, (zit.: *Bork*, Sanierungsrecht in Deutschland und England).

ders.

Einführung in das Insolvenzrecht, 7. Auflage, Tübingen 2014, (zit.: *Bork*, Einführung in das Insolvenzrecht).

ders.

Grundfragen des Restrukturierungsrechts – Prolegomena zu einer Reform des deutschen Insolvenzrecht, ZIP 2010, S. 397 ff.

ders.
Der Insolvenzplan, ZZP 1996, S. 473 ff.

Bosse, Christian
Grünes Licht für das ARUG: das Aktienrecht geht online, NZG 2009, S. 807 ff.

Braun, Eberhard
Insolvenzordnung (InsO), Kommentar, 6. Auflage, München 2014, (zit.: *Autor*, in: Braun, InsO).

ders.
Insolvenzordnung (InsO), Kommentar, 4. Auflage, München 2010, (zit.: *Autor*, in: Braun, InsO, 4. Aufl. 2010).

ders.
Das Obstruktionsverbot in der Praxis: Ein überzeugender Start, NZI 1999, S. 473 ff.

ders.
Eingriff in Anteilseignerrechte im Insolvenzplanverfahren – Das U.S.-amerikanische Konzept in Chapter 11 Bankruptcy Code und seine deutsche Entsprechung, in: *Ganter/Gottwald/Lwowski,* Haftung und Insolvenz – Festschrift für Gero Fischer zum 65. Geburtstag, München 2008, S. 53 ff., (zit.: *Braun*, FS Fischer, 2008).

Braun, Eberhard; Heinrich, Jens
Auf dem Weg zu einer (neuen) Insolvenzplankultur in Deutschland – Ein Beitrag zu dem Regierungsentwurf für ein Gesetz zur weiteren Erleichterung der Sanierung von Unternehmen, NZI 2011, S. 505 ff.

Braun, Eberhard; Uhlenbruck, Wilhelm
Unternehmensinsolvenz: Grundlagen, Gestaltungsmöglichkeiten, Sanierung mit der Insolvenzordnung, Düsseldorf, 1997, (zit.: *Braun/Uhlenbruck*, Unternehmensinsolvenz).

Bremen, Michael
Das Leitbild des sanierten Unternehmens im Schutzschirmverfahren, NZI 2014, S. 137 ff.

Brinkmann, Moritz
Wege aus der Insolvenz eines Unternehmen – oder: Die Gesellschafter als Sanierungshindernis, WM 2011, S. 97 ff.

Brox, Hans; Walker, Wolf-Dietrich
Zwangsvollstreckungsrecht, 10. Auflage, München 2014, (zit.: *Brox/Walker*, Zwangsvollstreckungsrecht).

Brüning, Marc
Gesellschafter und Insolvenzplan: eine Untersuchung ihrer Stellung in der Reorganisation insolventer Gesellschaften im Insolvenzplanverfahren (§§ 217 ff. InsO), (zit.: *Brüning*, Gesellschafter und Insolvenzplan).

Brünkmans, Christian
Der Rechtsschutz gegen den Bestätigungsbeschluss des Insolvenzplans vor dem Hintergrund des insolvenzrechtlichen Freigabeverfahrens nach § 253 Abs. 4 InsO – Zugleich Anmerkung zu den Beschlüssen des LG Berlin v. 24.4.2014, ZInsO 2012, 963 und v. 14.4.2014 – 51 T 107/14, ZInsO 2014, 962 („*Suhrkamp*"), ZInsO 2014, S. 993 ff.

Bundesarbeitskreis Insolvenzgerichte e. V., BAKinso
Stellungnahme zum zweiten Teil des Referentenentwurfes v. 25.1.2011/Regierungsentwurfes v. 23.2.2011 „ESUG", abrufbar unter: http://m.bs-inso.de/cms/upload/pdf/Stellungnahme_BAKinso_zweiter_Teil_RegE_2322011_ESUG.pdf, S. 4 [zuletzt abgerufen Februar 2015], (zit.: BAKinso e. V. v. 25.2.2011, Stellungnahme zum zweiten Teil des Referentenentwurfes v. 25.1.2011/Regierungsentwurfes v. 23.2.2011 „ESUG").

Bundesrechtsanwaltskammer, Ausschuss Insolvenzrecht
Stellungnahme der Bundesrechtsanwaltskammer zum Regierungsentwurf eines Gesetzes zur weiteren Erleichterung der Sanierung von Unternehmen (ESUG) v. März 2011, BRAK-Stellungnahme-Nr. 20/2011, abrufbar unter: www.brak.de/zur-rechtspolitik/stellungnahmen-pdf/stellungnahmen-deutschland/2011/maerz/stellungnahme-der-brak-2011-20.pdf, [zuletzt abgerufen Februar 2015], (zit.: Stellungnahme der Bundesrechtsanwaltskammer zum ESUG v. März 2010, BRAK-Stellungnahme-Nr. 20/2011).

Buth, Andrea K.; Hermanns, Michael
Handbuch Restrukturierung, Sanierung, Insolvenz, 4. Auflage, München 2014, (zit.: *Autor*, in: Buth/Hermanns, Restrukturierung, Sanierung, Insolvenz).

Carli, Winfried M.; Rieder, Markus S.; Mückl, Norbert
Debt-to-Equity-Swaps in der aktuellen Transaktionspraxis, ZIP 2010, S. 1737 ff.

Dauner-Lieb, Barbara; Simon, Stefan
Kölner Kommentar zum UmwG, Köln 2009, (zit.: *Autor*, in: Kölner-Komm-UmwG).

Decher, Christian E.; Voland, Thomas
Kapitalschnitt und Bezugsrechtsausschluss im Insolvenzplan – Kalte Enteignung oder Konsequenz des ESUG?, ZIP 2013, S. 103 ff.

Deutschland, Bundesrepublik
Erster Bericht der Kommission für Insolvenzrecht, Teil 1, Köln 1985, (zit.: Erster Bericht der Kommission für Insolvenzrecht, 1985).

Ding, Yong
Missbräuchliche Anfechtungsklagen im Aktienrecht, Frankfurt a. M. u. a. 2011, (zit.: *Ding*, Missbräuchliche Anfechtungsklage im Aktienrecht, 2011).

Dreier, Horst
Grundgesetz: Textausgabe mit sämtlichen Änderungen und andere Texte zum Verfassungsrecht, Tübingen 2006, (zit.: *Autor*, in: Dreier, GG).

Drinhausen, Florian; Keinath, Astrid
Referentenentwurf eines Gesetzes zur Umsetzung der Aktionärsrichtlinie (ARUG) – Weitere Schritte zur Modernisierung des Aktienrechts, BB 2008, S. 2078 ff.

Drukarczyk, Jochen
Insolvenzplan und Obstruktionsverbot, Regensburg 1998, (zit.: *Drukarczyk*, Insolvenzplan und Obstruktionsverbot, 1998).

Ehmann, Erik; Walden, Daniel
Rückforderung von zum Abkauf von Anfechtungsklagen geleisteten Zahlungen, NZG 2013, S. 806 ff.

Eidenmüller, Horst
Unternehmenssanierung zwischen Markt und Gesetz: Mechanismen der Unternehmensreorganisation und Kooperationspflichten im Reorganisationsrecht, Köln 1999, (zit.: *Eidenmüller*, Unternehmenssanierung zwischen Markt und Gesetz).

ders.
Reformperspektiven im Restrukturierungsrecht, ZIP 2010, S. 649 ff.

ders.
Der Insolvenzplan als Vertrag, in: Jahrbuch für neue politische Ökonomie, Band 15, Tübingen 1996, S. 164 ff., (zit.: *Eidenmüller*, JNPÖ 15 (1996)).

ders.
Prognoseentscheidungen im Insolvenzplanverfahren: Verfahrenslähmung durch Minderheitenschutz?, NJW 1999, S. 1837 ff.

Eidenmüller, Horst; Frobenius, Tillmann; Prusko, Wofram
Regulierungswettbewerb im Unternehmensinsolvenzrecht: Ergebnisse einer empirischen Untersuchung, NZI 2010, S. 545 ff.

Eidenmüller, Horst; Engert, Andreas
Reformperspektiven einer Umwandlung von Fremd- in Eigenkapital (Debt-Equity Swap) im Insolvenzplanverfahren, ZIP 2009, S. 541 ff.

Emmerich, Volker; Habersack, Mathias
Aktien- und GmbH-Konzernrecht, Kommentar, 7. Auflage, München 2013, (zit.: *Autor*, in: Emmerich/Habersack, Aktien- und GmbH-Konzernrecht).

Epping, Volker; Hillgruber, Christian
Beck'scher Online-Kommentar, Grundgesetz, Edition 19, München 2013, (zit.: *Autor*, in: Epping/Engert, BeckOK-GG).

Fischer, Gero
Das neue Rechtsmittelverfahren gegen den Beschluss, durch den der Insolvenzplan bestätigt wird, NZI 2013, S. 513 ff.

Florstedt, Tim
Die Reform des Beschlussmängelrechts durch das ARUG, AG 2009, S. 465 ff.

Fölsing, Philipp
Anmerkung zu dem Beschluss des LG Berlin v. 24.2.2014 – 51 T 107/14 (ZIP 2014, 893), EWiR 2014, S. 293 f.

Förste, Ulrich
Insolvenzrecht, 6. Auflage, München 2014, (zit.: *Förste*, Insolvenzrecht).

ders.
Gläubigerautonomie und Sanierung im Lichte des ESUG, ZZP 2012, S. 265 ff.

Frege, Michael C.; Keller, Ulrich; Riedel, Ernst
Insolvenzrecht, 7. Auflage, München 2008, (zit.: *Frege/Keller/Riedel*, Insolvenzrecht).

Friedrichs, Philipp Julian
Das Schutzschirmverfahren nach § 270b InsO als Instrument zur nachhaltigen Stärkung der Eigenverwaltung: eine kritische Untersuchung unter vergleichender Betrachtung der französischen procédure de sauvegarde, Bonn 2014, (zit.: *Friedrichs*, Das Schutzschirmverfahren nach § 270b InsO als Instrument zur nachhaltigen Stärkung der Eigenverwaltung).

Friesenhahn, Ernst
Über Begriff und Arten der Rechtsprechung, in: Festschrift für Richard Thoma zum 75. Geburtstag, 1950, S. 21 ff., (zit.: *Friesenhahn*, in: FS Thoma).

Frind, Frank
Vorinsolvenzliche Sanierungsregelungen oder Relaunch des Insolvenzplanverfahrens?, ZInsO 2010, S. 1426 ff.

ders.
Wann ist (ein Ratschlag zur) Eigenverwaltung gerechtfertigt? – Probleme der Eigenverwaltung nach „ESUG“ aus gerichtlicher Sicht –, DB 2014, S. 165 ff.

Frind, Frank; Köchling, Marcel
Die misslungene Sanierung im Insolvenzverfahren – Eine Betrachtung über Gründe und Verhinderungsmöglichkeiten von Folge- und Zweitinsolvenzen, ZInsO 2013, S. 1666 ff.

Fritze, Marc
Sanierung von Groß- und Konzernunternehmen durch Insolvenzpläne, DZWIR 2007, S. 89 ff.

Fröhlich, Andreas; Bächstädt, Christian Nicolas
Erfolgsaussichten eines Insolvenzplans in Eigenverwaltung – Frühzeitige Bewertung der Erfolgschancen aus Sicht der vorläufigen Verwaltung, ZInsO 2011, S. 985 ff.

Gaul, Hans Friedhelm; Schilken, Eberhard; Becker-Eberhard, Ekkehard
Zwangsvollstreckungsrecht, 12. Auflage, München 2010, (zit.: *Gaul/Schilken/Becker-Eberhard*, Zwangsvollstreckungsrecht).

Gehrhardt, Walter
Die Beschwerde im Insolvenzverfahren, in: Prü*tting, Hanns; Vallender, Heinz,* Insolvenzrecht in Wissenschaft und Praxis – Festschrift für Wilhelm Uhlenbruck zum 70. Geburtstag, Köln 2000, S. 75 ff., (zit.: *Gehrhardt*, in: FS Uhlenbruck, 2000).

Gerster, Erwin
Insolvenzplan, „das unbekannte Wesen" oder „der Maßanzug des Insolvenzrechts"?, ZInsO 2008, S. 437 ff.

Gesellschaft für Restrukturierung – TMA Deutschland e. V.
Stellungnahme zum Diskussionsentwurf für ein Gesetz zur weiteren Erleichterung der Sanierung von Unternehmen vom 15. Oktober 2012, (zit.: Gesellschaft für Restrukturierung, Stellungnahme zum ESUG).

Gilles, Andreas
Rechtsmittelreform im Zivilprozeß und Verfassungsrechtsaspekte einer Rechtsmittelbeschränkung, JZ 1985, S. 253 ff.

Göb, Marc Alexander
Aktuelle gesellschaftsrechtliche Fragen in Krise und Insolvenz – Oktober/November 2014, NZI 2015, S. 13 ff.

Goebel, Joachim
Gläubigerobstruktion, Gläubigerstimmrecht und Beschlusskontrolle im Insolvenzverfahren über Unternehmen – Eine Untersuchung zu insolvenzrechtlichen Stimmverboten und zur Inhaltskontrolle nach § 78 InsO, KTS 2002, S. 615 ff.

Goette, Wulf; Habersack, Mathias; Kalss, Susanne
Münchener Kommentar zum Aktiengesetz, Band 4, §§ 179 – 277, 3. Auflage, München 2011, (zit.: *Autor*, in: MünchKomm-AktG).

Gogger, Martin
Insolvenzgläubiger-Handbuch, Optimale Rechtsdurchsetzung bei Insolvenz des Schuldners, 3. Auflage, München 2011, (zit.: *Autor*, in: Gogger, Insolvenzgläubiger-Handbuch).

Goll, Ulrich; Schwörer, Frank
Eindämmung des Klageerwerbs durch Instanzenverkürzung, ZRP 2008, S. 77 ff.

Gottwald, Peter
Insolvenzrechts-Handbuch, 4. Auflage, München 2010, (zit.: *Autor*, in: Gottwald, Insolvenzrechts-Handbuch).

Göz, Philipp; Holzborn, Timo
Die Aktienrechtsreform durch das Gesetz für Unternehmensintegrität und Modernisierung des Anfechtungsrechts – UMAG, WM 2006, S. 157 ff.

Graf, Ulrich; Wunsch, Irene
Eigenverwaltung und Insolvenzplan – gangbarer Weg in der Insolvenz von Freiberuflern und Handwerkern?, ZIP 2001, S. 1029 ff.

Graf-Schlicker, Marie Luise
Kommentar zur Insolvenzordnung, 4. Auflage, Köln 2014, (zit.: *Autor*, in: Graf-Schlicker, InsO).

Grigoleit, Hans Christoph
Aktiengesetz, Kommentar, München 2013, (zit.: *Autor*, in: Grigoleit, AktG).

Grub, Volker
Die angemessene Zahlungsquote im Insolvenzplan, in: Prü*tting, Hanns; Vallender, Heinz,* Insolvenzrecht in Wissenschaft und Praxis – Festschrift für Wilhelm Uhlenbruck zum 70. Geburtstag, Köln 2000, S. 501 ff., (zit.: *Grub*, in: FS Uhlenbruck, 2000).

Grunewald, Barbara
Satzungsfreiheit für das Beschlussmängelrecht, NZG 2009, S. 967 ff.

Grunsky, Wolfgang
Grundlagen des einstweiligen Rechtsschutzes, JuS 1976, S. 277 ff.

Gude, Hardy
Neu gestärkt durch ESUG? Neue Erkenntnisse zur Nutzung des Insolvenzplanverfahrens, ZInsO 2012, S. 320 ff.

Haarmeyer, Hans
Missbrauch der Eigenverwaltung? – Nicht der Gesetzgeber, sondern Gerichte, Verwalter und Berater sind gefordert, ZInsO 2013, S. 2345 ff.

Haarmeyer, Hans; Wutzke, Wolfgang; Förster, Karsten
Insolvenzordnung, Kommentar, 2. Auflage, 2012, (zit.: *Autor*, in: Haarmeyer/Wutzke/Förster, InsO).

Haas, Ulrich
Mehr Gesellschaftsrecht im Insolvenzplanverfahren, Die Einbeziehung der Anteilsrecht in das Insolvenzverfahren, NZG 2012, S. 961 ff.

Habscheid, Walther J.
Beschwer des verurteilten Beklagten bei nicht vollstreckungsfähigem Leistungstitel?, NJW 1964, S. 234 ff.

Hanisch, Hans
Zur Reformbedürftigkeit des Konkurs- und Vergleichsrechts, ZZP 1977, S. 1 ff.

Häsemeyer, Ludwig
Insolvenzrecht, 4. Auflage, Köln u. a. 2007, (zit.: *Häsemeyer*, Insolvenzrecht).

Heermann, Peter W
Auswirkungen einer Behebbarkeit oder nachträglichen Korrektur von gerügten Verfahrensmängeln auf das Unbedenklichkeitsverfahren nach § 16 Abs. 3 UmwG, ZIP 1999, S. 1861 ff.

Heide, Dana
Schöner Scheitern, Handelsblatt online v. 9.8.2013, abrufbar unter: http://www.handelsblatt.com/unternehmen/mittelstand/insolvenzrecht-schoener-scheitern/8606460.html [zuletzt abgerufen Februar 2015], (zit.: *Heide*, in: Handelsblatt v. 9.8.2013, Schöner Scheitern).

Heinze, Meinhard
Einstweiliger Rechtsschutz in aktienrechtlichen Anfechtungs- und Nichtigkeitsverfahren, ZGR 1979, S. 293 ff.

Helm, Thorsten; Manthey, Nikolaus Vincent
Missbräuchliche Anfechtungsklagen im Aktienrecht – Rechtsvergleich und Lösungsansätze, NZG 2010, S. 415 ff.

Henckel, Wolfram
Deregulierung im Insolvenzverfahren?, KTS 1989, S. 477 ff.

Henckel, Wolfram; Gerhardt, Walter
Jaeger, Insolvenzordnung, Großkommentar, Erster Band, §§ 1 – 55, 1. Auflage, Berlin 2004, (zit.: *Autor*, in: Jaeger, InsO).

Henssler, Martin; Strohn, Lutz
Gesellschaftsrecht, 2. Auflage, München 2014, (zit.: *Autor*, in: Henssler/Strohn, Gesellschaftsrecht).

Herweg, Christian
Das Obstruktionsverbot bei der Unternehmenssanierung, Köln 2004, (zit.: *Herweg*, Das Obstruktionsverbot bei der Unternehmenssanierung, 2004).

Herzog, Roman; Herdegen, Matthias; Scholz, Rupert; Klein, Hans H.
- Grundgesetz, Kommentar, Band VI, Art. 86-106b, München 2014, (zit.: *Autor*, in: Maunz/Dürig, GG, Bd. VI).

Hess, Harald
Insolvenzrecht, Kommentar, Band 1, §§ 1 – 128 InsO, 2. Auflage, Heidelberg 2012; Band 2, §§ 129 – 359 InsO, 2. Auflage, Heidelberg 2012, (zit.: *Autor*, in: Hess, InsO).

Hess, Harald; Obermüller, Manfred
Insolvenzplan, Restschuldbefreiung und Verbraucherinsolvenz, 3. Auflage, Heidelberg 2003, (zit.: *Hess/Obermüller*, Insolvenzplan).

Heublein, Gerrit
Die sofortige Beschwerde gegen die Insolvenzplanbestätigung – „Superobstruktion“ durch die Hintertür? Erwiderung auf *Smid*, NZI 2005, 296, NZI 2005, S. 381 ff.

Hirschberger, Max; Weiler, Lothar
Das Freigabeverfahren für Hauptversammlungsbeschlüsse nach dem UMAG-Entwurf (§ 246a AktG-E) – Ein Aus für räuberische Aktionäre?, DB 2004, S. 1137 ff.

Hirte, Heribert; Knof, Béla; Mock, Sebastian
Das Gesetz zur weiteren Erleichterung der Sanierung von Unternehmen (Teil I), DB 2011, S. 632 ff.

dies.
Das Gesetz zur weiteren Erleichterung der Sanierung von Unternehmen (Teil II), DB 2011, S. 693 ff.

Hofmann, Hans; HennekeHans-Günter
Schmidt-Bleibtreu, Bruno, Kommentar zum Grundgesetz, 13. Auflage, Köln 2014, (zit.: *Autor*, in: Schmidt-Bleibtreu, GG).

Hollstein, Frank
Gesetz zur Umsetzung der Aktionärsrechtsrichtlinie („ARUG"), jurisPR-HaGesR 8/2009 Anm. 4.

Hölters, Wolfgang
Aktiengesetz, Kommentar, 2. Auflage, München 2014, (zit.: *Autor*, in: Hölters, AktG).

Holzborn, Timo; Bunnemann, Jan
Änderungen im AktG durch den Regierungsentwurf für das UMAG, BKR 2005, S. 51 ff.

Holzer, Johannes
Krisenerkennung bei insolvenzgefährdeten Unternehmen aus Sicht der gerichtlichen Praxis, NZI 2005, S. 308 ff.

Hölzle, Gerrit
Die Sanierung von Unternehmen im Spiegel des Wettbewerbs der Rechtsordnungen in Europa, KTS 2011, S. 291 ff.

ders.
Die „erleichterte Sanierung von Unternehmen in der Nomenklatur der InsO – ein hehres Regelungsziel des RefE-ESUG, NZI 2011, S. 124 ff.

ders.
Praxisleitfaden ESUG, Köln 2012, (zit.: *Hölzle*, Praxisleitfaden ESUG).

Homeyer, Henning
Der Missbrauch der Anfechtungsklage unter Einbeziehung des ARUG, 2013, (zit.: *Homeyer*, Der Missbrauch der Anfechtungsklage unter Einbeziehung des ARUG).

Huelsdunk, Inke
Liquidation oder Reorganisation im Insolvenzplan – Alternativen aus der Sicht der ökonomischen Analyse des Rechts, KTS 1999, S. 291 ff.

Hüffer, Uwe
Aktiengesetz, Kurz-Kommentar, 11. Auflage, München 2014, (zit.: *Autor*, in: Hüffer, AktG).

Institut für Mittelstandsforschung Bonn (IfM)
Die Quoten der Insolvenzgläubiger in Regel- und Insolvenzplanverfahren, Abgeschlossenes Forschungsprojekt, abrufbar unter: http://www.ifm-bonn.org/studien/studie-detail/?tx_ifmstudies_detail[study]=70&cHash=306f813fa5b9df89f2b689fb5b5ea175, [zuletzt abgerufen Februar 2015].

Jaffé, Michael
Restrukturierung nach der InsO: Gesetzesplan, Fehlstellen und Reformansätze innerhalb einer umfassenden InsO-Novellierung aus Sicht eines Insolvenzpraktikers, ZGR 2010, S. 248 ff.

Jarass, Hans D.; Pieroth, Bodo
Grundgesetz für die Bundesrepublik Deutschland: Kommentar, 13. Auflage, München 2014, (zit.: *Autor*, in: Jarass/Pieroth, GG).

Joksch, Christian
Das Freigabeverfahren gem. § 246a AktG im System des einstweiligen Rechtsschutzes, Tübingen 2013, (zit.: *Joksch*, Das Freigabeverfahren gem. § 246a AktG im System des einstweiligen Rechtsschutzes).

Jungmann, Carsten
Grundpfandgläubiger und Unternehmensinsolvenz: Deutschland – England – Schottland, Köln u. a. 2004, (zit.: *Jungmann*, Grundpfandgläubiger und Unternehmensinsolvenz).

ders.
Schlechterstellungsverbote im Insolvenzplanverfahren, KTS 2006, S. 135 ff.

Kahlke, Gerhard
Zur Funktion von Beschwer und Rechtsschutzbedürfnis im Rechtsmittelverfahren, ZZP 1981, S. 423 ff.

Kaltmeyer, Christoph
Der Insolvenzplan als Sanierungsmittel des Schuldners – Unter Berücksichtigung des EGInsOÄndG v. 19.12.1998 (Teil II), ZInsO 1999, S. 316 ff.

Kautzsch, Christof
Unternehmenssanierung im Insolvenzverfahren, Lohmar, Köln 2001, (zit.: *Kautzsch*, Unternehmenssanierung im Insolvenzverfahren).

Keller, Ulrich
Insolvenzrecht, München 2006, (zit.: *Keller*, Insolvenzrecht).

Kilger, Joachim
Grundzüge eines Reorganisationsverfahrens, ZIP 1982, S. 779 ff.

Kindl, Johann; Meller-Hannich, Caroline; Wolf, Hans-Joachim
Gesamtes Recht der Zwangsvollstreckung: ZPO, ZVG, Nebengesetze, europäische Regelungen, Kosten; Handkommentar, 2. Auflage, Baden-Baden 2013, (zit.: *Autor*, in: Kindl/Meller-Hannich/Wolf, Gesamtes Recht der Zwangsvollstreckung).

Kirchhof, Hans-Peter; Eidenmüller, Horst; Stürner, Rolf
– Münchener Kommentar zur Insolvenzordnung, Band 1, §§ 1 – 79, 3. Auflage, München 2013, (zit.: *Autor*, in: MünchKomm-InsO);
– Münchener Kommentar zur Insolvenzordnung, Band 2, §§ 103 – 269, 2. Auflage, München 2008, (zit.: *Autor*, in: MünchKomm-InsO, 2. Aufl. 2008);
– Münchener Kommentar zur Insolvenzordnung, Band 3, §§ 217 – 359 InsO, Art. 103a - 110 EGInsO, 3. Auflage, München 2014, (zit.: *Autor*, in: MünchKomm-InsO).

Kleindiek, Detlef
Debt-Equity-Swap im Insolvenzplanverfahren, in: Festschrift für Peter Hommelhoff zum 70. Geburtstag, 2012, S. 543 ff., (zit.: *Kleindiek*, in: FS Hommelhoff, 2012).

Kluth, Thomas
Auf der Suche nach dem verlorenen Partner – die merkwürdige Unternehmensveräußerung im Insolvenzplan, ZInsO 2002, S. 1115 ff.

Koch, Jens
Das Gesetz zur Unternehmensintegrität und Modernisierung des Anfechtungsrechts (UMAG), ZGR 2006, S. 769 ff.

Koch, Raphael; Wackerbeck, Matthias
Der Schutz vor räuberischen Aktionären durch die Neuregelungen des ARUG, ZIP 2009, S. 1603 ff.

Kohler, Jürgen
Feststellende einstweilige Verfügungen?, ZZP 1990, S. 184 ff.

Korff, Arne
Die Grenzen des Debt-to-Equity-Swap, ZInsO 2013, S. 2411 ff.

Kreft, Gerhart
Heidelberger Kommentar zur Insolvenzordnung, 6. Auflage, Heidelberg u. a. 2011, (zit.: *Autor*, in: HK-InsO, 2. Aufl. 2011).

Kreft, Gerhart
Heidelberger Kommentar zur Insolvenzordnung, 7. Auflage, Heidelberg u. a. 2014, (zit.: *Autor*, in: HK-InsO, 2. Aufl. 2011).

Kresser, Matthias
Debt-Equity-Swaps im Insolvenzplanverfahren de lege ferenda – Zur Änderung der Stellung der Anteilsinhaber im Insolvenzplanverfahren durch den Diskussionsentwurf des BMJ für ein Gesetz zur weiteren Erleichterung der Sanierung von Unternehmen, ZInsO 2010, S. 1409 ff.

Kübler, Bruno
Handbuch Restrukturierung in der Insolvenz – Eigenverwaltung und Insolvenzplan, 2. Auflage, Köln 2015, (zit.: *Autor*, in: Kübler, HRI).

Kübler, Bruno; Prütting, Hanns
Das neue Insolvenzrecht, Band I, InsO, Köln 1994, (zit.: *Kübler/Prütting*, in: Das neue Insolvenzrecht, Band I).

Kübler, Bruno; Prütting, Hans; Bork, Reinhard
Kommentar zur Insolvenzordnung, InsO, Loseblatt, Köln 2013, (zit.: *Autor*, in: KPB, InsO).

Landfermann, Hans-Georg
Der Ablauf eines künftigen Insolvenzverfahrens, BB 1995, S. 1649 ff.

ders.
Das neue Unternehmenssanierungsgesetz (ESUG), Überblick und Schwerpunkte, Teil I, WM 2012, S. 821 ff.

ders.
Das neue Unternehmenssanierungsgesetz (ESUG), Überblick und Schwerpunkte, Teil II, WM 2012, S. 869 ff.

Lehmann, Jochen; Rühle, Thomas
Das beschleunigte Zurückweisungsverfahren gem. § 253 IV InsO in der Praxis – Erste Hinweise aus Karlsruhe, NZI 2014, S. 889 ff.

Leipold, Dieter
Strukturfragen des einstweiligen Rechtsschutzes, ZZP 1977, S. 258 ff.

Leonhardt, Peter; Smid, Stefan; Zeuner, Mark
Insolvenzordnung: (InsO) Kommentar, 3. Auflage, Stuttgart 2010, (zit.: *Autor*, in: Leonhardt/Smid/Zeuner, InsO).

Lissner, Stefan
Die Insolvenzrechtsreform – Eine Betrachtung der Entwicklung, DZWIR 2014, S. 59 ff.

Lutter, Marcus
Das Girmes-Urteil, JZ 1995, S. 1053 ff.

Madaus, Stephan
Der Insolvenzplan: von seiner dogmatischen Deutung als Vertrag und seiner Fortentwicklung in eine Bestätigungsinsolvenz, Tübingen 2011, (zit.: *Madaus*, Der Insolvenzplan, 2011).

ders.
Möglichkeiten und Grenzen einer Reform der Rechtsmittel gegen den Beschluss über die Insolvenzplanbestätigung, NZI 2010, S. 430 ff.

ders.
Aktivierung des Planverfahrens als Sanierungsverfahren durch Zulassung einer Bestätigungsinsolvenz (pre-voted bankruptcy) – zugleich eine Untersuchung der Grundbedingungen eines erfolgreichen schuldnerinitiierten Sanierungsverfahrens in der Insolvenz, NZI 2011, S. 611 ff.

ders.
Die Rechtsbehelfe gegen die Planbestätigung nach dem ESUG, NZI 2012, S. 597 ff.

Martens, Klaus Peter; Martens, Sebastian A. E.
Strategien gegen missbräuchliche Aktionärsklagen, in: Festschrift für Karsten Schmidt zum 70. Geburtstag, 2009, S. 1129 ff.

Maulbetsch, Hans-Christoph
Heidelberger Kommentar zum Umwandlungsgesetz, Heidelberg 2009, (zit.: *Autor*, in: Maulbetsch, UmwG).

Merten, Michael
Die neue Insolvenzrechtsreform 2012: (ESUG), Weil im Schönbuch 2012, (zit.: *Merten*, Die neue Insolvenzrechtsreform).

Meyer, Susanne
Vorrang des Insolvenzrechts vor dem Gesellschaftsrecht? – Überlegungen zur Position des Minderheitsgesellschafters im Schutzschirmverfahren, ZInsO 2013, S. 2361 ff.

Mohrbutter, Harro; Ringstmeier, Andreas
Handbuch der Insolvenzverwaltung, 9. Auflage, Köln 2015, (zit.: *Autor*, in: Mohrbutter/Ringstmeier, Handbuch der Insolvenzverwaltung).

Müller, Hans-Friedrich
Entrechtung der Gesellschafter im Insolvenzverfahren, Anmerkungen zum Fall Suhrkamp, DB 2014, S. 41 ff.

ders.
Gesellschaftsrechtliche Regelungen im Insolvenzplan, KTS 2002, S. 209 ff.

Musielak, Hans-Joachim; Voit, Wolfgang
Grundkurs ZPO: Eine Darstellung zur Vermittlung von Grundlagenwissen im Zivilprozessrecht (Erkenntnisverfahren und Zwangsvollstreckung) mit Fällen und Fragen zur Lern- und Verständniskontrolle sowie mit Übungsklausuren, 12. Auflage, München 2014, (zit.: *Musielak/Voit*, Grundkurs ZPO).

Nerlich, Jörg; Römermann, Volker
Kommentar zur Insolvenzordnung, Loseblatt, München 2013, (zit.: *Autor*, in: Nerlich/Römermann, InsO).

Nerlich, Jörg; Kreplin, Georg
Münchener Anwalts Handbuch Insolvenz und Sanierung, 2. Auflage, München 2012, (zit.: *Autor*, in: Nerlich/Kreplin, Insolvenz und Sanierung).

Nietsch, Michael
Freigabeverfahren: Beschlusskontrolle bei Strukturveränderungen, Tübingen 2013, (zit.: *Nietsch*, Freigabeverfahren, 2013).

Noack, Ulrich
Gesellschaftsrecht, Sonderband 1, Köln 1999, (zit.: *Noack*, Gesellschaftsrecht, Sonderbd. 1).

Oppenländer, Frank; Trölitzsch, Thomas
Praxishandbuch der GmbH-Geschäftsführung, 2. Auflage, München 2011, (zit.: *Autor*, in: Oppenländer/Trölitzsch, GmbH-Geschäftsführung).

Pape, Gerhard
Die Insolvenzordnung ist in Kraft getreten …, NJW 1999, S. 29 ff.

ders.
10 Jahre Insolvenzordnung, ZInsO 2009, S. 1 ff.

ders.
Erleichterung der Sanierung von Unternehmen durch Insolvenzverfahren bei gleichzeitiger Abschaffung der Gläubigergleichbehandlung?, ZInsO 2010, S. 2155 ff.

ders.
Gesetz zur weiteren Erleichterung der Sanierung von Unternehmen – Bemerkungen zum Regierungsentwurf v. 4.5.2011 (BT-Drucks. 17/5712), ZInsO 2011, S. 1033 ff.

ders.
Eigenverwaltungsverfahren im Spiegel der Rechtsprechung nach Inkrafttreten des ESUG, ZInsO 2013, S. 2129 ff.

ders.
Entwicklungstendenzen bei der Eigenverwaltung, ZIP 2013, S. 2285 ff.

Pape, Gerhard; Gundlach, Ulf; Vortmann, Jürgen
Handbuch der Gläubigerrechte – Gläubigrautonomie; Gläubigerorgane; Aus- und Absonderungsrechte; Geschäftsführerhaftung, 2. Auflage, Köln 2011, (zit.: *Autor*, in: Pape/Gundlach/Vortmann, Handbuch der Gläubigerrechte).

Pape, Gerhard; Uhlenbruck, Wilhelm; Voigt-Salus, Joachim
Insolvenzrecht, 2. Auflage, München 2010, (zit.: *Pape/Uhlenbruck/Voigt-Salus*, Insolvenzrecht).

Pape, Gerhard; Uhländer, Christoph
NWB-Kommentar zum Insolvenzrecht: Praktikerkommentar mit Schwerpunkt zum Steuerrecht, Herne 2012, (zit.: *Pape/Uhländer*, in: NWB Komm-InsO).

Pape, Irmtraut
Auswirkungen der ZPO-Reform auf das insolvenzrechtliche Beschwerdeverfahren, NZI 2001, S. 516 ff.

Paschos, Nikolaos; Goslar, Sebastian
Der Regierungsentwurf des Gesetzes zur Umsetzung der Aktionärsrechterichtlinie (ARUG), AG 2009, S. 14 ff.

Paul, Uwe
Rechtsprechungsübersicht zum Insolvenzplanverfahren, ZInsO 2007, S. 856 ff.

Peters, Carsten
Berufskläger schadensersatzpflichtig – Anmerkungen zum Urteil des LG Frankfurt a. M. (NZG 2007, 949), NZG 2007, S. 935 ff.

Pleister, Christian; Kindler, Steffi
Kapitalmaßnahmen in der Insolvenz börsennotierter Unternehmen, ZIP 2010, S. 503 ff.

Prütting, Hanns; Gehrlein, Markus
ZPO: Kommentar, 6. Auflage, Köln 2014, (zit.: *Autor*, in: Prütting/Gehrlein, ZPO).

Rattunde, Rolf
Das neue Insolvenzplanverfahren nach dem ESUG, GmbHR 2012, S. 455 ff.

Rauscher, Thomas; Wax, Peter; Wenzel, Joachim
Münchener Kommentar zur Zivilprozessordnung mit Gerichtsverfassungsgesetz und Nebengesetzen, Band 2, §§ 355 – 1024, 4. Auflage, München 2012, (zit.: *Autor*, in: MünchKomm-ZPO).

Reischl, Klaus
Insolvenzrecht, 3. Auflage, u. a. Heidelberg 2014, (zit.: *Reischl*, Insolvenzrecht).

Rettmann, Stephanie
Die Rechtsmäßigkeitskontrolle von Verschmelzungsbeschlüssen: das Unbedenklichkeitsverfahren nach § 16 Abs. 3 UmwG, Köln 1998, (zit.: *Rettmann*, Die Rechtsmäßigkeitskontrolle von Verschmelzungsbeschlüssen, 1998).

Röhl, Klaus F.; Röhl, Hans Christian
Allgemeine Rechtslehre: ein Lehrbuch, 3. Auflage, Köln u. a. 2008, (zit.: *Röhl/Röhl*, Allgemeine Rechtslehre).

Römermann, Volker
Neue Herausforderungen durch das ESUG – ein Überblick, GmbHR 2012, S. 421 ff.

Rosenberg, Leo; Schwab, Karl-Heinz; Gottwald, Peter
Zivilprozessrecht, 17. Auflage, München 2010, (zit.: *Rosenberg/Schwab/Gottwald*, Zivilprozessrecht).

Roth, Markus
Unternehmerisches Ermessen und Haftung des Vorstands, München 2001, (zit.: *Roth*, Unternehmerisches Ermessen und Haftung des Vorstands).

ders.
Die übertragende Auflösung nach Einführung des Squeeze-out, NZG 2003, S. 998 ff.

Rothley, Oliver
Die Neuregelung des Beschlussmängelrechts durch das ARUG, GWR 2009, S. 312 ff.

Rubel, Jörgen
Die Interessenabwägungsklauseln in Freigabeverfahren nach dem ARUG – Bestandsaufnahme und Anwendungshinweise, DB 2009, S. 2027 ff.

Runkel, Hans P.; Schmidt, Jens M.
Anwalts-Handbuch Insolvenzrecht, 3. Auflage, Köln 2015, (zit.: *Autor*, in: Runkel/Schmidt, Anwalts-Handbuch Insolvenzrecht).

Rüthers, Bernd; Fischer, Christian; Birk, Axel
Rechtstheorie: mit juristischer Methodenlehre, 7. Auflage, München 2013, (zit.: *Rüthers/Fischer/Birk*, Rechtstheorie).

Sachs, Michael
Grundgesetz: Kommentar, 7. Auflage, München 2014, (zit.: *Autor*, in: Sachs, GG).

Saenger, Ingo
Handkommentar Zivilprozessordnung – FamFG – GVG – Europäisches Verfahrensrecht, 6. Auflage, Bade-Baden 2015, (zit.: *Autor*, in: Saenger, ZPO).

Sassenrath, Gerd
Der Eingriff in Anteilseignerrechte durch den Insolvenzplan, ZIP 2003, S. 1517 ff.

Satzl, Florian
Freigabe von Gesellschafterbeschlüssen im Kapitalgesellschaftsrecht: Registersperren, Freigabeverfahren, Bestandskraft, München 2011, (zit.: *Satzl*, Freigabe von Gesellschafterbeschlüssen im Kapitalgesellschaftsrecht, 2011).

Schäfer, Carsten

„Girmes“ wiedergelesen: Zur Treuepflicht des Aktionärs im Sanierungsfall, in: Festschrift Hommelhoff zum 70. Geburtstag, 2012, S. 939 ff., (zit.: *Schäfer*, in: FS Hommelhoff, 2012).

ders.

Insolvenzplan als Lösungsmittel für Mehrheits-/Minderheitskonflikte? – Lehren aus dem Fall Suhrkamp, ZIP 2013, S. 2237 ff.

Schelo, Sven

Reform der Unternehmenssanierung – Erläuterungen zum Diskussionsentwurf eines Gesetzes zur weiteren Erleichterung der Sanierung von Unternehmen – DB 2010, S. 2209 ff.

Schiessler, Wolfram

Der Insolvenzplan, Bielefeld 1997, (zit.: *Schiessler*, Der Insolvenzplan).

Schmid, Christoph

Einstweiliger Rechtsschutz von Kapitalgesellschaften gegen die Blockade von Strukturentscheidungen durch Anfechtungsklagen, ZIP 1998, S. 1057 ff.

Schmidt, Andreas

Hamburger Kommentar zum Insolvenzrecht: InsO – EuInsVO – EGInsO (Auszug) – InsVV – VbrInsVV – InsOBekV – Insolvenzstrafrecht, 5. Auflage, Köln 2015, (zit.: *Autor*, in: HambKomm-InsO).

ders.

Hamburger Kommentar zum Insolvenzrecht: InsO – EuInsVO – Art. 102 EGInsO – InsVV – VbrInsVV – InsOBekV – Insolvenzstrafrecht, 3. Auflage, Münster 2009, (zit.: *Autor*, in: HambKomm-InsO, 3. Aufl. 2009).

Schmidt, Karsten

Gesellschaftsrecht, 4. Auflage, Köln u. a. 2002, (zit.: *K. Schmidt*, Gesellschaftsrecht).

ders.

Organverantwortlichkeit und Sanierung im Insolvenzrecht der Unternehmen, ZIP 1980, S. 328 ff.

ders.
Insolvenzordnung: InsO; mit EUInsVO, Kurz-Kommentar, 18. Auflage, München 2013, (zit.: *Autor*, in: K. Schmidt, InsO).

ders.
Gesellschaftsrecht und Insolvenzrecht im ESUG-Entwurf, BB 2011, S. 1603 ff.

Schmidt, Karsten; Lutter, Marcus
Aktiengesetz: Kommentar, Band 2, §§ 150 – 410, SpruchG, 2. Auflage, München 2010, (zit.: *Autor*, in: K. Schmidt/Lutter, AktG).

Schmidt, Karsten; Uhlenbruck, Wilhelm
Die GmbH in Krise, Sanierung und Insolvenz: Gesellschaftsrecht, Insolvenzrecht, Steuerrecht, Arbeitsrecht, Bankrecht und Organisation bei Krisenvermeidung, Krisenbewältigung und Abwicklung, Köln 2009, (zit.: *K. Schmidt/Uhlenbruck*, Die GmbH in Krise, Sanierung und Insolvenz).

Schmitt, Joachim; Hörtnagl, Robert; Stratz, Rolf-Christian
Umwandlungsgesetz, Umwandlungssteuergesetz, 6. Auflage, München 2013, (zit.: *Autor*, in: Schmitt/Hörtnagl/Stratz, UmwG, UmwStG).

Schultze & Braun Rechtsanwaltsgesellschaft für Insolvenzverwaltung mbH
Neue Statistik von Schultze & Braun belegt: Insolvenzplan wird zu selten genutzt, Pressemitteilung v. 20.9.2012, Achern, abrufbar unter http://www.schubra.de/de/presseservice/pressemitteilungen/sb_pm_insolvenzplannutzung_120920.php, [zuletzt abgerufen Februar 2015].

Schulz, Dirk; Bert, Ulrich; Lessing, Holger
Handbuch Insolvenz – Insolvenzverfahren Haftung Gläubigerschutz Sanierung und Auswege, 4. Auflage, Freiburg 2013, (zit.: *Schulz/Bert/Lessing*, Handbuch Insolvenz).

Schwerdtfeger, Armin
Gesellschaftsrecht, Kompaktkommentar, Neuwied 2007, (zit.: *Autor*, in: Schwerdtfeger, Gesellschaftsrecht).

Seibt, Christoph H.; Westpfahl, Lars
Auf dem Weg zu einem „Neuen Sanierungsgesellschaftsrecht“? – Ergebnisse einer Experten-Umfrage, ZIP 2013, S. 2333 ff.

Simon, Stefan; Brünkmans, Christian
Die Ausgliederung von sanierungswürdigen Betriebsteilen mithilfe des Insolvenzplanverfahrens nach ESUG: Verdrängt die Gläubigerautonomie den institutionalisierten Gläubigerschutz des Umwandlungsgesetzes?, ZIP 2014, S. 657 ff.

Simon, Stefan; Merkelbach, Matthias
Gesellschaftsrechtliche Strukturmaßnahmen im Insolvenzplanverfahren nach dem ESUG, NZG 2012, S. 121 ff.

Sinz, Ralf; Hefermehl, Hendrik
Unternehmensinsolvenz – Abwicklung und Liquidation, 2. Auflage, Köln 2003, (zit.: *Sinz/Hefermehl*, Unternehmensinsolvenz).

Skauradszun, Dominik
Suhrkamp – Allgemeines Beschwerdeverfahrensrecht versus § 253 Abs. 4 InsO: Zugleich Besprechung der Beschlüsse des LG Berlin vom 24.2.2014 und 14.4.2014 - 51 T 107/14 (DZWIR 2014, 374 und 375), DZWIR 2014, S. 338 ff.

Smid, Stefan
Zu Fragen von Rechtsmitteln und rechtsbeschwerdegerichtlichen Entscheidungen im Insolvenzplanverfahren. Zugleich eine Anmerkung zu BGH, Beschl. v. 17.7.2014 – IX ZB 13/14 (ZInsO 2014, 1552), ZInsO 2014, S. 1873 ff.

ders.
Zu Fragen von Rechtsmitteln und rechtsbeschwerdegerichtlichen Entscheidungen im Insolvenzplanverfahren – Teil 2: Zugleich eine Anmerkung zu BGH, Beschl. v. 17.9.2014 – IX ZB 26/14 (ZInsO 2014, 2109), ZInsO 2014, S. 2078 ff.

ders.
Voraussetzungen der sofortigen Beschwerde gegen die Bestätigung eines Insolvenzplans gem. §§ 251, 253 InsO, NZI 2005, S. 296 ff.

ders.
Rechtsmittelverfahren bei Anfechtung des Bestätigungsbeschlusses nach § 248 InsO, NZI 2005, S. 613 ff.

ders.
Kreditsicherheiten in der Insolvenz, 2. Auflage, Stuttgart 2008, (zit.: *Smid*, Kreditsicherheiten in der Insolvenz).

ders.
Salvatorische Klauseln als Instrument zur Abwehr von Widersprüchen gegen den Insolvenzplan, ZInsO 1998, S. 347 ff.

ders.
Zu den Grenzen der sofortigen Beschwerde gegen einen Insolvenzplan, DZWIR 2005, S. 364 ff.

ders.
Grund und Grenzen der Rechtsmittelbefugnis des Konkursverwalters, ZIP 1995, S. 1137 ff.

ders.
Handbuch Insolvenzrecht, 6. Auflage, Berlin u. a. 2012, (zit.: *Smid*, Handbuch Insolvenzrecht).

ders.
Praxishandbuch Insolvenzrecht, 5. Auflage, Berlin 2007, (zit.: *Smid*, Praxishandbuch Insolvenzrecht).

Smid, Stefan; Rattunde, Rolf; Martini, Torsten
Der Insolvenzplan, Handbuch für das Sanierungsverfahren gemäß §§ 217 bis 269 InsO mit praktischen Beispielen und Musterverfügungen, 3. Auflage, Stuttgart 2012, (zit.: *Smid/Rattunde/Martini*, Der Insolvenzplan).

Soboczynski, Adam; Schmidt, Thomas E.
Zeit online, Hans Barlach: Der Streit des Suhrkamp-Investors, Artikel v. 20.6.2013, abrufbar unter: http://www.zeit.de/kultur/literatur/2013-06/suhrkamp-barlach-geschaefte, [zuletzt abgerufen Februar 2015].

Sosnitza, Olaf
Das Unbedenklichkeitsverfahren nach § 16 III UmwG, Bestandsaufnahme eines gesellschaftsrechtlichen Rechtsschutzinstruments im Lichte der jüngsten Rechtsprechung, NZG 1999, S. 965 ff.

Spetzler, Sophie
Insolvenzrechtsreform und Bankenreorganisation, Die Stellung der Anteilseigner im Insolvenzplanverfahren und Reorganisationsverfahren nach den Entwürfen eines Restrukturierungsgesetzes und eines Gesetzes zur weiteren Erleichterung der Sanierung von Unternehmen, KTS 2010, S. 433 ff.

Spindler, Gerald
Die Reform der Hauptversammlung und der Anfechtungsklage durch das UMAG, NZG 2005, S. 825 ff.

Spindler, Gerald; Stilz, Eberhard
Kommentar zum Aktiengesetz, Band 2, §§ 150 – 410, 2. Auflage, München 2010, (zit.: *Autor*, in: Spindler/Stilz, AktG).

Spliedt, Jürgen D.
Debt-to-Equity-Swap und weitere Strukturänderungen nach dem ESUG, GmbHR 2012, S. 462 ff.

Stapper, Florian
Die Praxis der Arbeit mit Insolvenzplänen oder die Insuffizienz des Insolvenzplans: Diagnose und Therapie, ZInsO 2009, S. 2361 ff.

Stein, Friedrich; Jonas, Martin
- Kommentar zur Zivilprozessordnung, Band 4, §§ 253 – 327, 22. Auflage, Tübingen 2008;
- Kommentar zur Zivilprozessordnung, Band 9, §§ 916 – 1068, Tübingen 2002, (zit.: *Autor*, in: Stein/Jonas, ZPO).

Stöber, Michael
Strukturmaßnahmen im Insolvenzplanverfahren und gesellschaftsrechtliche Treuepflicht – der Fall Suhrkamp, ZInsO 2013, S. 2457 ff.

Thole, Christoph
Treuepflicht-Torpedo? Die gesellschaftsrechtliche Treuepflicht im Insolvenzverfahren – Zugleich Besprechung LG Frankfurt/M. v. 10.9.2013 – 3-09 O 96/13, ZIP 2013, 1831 – Suhrkamp, ZIP 2013, S. 1937 ff.

Thomas, Heinz; Putzo, Hans
Zivilprozessordnung: FamFG; Verfahren in Familiensachen; GVG, Einführungsgesetze, EU-Zivilverfahrensrecht; Kommentar, 35. Auflage, München 2014, (zit.: *Autor*, in: Thomas/Putzo, ZPO).

Thorwart, Wolf; Schauer, Ludwig
§ 251 InsO – effektiver Minderheitenschutz oder unüberwindbare Hürde?, NZI 2011, S. 574 ff.

Uhlenbruck, Wilhelm; Hirte Heribert; Vallender, Heinz
Insolvenzordnung, Kommentar, 13. Auflage, München 2010, (zit.: *Autor*, in: Uhlenbruck, InsO).

Uhlenbruck, Wilhelm
Von der Notwendigkeit eines eigenständigen Sanierungsgesetzes, NZI 2008, S. 201 ff.

ders.
Sanierung und Reorganisation als drittes Insolvenzverfahren in einem künftigen Recht?, KTS 1981, S. 513 ff.

ders.
Zum Regierungs-Entwurf einer Insolvenzordnung und dem Entwurf eines Einführungsgesetzes, KTS 1992, S. 499 ff.

Undritz, Sven-Holger
Restrukturierung in der Insolvenz, ZGR 2010, S. 201 ff.

Urlaub, Jasmin
Notwendige Änderungen im Gesetzt zur weiteren Erleichterung der Sanierung von Unternehmen (ESUG) zur Verhinderung von Missbräuchen, ZIP 2011, S. 1040 ff.

Vallender, Heinz
Die Eigenverwaltung im neuen Gewand nach dem ESUG, GmbHR 2012, S. 445 ff.

ders.
Gesetz zur weiteren Erleichterung der Sanierung von Unternehmen [ESUG] – Das reformierte Plan- und Eigenverwaltungsverfahren, MDR 2012, S. 125 ff.

ders.
Insolvenzkultur gestern, heute und morgen, NZI 2010, S. 838 ff.

Vensky, Hellmuth
Zeit online, Der Niedergang eines Wirtschaftswunder-Unternehmens, Artikel v. 27.7.2011, Seite 2, abrufbar unter: http://www.zeit.de/auto/2011-07/borgward-pleite/seite-2, [zuletzt abgerufen Februar 2015].

Verse, Dirk
Anteilseigner im Insolvenzverfahren, ZGR 2010, S. 299 ff.

ders.
Das Beschlussmängelrecht nach dem ARUG, NZG 2009, S. 1127 ff.

Vorwerk, Volkert; Wolf, Christian
Beck'scher Online-Kommentar ZPO, Edition 15, München 2015, (zit.: *Autor*, in: Vorwerk/Wolf, BeckOK-ZPO).

Voßkuhle, Andreas
Rechtsschutz gegen den Richter: zur Integration der Dritten Gewalt in das verfassungsrechtliche Kontrollsystem vor dem Hintergrund des Art. 19 Abs. 4 GG, München 1993, (zit.: *Voßkuhle*, Rechtsschutz gegen den Richter).

ders.
Erosionserscheinungen des zivilprozessualen Rechtsmittelsystems, NJW 1995, S. 1377 ff.

Walker, Wolf-Dietrich
Der einstweilige Rechtsschutz im Zivilprozess und im arbeitsgerichtlichen Verfahren, Tübingen 1993, (zit.: *Walker*, Der einstweilige Rechtsschutz im Zivilprozeß und im arbeitsgerichtlichen Verfahren, 1993).

Warrikoff, Alexander
Gestaltungsmöglichkeiten im Insolvenzplan, KTS 1997, S. 527 ff.

ders.
Die Möglichkeiten zum Unternehmenserhalt nach dem neuen Insolvenzrecht, KTS 1996, S. 489 ff.

Warringsholz, Klaus
Die angemessene Beteiligung der Gläubiger an dem wirtschaftlichen Wert der Masse aufgrund eines Insolvenzplans: rechtsvergleichende Überlegung zur absolute priority rule, Hamburg 2005, (zit.: *Warringsholz*, Die angemessene Beteiligung der Gläubiger an dem wirtschaftlichen Wert der Masse aufgrund eines Insolvenzplans, 2005).

Wellensiek, Jobst
Übertragende Sanierung, NZI 2002, S. 233 ff.

Wenz, Rainer
Erwiderung zu Zimmer, ZInsO 2011, S. 1689 ff. „Das neue Beschwerderecht in Insolvenzsachen“, ZInsO 2011, S. 2120 ff.

Wertenbruch, Johannes
Die Personengesellschaft im Vergleich zur AG und GmbH im Insolvenzplanverfahren, ZIP 2013, S. 1693 ff.

Westpfahl, Lars; Janjuah, Riaz K.
Zur Modernisierung des deutschen Sanierungsrechts, Beilage zu ZIP 3/2008, S. 1 ff.

Windbichler, Christine
Gesellschaftsrecht: ein Studienbuch, 23. Auflage, München 2013, (zit.: *Windbichler*, Gesellschaftsrecht).

Wieczorek, Bernhard; Schütze, Rolf A.
– Zivilprozessordnung und Nebengesetze, Großkommentar, Band 4, §§ 253 – 299a, 4. Auflage, Berlin 2014, (zit.: *Autor*, in: Großkomm-ZPO, Bd. 4).
– Zivilprozessordnung und Nebengesetze, Großkommentar, Band 5, §§ 916 – 1048 ZPO; §§ 1 – 24 EG ZPO; §§ 1 – 202 GVG; §§ 1 – 30 EG GVG, 3. Auflage, Berlin 1995, (zit.: *Autor*, in: Großkomm-ZPO, Bd. 5).
– Zivilprozessordnung und Nebengesetze, Großkommentar, Band 7, §§ 511 – 591, 4. Auflage, Berlin 2014, (zit.: *Autor*, in: Großkomm-ZPO, Bd. 7).

Willemsen, Reinhard; Rechel, Janine
Insolvenzrecht im Umbruch – ein Überblick über den RegE-ESUG, BB 2011, S. 834 ff.

dies.
Die Reform des Insolvenzplanverfahrens – Ein Zwischenstandsbericht: Anmerkungen zu den vorgeschlagenen Änderungen, BB 2010, S. 2059 ff.

Wimmer, Klaus
Frankfurter Kommentar zur Insolvenzordnung; mit EuInsVO, InsVV und weiteren Nebengesetzen, 8. Auflage, Köln 2015, (zit.: *Autor*, in: Wimmer, InsO).

ders.
Der Gesetzentwurf zur weiteren Erleichterung der Sanierung von Unternehmen, jurisPR-InsR 5/2011 Anm. 1 v. 17.3.2011.

ders.
Jüngste Gesetzesänderungen vor Inkrafttreten der Insolvenzordnung, DZWIR 1999, S. 62 ff.

Wimmer, Klaus; Dauernheim, Jörg; Wagner, Martin; Gietl, Josef
Handbuch des Fachanwalts Insolvenzrecht, 5. Auflage, Köln 2011, (zit.: Autor, in: Wimmer/Dauernheim/Wagner/Gietl, Handbuch des Fachanwalts Insolvenzrecht).

Wirsch, Stefan A.
Debt-Equity-Swap und Risiko der Insolvenzanfechtung, NZG 2010, S. 1131 ff.

Wutzke, Wolfgang
Der fehlgeplante Plan – Aspekte der praktischen Undurchführbarkeit von Insolvenzplänen, ZInsO 1999, S. 1 ff.

Zimmer, Frank Thomas
Gesetz zur Änderung des § 522 ZPO (und des § 7 InsO!) – Das neue Beschwerderecht in Insolvenzsachen, ZInsO 2011, S. 1689 ff.

Zöller, Richard
Zivilprozessordnung: mit FamFG (§§ 1 – 185, 200 – 270, 433 – 484) und Gerichtsverfassungsgesetz, den Einführungsgesetzen, mit internationalem Zivilprozessrecht, EU-Verordnungen, Kostenanmerkungen; Kommentar, 30. Auflage, Köln 2014, (zit.: *Autor*, in: Zöller, ZPO).

Gesetzesmaterialien

Gesetzentwurf der Bundesregierung: Entwurf einer Insolvenzordnung (InsO) v. 15.4.1992, BT-Drucks. 12/2443, (zit.: Begr. RegE InsO, BT-Drucks. 12/2443).

Gesetzentwurf der Bundesregierung: Entwurf eines Gesetzes zur weiteren Erleichterung der Sanierung von Unternehmen v. 4.5.2011, BT-Drucks. 17/5712, (zit.: Begr. RegE ESUG, BT-Drucks. 17/5712).

Beschlussempfehlung und Bericht des Rechtsausschusses (6. Ausschuss) v. 2.12.1998
zu dem Gesetzesentwurf der Bundesregierung – Drucksache 14/49 –
Entwurf eines Gesetzes zur Änderung des Einführungsgesetzes zur Insolvenzordnung und anderer Gesetze (EGInsOÄndG), BT-Drucks. 14/120 (zit.: Beschlussempfehlung u. Bericht zum EGInsOÄndG, BT-Drucks. 14/120).

Beschlussempfehlung und Bericht des Rechtsausschusses (6. Ausschuss) v. 26.10.2011
a) zu dem Gesetzentwurf der Bundesregierung – Drucksache 17/5712 –
Entwurf eines Gesetzes zur weiteren Erleichterung der Sanierung von Unternehmen
b) zu dem Antrag der Abgeordneten Christine Scheel, Ingrid Hönlinger, Fritz Kuhn, weiterer Abgeordneter und der Fraktion BÜNDNIS 90/DIE GRÜNEN – Drucksache 17/2008 –
Insolvenzrechtsreform unverzüglich vorlegen – Außergerichtliche Sanierungsverfahren stärken – Insolvenzplanverfahren attraktiver gestalten, (zit.: Beschlussempfehlung u. Bericht zum ESUG, BT-Drucks. 17/7511).

BMJ: Gegenäußerung der Bundesregierung zu der Stellungnahme des Bundesrates zum Entwurf eines Gesetzes zur weiteren Erleichterung der Sanierung von Unternehmen (BR-Drs. 127/11 – Beschluss) v. 21.4.2011, GÄ Sanierung von Unternehmen, abrufbar unter: http://www.bmj.de/SharedDocs/Downloads/DE/pdfs/ESUG_Gegenaeusserung_Bundesregierung.pdf?__blob=publicationFile, (zit.: GÄ BReg. v. 21.4.2011 zu BRat ESUG).

Gesetzentwurf der Bundesregierung: Entwurf eines Gesetzes zur Unternehmensintegrität und Modernisierung (UMAG) v. 14.3.2005, BT-Drucks. 15/5092, (zit.: Begr. RegE UMAG, BT-Drucks. 16/5092).

Gesetzentwurf der Bundesregierung: Entwurf eines Gesetzes zur Umsetzung der Aktionärsrechterichtlinie (ARUG) v. 21.1.2009, BT-Drucks. 16/11624, (zit.: Begr. RegE ARUG, BT-Drucks. 16/11642.

FSC
www.fsc.org
MIX
Papier | Fördert gute Waldnutzung
FSC® C083411

Kolibri 360 GmbH
Ferdinand-Jühlke-Straße 7
99095 Erfurt, Deutschland
produktsicherheit@kolibri360.de